Averil Cameron:
Das späte Rom
284–430 n. Chr.

Deutscher
Taschenbuch
Verlag

Autorisierte Übersetzung und Bearbeitung der englischen Ausgabe von Kai Brodersen.

Die Originalausgabe erschien 1993 unter dem Titel *The Later Roman Empire* bei Fontana Press, London, in der Reihe Fontana History of the Ancient World.

Juli 1994
Deutscher Taschenbuch Verlag GmbH & Co. KG,
München
© 1993 Averil Cameron
© 1994 Deutscher Taschenbuch Verlag (für die deutsche Übersetzung)
Umschlagtypographie: Celestino Piatti
Vorlage: Darstellung der Proiecta und des Secundus auf dem Deckel des Brautkästchens der Proiecta aus dem späten 4. Jahrhundert; heute als Teil des Esquilin-Schatzes im Britischen Museum zu London (Photo: Trustees of the British Museum)
Gesamtherstellung: C.H. Beck'sche Buchdruckerei,
Nördlingen
Printed in Germany · ISBN 3-423-04621-X

Das Buch

Das Römische Reich hatte dem Länderkreis um das Mittelmeer für ein halbes Jahrtausend eine feste politische Form gegeben. Die historischen Entwicklungen, die zur Auflösung dieses Reiches führten, sind Gegenstand des abschließenden siebten Bandes der dtv-Geschichte der Antike.
Averil Camerons Betrachtungen über die Geschichte des spätrömischen Reiches von der Regierungszeit Diokletians (284–305 n. Chr.) bis hin zur Spaltung in einen westlichen und einen östlichen Teil fügen sich hier zu einem facettenreichen Bild dieser Epoche. Die Wandlungen des Kaisertums unter den verschiedenen Herrschern, der zunehmende Einfluß des Christentums mit seinen neuen ethischen und kulturellen Werten, die Folgen der Völkerwanderung sowie neue Formen wirtschaftlicher, gesellschaftlicher und militärischer Organisation sind Schwerpunkte dieses Buches. Dabei wird den beachtlichen Ergebnissen der Forschung des letzten Jahrzehnts Rechnung getragen, werden neue Perspektiven auf die alte Geschichte vorgestellt und ein Augenmerk auf die gestiegene Wertschätzung nicht-literarischer Quellen, die ein durchaus anderes Licht auf die Zusammenhänge werfen, gerichtet.

Die Autorin

Averil Cameron, lange Professorin für Geschichte der Spätantike und Byzantinistik am King's College, London, lehrt als Vorstand des Keble College an der Universität Oxford. Sie hat zahlreiche Aufsätze und mehrere Bücher verfaßt, darunter *Procopius and the Sixth Century* (London 1985), *History as Text* (Hg., London 1989), *Christianity and the Rhetoric of Empire* (Berkeley, Los Angeles 1991) und *The Mediterranean World in Late Antiquity AD 395–600* (London 1993).

dtv-Geschichte der Antike
Herausgegeben von Oswyn Murray

Das frühe Griechenland
von Oswyn Murray

Das klassische Griechenland und die Demokratie
von John K. Davies

Die hellenistische Welt
von Frank W. Walbank

Das frühe Rom und die Etrusker
Neubearbeitung in Vorbereitung

Die römische Republik
von Michael Crawford

Das Römische Reich
von Colin Wells

Das späte Rom
von Averil Cameron

Vorwort des Herausgebers

Eine neue Geschichte der Antike braucht keine Rechtfertigung. Die moderne Forschung und neue Entdeckungen und Funde haben unser Bild der Antike in wichtigen Punkten verändert; es ist daher an der Zeit, die Ergebnisse dem Publikum zugänglich zu machen. Diese Reihe will aber nicht nur eine Darstellung des aktuellen Forschungsstands geben. Beim Studium der fernen Vergangenheit liegen die Hauptschwierigkeiten darin, daß es nur relativ wenige Zeugnisse gibt und diese zudem nicht leicht zu interpretieren sind. Dies aber macht es andererseits möglich und wünschenswert, dem Leser die wichtigsten Zeugnisse vorzulegen und zu diskutieren; so hat er selbst die Möglichkeit, die zur Rekonstruktion der Vergangenheit angewandten Methoden kennenzulernen und auch selbst die Ergebnisse zu beurteilen.

Diese Reihe hat sich deshalb das Ziel gesetzt, eine Darstellung der jeweils behandelten Periode zusammen mit möglichst vielen Zeugnissen zu bieten, die diese Darstellung ja erst ermöglichen. So sind ausgewählte Dokumente in die Erzählung einbezogen, werden dort erörtert und bilden oft sogar ihren Ausgangspunkt. Wo Interpretationen umstritten sind, werden dem Leser die verschiedenen Meinungen vorgelegt. Darüber hinaus enthält jeder Band eine Übersicht der unterschiedlichen Quellen jeder Epoche sowie Vorschläge zur vertiefenden Lektüre. Die Reihe wird, so hoffen wir, dem Leser die Möglichkeit geben, eigenen Vorlieben und Interessen folgend weiterzustudieren, nachdem er einen Eindruck von den Grenzen gewonnen hat, die dem Historiker bei seiner Arbeit gezogen sind.

Die Reihe ist zuerst auf Englisch bei Fontana erschienen; die deutsche Ausgabe ist jedoch keine bloße Übersetzung, sondern eine revidierte Fassung. Wir haben unsere Texte überarbeitet und auf den neuesten Stand gebracht. Für die Organisation all dieser Verbesserungen danken wir besonders Kai Brodersen vom Institut für Alte Geschichte der Universität München.

Alte Geschichte ist eine europäische Disziplin, in der die Forschungstraditionen in jedem Land das jeweilige Bild der Antike prägen. Die »englische Sicht« in dieser Reihe wird dem deutschen Leser an manchen Stellen ungewöhnliche Aspekte auftun, wird aber auch in den Bereichen, in denen die deutsche Tradition besonders stark ist, ihr nicht ganz gerecht werden können. Doch vielleicht werden gerade diese Unterschiede zur Frische und Spannung unserer Reihe beitragen und das Interesse des deutschen Lesers steigern. Wir hoffen, daß sie auch in Deutschland so beliebt und so nützlich wird, wie es das englische Original in der englischsprachigen Welt ist.

Oswyn Murray
Balliol College, Oxford

Inhalt

Vorwort 9

1. Einführung: Der historische Hintergrund im 3. Jahrhundert 11
2. Die Quellen 25
3. Das neue Reich Diokletians 45
4. Das neue Reich Konstantins 63
5. Kirche und Staat: Das Erbe Konstantins 86
6. Die Herrschaft Julians 105
7. Der spätrömische Staat von Constantius bis Theodosius .. 120
8. Spätrömische Wirtschaft und Gesellschaft 135
9. Das Militär, die Barbaren und das spätrömische Heer 158
10. Die Kultur im späten 4. Jahrhundert 178
11. Konstantinopel und der Osten 200
12. Schluß 220

Anhang
  Karte des spätrömischen Reiches 230
  Zeittafel 232
  Kaiserliste 233
  Quellenübersicht 234
  Literaturhinweise 242
  Abbildungsnachweise 254
  Quellenregister 255
  Personen- und Sachregister 260

Vorwort

Die wichtigsten Ideen und die Schwerpunkte dieses Buches stammen aus den vergangenen zwei Jahrzehnten meiner Lehr- und Vortragstätigkeit. Zwar ist in diesem Zeitraum die Beschäftigung mit dem späten Rom oder – wie man nun häufig sagt – der Spätantike geradezu Mode geworden, doch fehlte es bisher an einer knappen Einführung, weshalb ich für die mir mit der Einladung zu diesem Buch gebotene Gelegenheit dankbar bin.

Mein eigener Ansatz verdankt dem Einfluß meiner althistorischen Kollegen in all den Jahren viel, insbesondere denen, die an den althistorischen Seminaren des Institute of Classical Studies in London beteiligt waren, und nicht zuletzt Fergus Millar, der diese Seminare initiierte und eine breitgefaßte, großzügige Konzeption von Alter Geschichte ebenso förderte wie er den Wert einer klaren und hilfreichen Präsentation betonte. Am wichtigsten aber waren mir meine Studierenden der Altertumswissenschaft und Geschichte (durchaus nicht nur Hauptfächler), die mich immer wieder dazu veranlaßten, die alten Probleme aufzurollen – und dabei Neues zu finden.

Natürlich ließe sich unendlich viel mehr über das späte Rom sagen, als dies im begrenzten Rahmen eines solchen Buches möglich ist, doch hoffe ich, zumindest eine Ausgangsbasis geschaffen zu haben, von der aus es möglich wird, sich näher mit diesem faszinierenden Zeitraum zu befassen.

Mein Dank gilt dem Herausgeber der Reihe, Oswyn Murray, für seine weise Anleitung und vielen anderen für verschiedene Arten von Hilfe, besonders Dominic Rathbone und Richard Williams. Nicht wenige Versehen konnten dank der reichen Kenntnisse und der Kompetenz von Kai Brodersen vom Institut für Alte Geschichte der Universität München beseitigt werden, der das Buch übersetzt und für deutsche Leser bearbeitet hat. Seiner Energie und Sorgfalt schulde ich mehr als den gewöhnlichen Grad an Dankbarkeit.

Averil Cameron
King's College, London
Oktober 1993

1. Einführung: Der historische Hintergrund im 3. Jahrhundert

Es ist ein Zeichen der dramatischen Veränderungen, die in unserer historischen Wahrnehmung der antiken Welt stattgefunden haben, daß zu der Zeit, in der die dtv-Geschichte der Antike ursprünglich entstand, das späte Rom oder – wie man heute oft sagt – die Spätantike nicht berücksichtigt wurde; heute schiene es im Gegensatz dazu eher merkwürdig, diese historische Periode zu übergehen. Zwei ganz unterschiedliche Bücher haben diesen Wandel der Auffassungen entscheidend beeinflußt: Arnold Hughes Martin Jones, *The Later Roman Empire* (2 Bände, Oxford 1964) und Peter Brown, *The World of Late Antiquity* (London 1971; deutsche Übersetzung unter dem Titel *Welten im Aufbruch*, Bergisch Gladbach 1980). Natürlich war das Thema insgesamt von ernsthaften Wissenschaftlern nie vernachlässigt worden, doch hat es erst in der Generation seit dem Erscheinen des Werkes von Jones ein so vielfältiges Interesse gefunden. Ja, das späte Rom ist zu einem der Gebiete geworden, die derzeit in Forschung und Lehre besonders stark wachsen.

Die Zeit, mit der wir uns in diesem Buch beschäftigen, erstreckt sich im wesentlichen vom Regierungsantritt Diokletians im Jahr 284 (mit diesem Jahr läßt man üblicherweise die Spätantike beginnen) bis zum Ende des 4. Jahrhunderts, als nach dem Tod des Kaisers Theodosius I. im Jahr 395 das Reich zwischen seinen beiden Söhnen aufgeteilt wurde: Honorius erhielt den Westen, Arcadius den Osten.

Vorliegendes Buch ist also keine Gesamtdarstellung der Spätantike, die man mit guten Gründen vom 4. bis zum 7. Jahrhundert veranschlagen kann, also bis zur Expansion der Araber; vielmehr behandelt es vor allem das 4. nachchristliche Jahrhundert. Dies war das Jahrhundert Konstantins, des ersten Kaisers, der das Christentum annahm und es unterstützte, und Gründers von Konstantinopel – einer Stadt, die Hauptstadt des byzantinischen Reiches werden und bis zu ihrer Eroberung durch die osmanischen Türken im Jahr 1453 bleiben sollte. Edward Gibbon führt in seinem klassischen Werk vom Niedergang und Fall des Römischen Reiches (1776–1788; s. Literaturhinweise) die Geschichte noch weiter, wenn er dieses Datum und nicht das Jahr 476, in dem der letzte römische Kaiser im Westen abgesetzt wurde, als das wirkliche Ende des Römischen Reiches auffaßt. Nur wenige würden Gibbon heute darin zustimmen, doch besteht noch immer keine Einigkeit darüber, wann Rom aufhörte und Byzanz anfing. In dieser Forschungskontroverse bleibt Gibbons farbige Darstellung des moralischen Niedergangs von großem Einfluß; er hatte angenommen, jener habe begonnen, als der Höhepunkt der römischen Zivilisation zur Zeit der Adoptivkaiser im 2. Jahrhundert überschritten war.

Wer über das 4. Jahrhundert schreibt, muß zu Themen Stellung beziehen, die tatsächlich vor allem subjektiv beurteilt werden können: War die Herrschaftsform jener Zeit ein repressives System, das sich als Antwort auf das Chaos entwickelte, welches im 3. Jahrhundert begonnen hatte? Können wir in ihm Anzeichen für einen Niedergang erkennen, der zum Zusammenbruch und zur Fragmentierung des Römischen Reiches im Westen im 5. Jahrhundert führte? Trug Konstantins Annahme des Christentums irgendwie zu einem Prozeß des Niedergangs dadurch bei, daß ältere römische Werte schließlich aufgegeben wurden (wie Edward Gibbon annahm)? All diese Thesen sind von Historikern in Vergangenheit und Gegenwart vertreten worden und finden sich in vielen Darstellungen jener Epochen.

Es wird deutlich werden, daß das vorliegende Buch einen anderen Ansatz verfolgt. Natürlich können Voreingenommenheit und insbesondere Wertungen in einem Geschichtswerk nicht völlig vermieden werden, doch sind sie zweifellos auch nicht von Vorteil für den Historiker. Im übrigen sind wir heute viel weniger geneigt, das Prinzipat als die Verkörperung des klassischen Ideals anzusehen und alle Abweichungen davon als Niedergang aufzufassen, da wir selbst die Veränderung traditioneller Werte in unserer eigenen Gesellschaft erleben. Schließlich sind wir uns heute vielleicht mehr als frühere Generationen von Historikern der Macht und der Gefahr von Rhetorik und Propaganda bewußt und daher weniger bereit, die Rhetorik und Propaganda des späten Rom unbesehen als historische Wahrheit zu übernehmen.

Die Zeit von Diokletian an bezeichnet man manchmal als das »Dominat«, da der Kaiser als *dominus* (Herr) bezeichnet wurde, wohingegen er in der früheren Kaiserzeit, dem sogenannten »Prinzipat«, ursprünglich anders angesprochen wurde, nämlich lediglich *princeps,* »erster« Bürger. Allerdings war der Begriff *dominus* in keiner Weise neu; außerdem müssen wir zwischen den Absichten und der Selbstdarstellung der Kaiser im 4. Jahrhundert einerseits und der Gesellschaft jenes Reiches insgesamt unterscheiden.

Um diesen Unterschied erfassen zu können, dürfen wir nicht erst mit Diokletian oder dem tetrarchischen System (284–305) beginnen, das jener Kaiser im Bemühen um die Wiederherstellung politischer Stabilität einrichtete; nach Diokletians Plan sollten sich zwei Kaiser (*Augusti*) die Macht teilen, wobei jedem von ihnen ein *Caesar* zugeordnet sein würde, der eines Tages Nachfolger des jeweiligen *Augustus* werden sollte. Vielmehr müssen wir mit dem 3. Jahrhundert anfangen, das wie eine Wasserscheide zwischen zwei unterschiedlichen Systemen erscheint.

Hier setzt man gewöhnlich eine Krisenzeit an, die sogenannte »Krise des 3. Jahrhunderts«, die sich in einem fortwährenden und raschen Wechsel von Kaisern zwischen den Jahren 235 und 284 zeigt, in fast ununterbrochener Kriegführung im Inneren wie im Äußeren des Reiches, dazu im völligen Zusammenbruch der Silberwährung und im Rückgriff des Staates auf Abgabenerhebungen in Naturalien. Diese schlimme Lage wurde von Diokletian zumindest teilweise unter Kontrolle gebracht. Seine Reformmaßnahmen wurden von Konstantin (306–337) fortgesetzt, womit das Fundament für die Erholung im 4. Jahrhundert gelegt war. Angesichts solcher äußerer Umstände, für die man unschwer zeitgenössische Quellen findet, ist es verlockend, sich vorzustellen, daß die Leute sich bereitwilliger der Religion zuwandten, in der sie Trost oder Ausweg suchten, und daß hierin die Wurzeln der angeblich spirituelleren Welt der Spätantike liegen. Doch ist viel hiervon ebenfalls einem subjektiven Urteil unterworfen, und viel liegt daran, daß man die Aussage der antiken Quellen zu sehr für bare Münze nimmt. Ein Beispiel: Die Klagen über den Steuereinnehmer, die wir in rabbinischen Quellen aus Palästina und in ägyptischen Papyri finden, bezeugen nur, was wir ohnehin erwartet haben, nämlich daß niemand gerne Steuern zahlt; sie belegen aber nicht, daß die tatsächliche Steuerlast so sehr erhöht worden war, wie man auf den ersten Blick jenen Quellen entnehmen zu können meint.

Sicherlich gab es ernsthafte Probleme im 3. Jahrhundert, insbesondere bezüglich der politischen Stabilität und bezüglich Währungsfragen, doch sind fast alle Einzelkomponenten des Gesamtbegriffs »Krise des 3. Jahrhunderts« in den letzten Jahren in der Forschung bezweifelt worden. War aber die Krise weniger schlimm, als man früher angenommen hat, dann ist das Maß des Wandels zwischen dem 2. und dem 4. Jahrhundert vielleicht ebenfalls übertrieben dargestellt worden.

»Die Krise des 3. Jahrhunderts«, »das Zeitalter des Übergangs«, »die Epoche der Soldatenkaiser«, »die Zeit der Anarchie«, »die Militärmonarchie« – unabhängig von der jeweils gewählten Bezeichnung stimmen die modernen Historiker darin überein, daß die kritische Zeit im 3. Jahrhundert mit der Ermordung des Kaisers Alexander Severus im Jahr 235 begann und bis zum Herrschaftsantritt Diokletians im Jahr 284 währte.

Das erste und deutlichste Symptom, das man erkennt, war der häufige Wechsel der Kaiser seit Alexander Severus – die meisten waren nur für ein paar Monate an der Herrschaft und kamen durch Gewalt ums Leben, oft durch ihre eigenen Soldaten oder durch den Putsch eines anderen. Gallienus (253–268) herrschte noch am längsten, Aurelian (270–275) am erfolgreichsten, indem es ihm gelang, die unabhängige Herrschaft niederzuringen, die Königin Zenobia in Palmyra in Syrien nach dem Tod ihres Gatten Odenathos errichtet hatte. Hingegen wurde Valerian (253–260) von Schapur I. gefangengenommen, dem König der mächtigen Dynastie der Sassaniden, die den Parthern als Herrscher über Persien im Jahr 224 nachgefolgt waren (s. Kapitel 9), während von 258 bis 274 Postumus und seine Nachfolger in Gallien (im sogenannten »Gallischen Sonderreich«) praktisch unabhängig vom römischen Kaiser herrschten.

Dieser häufige Wechsel von Kaisern (die Unterscheidung zwischen Kaiser und Usurpator wurde zunehmend undeutlicher) war verbunden mit dem zweiten Symptom der Krise, der ständigen Kriegführung, die dem Heer – oder den Heeren – eine noch größere Bedeutung zuwies als ihm bereits zur Zeit der severischen Kaiser im 2. Jahrhundert zukam. Die Sassaniden stellten eine ernsthafte und unvorhergesehene Bedrohung des Ostens dar, die drei Jahrhunderte bestehen bleiben sollte, bis schließlich im Jahr 628 ihr Reich nach den Siegen des Heraclius zu Fall kam. Der Konflikt mit den Sassaniden sollte auf die materiellen wie die personellen Möglichkeiten Roms weitreichende Auswirkungen haben. Der bedeutendste sassanidische König im 3. Jahrhundert, Schapur I. (242 bis etwa 272), fiel zwischen 253 und 260 in Mesopotamien, Syrien und Kleinasien ein, eroberte Antiochia und deportierte Tausende von Einwohnern dieser Stadt nach Persien; seine Siege zeichnete er in einer grandiosen Inschrift nahe Persepolis auf (s. Kapitel 9), wobei Reliefs den unterlegenen römischen Kaiser Valerian darstellen. Im Norden und Westen setzten die germanischen Stämme, die bereits Kaiser Mark Aurel große Schwierigkeiten bereitet hatten, den Druck auf die Grenzen des römischen Reiches fort, und bereits im Jahr 251, also noch vor der Gefangennahme Valerians durch Schapur, war Kaiser Decius von den Goten besiegt worden.

Was den fortwährenden barbarischen Angriffen zugrunde lag und welche Ziele die Invasoren tatsächlich verfolgten, ist noch immer durchaus unklar. Es ist ein Fehler, in geradezu apokalyptischen Begriffen von ganzen Wellen Tausender und aber Tausender Barbaren zu sprechen, die über das Römische Reich herfielen, denn die tatsächliche Zahl der Eindringlinge war im Einzelfall jeweils recht gering. Nichtsdestotrotz besteht kein Zweifel, daß das 3. Jahrhundert in diesen Einfällen den Prototyp eines Problems erlebte, das im weiteren Verlauf der Geschichte große Bedeutung erlangen und nach der Auffassung vieler Historiker die Hauptursache für den Fall des weströmischen Reiches werden sollte. So gut wie jede der nördlichen und westlichen Provinzen des Reiches erlebte damals einen solchen Barbareneinfall, ebenso im Osten die Provinzen Kappadokien, Achäa, Ägypten und Syrien – ja Italien selbst bildete (zur Zeit Aurelians) keine Ausnahme hiervon. Es ist nur zu verständlich, daß die Zeitgenossen dies als den Anfang vom Ende begriffen.

Das Heer hatte bereits infolge der Reform unter Kaiser Septimius Severus weit größere Bedeutung als zuvor erlangt, und die kritische Situation des 3. Jahrhunderts verlieh ihm eine geradezu gefährliche Übermacht. Es ist kaum überraschend, daß jedes Provinzheer seinen eigenen Kandidaten für die Kaiserherrschaft benannte oder, wenn es ihm gefiel, ebenso schnell ermordete. Nichts konnte verhindern, daß sich dieser Prozeß wiederholte: Der Senat hatte nie die direkte Kontrolle über das Heer innegehabt, und selbst wenn es einen Kaiser in Rom gab, hatte dieser kaum Gelegenheit, in solch verworrenen Umständen zu kontrollieren, was an den Rändern des Reiches geschah.

Die verschiedenen militärischen Bedrohungen von außen verursachten also nicht so sehr die innere Instabilität (wenngleich sie zweifellos zu ihr beitrugen), vielmehr zielten sie auf ein Reich, das bereits hochgradig instabil war, was sich in den Bürgerkriegen seit der Herrschaft Mark Aurels deutlich gezeigt hatte. Allerdings wurden im 3. Jahrhundert weitere Folgen bald deutlich: Das Heer nahm notwendigerweise an Größe zu, folglich wuchsen auch seine Anforderungen an materiellem wie personellem Nachschub, und im Gegensatz zu den friedlichen Umständen der frühen Kaiserzeit, in der die Soldaten im allgemeinen von den inneren Provinzen des Reiches ferngehalten wurden, standen sie nun überall, in den Städten und auf dem Land, und waren dabei durchaus nicht immer unter Kontrolle. Als durch die Kaiser Diokletian und Konstantin wieder ein stabileres Militärsystem eingeführt wurde, sah man diese Situation teilweise als schlicht gegeben an, weshalb das Heer des spätrömischen Reiches nicht in der Hauptsache an den Grenzen stationiert war, sondern in kleineren Einheiten innerhalb der Provinzen und in den Städten lag.

Angesichts dieser Umstände versteht sich, daß das System der Sollstärke und des Nachschubs den Belastungen nicht standhielt. Das Heer war hauptsächlich in Silber-Denaren aus Steuereinnahmen bezahlt worden, die in derselben Münze eingetrieben worden waren. Der Silbergehalt des Denars war bereits vor langer Zeit, unter Kaiser Nero, reduziert worden, wurde aber seit Kaiser Mark Aurel zunehmend geringer, während die Bezahlung der Soldaten angehoben wurde, weil man das Heer stark und unter Kontrolle halten wollte. Dieser Prozeß führte so weit, daß spätestens in den sechziger Jahren des 3. Jahrhunderts der Denar seinen Silbergehalt fast völlig verloren hatte und praktisch zur Gänze aus unedlem Metall bestand.

Es mag überraschen, daß die Preise nicht sofort gestiegen waren, als die Verschlechterung des Silbergehalts im großen Stil begonnen hatte. Doch war das Römische Reich nicht einem modernen Staat vergleichbar, in dem solche Änderungen amtlich bekanntgegeben und daraufhin sofort ausgeführt werden. Die Kommunikationsverbindungen waren langsam, und die »Regierung«, wenn man überhaupt einen solchen Begriff verwenden darf, hatte kaum Möglichkeiten, die Münzwährung oder die Tauschraten auf lokaler Ebene zu kontrollieren – dies nicht einmal zu ihrer besten Zeit, erst recht natürlich nicht in solch verworrenen Umständen. Die wiederholten Verschlechterungen des Münzgeldes, die derart ernsthafte Konsequenzen haben sollten, waren also weit eher Folge von Maßnahmen, die man *ad hoc* unternommen hatte, um die kontinuierliche Bezahlung der Soldaten sicherzustellen, als Auswirkungen irgendeiner langfristig angelegten Politik.

Doch natürlich kam es zu einem – sogar doch recht raschen – Preisanstieg, der tatsächlich Schwierigkeiten beim Tausch der römischen Währung und beim Warenkreislauf mit sich brachte. Dabei handelte es sich nicht um eine Inflation im modernen Sinne, vielmehr um eine Folge der Tatsache, daß besonders große Mengen von Münzen aus unedlem Metall von den häufig wechselnden Kaisern des 3. Jahrhunderts zu deren eigenen Zwecken produziert worden waren und der, daß die Bevölkerung allmählich wahrnahm, daß die umlaufenden Denare keineswegs mehr so viel wert waren wie gewohnt.

Der unausweichliche Effekt hiervon war, daß ältere Münzen mit ihrem höheren Gehalt an edlem Metall immer weniger in Umlauf kamen, weil man sie lieber hortete als ausgab – tatsächlich stammt ein Großteil der römischen Münzen, die heute erhalten sind, aus solchen Horten, die offenbar im 3. Jahrhundert versteckt (und erst in der Neuzeit wieder entdeckt) wurden. Ja, Gold und Silber verschwanden in einem solchen Ausmaß aus dem Münzkreislauf, daß Diokletian und Konstantin besondere Steuern einführen mußten, die man nur in diesen Edelmetallen entrichten konnte, weil die Kaiser nur so Gold und Silber für den Reichsschatz sichern konnten. War dieser Kreislauf einmal in Bewegung, ließ er sich nur schwer bremsen, und trotz der Bemühungen Diokletians, die Preise zu kontrollieren (s. Kapitel 2), stiegen jene – wie uns die Papyri jener Zeit zeigen – unter Konstantin noch immer dramatisch an.

Hierin liegt die Ursache für die Rückkehr zum münzlosen Warentausch, in dem viele Historiker eine Rückkehr zu einer primitiven Wirtschaft und deshalb ein Schlüsselsymptom für die »Krise« gesehen haben. Nicht nur die Bezahlung der Soldaten wurde teilweise in Naturalien statt in Münzgeld geleistet, sondern auch Steuern waren auf diese Weise zu begleichen, da die hauptsächliche Verwendung der Steuereinnahmen seit jeher dem Unterhalt des Heeres gedient hatte.

Insbesondere angesichts der Erfahrung aus unserer eigenen Welt sollten wir aber weniger vom Rückgang der Geldwirtschaft überrascht sein als vielmehr vom Erfolg, mit dem ein so ausgeklügeltes System von örtlichen Naturalabgaben, bei dem die Nachfrage den vorhandenen Mitteln entsprach, erdacht und umgesetzt wurde. Auch ist es von Bedeutung, festzuhalten, daß die direkten Abgaben von Naturalien seit jeher ein Teil der römischen Praxis gewesen waren, wenn es darum ging, die *annona militaris*, also die Versorgung des Heeres, und ebenso die *angareia*, die Transportdienstleistung für das Militär sicherzustellen; neu war also nicht die Praxis als solche, sondern nur ihr Ausmaß. Die Bedingungen waren freilich äußerst instabil, insbesondere zur Mitte des Jahrhunderts, und eine örtliche Bevölkerung mußte damit rechnen, plötzlich und ohne Vorwarnung zu solcherlei Abgaben genötigt zu werden, was in vielen Fällen eine besondere Härte bedeutete. Erst Diokletian unternahm es, die Eintreibungen dadurch zu systematisieren, daß er sie regelmäßig veranlaßte.

Wenn also das Heer zumindest teilweise in Naturalien entlohnt wurde (Geldzahlungen hörten nie völlig auf), ergaben sich daraus andere Folgen, etwa die Notwendigkeit, solche Versorgungsmittel aus Gegenden aufzubringen, die möglichst nahe bei den Soldaten waren; der Transport von schweren Gütern über große Entfernungen war ja schwierig. Das Heer des 4. Jahrhunderts finden wir daher in kleinere Einheiten aufgeteilt, die näher an den Verteilungszentren postiert waren.

Auch gab es Änderungen in der Kommandostruktur: Die Prätorianerpräfekten, die als Reiterkommandeure in der kaiserlichen Garde begonnen hatten, hatten allmählich allgemeinere Kommandofunktionen im Heer übernommen; mit den genannten Änderungen in der *annona* und der sonstigen Versorgung des Heeres gewannen sie die Oberhand auch über das Provinzialsystem und waren insofern nurmehr dem Kaiser nachgeordnet.

Ähnlich kam den Rittern im allgemeinen eine immer größere Rolle in der Verwaltung zu, etwa durch die Übernahme von Statthalterschaften in den Provinzen, die traditionell Senatoren innegehabt hatten. Spätere Quellen behaupten, daß Kaiser Gallienus sogar ausdrücklich durch ein Edikt Senatoren von solchen Posten ausgenommen hätte (Aurelius Victor, De Caesaribus 33, 34), doch ist aus anderen Zeugnissen deutlich, daß es nie zu einem formellen Verbot dieser Art kam und daß manche Senatoren weiterhin Statthalter blieben; der Wandel war also nicht absolut, sondern ergab sich wahrscheinlich als natürliche Folge der Dezentralisierung und des Zusammenbruchs der Patronageverbindungen, die zwischen dem Kaiser in Rom und den Angehörigen der senatorischen Schicht bestanden hatten und die für solcherlei Posten geradezu notwendig waren. Nun aber war es praktischer, ja für Kaiser, die in den Provinzen aufgewachsen waren und im Heer gedient hatten – was ja inzwischen für die meisten Kaiser zutraf –, logischer, Statthalter aus eben der Schicht zu wählen, die sie kannten und die ihnen greifbar war.

Der Niedergang der Bedeutung des Senats im 3. Jahrhundert läßt sich zu einem gewissen Teil der Tatsache zuweisen, daß die Kaiser nicht mehr in Rom residierten und auch nicht mehr in Rom gemacht wurden (Tacitus, Historiae 1, 4); die enge Bindung zwischen Kaiser und Senat wurde deshalb durchbrochen, und nur wenige Kaiser des 3. Jahrhunderts hatten ihren Herrschaftsantritt in üblicher Weise vom Senat ratifizieren lassen. Der Senat selbst hatte mittlerweile viel von seiner alten politischen Rolle verloren, wenn auch die Mitgliedschaft in diesem Gremium weiterhin Prestige und nützliche Steuerbefreiungen mit sich brachte. Die Kaiser in jener Zeit verdankten also ihre Herrschaft nicht mehr dem Senat, vielmehr wurden sie oft im Felde zu Kaisern ausgerufen, von ihren Soldaten umgeben.

Das Erbe dieser Verteilung kaiserlicher Macht läßt sich unter Diokletian und in der Tetrarchie noch immer erkennen, als nämlich die *Augusti* nicht mehr in Rom hofhielten, sondern ihre Zeit mit Reisen verbrachten, während derer sie in einer ganzen Reihe unterschiedlicher Zentren residierten, etwa in Serdica (Sofia) und in Nicomedia (Izmit) – ja, manche Zentren, insbesondere Trier und Antiochia, hatten bereits im 3. Jahrhundert einen gleichsam halboffiziellen Status erlangt.

Rom sollte nie mehr zur Hauptresidenz der Kaiser werden; mit dem Senat aber war diese Stadt verbunden geblieben. Kaiser Konstantin schuf eine neue Grundlage für die Schicht der Senatoren, indem er den Zugang zu ihr weiter öffnete, wodurch die Mitgliedschaft in diesem Gremium Männern aus dem gesamten Reich möglich wurde und nicht mehr den Wohnsitz und eine Funktion in der Stadt Rom voraussetzte.

Tatsächlich erlebte also die Mitte des 3. Jahrhunderts keine dramatische Krise, eher die Fortsetzung eines Prozesses, der bereits begonnen hatte und zu den Maßnahmen führte, die dann von Diokletian und Konstantin ergriffen wurden – Kaisern, die man gewöhnlich mit der Schaffung des spätantiken Herrschaftssystems in Verbindung bringt. Wie nun sind die Zeugnisse für den Zusammenbruch der Geldwirtschaft in diesem Zusammenhang einzuschätzen? Dies ist eine der schwierigsten Fragen, wenn man zu verstehen versucht, was tatsächlich vor sich ging. Wir müssen danach fragen, inwieweit der Preisanstieg auf eine allgemeine Wirtschaftskrise zurückging oder ob er die Folge des Zusammenbruchs der Geldwirtschaft aus recht speziellen Gründen war.

Ein Phänomen, das man oft zur Stützung der erstgenannten Argumentation anführt, ist das scheinbare Ende öffentlichen Bauens während jener Zeit. Die lokalen Notabeln und Ratsherren, die zuvor, zur hohen Zeit römischen Wohlstandes im 2. Jahrhundert, so sehr darauf aus gewesen waren, auf eigene Kosten ihre jeweilige Stadt mit großartigen Bauten zu schmücken, schienen nun nicht mehr die Mittel oder aber die Neigung zur Fortführung solchen Tuns gehabt zu haben; vielmehr hörte diese Art von bürgerlicher Patronage, die man oft (nach dem griechischen Wort für »Wohltäter«) als »Euergetismus« bezeichnet und die in der frühen Kaiserzeit eine so große Rolle gespielt hatte, nun scheinbar völlig auf. Vom 4. Jahrhundert an werden die wirtschaftlichen Schwierigkeiten dieser Dekurionen (*decuriones*, Mitglieder des Rats einer Stadt) ein wichtiges Thema in unseren historischen Quellen. Allerdings ist ein Niedergang des Wohlstands der oberen Schichten städtischer Gesellschaft nur eine von mehreren möglichen Erklärungen für das Ende solcher Bautätigkeit; es ist nämlich auch offenbar, daß der

Unterhalt bereits bestehender öffentlicher Bauten, der den Stadtverwaltungen oblag, bereits im späten 2. Jahrhundert ein Problem darstellte. Insofern mögen weitere Neubauten für die Stadt eher eine Belastung als ein Grund zur Dankbarkeit gewesen sein. Im übrigen ließ bis zur Mitte des 3. Jahrhunderts die allgemeine Unsicherheit in vielen Gebieten den Gedanken an die Errichtung eines Gebäudes im Sinne einer »Wohltat« alten Stils wohl nicht mehr als angemessen erscheinen: In Städten, die sich von einer Invasion oder einem Bürgerkrieg bedroht glaubten, mußte das Hauptinteresse der Verwaltung aufs Überleben und auf die Instandsetzung des Vorhandenen gerichtet sein, und tatsächlich zeigten manche Städte selbst nach einem ernsthaften Angriff bemerkenswerte Kraft. So waren Antiochia von den Sassaniden und Athen von den Herulern arg in Mitleidenschaft gezogen worden, doch waren beide Städte in der Lage, sich wieder zu erholen.

Im Unterschied dazu waren die Städte in Gallien, die im 3. Jahrhundert unter ähnlichen Einfällen litten, eher verletzlich als die im wohlhabenderen und dichter besiedelten Osten des Reiches, und wenn es im Westen überhaupt zum Wiederaufbau und zur Errichtung von Befestigungen kam, dann innerhalb des Gebietes der Stadt, die sich dabei gleichsam verkleinerte, wie dies aus Amiens und Paris bekannt ist. Während in der frühen Kaiserzeit die Städte keiner starken Befestigungen bedurft hatten, begannen sie nun, Stadtmauern zu errichten und ihre Erscheinungsform in die der ummauerten Stadt zu wandeln, die typisch für die Spätantike ist. In Athen wurde nun das Gebiet nördlich der Akropolis befestigt.

In Nordafrika war die Lage nochmals anders: Hier sah das 3. Jahrhundert einen Fortgang der Bautätigkeit und des Wachstums der Städte. In gewisser Weise von der Unsicherheit anderer Reichsteile geschützt, profitierte die nordafrikanische Wirtschaft von der Zunahme der Olivenproduktion, ja die Städte im Nordafrika des 4. Jahrhunderts zählten zu den sichersten und blühendsten des Reiches.

Es ist deutlich, daß angesichts des häufigen Wechsels der Kaiser die reibungslose Funktion der Beziehungen zwischen dem Zentrum und der Peripherie ernsthaft unterbrochen war. Das Römische Reich war von Anfang an ein Balanceakt gewesen, nun aber war das Gleichgewicht in Gefahr. Einst hatte es eine Balance zwischen Reichs- und Lokalinteressen gegeben, die im Zeitalter der Adoptivkaiser besonders stabil gewesen war. Im 3. Jahrhundert traten die lokalen Kulturen deutlicher hervor. So wurden von Gallien im Westen bis nach Syrien und Ägypten im Osten die lokalen

Stile in der darstellenden Kunst deutlicher, und auch örtliche politische Interessen hatten nun Gelegenheit, sich durchzusetzen, wie sich dies besonders im sogenannten »Gallischen Sonderreich« und im Unabhängigkeitsstreben Zenobias in Palmyra offenbarte.

Eine weitere wichtige Entwicklung des 3. Jahrhunderts war die Ausdehnung des römischen Bürgerrechts auf alle Reichsbewohner, die Kaiser Caracalla mittels der sogenannten *Constitutio Antoniniana* des Jahres 212 durchsetzte; zwar mag der Kaiser damit vor allem eine Erhöhung der Steuereinnahmen verfolgt haben, doch wurde die Auffassung dessen, was als »römisch« galt, nunmehr auf eine ganze Vielzahl ethnisch und örtlich divergenter Kulturen angewandt.

Unter Diokletian und den Tetrarchen neigte sich die Waage freilich wieder etwas mehr dem Zentrum zu, doch hatte die politische und militärische Fragmentierung während der Mitte und des späteren 3. Jahrhunderts auch langfristige Auswirkungen auf das kulturelle Muster der Spätantike: Von nun an konnten sich sowohl das Syrische als auch das Koptische als bedeutende Literatursprachen etablieren, die von einer Vielzahl von Christen in Syrien, Mesopotamien und Ägypten verwendet wurden. Auch die christliche Kirche zog hieraus einen Gewinn: Trotz der Christenverfolgung unter den Kaisern Decius (249–251) und Diokletian (303–311) war sie in der Lage, eine solide institutionelle Struktur zu entwickeln, die ihr ganz besonders zugute kam, als sie unter Konstantin Förderung erfuhr.

Sicherlich war das 3. Jahrhundert eine schwierige Periode. Freilich waren nicht alle Probleme »hausgemacht«: Die Pest, die das Römische Reich in der Regierungszeit des Kaisers Mark Aurel traf, war weit weniger schlimm als die, die das östliche Reich im 6. und Westeuropa im 14. Jahrhundert überfiel, und Seuchen und Krankheitsepidemien waren in der antiken Welt zu jeder Zeit verbreitet. Dennoch mag diese Pest ebenso wie Invasionen und Kriege ein Faktor gewesen sein, der zu einem Rückgang der Bevölkerungszahlen und infolgedessen (denn Land muß bearbeitet werden, um Nutzen zu bringen) zu einer Verkleinerung der wirtschaftlichen Basis führten. Dieses Problem wird in der Forschung kontrovers diskutiert; so hat man einen Mangel an Arbeitskraft als einen Grund für den angenommenen Niedergang des Reiches angesehen, allerdings mit ungenügenden Argumenten. Trotzdem erlauben allgemeine Überlegungen im Verbund mit den Zeugnissen für die Verkleinerung der Stadtgebiete insbesondere in den westlichen Provinzen die vorsichtig zu formulierende Hypothese eines Rückgangs der Bevölkerungszahlen. Es bleibt aber wichtig, dies als eine langfristige Entwicklung anzusehen; das östliche Reich war jedenfalls in der Lage, sich zu erholen, und es gibt gute Belege für ein tatsächliches Ansteigen der Bevölkerungszahl seit dem späten 4., sicherlich aber im 5. Jahrhundert.

Aus unterschiedlichen Gründen waren die modernen Historiker schnell bei der Hand, wenn es darum ging, die negativen Aspekte jener Zeit zu betonen. Daß bereits die Zeitgenossen in diesen Kategorien dachten, ist weniger deutlich. Für uns heute ist die gesellschaftliche und rechtliche Unterscheidung zwischen *honestiores* (Oberschicht) und *humiliores* (Unterschicht) ein herausragendes Merkmal des späteren Rom; allerdings hatte sie sich deutlich vor der »Krise des 3. Jahrhunderts« entwickelt. Ebenso ist es wahrscheinlich erst eine moderne Vorstellung, das sogenannte »Gallische Sonderreich« als ein separatistisches Unternehmen zu betrachten, denn es war – wie schon der antike Historiker Tacitus (Historiae 1, 4) bemerkte – seit langem eines der »Geheimnisse der Herrschaft«, daß legitime Kaiser auch außerhalb von Rom gemacht werden konnten.

Außerdem haben die negativen Ansichten, die von Zeitgenossen geäußert wurden und auf welche sich viele moderne Darstellungen gründen, gewöhnlich ganz spezifische Ursachen: Bischöfe wie etwa Cyprian von Karthago, der selbst in der Christenverfolgung unter Valerian im Jahr 258 als Märtyrer umkommen sollte, betonten natürlich, daß ihre Zeit voller Übel war. Andererseits blühte die Kultur: Der Philosoph Plotin hielt weiterhin in Rom Vorlesungen über den Platonismus, die zu hören geradezu Mode war, weshalb viele Leute aus der Stadt zu seinen Füßen saßen, außerdem Schüler aus weit entfernten Gebieten. Publius Herennius Dexippus, der die Bürger Athens in ihrem Widerstand gegen die Heruler angeführt hatte, schrieb eine (uns nur in Fragmenten erhaltene) Geschichte der Einfälle der Goten und Skythen.

Wir neigen dazu, uns bei der Beurteilung jener Zeit von der Tatsache irreleiten zu lassen, daß es für die wichtigen fünfzig Jahre in der Mitte des 3. Jahrhunderts keine gute zeitgenössische Darstellung gibt, weshalb wir auf die oft phantasiereiche und trivialisierende *Historia Augusta* angewiesen sind, die sich eher wie die Klatschspalte einer Boulevardzeitung als wie ein Geschichtswerk liest – und die, einmal gelesen, schwer zu vergessen ist.

Insbesondere wenn man vom Standpunkt des modernen Rationalismus zurückblickt, ist es sehr verlockend, mit Eric Robertson Dodds (s. Literaturhinweise) und anderen anzunehmen, daß das

»Zeitalter der Spiritualität«, als das man die Spätantike bezeichnet hat, aus der Unsicherheit erwuchs, die man im 3. Jahrhundert erfahren hatte; mit anderen Worten, daß die Menschen sich der Religion zuwandten, vielleicht insbesondere dem Christentum, weil sie versuchten, einen Lebenssinn zu finden oder der üblen Gegenwart zu entgehen. Die Kaiser, welche die Christen verfolgten – Decius, Valerian und Diokletian –, waren sicherlich der Überzeugung, daß die Vernachlässigung der römischen Götter die Sicherheit des Reiches bedrohte und daß abweichlerische Gruppen wie die Christen aus diesem Grunde gemaßregelt werden mußten. In derselben Weise betrachtete sich Konstantin als besonders von Gott damit beauftragt, sicherzustellen, daß der Gottesdienst richtig durchgeführt und richtig geleitet wurde. Doch ist es eine Sache, eine allgemeine Verbindung zwischen Religion und der Sehnsucht nach Trost, Zuspruch und Leidenserklärung anzunehmen, eine ganz andere aber, sich vorzustellen, daß schwierige Zeiten immer religiöse Bewegungen hervorrufen und daß eine religiöse Entwicklung stets in bezug auf ungünstige gesellschaftliche Faktoren zu erklären ist.

Daß die Spätantike wirklich mehr als andere Perioden, die vor ihr lagen, ein Zeitalter der Spiritualität war, wird inzwischen sogar in Frage gestellt; handelt es sich doch hierbei um eine Annahme, die meist mit der Vorstellung verbunden ist, daß das Heidentum abgewertet oder irgendwie im Niedergang begriffen war und daß das Christentum aufkam, um die so entstandene Lücke zu füllen. Diese Auffassung läßt sich angesichts neuerer Untersuchungen des lebhaften und vielfältigen religiösen Lebens der frühen Kaiserzeit nicht aufrechterhalten, und die Gründe für das Wachstum der christlichen Kirche und die Ausbreitung des Christentums sind nur durch eine breitangelegte Analyse zu erfassen, nicht aber durch den einfachen Hinweis auf einen angeblichen Niedergang des Heidentums.

Die Christianisierung und die für das Reich und seine Gesellschaft weitreichenden Folgen der Annahme des Christentums durch Konstantin gehören zu den Faktoren, welche die Spätantike von der früheren Kaiserzeit unterscheiden. Freilich gibt es viele andere, von denen die Reformen und Änderungen in den Bereichen von Verwaltung, Wirtschaft und Militär, die sich in den fünfzig Jahren der Regierungszeit von Kaiser Diokletian und Konstantin (284–337) entwickelten, besondere Bedeutung haben. Zwar gab es zwischen diesen beiden Kaisern deutliche Unterschiede, die sich in den erhaltenen Quellen sehr lebendig spiegeln, doch sollten wir auch versuchen, unseren Blickwinkel breiter zu fassen und ihre

Regierungszeit insgesamt als ein halbes Jahrhundert der Erholung und Konsolidierung nach dem ebenso langen Zeitalter der »Militäranarchie« zu betrachten, von der Michael Rostovtzeff (s. Literaturhinweise) sprach. Im Unterschied zur üblichen Einschätzung waren es jedoch nicht so sehr die Persönlichkeiten Diokletians und Konstantins, denen die Stabilisierung der Lage zu verdanken war, sondern vielmehr eine Kombination und ein Zusammentreffen verschiedener Faktoren, wobei viele ihrer »Reformen« tatsächlich stückweise und *ad hoc* entstanden.

Sieht man die Geschichte in diesem Licht, erscheint die Mitte des 3. Jahrhunderts weniger als eine Zeit der »Krise«, aus der das Reich dank der Bemühungen eines starken, ja totalitären Kaisers gerissen wurde (Diokletian wird oft als »orientalischer Despot« bezeichnet, weil er die umfangreichen höfischen Zeremonien im Stil der Perserkönige übernommen hatte; s. Kapitel 3), sondern vielmehr als eine Übergangsphase in einem sich fortwährend entwickelnden und in Bewegung befindlichen Herrschaftssystem.

2. Die Quellen

In völligem Kontrast zur Quellenlage für das 3. Jahrhundert sind die erhaltenen Belege für die Zeit seit der Herrschaft Diokletians, insbesondere aber seit dem 4. Jahrhundert, ausgesprochen zahlreich und vielfältig. Dies liegt nicht nur an der Vielzahl christlicher Quellen aus jener Zeit, sondern auch an der großen Menge weltlicher Schriftzeugnisse in lateinischer und griechischer Sprache. Speziell die aus dem späten 4. Jahrhundert erhaltene lateinische Literatur ist umfangreicher als die aus der Epoche Ciceros, womit diese Zeit zu einer der am besten dokumentierten Perioden der römischen Geschichte überhaupt wird.

Ammian (Ammianus Marcellinus), der größte lateinische Historiker nach Tacitus, vollendete seine *Res Gestae* in Rom zu Beginn der neunziger Jahre des 4. Jahrhunderts. Die umfangreichen Briefe des Quintus Aurelius Symmachus, einer Art Plinius seiner Zeit, vermitteln uns eine Vorstellung der Prioritäten und der Beschränkungen, die für einen heidnischen Senator einer gewissen Stellung und Wohlhabenheit typisch sind, wenn auch nicht für die besonders Reichen, die von Ammian so unvergeßlich beschrieben wurden (s. Kapitel 8). Außerdem ist dies das Zeitalter der großen christlichen Autoren, Männer wie Hieronymus, Ambrosius und vor allem Augustinus sowie deren griechische Gegenüber Basilios von Caesarea, dessen Bruder Gregor von Nyssa, Gregor von Nazianz und Johannes Chrysostomos, der zweimal ins Exil verbannte Bischof von Konstantinopel. Diese Männer, allesamt Bischöfe und alle im traditionellen weltlichen Stil hochgebildet, setzten ihrerseits die große Tradition der klassischen Rhetorik fort, die sie nun in ihren Reden für christliche Zwecke nutzten, etwa in der Grabrede, die Ambrosius zu Ehren des Kaisers Theodosius I. im Jahr 395 hielt. Ein anderes Beispiel hierfür, die Grabrede auf Basilios, den Bischof von Caesarea in Kappadokien, die Gregor von Nazianz 379 verfaßte, ist als das wohl bedeutendste Werk griechischer Rhetorik seit dem Tod des Demosthenes bezeichnet worden.

Diese beiden Jahrhunderte, das 4. und das 5., stellen also die goldene Zeit der Literatur dar, die man als die »patristische« bezeichnet, weil die Werke von den bedeutenden »Kirchenvätern« geschrieben wurden, von Männern, die mit der Herrschaft des Kaisers Konstantin der Gefahr einer Verfolgung entgangen waren und nun häufig die öffentliche Funktion nicht nur eines Bischofs, sondern auch eines Staatsmannes übernahmen.

Damit soll nur eine erste Vorstellung vom Reichtum des erhaltenen literarischen Quellenmaterials gegeben sein. Daß die Literatur nicht sofort in voller Blüte stand, ist angesichts der Dürre, der sie sich im 3. Jahrhundert ausgesetzt sah, und des Ausmaßes an gesellschaftlichem Wandel, der unter Diokletian und Konstantin stattfand, nicht überraschend. Doch von der Mitte des 4. Jahrhunderts an erkennen wir ein wahres Aufblühen von Literatur verschiedener Arten, das offenbar durch die gesetztere gesellschaftliche Ordnung angeregt wurde, die all jenen großartige Möglichkeiten bot, die literarisches Talent hatten. Ausonius etwa, ein Dichter und Redner aus Bordeaux, stieg soweit auf wie nur möglich, wurde Prätorianerpräfekt und Konsul, nachdem er Tutor des späteren Kaisers Gratian gewesen war, während Claudianus, ein griechischsprachiger Alexandriner, zu Ruhm und Reichtum in Rom kam, indem er lateinische Preisgedichte schrieb, fein ausgearbeitete und rhetorische Gedichte zur Verherrlichung des Vandalenführers Stilicho und des Honorius, der seinem Vater Theodosius I. als Kaiser im Westen nachfolgte. Die Kaiser des 4. Jahrhunderts versuchten freilich, solch weitreichende soziale Mobilität gesetzlich einzuschränken, um die Steuereinnahmen zu sichern; doch blieb eine gute Ausbildung in Rhetorik und den damit verbundenen klassischen Fächern der Weg, auf dem man am ehesten die gesellschaftliche Leiter emporsteigen konnte.

In den meisten Fällen hatten die großen Männer der Kirche jener Zeit auch eine Ausbildung in klassischer Rhetorik genossen. Infolgedessen ist es nicht einfach, das Verhältnis von weltlicher zu christlicher Kultur zu definieren (s. insbesondere Kapitel 10) – manchmal kamen sich beide sehr nahe. Der heidnische Philosoph und Redner Themistios etwa stand offenbar ungehindert im Dienste christlicher Kaiser und war ausgerechnet während der Herrschaft des Heiden Julian (361-363) nicht in kaiserlicher Gunst.

Julian selbst, der einzige heidnische Kaiser nach Konstantin und selbst ein interessanter Autor, war in seiner Jugend als Christ erzogen worden; er wurde Heide, als er nach der Ermordung seiner männlichen Verwandten durch deren Rivalen, die Söhne Konstantins, praktisch in die Verbannung geschickt worden war und so recht überraschend die Möglichkeit erhielt, sich dem Einfluß des athenischen Neuplatonismus auszusetzen. Als er Kaiser geworden war, schrieb er eine Reihe von recht »unkaiserlichen« Werken, alle auf griechisch, darunter eine Satire mit dem Titel *Caesares* (Die

Caesaren; bei diesem und vielen anderen Werken nennt man heute meist den Titel in lateinischer Form, obgleich sie auf griechisch geschrieben sind), die sich teilweise gegen Konstantin wandte, eine Streitschrift *Contra Galilaeos* (Gegen die Galiläer – so bezeichnete er die Christen; die Schrift beschäftigt sich freilich tatsächlich vor allem mit Moses und dem Alten Testament), einen Hymnos auf den Sonnengott (König Helios) und eine Spottschrift mit dem Titel *Misopogon* (Der Barthasser), in der er sich gegen seine Unbeliebtheit bei den Bürgern von Antiochia verteidigt. Früher hatte er bereits eine Preisrede auf seinen verhaßten christlichen Patron und Vorgänger Constantius II. (337–361) verfaßt, in der er aber sein Heidentum noch verborgen hielt.

Bestimmte Autoren müssen wir noch genauer betrachten, bevor wir uns den nichtliterarischen Quellen zuwenden. Für die Regierungszeit Diokletians sind wir von den Zeitgenossen nur schlecht mit Quellen versorgt, denn es gibt keine zusammenhängende Geschichtsdarstellung, weshalb wir weitgehend auf das giftige lateinische Pamphlet *De mortibus persecutorum* (Über die Todesarten der [Christen-]Verfolger) angewiesen sind, das Laktanz (Lactantius) verfaßte, einst ein Redner am Hof von Nicomedia (Izmit), nun zum Christentum konvertiert. Wahrscheinlich schrieb er um 314, bald nachdem Licinius und Konstantin im sogenannten »Toleranzedikt von Mailand« die Toleranz gegenüber allen Religionen erklärt hatten, und wollte nun in großer Ausführlichkeit die schrecklichen Todesarten all jener aufzeichnen, die sich als Christenverfolger betätigt hatten, insbesondere im Falle des Galerius. Historisch ist seine Darstellung für die weltlichen Ziele Diokletians besonders wenig zuverlässig, da jener Kaiser im Jahr 303 eine Christenverfolgung veranlaßt hatte; dennoch wird das Kapitel, das sich mit den Reformen Diokletians im Bereich von Verwaltung und Militär befaßt (De mortibus persecutorum 7), häufig für bare Münze genommen.

Der diesbezügliche Teil der griechischen *Neuen Geschichte* des Zosimos, eines heidnischen, aus Konstantinopel stammenden Autors des späten 5. oder frühen 6. Jahrhunderts, fehlt, doch selbst wenn dieser Teil erhalten wäre, wäre er wohl ebenso irreführend gewesen, da der Heide Zosimos in direktem Gegensatz zu Laktanz Diokletian pries und Konstantin für jedes Übel verantwortlich machte, dem das Reich in der Folge ausgesetzt war.

Für Konstantin ist die Lage etwas anders, denn uns liegt eine Reihe wichtiger Werke von Eusebios, dem Bischof von Caesarea in Palästina, einem bedeutenden christlichen Autor und Gelehrten vor. Eusebios schuf die neuen christlichen Gattungen von Kirchengeschichte und Chronik – ja, wichtiger noch, er ist die Hauptquelle für alles, was zu unserem Verständnis von Konstantin beiträgt. Selbst hatte Eusebios nicht unter der Christenverfolgung zu leiden gehabt, kannte und besuchte aber viele hochrangige Kirchenleute, die gelitten hatten, weshalb seine späteren Werke von diesen Erfahrungen beeinflußt sind. Seine *Kirchengeschichte,* die in ihrer Endfassung zehn Bücher umfaßt, mag er begonnen haben, bevor im Jahr 303 die Verfolgung stattfand, wenngleich dies nicht unumstritten ist; jedenfalls wurde das Werk mehrfach überarbeitet, da sich die Situation änderte. Der erste Wandel trat ein, als die eben genannte Christenverfolgung im Jahr 311 beendet war, der nächste, als Konstantin im Namen des Christentums in der Schlacht an der Milvischen Brücke 312 den Maxentius besiegte; Konstantin unternahm in der Folge zwei weitere Feldzüge gegen Licinius, die in seinem Sieg des Jahres 324 bei Chrysopolis gipfelten. Eusebios' *Kirchengeschichte* erhielt ihre endgültige Fassung erst nach diesem Sieg, aber noch vor dem Konzil von Nicaea, das Konstantin im Jahr 325 einberief. Eusebios beschrieb es erst in seinem späteren, nach des Kaisers Tod im Jahre 337 vollendeten Werk, der *Vita Constantini* (Biographie Konstantins). Varianten in den mittelalterlichen Abschriften der *Kirchengeschichte* machen deutlich, daß der Autor selbst seine älteren Versionen immer wieder durchsah und so redigierte, daß Licinius abgewertet wurde (zunächst hatte er ihn in neutraler, ja sogar günstiger Form als Verbündeten Konstantins präsentiert), Konstantin aber verteidigt und als Fürsprecher des Christentums verherrlicht wurde.

Eusebios' griechische *Vita Constantini* in vier Büchern ist weniger eine Biographie als vielmehr eine ausführliche und äußerst tendenziöse Lobpreisung, dessen Übertreibungen und Verdrehungen manche Gelehrte daran haben zweifeln lassen, daß es sich überhaupt um ein Werk des großen Autors handle. Manche Forscher vermuten noch immer, daß bestimmte Passagen später hinzugefügt wurden, doch ergeben detaillierte Vergleiche mit den Techniken, derer sich Eusebios in anderen Schriften über Konstantin bediente, daß das Werk insgesamt durchaus von Eusebios stammen kann. Dieser verfaßte ferner offizielle Reden für die Weihung von Konstantins Kirche am Heiligen Grab von Jerusalem im Jahr 335 und eine hochgradig rhetorische griechische Preisschrift auf Konstantin zum dreißigsten Jahrestag der Herrschaft des Kaisers 335/36, die als die *Oratio Tricennalis* (oder als Laus Constantini, Lob Konstantins) bekannt ist.

In Eusebios' Nachrichten über Konstantin gibt es einige ganz offensichtliche historische Probleme; so ist seine Darstellung extrem einseitig: Eusebios möchte seine Leser davon überzeugen, daß Konstantin in allen seinen Taten ein vorbildlicher christlicher Kaiser war. Allerdings ist unübersehbar, daß die *Vita Constantini*, zweifellos im Hinblick auf die instabile Lage nach dem Tod des Kaisers im Mai 337 geschrieben, all das, was Eusebios in seiner *Kirchengeschichte* gesagt hatte, viel weiter ausführt und stark tendenziöse Details hinzufügt. So erscheint die berühmte Geschichte von Konstantins Vision vor der Schlacht an der Milvischen Brücke bei Eusebios zum ersten Mal in der *Vita Constantini* (1, 28), während sie in der Darstellung völlig fehlt, die Eusebios von derselben Schlacht in seiner *Kirchengeschichte* (9, 9) bietet, auf die sich ansonsten seine spätere Darlegung im allgemeinen gründet. Auch das Thema von Konstantins Jugend und der angeblichen Sympathie seines Vaters für das Christentum ist in ähnlicher Weise in der *Vita Constantini* weiter ausgeführt als in der älteren *Kirchengeschichte;* der Feldzug gegen Licinius erscheint hier so, als handle es sich um einen Heiligen Krieg, während die Rolle, die Konstantins ältester Sohn Crispus hierbei spielte und die in der *Kirchengeschichte* festgehalten ist, nun völlig ausgelassen wird – offenbar um die unangenehme Tatsache zu verbergen, daß jener Sohn auf Befehl seines Vater 326 hingerichtet worden war. All dies läßt einen an der Glaubwürdigkeit Eusebios' als Berichterstatter zweifeln.

Hinzu kommt, daß ein Großteil dessen, was wir über Konstantin wissen, auf Eusebios' *Vita Constantini* gegründet ist, die (wie Buch 10 seiner Kirchengeschichte) eine Vielzahl kaiserlicher Briefe und Edikte enthält, die angeblich aus offiziellen Abschriften transkribiert oder aus den lateinischen Originalen übersetzt oder von Eusebios selbst zusammengefaßt sind. In den meisten Fällen aber gibt es keine unabhängigen Zeugnisse, mittels derer man die Genauigkeit seines Vorgehens überprüfen könnte, vielmehr hat sich gezeigt, daß der Umfang des Materials, das er tatsächlich kannte, recht gering war; den Kaiser persönlich hatte Eusebios nur beim Konzil von Nicaea 325 getroffen, und zuvor hatte er wohl lediglich beschränkten Zugang zu Dokumenten und Informationen aus der Westhälfte des Reiches, die seinerzeit Konstantin unterstand.

Eusebios bietet den einzigen Augenzeugenbericht vom Konzil von Nicaea, von dem keine offiziellen Akten erhalten sind, und auch hier ist er notorisch unaufrichtig, weil er als Sympathisant der arianischen Seite (s. Kapitel 4) kurz zuvor formell von einem anderen Konzil verurteilt worden war und nun viel wegerklären mußte;

er eilt deshalb über die tatsächlichen Streitfragen soweit möglich hinweg und konzentriert sich statt dessen auf das Phänomen, daß Konstantin als Patron der Kirche erschien:

> Nun trat er selbst mitten in die Versammlung, wie ein Engel Gottes vom Himmel her, leuchtend in seinem glänzenden Gewande wie von Lichtglanz, strahlend in der feurigen Glut des Purpurs und geschmückt mit dem hellen Schimmer von Gold und kostbaren Edelsteinen. So war seine äußere Erscheinung; seine Seele aber war sichtlich mit der Furcht und Verehrung Gottes geziert; es deuteten dies auch seine gesenkten Augen an, das Erröten des Antlitzes, die Art seines Ganges und seine ganze Gestalt, die an Größe ebenso alle seine Begleiter überragte wie an blühender Schönheit, an majestätischer Würde und an unüberwindlicher Körperkraft, und diese Vorzüge, zu denen der milde Charakter und die große Güte des Kaisers traten, ließen seine außerordentliche Gesinnung über alle Beschreibung erhaben erscheinen. (Eusebios, Vita Constantini 3, 10)

Als nüchterner Historiker zeichnet sich Eusebios also nicht aus, wohl aber macht eine Passage wie die eben zitierte seine ideologische Ausrichtung als christlicher Apologet (Verteidiger des Christentums) anschaulich, in der ihm viele spätere christliche Autoren nachfolgten.

Eusebios' *Kirchengeschichte,* das erste Werk dieser Art, war geradezu eine Pioniertat, indem sie die Geschichte der Kirche von den Zeiten Jesu bis in die Gegenwart des Autors verfolgte. Sie ist zwar durchaus nicht ohne Bemühen um guten Stil geschrieben, unterscheidet sich aber von klassischen Geschichtswerken darin, daß sie einen bestimmten Zweck verfolgt; auch schließt sie wörtlich zitierte Dokumente zum Erreichen dieses Zweckes ein. Eusebios' *Chronik,* die nur in einer armenischen Übersetzung und in der lateinischen Version des Hieronymus erhalten ist, war im wesentlichen eine Zeittafel, die mit der Schöpfung der Welt beginnt und die alten Königtümer des Alten Testaments, der griechischen und der römischen Geschichte als Schritte in einem linearen Fortgang darstellt, der schließlich im Jüngsten Tag und dem Ende der Welt gipfeln würde. Eusebios entwickelte sein lineares Geschichtsdenken in seinen apologetischen Werken, der *Praeparatio Evangelica* und der *Demonstratio Evangelica,* weiter fort, in denen die Ansicht vertreten wird, daß die gesamte ältere Geschichte allein eine Vorbereitung für das Kommen Christi und für die Etablierung des Christentums sei; Eusebios' *Chronik* sollte die Grundlage für die im Mittelalter geradezu zum Standard gewordene historische Form der christlichen Weltchronik werden, die sowohl auf griechisch als auch auf lateinisch verbreitet war. Anders als die *Vita Constantini,* die eher von aktueller Bedeutung war, wurden Eusebios' *Kirchengeschichte* und *Chronik* sofort Standardwerke; erstere wurde überdies von Rufinus ins Lateinische übersetzt und bis ins späte 4. Jahrhundert fortgeführt – und so zum Modell für spätere Kirchenhistoriker wie Sokrates und Sozomenos, beides Juristen, die im 5. Jahrhundert in Konstantinopel wirkten.

Das Lesepublikum solcher Werke war zweifellos überwiegend, wenn nicht ausschließlich christlich, doch bedurfte man auch historischer Werke weltlicher Art, worin die Ursache für die Entstehung einer Reihe kurzer historischer Abrisse auf lateinisch liegen mag, die aus der Mitte des 4. Jahrhunderts stammen: Zu ihnen gehören Aurelius Victor, *De caesaribus* (Über die Kaiser), und das *Breviarium* (Abriß) des Eutropius. Der gesellschaftliche und kulturelle Wandel des 3. Jahrhunderts, insbesondere der Niedergang des Senats und die Verlagerung des »Brennpunktes« von Rom weg, führten dazu, daß offenbar keine senatorische Geschichtsschreibung in der Art eines Tacitus mehr verfaßt wurde; eine griechische Geschichtsdarstellung aus der Regierungszeit Konstantins, die von einem gewissen Praxagoras – einem Heiden – stammte, ist nicht vollständig erhalten. Doch vom Ende des 4. Jahrhunderts an kam es zu einem deutlichen Wiederaufleben weltlicher Geschichtsdarstellung in griechischer Sprache, die sich bis zur Zeit des Theophylaktos Simokatta fortsetzte, der im 7. Jahrhundert schrieb; in diese Kategorie fällt Zosimos' griechische *Neue Geschichte,* auch wenn sie keineswegs das beste Beispiel darstellt.

Wir sollten hier auch die lateinischen *Res Gestae* des Ammian einschließen, das mit Abstand wichtigste historische Werk des 4. Jahrhunderts, das es verdient, neben die klassischen Darstellungen aus der republikanischen und der frühen Kaiserzeit gestellt zu werden, ein Werk mit einer ganz eigenen Lebendigkeit und Kraft. An dessen Ende gibt Ammian an, daß er seine Darstellung mit dem Jahr 96, dem Herrschaftsantritt des Kaisers Nerva, begonnen hatte, mit dem sowohl Tacitus als auch Sueton aufgehört hatten:

Dies habe ich, ein ehemaliger Soldat und Grieche, von der Herrschaft des Kaisers Nerva beginnend bis zum Tode des Valens, nach Maßgabe meiner Fähigkeiten ausgeführt – ein Werk, das die Wahrheit berichtet, ohne daß ich jemals – wie ich glaube – wissentlich gewagt habe, sie durch Verschweigen oder Lüge zu entstellen. Mögen Fähigere das übrige schreiben, wenn sie über entsprechendes Alter und Gelehrsamkeit verfügen. Doch wenn sie dies gegebenenfalls in Angriff nehmen, ermahne ich sie, ihre Sprache zu höherem Stil heranzubilden. (Ammian 31, 16)

Ammians Geschichtswerk endet also, wie hier angegeben ist, mit der katastrophalen Niederlage der Römer und dem Tod des Kaisers Valens in Adrianopel im Jahr 378. Der Teil des Werkes, der erhalten ist, beginnt mit dem Jahr 354, gegen Ende der Regierungszeit von Constantius II., umfaßt allein achtzehn Bücher und ist sehr ausführlich geschrieben. Der erste Teil (wahrscheinlich bis zur Darstellung Konstantins, die aber nicht erhalten ist) muß das Material vergleichsweise stark gekürzt geboten haben (manche Gelehrte haben sogar gemeint, daß Ammian zwei eigenständige Werke verfaßte, wofür es aber keine plausiblen Gründe gibt). Jedenfalls änderte sich Ammians Interessenschwerpunkt in den letzten sechs Büchern seines Werkes, die in seither berühmter Ausführlichkeit Rom und die Laster der dort ansässigen senatorischen Schicht des 4. Jahrhunderts behandeln; Ammian selbst war zwar Heide, doch macht es die haßerfüllte Heftigkeit, mit der er die luxuriösen Vorlieben jener römischen Großen verurteilt, unwahrscheinlich, daß er in deren Patronage stand oder auch nur ein Sprachrohr der angeblichen »heidnischen Reaktion« der senatorischen Schicht war (s. Kapitel 10). Ammians 28. Buch schließt einen ausführlichen Exkurs über die Laster jener Reichen ein, zu denen Ammian auch den Haß auf jegliche Gelehrsamkeit und die ausschließliche Lektüre des Satirikers Juvenal oder der romanhaften Kaiserbiographien eines Marius Maximus rechnet (28, 4; vgl. auch 14, 6). Hier liegt offenbar eine persönliche Anmerkung des Autors vor, doch bleibt uns die tatsächliche Umgebung, in der er sich in Rom bewegte, unzugänglich, ebenso die Identität seiner Förderer, sofern er überhaupt solche besaß. Auch viele andere Einzelheiten über Ammian liegen im dunkeln, etwa die genaue Art seiner Beziehungen zu zeitgenössischen lateinischen Autoren, darunter die zu dem Autor der mysteriösen *Historia Augusta* (s. u.). Und ebenso unklar ist, wann er mit der Aufzeichnung seines Werkes begann, wie weit die Planung seiner Arbeit sich während einer ausgedehnten Reise änderte, die vom Tod des Kaisers Julian 363 bis zu seiner Ankunft in Rom vor 384 dauerte. Vollendet wurde das Werk in den frühen neunziger Jahren des 4. Jahrhunderts.

Ammian beschreibt sich selbst, wie wir gesehen haben, als »Griechen«, und man nimmt allgemein an – wenngleich es keine schlüssigen Belege hierfür gibt –, daß er aus Antiochia stammte, einem bedeutenden Sitz der kaiserlichen Verwaltung im Osten, in dem Latein in offiziellen und militärischen Kreisen verwendet wurde. Zu seiner Arbeit angeregt wurde Ammian zweifellos durch Kaiser Julian, bei dessen unglücklichem Perserfeldzug er selbst als Offizier diente; seine Darstellung dieses Kaisers (Buch 20–25) ist ein Meisterstück historischer Literatur (s. Kapitel 6). Als Kaiser Julian während dieses Feldzugs durch einen nie aufgeklärten Pfeilschuß ums Leben kam (25, 3; vgl. Ammians Nachruf auf Julian 25, 4), muß dies auch für Ammian selbst ein schlimmer Schicksalsschlag gewesen sein. Irgendwie wurde jedoch dann das Material, das er offenbar während seines Dienstes bei diesem Feldzug gesammelt hatte, zur Grundlage eines großen Geschichtswerkes, das sich von dieser Zeit zurück bis 96 und weiter bis 378 erstreckte.

Ammian ist ein Original. In seinen Ansichten durch und durch konservativ, bewunderte er Julian nicht nur wegen der persönlichen Qualitäten dieses Kaisers als Heerführer, sondern auch wegen des Versuchs, die Unabhängigkeit der Städte wiederzubeleben. Wie Julian schätzte auch Ammian die zentralistische Politik Konstantins nicht, allerdings ist seine Darstellung dieses Kaisers verloren, die sicher ein Gegengewicht zu der oben genannten einseitig positiven des Eusebios gebildet hat. Als Heide stand Ammian der christlichen Kirche nicht gerade positiv gegenüber; so betonen seine Bücher über Rom das unangemessene Verhalten kirchlicher Parteien dieser Stadt in den siebziger und achtziger Jahren des 4. Jahrhunderts. Sein Urteil blieb aber unabhängig; Julians Plan, die Christen von der Lehre fernzuhalten, um auf diese Weise ihren Einfluß zu reduzieren, fand Ammians Kritik:

Julian verfaßte recht annehmbare Gesetze, die unbedingte Gebote und Verbote aussprachen, doch gab es auch einige Ausnahmen hiervon. So war das Gesetz, das den christlichen Lehrern der Rhetorik und Grammatik jede Lehrtätigkeit untersagte, sofern sie nicht zum heidnischen Götterkult überträten, zu hart. (Ammian 25, 4)

Im allgemeinen jedoch zeigt selbst ein flüchtiger Blick auf Ammians Wortwahl und seine häufig zum Ausdruck gebrachte persönliche Meinung, daß er starke Vorurteile hatte; einerseits gab er an, jede Form von Exzeß zu verabscheuen und empfahl Mäßigung in jeder Hinsicht, andererseits sah er selbst die Welt und insbesondere die Menschen in durchaus schillerndem Licht, was sich etwa in seinem berühmten Urteil über Kaiser Valentinian zeigt, zu dem er anmerkt, jener habe »zwei wilde menschenfressende Bären besessen, die ›Goldstaub‹ und ›Unschuld‹ hießen und denen er so hörig war, daß er ihre Käfige in der Nähe seines Schlafzimmers aufstellen ließ« (29, 3).

Man hat Ammian häufig wegen seines angeblich ungeschliffenen Lateins kritisiert, was man darauf zurückführte, daß er als griechisch sprechender Römer aufwuchs. Sicher ist sein Latein nicht immer elegant, doch ist es lebhaft, ja melodramatisch, und sein buntes Vokabular, das sogar noch in einer Übersetzung deutlich wird, macht sein Werk geradezu einzigartig. Ein Vergleich mit zeitgenössischen Autoren belegt, daß manches, was man Ammians schlechten Lateinkenntnissen zugeschrieben hat, tatsächlich dem zu jener Zeit üblichen Sprachgebrauch entspricht. Auch hat man ihn gerade wegen der Lebendigkeit seiner Schriftstellerei und wegen seines scharfen Blicks für alles Bizarre als eigentlich unklassischen Autor angesehen. Diese Auffassung ist freilich lediglich ein verkleidetes Werturteil, das mit der Vorstellung eines qualitativen »Niedergangs« von der klassisch-antiken zur mittelalterlichen Welt einhergeht. Mit der neueren Aufwertung der Spätantike können wir Ammian endlich wieder (wie schon einst Edward Gibbon; s. Kapitel 1) als eigenständigen Autor begreifen und als einen der bedeutendsten Schriftsteller der gesamten Antike erkennen.

Dies gilt hingegen kaum für den anonymen Autor der *Historia Augusta,* der sein seltsames Geschichtswerk in Rom in naher zeitlicher Nachbarschaft zur Vollendung von Ammians *Res Gestae* verfaßt zu haben scheint. Er gibt vor, daß es sich um die Arbeit von sechs Autoren handle, die unter Kaiser Konstantin schrieben; geboten wird eine Sammlung von Kaiserbiographien, die mit Hadrian im frühen 2. Jahrhundert beginnen, immer phantasievoller, skandalöser und unhistorischer werden, bis sie schließlich die Kaiser der Mitte und der zweiten Hälfte des 3. Jahrhunderts erreichen. Absicht der Darstellung scheint es kaum gewesen zu sein, ernsthaft Geschichte zu schreiben; wie wir oben gesehen haben, äußert sich Ammian abschätzig über die zeitgenössische Vorliebe für solche romanhaften Biographien, die sich so grundlegend vom ernsthaften Anspruch seines eigenen Werkes unterscheiden. Zwar haben manche Gelehrte die *Historia Augusta* als ein Dokument antichristlicher Propaganda aufgefaßt, doch scheint es schwierig, in ihr überhaupt etwas anderes als schlichte Unterhaltungslektüre zu sehen. Was die Datierung in die Zeit Konstantins betrifft, so führen zahlreiche ganz offensichtliche Anachronismen zu der Überzeugung, daß es sich wohl um ein Werk des späten 4. Jahrhunderts handelt; darüber hinaus weisen stilistische Untersuchungen auf einen einzigen Autor hin. Für uns heute ist es ein großer Nachteil, daß wir uns für die Geschichte des 3. nachchristlichen Jahrhunderts so stark auf ein Werk verlassen müssen, das nicht mehr darstellt als eine Verbeugung vor dem zeitgenössischen populären Literaturgeschmack.

Schließlich muß noch ein lateinisches Werk des späten 4. Jahrhunderts im Zusammenhang mit der sogenannten heidnischen Reaktion genannt werden, die (verlorenen) *Annales* des Nicomachus Flavianus, eines heidnischen Senators, der Selbstmord beging, als der Usurpator Eugenius am Frigidus-Fluß (Wippach) zwischen Sirmium und Aquileia im September 394 Theodosius I. unterlag. Wie die *Historia Augusta* ist auch dieses Werk, von dem wir aus zeitgenössischen Inschriften (ILS 2947f.) wissen, zu einem Eckstein der These geworden, daß es in der senatorischen Schicht jener Zeit zu einer stark ideologisierten heidnischen Reaktion gekommen ist, von der man annimmt, daß sie sich auch in der in jenem Werk vertretenen Sicht der römischen Vergangenheit gezeigt habe. Tatsächlich sah Nicomachus Flavianus selbst die Schlacht am Frigidus-Fluß offenbar als Sinnbild für die Konfrontation zwischen Christentum und Heidentum, und ebenso trifft zu, daß christliche Autoren angeben, er habe Orakel zitiert, die einen heidnischen Sieg und die Unterdrückung des Christentums vorhersagten, doch wissen wir kaum wirklich etwas über die Art jenes Werkes. Nicomachus selbst übersetzte die tendenziöse Biographie des heidnischen heiligen Apollonius von Tyana, die Philostratos im 2. Jahrhundert verfaßt hatte, aus dem Griechischen ins Lateinische. Es wäre freilich sehr merkwürdig gewesen, wenn die literarische Produktion von Heiden, die einer so gespannten Atmosphäre wie der in den neunziger Jahren des 4. Jahrhunderts entstand – also in einer Zeit, in der die antiheidnische Gesetzgebung Theodosius' I. Gewalttätigkeiten in einer ganzen Reihe von Städten hervorgerufen hatte –, nicht in irgendeiner Weise ihren ideologischen Standpunkt widerspiegelte; wie wir gesehen haben, deuten ja auch christliche Autoren historische Ereignisse stets in einer Weise, die den Triumph des Christentums demonstrieren oder Rückschläge wegerklären sollte. Das bedeutendste Werk dieser Art war *De civitate dei* (Vom Gottesstaat) von Augustinus, ein Werk in 22 Büchern, das zumindest teilweise in der Absicht geschrieben ist, zu erklären, weshalb Gott die Eroberung Roms durch den Westgoten Alarich 410 erlaubt hatte (s. Kapitel 12). Daß die *Annales* des Nicomachus jedoch ein ähnlich philosophisch oder meditativ angelegtes Werk wie Augustinus' *De civitate dei* waren, ist freilich unwahrscheinlich. Eine Reihe grundlegender Probleme bei der allgemeinen Annahme einer heidnischen Reaktion, soweit sie auf spezifische literarische Quellen gegründet ist, sind hiermit bereits dargelegt; wir werden darauf in Kapitel 10 zurückkommen.

Die Gattung der Biographie spielt in den literarischen Quellen jener Zeit eine wichtige Rolle, die Gattung der Panegyriken (Preisreden) beinhaltete seit jeher biographische Elemente. Die *Vita Constantini* des Eusebios kombinierte beide Formen und war überdies auch noch der bereits feststehenden Tradition der Lebensbeschreibung von Philosophen und Heiligen verpflichtet. Später im 4. Jahrhundert entwickelten sowohl christliche als auch heidnische Autoren diese Gattungen weiter. Auf der christlichen Seite war das klassische Werk die *Vita Antonii* (Biographie des Antonius), die Lebensbeschreibung eines ägyptischen Einsiedlers (gest. 356); man hält sie häufig für das erste Beispiel christlicher Hagiographie (Beschreibung von Heiligenleben) und weist sie dem Athanasios zu, dem Bischof von Alexandria seit 328, eine der Hauptfiguren in den religiösen Auseinandersetzungen des 4. Jahrhunderts (s. Kapitel 5). Die *Vita Antonii* ist in griechischer wie auch in syrischer Sprache erhalten; die Ursprünge des Werkes liegen im dunkeln. Der griechische Text stellt in der erhaltenen Form Antonius als erhaben über so weltliche Belange wie rhetorische Ausbildung dar; diesen Standpunkt vertrat auch Athanasios selbst, doch war die Zurückweisung von Kultur eine Frage des Grades – die *Vita* zögert nicht, Antonius ausgefeilte Reden halten oder kaiserliche Briefe von Konstantin empfangen zu lassen. Gleich, ob Athanasios nun der Autor des Werkes war oder nicht, die *Vita Antonii* wurde jedenfalls bald ins Lateinische übersetzt und von Hieronymus christlichen Kreisen in Rom zugänglich gemacht, wo sie zum Schlüsseltext im Rahmen der Verbreitung eines asketischen Lebensstils wurde. In seinen *Confessiones* (Bekenntnisse; s. u. in diesem Kapitel) schreibt auch Augustinus von der Rolle, die dieser Text für seine eigene geistige Entwicklung spielte. Die *Vita Antonii* schuf ein moralisches und literarisches Muster: Sie betont die asketische Abwendung von der Welt (symbolisiert durch das Leben in der Wüste) auf Kosten weltlichen Wissens und präsentiert das Leben des christlichen Heiligen als Fortschritt der Seele hin zu Gott. Der Heilige ist durch seine Heiligkeit hervorgehoben und für andere durch die Wunder, die er tun kann, erkennbar (Antonius vermochte wilde Tiere zu zähmen). Das literarische Muster, das häufig von der weltlichen Panegyrik beeinflußt war, fand in zahllosen späteren Werken vom 4. Jahrhundert bis ins Mittelalter Nachahmung. Die Hagiographie kann bezüglich ihres historischen Gehalts sehr variieren – vom weitgehend Authentischen bis zum praktisch frei Erfundenen –, weshalb jedes Werk einzeln und für sich betrachtet werden muß. Sicherlich aber war es die *Vita Antonii*, welche das klassische Modell schuf; man kann ihre Bedeutung kaum überschätzen. Hieronymus versuchte sie in für ihn typischer Weise zu übertreffen, indem er selbst lateinische Biographien anderer Einsiedler, Hilarion und Paulus, schuf und außerdem das Leben des Malchus beschrieb, wobei alle drei Werke im Grunde literarische Nachahmungen der *Vita Antonii* sind.

Zwei weitere interessante Heiligenviten sollen angeführt werden, beide betreffen heilige Frauen. Erstens die griechische *Vita Macrinae*, Lebensbeschreibung der Makrina, die ihr Bruder Gregor von Nyssa aufzeichnete. Es handelt sich um ein hochliterarisches, ja philosophisches Werk, das in der Darstellung der Unsterblichkeit der Seele auf Platons *Phaidros* zurückgeht. Makrina und Gregor stammten aus einer großen Landbesitzerfamilie, zu der auch die bedeutende Persönlichkeit ihres Bruders Basilios von Caesarea gehörte. Wie wir nun der *Vita Macrinae* entnehmen, hatte jene als Frau nicht die weltliche Ausbildung erhalten, die ihre Brüder genossen, sondern war bei ihrer Mutter in Pontos geblieben, wo sie später im Haus ihrer Familie eine Art religiöser Gemeinschaft begründete. Gregor zufolge besaß sie, nicht Basilios, die wahre Philosophie, trotz all der bedeutenden Preise, mit denen jener in Athen ausgezeichnet worden war.

Die andere, hiervon grundverschiedene Heiligenvita einer Frau ist die *Vita Melaniae*, die Biographie einer Römerin, die man zur Unterscheidung von ihrer gleichnamigen Großmutter Melania die Jüngere nennt (gest. 439). Sie hatte im Alter von zwanzig Jahren ihren Ehegatten Pinianus, den sie als dreizehnjähriges Mädchen geheiratet hatte, dafür gewonnen, auf das riesige ererbte Vermögen zu verzichten, um ein Leben in Askese und Religionsausübung zu führen. Die *Vita Melaniae* ist sowohl in griechischen als auch in lateinischen Versionen erhalten, die ähnlich, aber nicht identisch sind; das Original mag ein griechischer Text gewesen sein, den um 452 Gerontios verfaßte, ein Diakon in dem Kloster der Melania auf dem Ölberg von Jerusalem. Wie wir gesehen haben, wurden christliche Werke oft gleich nach ihrer Entstehung übersetzt; Melania selbst beherrschte beide Sprachen. Das Zeugnis ihres Lebens ist von großer Bedeutung nicht nur in bezug auf Melania selbst und ihre Familienverbindungen zur römischen Senatsaristokratie, sondern auch als ein zeitgenössischer Beleg für die Wirtschaftsgeschichte, denn es macht vielerlei Angaben über Melanias Güter und die Quellen senatorischen Reichtums. Es bietet ein gutes Beispiel für einen hagiographischen Text, der das Thema der Askese (»des Engelslebens«) mit einer Menge »handfester« historischer Angaben verbindet.

Insgesamt stellen sowohl die *Vita Macrinae* als auch die *Vita Melaniae* Zeugnisse für ein Merkmal christlicher Literatur dar, für das es in den klassisch-antiken Quellen kaum Parallelen gibt: Beide haben als Gegenstand der Darstellung eine Frau. Im spätantiken Christentum ist die tiefe Abneigung den Frauen gegenüber weit verbreitet, doch bleibt die Tatsache, daß christliche Frauen aus guter Familie wie eben Makrina und Melania (viele andere sind im späten 4. und frühen 5. Jahrhundert ebenfalls bekannt) zum Inhalt von Werken männlicher Autoren wurden, bereits als solche bemerkenswert.

Zu den berühmtesten literarischen Werken jener Zeit gehören sicherlich Augustinus' *Confessiones* (Bekenntnisse), die man häufig als die erste antike Autobiographie bezeichnet. Damit wird man freilich den vielen philosophischen Ansätzen dieses Werkes nicht gerecht, dessen dreizehn Bücher Themen wie die Erinnerung oder die Natur der Zeit behandeln; richtig ist jedoch, daß sich vielerlei Einzelheiten über Augustinus' eigenes Leben finden, über seinen Hintergrund und über seine intellektuelle Entwicklung, die für die Kulturgeschichte von großer Bedeutung sind, außerdem die unvergeßliche Darstellung seines Bekehrungserlebnisses in einem Garten in Mailand (8, 10–30): Augustinus spürte den Ruf Gottes, widerstand ihm jedoch – »nur noch ein Weilchen bitte« (8, 12) –, bis ihn ein gewisser Ponticianus, ein getaufter Christ, aufsuchte und ihm und seinem Freund Alypius von Antonius erzählte, von dem beide nie etwas gehört hatten; der Mann berichtete auch, wie einer seiner eigenen Freunde durch die Lektüre der *Vita Antonii* zum Christentum bekehrt worden war. Als Augustin diese Geschichte gehört hatte, ging er in den Garten hinaus und kämpfte mit dem Widerstreit seiner Gefühle, insbesondere damit, daß er sich künftig zu einem Leben in christlicher Keuschheit verpflichten müsse. Einem mysteriösen Impuls folgend, den er als Wahrnehmen einer Kinderstimme beschreibt, schlug er sein Neues Testament auf und traf die Stelle im Römerbrief des Paulus, in der es heißt: »Legt (als neues Gewand) den Herrn Jesus Christus an und sorgt nicht so für euren Leib, daß die Begierden erwachen«. (Römer 13, 14) Sofort fühlte Augustinus sich im Einklang mit sich selbst, ging ins Haus und berichtete voll Freude seiner Mutter Monica, was geschehen war.

Das auffälligste Merkmal der *Confessiones* ist ihre Ehrlichkeit und die Stärke von Augustinus' psychologischen Beobachtungen seiner selbst und der menschlichen Natur im allgemeinen. Sein Verständnis menschlicher Gefühle, menschlicher Emotionen und menschlicher Sexualität zieht sich durch das ganze Werk, ja, es findet sich selbst in seinen intellektuellsten theologischen Schriften. Er ist eine herausragende Persönlichkeit, doch läßt sich sein Interesse am Individuellen auch anderweitig in der sich nun entwickelnden christlichen Literatur finden, etwa in den wichtigen Briefsammlungen, die von Augustinus und von seinen Zeitgenossen wie Ambrosius, Hieronymus und Johannes Chrysostomos verfaßt wurden. Die *Confessiones* aber bleiben eines der größten Werke der Weltliteratur – und eines, von dem man sich kaum vorstellen kann, daß es aus der klassisch-antiken Welt stammt.

Für das Heer des späten Rom sind zwei lateinische Texte aus dem 4. und frühen 5. Jahrhundert von besonderer Bedeutung: Die anonyme Abhandlung, die unter dem Titel *De rebus bellicis* (Über das Kriegswesen) bekannt ist und aus den späten sechziger Jahren des 4. Jahrhunderts stammt, sowie die offizielle Dokumentation der militärischen Einrichtungen, von der wir eine Abschrift aus dem frühen 5. Jahrhundert mit dem Titel *Notitia Dignitatum* (Liste der Ämter) besitzen.

De rebus bellicis ist das Werk eines recht originellen Autors, der für die herrschenden Kaiser Valentian und Valens ein Memorandum verfaßte, in dem er eine Reihe genialer Erfindungen präsentiert, mittels derer die militärische Leistung erhöht werden könnte. Ganz offenbar war der Autor Heide: Konstantin kritisiert er wegen extravaganter öffentlicher Ausgaben, und er beklagt sowohl, daß die Verteidigung des Reiches zu schwach sei, als auch, daß zuviel Geld für das Heer ausgegeben werde. Das Verständnis des anonymen Autors sowohl für wirtschaftliche Analysen wie für militärische Verhältnisse ist nicht immer besonders groß, doch bringt sein kleines Werk so etwas wie eine frische Brise, weshalb es bedauerlich bleibt, daß wir nicht wissen, ob es je gelesen wurde, geschweige denn, ob es irgendeine Wirkung hatte.

Was die *Notitia Dignitatum* betrifft, ist alles, was wir besitzen, die Abschrift eines Dokuments, welches übrigens mit interessanten Bildern militärischer Abzeichen illustriert ist (s. Abbildung 1) und vorgibt, alle Details der militärischen und zivilen Provinzialeinrichtungen darzulegen. Auf den ersten Blick handelt es sich deshalb um eine ungemein wichtige historische Quelle, doch muß man sie gleich aus mehreren Gründen mit großer Vorsicht heranziehen: Erstens stammt der Text aus der Zeit nach der Aufteilung des Reiches von 395, und zwar aus dem Westen; die Teile, die den Osten behandeln, scheinen sich auf eine frühere Phase zu beziehen als die über den Westen, so daß das Dokument als ganzes Unregelmäßigkeiten und Diskrepanzen aufweist. Zweitens – dies ist besonders wichtig – stellt die *Notitia Dignitatum* die Lage so dar, wie sie eigentlich sein sollte, was nicht notwendig damit übereinstimmt, wie sie zu irgendeiner Zeit wirklich war. Wie die Gesetzessammlungen bietet sie also Vorschriften, nicht Beschreibungen; dies aber macht es gefährlich, ihre Angaben unbesehen zu übernehmen, sofern sie nicht durch andere Zeugnisse bestätigt werden.

Ähnliche Einschränkungen gelten für eine der wichtigsten Quellen jener Zeit überhaupt, den *Codex Theodosianus*, eine Sammlung kaiserlicher Gesetzgebung von Konstantin an, die in den Jahren 429 bis 438 in Konstantinopel von einer Kommission als Teil eines größeren gesetzgeberischen Projekts zusammengestellt wurden, welches von Kaiser Theodosius II. angeordnet worden war. Die einzelnen Konstitutionen (kaiserlichen Rechtssetzungen) sind thematisch, also nach dem jeweiligen Inhalt, angeordnet, innerhalb der einzelnen Themenkreise dann chronologisch; insgesamt handelt es sich um mehr als 2500 Texte. Sie setzen im Jahr 311 ein und bauen auf zwei früheren Sammlungen auf, die unter Diokletian zusammengetragen worden waren: dem *Codex Gregorianus* und dem *Codex Hermogenianus*. Historiker müssen besonders vorsichtig sein, wenn sie das Zeugnis des *Codex Theodosianus* verwenden, denn er ist nicht vollständig: Die Gesetze waren ja weit verstreut publiziert gewesen, weshalb die Kommission sich der schwierigen Aufgabe zu unterziehen hatte, sie erst einmal überhaupt zu sammeln. Die spätere Sammlung Justinians, der *Codex Iustinianus*, schließt viele Konstitutionen ein, die nicht im *Codex Theodosianus* enthalten sind. Überdies wurden viele Konstitutionen verkürzt wiedergegeben, wenngleich man sorgfältig darauf achtete, den originalen Wortlaut zu bewahren, und schließlich konnten auch die Kommissionsmitglieder nicht besser sein als ihre (nicht immer guten) Quellen und ihr eigenes Urteilsvermögen.

Im allgemeinen wurden viele Konstitutionen eines Kaisers einfach mit manchen Abänderungen vom nächsten wiederholt, so daß es schwierig sein kann, zu erkennen, inwieweit sie eine Antwort auf eine wirkliche Situation darstellen bzw. wieviel lediglich von den Vorgängern übernommen worden ist. Die ständige Wiederholung bestimmter Gesetze, insbesondere derer, welche die Bewegungsfreiheit von Dekurionen (*decuriones*, s. Kapitel 1) und Kolonen (*coloni*, Kleinpächter) einschränkten, haben vielfach dazu beigetragen, das 4. Jahrhundert als ein repressives, ja totalitäres Zeitalter anzusehen, bis man darauf hinwies, daß die ständige Wiederholung eines Gesetzes durch den Nachfolger eher vermuten läßt, daß das fragliche Gesetz tatsächlich wenig Wirkung hatte.

Es ist also wichtig, sich klarzumachen, daß der *Codex Theodosianus* eine Sammlung von Vorschriften bietet, nicht aber belegt, was

Abb. 1. Die Insignien des *dux Arabiae;* eine der Buchmalereien in der Oxforder Handschrift der *Notitia Dignitatum*.

wirklich geschah. Überdies deuten andere Quellen darauf hin, daß der Vorgang der Gesetzgebung als solcher weniger geradlinig war, als wir uns dies vielleicht vorstellen. Konstitutionen, die im Namen eines bestimmten Kaisers ergingen, sind nicht unbedingt mit ihm persönlich in Verbindung zu bringen. Die Verantwortung für einen Gesetzesentwurf lag beim *quaestor sacri palatii* (s. Kapitel 3); der Inhaber dieses Postens, der unter Konstantin eingerichtet worden war, hatte die Gesetze in dem komplizierten rhetorischen Stil abzufassen, welcher den *Codex* noch heute zu einer so schwierigen Lektüre macht. Die Öffentlichkeit von den erlassenen Gesetzen zu informieren war ebenfalls nicht einfach. Zwar oblag diese Pflicht den Statthaltern in den Provinzen, doch war tatsächlich die Kenntnis der Gesetze nicht weit verbreitet, was übrigens die Konstitutionen selbst oft andeuten. Verwaltung und Bürokratie waren im späten Rom sogar schon in der Theorie sehr komplex; in der Praxis bot das System vielerlei Schlupflöcher, und die Regeln, soweit sie überhaupt bestanden, wurden fortwährend mißachtet, zeitweilig sogar mit offener Billigung der Behörden, die sie eigentlich hätten durchsetzen müssen. Der Großteil des gesetzgeberischen Materials im *Codex* offenbart also sowohl das Ideal als auch zugleich die andauernde Entfernung von ihm.

Zu all diesen reichhaltigen, oft widersprüchlichen Quellenzeugnissen können wir hinzufügen, was wir aus anderen, nicht-literarischen Quellen wissen, zu denen die vielen erhaltenen Inschriften, Papyri und Münzen gehören. Unter den wichtigsten Inschriften sind Diokletians Höchstpreisedikt (Edictum de maximis pretiis) von 301, von dem mehrere Versionen bekannt sind, und sein sogenanntes Münzreformedikt zu nennen. Wie die Gesetze in dem *Codex Theodosianus*, für deren Typus dies ein inschriftliches Beispiel ist, bedient sich das Höchstpreisedikt (ILS 642; zu neueren Editionen s. die Literaturhinweise) eines gehobenen moralischen Tons und legt schreckliche Strafen für jeden fest, der es wagen sollte, Preise über dem jeweils festgeschriebenen Höchstbetrag zu erheben:

Wer ist so abgestumpft und menschlichen Gefühlen so entfremdet, daß ihm unbekannt bleiben könnte, ja daß er überhaupt nicht bemerkt hätte, daß bei den Waren, die im Handel vertrieben oder im täglichen Verkauf der Städte hin und her geliefert werden, eine solche Willkür in der Preisfestlegung eingerissen ist, daß die schrankenlose Gewinnsucht weder durch die reichlichen Vorräte noch durch die Fruchtbarkeit der Jahresernte gemildert wurde? ... Da bekanntlich bei unseren Vorfahren beim Erlaß von Gesetzen folgendes Verfahren üblich war, daß durch Androhung einer scharfen Strafe die freche Überschreitung eingeschränkt wurde – es ist ja ganz und gar selten, daß gemäß der Natur des Menschen eine Wohltat freiwillig angenommen wird, und man findet immer wieder, daß die Furcht als Lehrmeisterin am besten zur Erfüllung anleitet –, so verordnen wir, daß, wenn jemand gegen diesen klaren Erlaß sich auflehnt, seine freche Tat einer Anklage auf Leben und Tod unterliegt.

(ILS 642, pr. 10 und 18)

Trotz solcher Rhetorik und trotz der vielen Inschriften und Papyri, die das Edikt bekanntmachen sollten, wissen wir in diesem Fall, daß die Maßnahme in sehr kurzer Zeit wirkungslos geworden war; es fehlte schlicht an dem für die Durchsetzung solcher Regelungen notwendigen Apparat.

Viele andere Inschriften jener Zeit sind weniger dramatisch, so etwa die Aufzeichnungen, aus denen sich die Karriere eines Mitglieds der senatorischen Schicht ergibt (mit deren Wiedereinführung durch Konstantin werden sie häufiger) oder die zahlreichen Inschriften aus den Städten des griechischen Ostens, die nunmehr sogar für die Aufzeichnung der Laufbahndaten von Amtsträgern der Stadt klassisches Versmaß bemühen. Hinzu kommt eine neue Gattung: Kirchenweihungen und christliche Grabinschriften.

Münzen sind wichtige Zeugnisse für die kaiserliche Titulatur und für die Unternehmungen der Kaiser, insbesondere während der Tetrarchie und unter Konstantin. Zwar bleiben viele Aspekte der spätrömischen Bronzeprägungen im dunkeln, doch der von Konstantin eingeführte Gold-*Solidus* blieb ohne bedeutende Wertminderung viele Jahrhunderte lang in Gebrauch (s. Kapitel 8).

Wir wollen hier nicht versuchen, die archäologischen und künstlerischen Zeugnisse jener Periode zu beschreiben oder gar zu bewerten. Zum einen ist deren Vielfalt in jedem Fall so groß, daß es schlicht unmöglich wäre, sie knapp zusammenzufassen. Zum anderen ist es ein Unding, heute eine Geschichte jener Zeit zu schreiben, ohne ständig Bezug auf diese Art von Zeugnissen zu nehmen. A. H. M. Jones konnte seine so einflußreiche Darstellung (s. Kapitel 1) noch auf eine umfassende Kenntnis der literarischen und dokumentarischen Quellen gründen, das Thema hat in den letzten 25 Jahren insofern eine geradezu dramatische Fortentwicklung erlebt. Zunehmend haben sich auch Archäologen jenem Zeitraum zugewandt, insbesondere nachdem es gelungen war, ein System zur Datierung spätrömischer Keramik zu entwickeln; und das allgemeine Interesse an Stadtgeschichte jeder historischen Periode hat dazu geführt, daß sich die Aufmerksamkeit auf die Menge an Zeugnissen aus den spätrömischen Städten konzentrierte; schließlich hat eine rein politische Ereignisgeschichte an Interesse verloren, und die meisten Historiker sind sich der Notwendigkeit zunehmend bewußt geworden, neben literarischen Zeugnissen auch anderes Material auszuwerten.

Was endlich die bildende Kunst betrifft, haben zwei Faktoren dazu geführt, daß sie mit den literarischen und dokumentarischen Zeugnissen in engere Verbindung gestellt wird: erstens die zunehmende Bereitschaft, christliche Zeugnisse einschließlich christlicher Kunst zu berücksichtigen, und zweitens die Auswirkung einer Tendenz in der Geschichtsforschung zu anderen Perioden der Antike – die sich vielleicht aus dem Vergleich mit modernen Epochen ergab –, die visuelle Umgebung der Menschen und die Macht der

Bilder als ein Mittel der Kommunikation zu betrachten. Kurz – die wichtigsten antiken Autoren sind natürlich noch immer dieselben, doch werden sie in vielen Fällen heute anders betrachtet; die Breite der Untersuchungen hat sich hingegen ins Unüberschaubare erweitert.

3. Das neue Reich Diokletians

Zwischen dem Herrschaftsantritt Diokletians im Jahr 284 und dem Tod Konstantins im Jahr 337 gelang es, die verworrene Lage der Mitte des 3. Jahrhunderts unter Kontrolle zu bringen – ja, das Reich trat in eine Phase der Erholung, der Konsolidierung und des Wandels in Gesellschaft und Verwaltung. Das Herrschaftssystem, das im Osten bis ins frühe 7. Jahrhundert Bestand haben sollte, im Westen – wenn auch weniger erfolgreich – bis zum Fall des westlichen Reiches 476, wurde damals eingerichtet. Es liegt nahe, diese Leistung hauptsächlich den beiden starken Kaisern zuzuweisen, die während jenes halben Jahrhunderts herrschten, insbesondere deshalb, weil dies auch der Tendenz der antiken Quellen entspricht; doch ist es notwendig, daran zu erinnern, daß der tatsächliche historische Prozeß sicher viel weniger an Planung beinhaltete, dafür mehr einzelne, voneinander unabhängige Schritte, die erst im Rückblick koordiniert gewesen zu sein scheinen. Insbesondere ist Vorsicht angebracht, weil die Quellen dazu neigen, eine allzu scharfe Unterscheidung zwischen Diokletian und Konstantin wegen deren unterschiedlicher Haltungen in Religionsfragen zu treffen, und dann jene Unterscheidung für die Deutung der weltlichen Politik des jeweiligen Kaisers anwenden.

Diokletian bestieg den Thron im Jahr 284; er hieß eigentlich Diokles, stammte aus der unbedeutenden Familie der Valerii in Dalmatien und hatte es bis zum Kommandeur der *domestici*, der Kaisergarde gebracht.

Er war also einer der illyrischen Soldatenkaiser, von denen nach dem Tod des Gallienus im Jahr 268 mehrere den Kaiserrang erreicht hatten: Dem Kaiser Aurelian (270–275) war es gelungen, einen Einfall der Alemannen in Italien zurückzuschlagen, Zenobia in Palmyra zu besiegen und dem sogenannten »Gallischen Sonderreich« unter Tetricus ein Ende zu bereiten. Wie Gallienus und so viele andere wurde auch Aurelian ermordet, doch in seinem Fall blieben die Mörder nicht ungestraft, und Probus (276–282) vertrieb nicht nur die germanischen Eindringlinge vom Rhein, den sie gewaltsam überschritten hatten, sondern schloß auch einen Vertrag, der eine römische Militärpräsenz jenseits des Rheins und die Stellung einer Großzahl von Geiseln und Rekruten für das römische Heer festlegte. Als Probus seinerseits von seinen eigenen Soldaten umgebracht wurde, unternahm Carus (282–283) einen größeren und erfolgreichen Perserfeldzug, starb aber plötzlich, als er mit dem Heer am Euphrat stand. Sein Sohn Numerian leitete den römischen Rückzug, doch als auch er unterwegs unter mysteriösen Umständen starb, wurde Diokles im November 284 in Nicomedia zum Kaiser erhoben. Angeblich warf er seinem Rivalen, dem Prätorianerpräfekten Aper, vor, Numerian ermordet zu haben und erstach ihn vor den Augen seiner Soldaten, wobei er gleichzeitig Vergil zitiert haben soll (Historia Augusta, Carus 13). Diokles nahm nun den Namen Diokletian an und besiegte im folgenden Jahr den anderen Sohn des Carus, Carinus, in einer großen Schlacht bei der Mündung des Margus (Morava) in die Donau; nun hatte er die gesamte Macht errungen.

Noch belastender als die Frage, wie die militärische Sicherheit zu gewährleisten sei, war mittlerweile das Problem geworden, wie man dem ständigen Wechsel der Kaiser begegnen könnte. 293 antwortete Diokletian hierauf mit der Einführung eines Systems der Machtteilung, das als Tetrarchie (»Viererherrschaft«) bekannt ist: Künftig würde es je zwei *Augusti* und zwei *Caesares* geben, wobei letztere den ersteren zu gegebener Zeit nachfolgen sollten. Das tetrarchische System sollte Bestand haben, bis es durch den Ehrgeiz Konstantins zerstört wurde; jener war *Augustus* geworden, als 306 sein Vater Constantius I. Chlorus gestorben war, der seinerseits zu Zeiten Diokletians zunächst *Caesar,* dann *Augustus* geworden war.

Diokletians System entstand nicht sofort nach seinem Herrschaftsantritt; zunächst erhob er im Jahre 285 einen anderen illyrischen Soldaten namens Maximian zu seinem *Caesar* und adoptierte ihn, der nur ein paar Jahre jünger als er selbst war, zugleich. Die Verantwortung für das Reich wurde *ad hoc* zwischen Maximian für den Westen und Diokletian für den Osten aufgeteilt; die Tatsache, daß ein gewisser Carausius in Britannien zum *Augustus* erklärt worden war, beeinflußte Diokletian dann sicherlich dazu, auch Maximian ein Jahr später zum *Augustus* zu machen. Doch wurde der weiterführende Schritt der Benennung von zwei *Caesares* nicht sogleich unternommen, vielmehr dauerte dies noch bis März 293, als Constantius und Galerius nun *Caesares* für Maximian bzw. Diokletian wurden. Dynastische Eheschließungen besiegelten dieses Arrangement, auch wurde Diokletians Familienname Valerius von beiden übernommen und auf Münzen wie in offizieller Panegyrik verbreitet.

Diokletian und Maximian, die sich im Winter 290/91 formell in Mailand getroffen hatten, hatten sich bereits mit den Göttern Jupiter und Hercules in Verbindung gebracht, indem sie die göttlichen

Titel *Iovius* und *Herculius* annahmen; auch ihre *Caesares* teilten nun diese Titulatur und dieselben religiösen Verbindungen, und noch Konstantin ist als Erbe seines Vaters Constantius I. Chlorus als *Herculius* im Jahr 307 bezeugt.

Eine Statuengruppe aus Porphyrstein, die heute am Markusdom in Venedig zu sehen ist, zeigt die vier Tetrarchen als militärisch gekleidete Männer, die einander umarmen. Auch die erhaltenen lateinischen Panegyriken, etwa die *Historia Augusta,* betonen die Einheit und Eintracht:

So hat denn die Welt vier Herrscher; sie sind tapfer, weise, gütig und recht freigebig, von gleichem Wohlwollen gegen den Staat beseelt, sehr ehrerbietig gegen den römischen Senat, maßvoll, volksfreundlich, durch und durch untadelig, würdig, gottesfürchtig, kurz, ganz die Kaiser, wie wir sie uns von jeher gewünscht haben. (Historia Augusta, Carus 18)

Derart massive Propaganda zeigt, wie brüchig das neue Arrangement gewesen sein muß: Es beruhte auf nichts Beständigerem als Einmütigkeit. Carausius, der – wie erwähnt – in Britannien die Macht übernommen hatte, wurde 293 ermordet und durch seinen Rivalen Allectus ersetzt; jener unterlag seinerseits im Jahr 296 dem Constantius, der daraufhin London als Befreier betrat (Panegyrici Latini 8 [5], 17). Allerdings belohnte dieser Sieg nicht etwa die Legalität auf Kosten einer Usurpation, wie die Sieger natürlich behaupteten; Carausius war nämlich als *Augustus* in Britannien und Nordwestgallien anerkannt gewesen und hatte auch in dieser Eigenschaft Münzen ausgegeben.

Die Propaganda und die religiöse Aura, die für die Tetrarchie in Anspruch genommen wurden, trugen zweifellos dazu bei, die Untertanen zu beeindrucken und Diokletian und seine Kollegen zu bestärken, doch war es tatsächlich eher der militärische und infolgedessen politische Erfolg, der Legitimität verlieh. So hatte die Tetrarchie um Diokletian nur so lange Bestand, bis sie von inneren Kräften herausgefordert wurde, als sich Diokletian selbst im Jahr 305 zurückzog. Zum Glück für das Reich hatte die Tetrarchie jedoch, obgleich sie in ihrer Frühzeit durch die Herrschaft des Carausius bedroht gewesen war, immerhin den Erfolg gehabt, daß sie eine Phase der Stabilität von fast zwanzig Jahren Dauer schuf – eine ausreichend lange Zeit zur Einführung einiger weitreichender Neuerungen.

Jede Beurteilung von Diokletians Reformen wird von zwei Faktoren erschwert: Von der unbefriedigenden Art der erhaltenen literarischen Quellen für seine Herrschaft und von der Tatsache, daß viele einzelne Neuerungen entweder erst später wirksam wurden oder erst später belegt sind. Hinzu kommt die Schwierigkeit, daß in den Quellen der Kontrast zwischen Diokletian und Konstantin übertrieben wird; vielmehr sollten Konstantins weltliche Politik, ja sogar manche Aspekte seiner Religionspolitik, als Fortsetzung der allgemeinen Linie gesehen werden, die von Diokletian verfolgt worden war.

Eine der Prioritäten Diokletians galt dem Militär: Das Heer mußte unter die Gewalt der Zentrale gebracht und zu einer Streitmacht geformt werden, die in der Lage war, die Sicherheit des Reiches zu verteidigen; es mußte aber auch zuverlässig versorgt sein. Die literarischen Quellen weisen Diokletian die weitreichendsten Reformen des römischen Militärsystems zu, die man seit den Tagen des Kaisers Augustus erlebt hatte; die meisten modernen Gelehrten folgen dieser Ansicht, doch darf bezweifelt werden, ob der Bruch mit dem, was zuvor üblich war, tatsächlich so scharf ausfiel, wie man gemeinhin annimmt. Immerhin hatten bereits frühere Kaiser, unter ihnen Mark Aurel (161–180), Septimius Severus (193–211) und Caracalla (211–217), in dieselbe Richtung gewirkt. Während ihrer Herrschaft waren die Bezahlung der Soldaten verdoppelt, die Donative (Geldgeschenke des Kaisers an die Soldaten) zu einer festen Einrichtung gemacht, das Heer selbst vergrößert und die Möglichkeiten, daß Soldaten in der Verwaltung tätig wurden, deutlich erweitert worden. Auch waren im Laufe des 3. Jahrhunderts sicherlich weitere Einheiten ausgehoben worden.

Der Diokletian feindlich gegenüberstehende Laktanz bringt die Heeresreform Diokletians mit der Einrichtung der Tetrarchie in Verbindung:

Er teilte das gesamte Reich in vier Teile und nahm drei Mitregenten an. Die Heere wurden vervielfältigt; jeder trachtete danach, eine weit größere Anzahl zu besitzen, als die früheren Kaiser zur Zeit der Alleinherrschaft gehabt hatten. (Laktanz, De mortibus persecutorum 7)

Laktanz kann aber kaum wirklich gemeint haben, daß sich die Heeresgröße vervierfachte, zumal sie wahrscheinlich bereits im 3. Jahrhundert auf etwas mehr als 350 000 Mann gestiegen war. Vielmehr handelt es sich bei dieser wie bei anderen Bemerkungen im selben Kapitel wahrscheinlich um Übertreibungen, also eher um einen Spott als um eine nüchterne Einschätzung. Vielleicht erhöhte Diokletian die Zahl tatsächlich (sicherlich wurden neue Einheiten geschaffen), doch mag er im allgemeinen nicht viel mehr getan haben, als den Status quo anzuerkennen und in geregelte Bahnen zu

Steuern und für die Entlohnung der Soldaten benutzt worden war, mußte das Heer teilweise in Naturalien bezahlt und versorgt werden, nämlich mit der sogenannten *annona militaris* (s. Kapitel 1) und dem *capitus* (einer Futterration). Wenn ein solches System überhaupt funktionierte, war es jedenfalls unzuverlässig, mühsam und stellte eine extreme Belastung der lokalen Bevölkerung dar, die ja nie wußte, was von ihr verlangt werden würde und wann dies geschähe. Überdies konnten verderbliche Güter nicht über große Entfernungen transportiert werden, da der Landtransport äußerst langwierig war, was für den Nachschub gewaltige Schwierigkeiten aufwarf. Es ist geradezu ein Wunder, daß trotz alledem ein gewisses Maß an zentraler Organisation aufrechterhalten blieb; dennoch mußte man nach einer Verbesserung des Systems suchen. Diokletian nun erkannte den Status quo an und führte ein ausgeklügeltes neues System von Steuern in Form von Naturalabgaben ein, das sowohl auf *capita* (»Köpfen«, also in Form einer Kopfsteuer) als auch auf *iuga* (»Land«, also in Form einer Bodensteuer) beruhte. Alles Bauernland wurde in fiktive Einheiten aufgeteilt, die als *iuga* bekannt waren und je nach der Produktivität des Landes in ihrer Größe variierten. Solche *iuga* (Steuereinheiten) dürfen nicht mit den *iugera* (Größenmaßen) verwechselt werden; in Syrien etwa ergaben fünf *iugera* Weinberg ein *iugum*, während bis zu vierzig *iugera* nötig waren, wenn das Land von geringer Qualität war. Bergiges Gebiet wurde nach lokalen Maßstäben der Produktivität eigens erfaßt, wie ein späteres Rechtsbuch beschreibt:

Zur Zeit der Schätzung gab es bestimmte Männer, denen von der Regierung Macht verliehen war; sie riefen die anderen Bergbewohner aus anderen Gegenden ein und forderten sie auf, einzuschätzen, wieviel Land ihrer Erfahrung nach einen *modius* (Scheffel) Weizen oder Gerste in den Bergen hervorbringe. Auf diese Weise schätzten sie auch das unbestellte Land ein, nämlich das Weideland, in Bezug darauf, wieviel es dem Fiskus an Abgaben einbringen solle. (Syrisch-römisches Rechtsbuch 121 = FIRA II 796)

Damit nicht genug: Was tatsächlich abgeführt werden mußte, sollte im Idealfall auch dem entsprechen, was vor Ort produziert wurde. Alles war regelmäßig erneut einzuschätzen, wobei seit 287 der dafür notwendige Zensus in Abständen von fünf Jahren, die als »Indiktionen« bezeichnet wurden, durchzuführen war.

Mit diesen Maßnahmen suchte Diokletian dem Reich so etwas wie ein regelmäßiges Einkommen zu verschaffen und den bislang *ad hoc* durchgeführten Eintreibungen, die während des 3. Jahrhunderts zu einer großen Belastung geworden waren, entgegenzuwirken. Das System zielte auf die Sicherstellung der Güter, die für das Heer regelmäßig und zuverlässig zur Verfügung zu stehen hatten. A. H. M. Jones (s. Kapitel 1) hat angemerkt, daß der große Vorteil des Systems in seiner Einfachheit bestand. Dies allerdings ist eine moderne Auffassung; angesichts der Bedingungen des späten 3. Jahrhunderts stand die für die Durchsetzung des Systems notwendige Arbeit und Organisation in keinem Verhältnis zu irgendwelchen früheren Maßnahmen, und die Mechanismen wirtschaftlicher Kontrolle waren noch keineswegs ausgefeilt, ja nicht einmal theoretisch erfaßt. In der Praxis variierte das System von Provinz zu Provinz, und es gibt zwar viele Zeugnisse dafür, daß die Reformen durchgeführt wurden, doch sind diese sehr ungleich verteilt. So wissen wir etwas darüber, was in bestimmten Regionen wie etwa Syrien und Ägypten vor sich ging, überhaupt nichts jedoch über andere Gegenden wie etwa Spanien und Britannien. Es ist deshalb unmöglich, genauer einzuschätzen, wie wirksam das System wirklich war, wenngleich wir annehmen können, daß Diokletians Maßnahmen in Kraft blieben. Allerdings waren auch weiterhin Geldzahlungen an die Soldaten üblich, was wir den zahlreichen Belegen über die Münzprägung entnehmen können – ja, die *annona* selbst nahm nicht selten die Form des Zwangskaufs von Gütern durch den Staat an, war also gar kein reines Naturaliengeschäft.

Es handelte sich also um praktische, nicht prinzipielle Reformen: Die größte Steuerlast fiel weiterhin auf diejenigen, die sie am wenigsten tragen konnten, die wichtigsten Steuern waren weiterhin für Grundbesitz, also nicht etwa Gewinne abzuführen, und die Vorstellung, daß eine hohe Stellung zugleich die Ausnahme von bestimmten Steuern mit sich brächte, blieb zu jeder Zeit ein Merkmal der römischen Auffassung der Besteuerung, selbst als das Reich sich dies am wenigsten leisten konnte. Diokletian versuchte nicht, die Besteuerung von Senatoren oder Händlern einzuführen, und als sich Konstantin eben daran machte, fand seine Initiative keinen Beifall. Ob die Steuereinnahmen insgesamt spürbar erhöht wurden, wie man gemeint hat, ist zweifelhaft; vielmehr legt das Zeugnis der Papyri nahe, daß die Einnahmen viele Jahrhunderte lang überraschend stabil blieben, von der frühen Kaiserzeit bis zum Beginn der byzantinischen Epoche in Ägypten. Dies bedeutet, daß unter dem Strich die Wirkung von Diokletians Neuerungen weit weniger großartig war, als man oft gemeint hat.

Mangels technischer Innovationen war die Produktivität begrenzt, selbst wenn es keine negativen Faktoren wie Bevölkerungsrückgang oder Schaden durch Krieg und Einfälle gegeben hätte. Dennoch mag das neue System der Besteuerung dazu beigetragen haben, ein höheres Soll an Steuereinnahmen sicherzustellen – insofern muß es für den Staat günstig (und deshalb unpopulär) gewesen sein; wahrscheinlich erhöhte es auch – jedenfalls eine Zeitlang – den Anteil von Steuereinnahmen in Form von Naturalien gegenüber den in Geldform erhobenen Steuern.

Es gab jedoch weitere Probleme, darunter die fortwährende Inflation und den Mangel an Gold und Silber im Staatsschatz; hiergegen versuchten Diokletian und Konstantin vorzugehen, indem sie von den Reichen verlangten, Edelmetall gegen Bronze einzutauschen. Freilich trug die in großem Stil durchgeführte Prägung von Münzen aus Bronze (oder eigentlich noch weniger edlem Metall, denn der Bronzegehalt der Münzen war sehr gering) als Antwort auf den Zusammenbruch der auf Silber gegründeten Denar-Währung, die nurmehr auf dem Papier Bestand hatte, auch nicht zur Besserung der Verhältnisse bei; der Preisanstieg ging in der gesamten Herrschaftszeit sowohl Konstantins als auch Diokletians weiter. Des letzteren berühmteste Maßnahme im Bereich der Münzpolitik war der Versuch, durch ein kaiserliches Dekret von 301 Höchstpreise vorzuschreiben. Dieses sogenannte Höchstpreisedikt (s. Kapitel 2) bietet uns mit seiner sorgfältigen Berücksichtigung vieler Einzelheiten die größte zusammenhängende Informationsquelle über die Preise gewöhnlicher Güter. Es konnte freilich gar keinen Erfolg haben, da es weder einen angemessenen Mechanismus zu seiner Durchsetzung gab noch parallel dazu die Versorgung reguliert wurde. Die unverhältnismäßig strengen Strafen, die in ihm festgelegt sind, verbergen die Tatsache, daß es schlichtweg keine Möglichkeit gab, die Befolgung des Dekrets zu erzwingen. Diokletian nicht wohlgesonnene Kritiker wie Laktanz jubelten, als es nach kurzer Zeit zurückgezogen werden mußte:

Diokletian wollte in unersättlicher Habsucht seine Schatzkammern nie vermindert sehen, sondern raffte unaufhörlich auf außerordentlichem Wege Schätze und Gaben zusammen, um das, was er hinterlegt hatte, unversehrt und ungeschmälert zu bewahren. Durch mannigfache Ungerechtigkeiten hatte er eine ungeheure Teuerung hervorgerufen; nun unternahm er es, den Preis der Lebensmittel durch Gesetz zu bestimmen. Jetzt kam es wegen geringfügiger und unbedeutender Dinge zu vielem Blutvergießen. Aus Furcht brachte man nichts Käufliches mehr auf den Markt, und die Teuerung nahm in weit schlimmerem Grade zu, bis die Notwendigkeit selbst das Gesetz nach dem Untergang vieler Menschen außer Kraft setzte.

(Laktanz, De mortibus persecutorum 7)

Diokletians Versuch, die Preise zu kontrollieren, wurde von einer ebenso erfolglosen Maßnahme mit dem Ziel einer Münzreform begleitet. Beide Unternehmen scheiterten, weil sie dem Volk aufgezwungen waren, ohne ausreichendes Verständnis und ohne Beherrschung der allgemeinen Bedingungen, welche tatsächlich die Schwierigkeiten verursachten. Auch Laktanz benutzt ein Vokabular, in dem sich ein Mangel an wirtschaftlichem Verständnis (»wirtschaftlicher Vernunft«) spiegelt, der freilich für alle Seiten charakteristisch war und verhinderte, daß die Kaiser im 4. Jahrhundert in irgendeinem Sinne die Wirtschaft tatsächlich kontrollierten. Diokletians Maßnahmen gingen dabei weit über vergleichbare früherer Kaiser hinaus, denn sie gründeten auf einer phantasievollen Wahrnehmung dessen, was nötig war; in gewissem Maße wurden sie von Konstantin fortgesetzt, doch wenn manche moderne Gelehrte von einer »Kommandowirtschaft« oder einem totalitären Staat sprechen, verwechseln sie Theorie und Praxis. Wir sollten vielmehr die Drohungen, die Provinzstatthalter gegen säumige Steuereintreiber erhoben, als ein Symptom ihrer tatsächlichen Machtlosigkeit ansehen.

Mit seinen Verwaltungsreformen hatte Diokletian auch die Grundlage für das spätrömische Bürokratiesystem gelegt, dessen Ziel es war, alle Aspekte der Reichsverwaltung unter die engere Aufsicht der Regierung zu stellen, und zwar sowohl finanzielle wie auch rechtliche und allgemeine Verwaltungsbelange. Man mag bezweifeln, ob das neue System dieser Zielsetzung gerecht wurde, was dann aber jedenfalls nicht an der ursprünglichen Konzeption lag. So wurde die Regierung in den Provinzen neu organisiert: Militärische und zivile Kommanden wurden getrennt, und jede Provinz hatte künftig sowohl einen *dux* (»Anführer«) als Militärkommandeur als auch einen zivilen Statthalter. Die Fläche der einzelnen Provinzen wurde verkleinert, die Gesamtzahl der Provinzen entsprechend deutlich vergrößert (s. Abbildung 17). Laktanz zufolge wurden »die Provinzen in Fragmente zerstückelt, um alles mit Schrecken zu erfüllen« (De mortibus persecutorum 7); tatsächlich aber war das Ziel, eine größere Effizienz der Verwaltung dadurch zu erreichen, daß die Kommunikations- und Kommandowege verkürzt wurden und auf diese Weise die Macht der einzelnen Statthalter reduziert würde. Inschriften zeigen, daß dieser Prozeß einige Zeit in Anspruch nahm; in einer Handschrift aus Verona ist eine Liste, der sogenannte *Laterculus Veronensis*, erhalten, aus der hervorgeht, wie weit die Reform kurz nach Diokletians Abdankung im Jahr 305 gekommen war. Britannien bestand nun aus vier Provinzen, Spanien aus sechs und Afrika aus sieben; die zwölf größeren Einheiten, die Diözesen, wurden von Stellvertretern (*vicarii*) aus dem Ritterstand regiert.

Diese vertraten die Prätorianerpräfekten, die am Ende der Regierungszeit Konstantins ihre militärische Rolle verloren hatten und die Oberhäupter der Zivilverwaltung geworden waren: Viele der Gesetze im *Codex Theodosianus* sind von den Kaisern an die Prätorianerpräfekte gerichtet, deren Aufgabe es war, diese Informationen an die Provinzstatthalter weiterzuleiten. Die Zahl der Prätorianerpräfekte war nicht immer gleich, für einen Großteil des 4. Jahrhunderts gab es drei, nach 395 vier. Unter Diokletian waren sie dem Kaiser direkt nachgeordnet und trugen militärische, finanzielle, legislative und administrative Verantwortung; seit der Regierungszeit Konstantins wurde der militärische Teil den *magistri militum* (»Soldatenmeistern«) übergeben, die das Heer kommandierten und denen die *duces* (Militärkommandeure in den Provinzen; s. o.) Rechenschaft schuldig waren. Den Präfekten und *vicarii* unterstanden Provinzstatthalter verschiedenen Ranges mit Titeln wie *praeses, proconsul, consularis* und *corrector*. Die Stadt Rom und später auch Konstantinopel standen außerhalb dieses Systems, sie wurden von Stadtpräfekten (*praefecti urbi*) regiert.

Das ganze System klingt logisch und vernünftig, doch, wie A. H. M. Jones bemerkt hat, wurde es in der Praxis ständig umgangen, wurde etwa eine kaiserliche Konstitution direkt an gewöhnliche Statthalter gerichtet und anderweitig direkt kommuniziert, ohne den theoretisch festgelegten »Dienstweg« zu berücksichtigen. Im Laufe der Zeit wurde es auch in anderer Weise umgangen – durch Patronage (s. u.), Bestechung und weniger deutliche Formen von Korruption. Man sollte also auch hier vorsichtig sein und nicht zu viele Annahmen auf moderne Erfahrungen gründen; die spätrömische Verwaltung ist eben kaum mit einer modernen Bürokratie vergleichbar.

Das System der Provinzregierungen benötigte eine große Zahl von Beamten für seine Durchführung. Außerdem gab es die sogenannten *palatini* (Palastbeamten), die für die Finanzverwaltung der *largitiones* (kaiserlichen Prämien) und der *res privata* (Privatschatulle des Kaisers) verantwortlich waren, als Teil des *comitatus* (der kaiserlichen Gefolgschaft). Ferner gab es die Eunuchen, die für das *sacrum cubiculum* (die kaiserlichen Privatgemächer) zuständig waren, den *quaestor sacri palatii* (kaiserlichen Sekretär), den *magister officiorum* (Amtsvorstand), dessen Posten unter Konstantin entstanden war und eine Art »Generalsekretariat« beinhaltete – er leitete die *scrinia* (Sekretariate), zu denen die Abteilungen für *epistolae, memoria* und *libelli* (Bescheide, Gesetzesformulierung und Protokolle) gehörten –, wahrscheinlich auch die *agentes in rebus* (die kaiserlichen Kuriere) und den *comes* (Hofmeister) der *domestici* (Palastwache) – alles Posten, denen natürlich jeweils eine eigene Belegschaft zugeordnet war. Diese Gruppe, von der das eben Gesagte nur einen weitgehend vereinfachten und unvollständigen Überblick gibt, reiste mit dem Kaiser, ebenso übrigens die kaiserliche Münze und ganze Wagenladungen voll von Münzmetallen und sonstigem Gepäck aller Art.

All dies klingt sehr eindrucksvoll, doch handelte es sich nicht um ein auf einmal geschaffenes System, vielmehr hatte es sich in einem beträchtlichen Zeitraum in kleinen Schritten entwickelt, so daß es nicht wenige Unklarheiten und doppelte Verantwortlichkeiten gab. Die Beamten selbst wurden insgesamt als Angehörige einer *militia* (Miliz) betrachtet und erhielten militärische Rationen und Besoldung, weshalb der kaiserliche Dienst für die unter großem finanziellen Druck stehenden Dekurionen (Ratsherren der Städte; s. Kapitel 1) besonders erstrebenswert war, zumal er die Ausnahme von der Besteuerung mit sich brachte. Das spätrömische Regierungssystem mußte also ein Gleichgewicht herstellen, das einerseits garantierte, daß genügend geeignete Männer für den kaiserlichen Dienst rekrutiert werden konnten, andererseits aber eine ausreichende Menge potenter Steuerzahler erhalten blieb.

Viele Probleme bleiben bei dem Versuch, das spätrömische Verwaltungssystem zu verstehen. Es suchte eine Balance zwischen Bürokratie und Patronage aufrechtzuerhalten; die schiere Zahl derer, die an ihm tatsächlich beteiligt waren und deshalb nicht mehr für die Produktion der Versorgungsgrundlagen zur Verfügung standen, sondern von den Steuerzahlern versorgt werden mußten (A. H. M. Jones spricht von »faulen Fressern«), ist oft als ein wichtiger Faktor für den wirtschaftlichen Niedergang angesehen worden. Wir werden darauf in Kapitel 7 zurückkommen; hier wollen wir nur festhalten, daß in keiner Weise das später bekannte System bereits auf Diokletian zurückgeht, auch wenn man ihm üblicherweise vorwirft, eine kopflastige Bürokratie geschaffen zu haben – wie man ihm ja auch nachsagt, er habe das Heer so vergrößert, daß es vom Reich nicht mehr unterhalten werden konnte.

Tatsächlich waren viele der Änderungen, die in die Regierungszeit Diokletians fielen, eher Auswirkungen langfristiger Entwicklungen als individueller Initiativen. So hat man häufig gemeint, daß Senatoren von Posten in der Provinzialverwaltung unter Diokletian ausgeschlossen waren, der wie viele andere Kaiser des 3. Jahrhunderts selbst seinen Aufstieg im Heer erlangt hatte. Die inschriftlichen Zeugnisse belegen jedoch, daß Senatoren zu keiner Zeit völlig ausgeschlossen waren; die Tatsache, daß es in jener Zeit nur wenige in diesen Ämtern gab, ergibt sich also nicht so sehr aus der Voreingenommenheit des Kaisers als aus den dezentralisierten Bedingungen des 3. Jahrhunderts, die das vorhandene Patronagesystem durchbrachen und militärische Kommandoinhaber zunehmend in den Vordergrund stellten, umgekehrt aber die Bedeutung des Senats als Institution verringerten, weil das Zentrum der Herrschaft nicht mehr in Rom lag. Auch benötigte man eine große Zahl zusätzlicher Provinzstatthalter, um die unter Diokletian erheblich vergrößerte Menge von Provinzen überhaupt verwalten zu können, und es überrascht nicht, wenn es sich hierbei vor allem um Männer aus dem Ritterstand, also nicht aus der sehr kleinen Senatorenschicht handelte; die Mehrzahl der Provinzen wurde folglich *praesides* aus dem Ritterstand unterstellt. Auch die Trennung von zivilen und militärischen Kommanden bedeutete eine Verdoppelung des benötigten Personals. Senatoren wurden aber noch immer eingesetzt, etwa als *correctores,* als regionale Statthalter in Italien. Die Auszeichnung des Titels wurde beibehalten, und als von Konstantin senatorische Statthalter in einer Reihe von Provinzen wiedereingeführt wurden, nannte man sie *consulares,* um sie von den *praesides* zu unterscheiden – all dies legt nahe, daß die Änderungen mehr aus praktischen Gründen und umständehalber entstanden waren als aus Prinzip.

Während Diokletian die angebliche Bevorzugung von Männern, die einen militärischen Hintergrund wie er selbst hatten, zugeschrieben wird, heißt es zugleich, er habe das römische Reich in eine Art »orientalischen Despotismus« verwandelt, indem er das Hofzeremoniell und die Hoftitel des sassanidischen Persien einführte. Autoren des 4. nachchristlichen Jahrhunderts geben an, daß er als erster Kaiser die Verehrung in Form der *adoratio* (Fußfall) verlangte, daß er wundervolle Kleidung trug und sich in orientalischer Manier absonderte; der Begriff *dominus* (»Herr«) wurde häufig neben der traditionelleren (wenn auch immer ausführlicheren) römischen Kaisertitulatur verwendet, und alles, was mit dem Kaiser zu tun hatte, hieß nun »heilig« oder »göttlich«. Doch auch für diese Entwicklung gab es Vorläufer; selbst während des 1. und 2. nachchristlichen Jahrhunderts hatte es bereits einen spürbaren Wandel im Stil kaiserlicher Herrschaft gegeben, indem die Position des »ersten Bürgers« (*princeps*), die Augustus eingenommen hatte, einer eher monarchischen Auffassung wich. Diokletians unmittelbare Vorgänger, insbesondere Aurelian, hatten weitere Schritte in diese Richtung unternommen, weshalb seine angeblichen Neuerungen eher als Höhepunkt einer Entwicklung und als Wahrnehmung eines bereits vorhandenen Trends betrachtet werden sollten. Die Titel *Iovius* und *Herculius* (»zu Jupiter« bzw. »Hercules gehörig«; s. o.), die von Diokletian, Maximian und ihren beiden *Caesares* angenommen worden waren, gehörten zu einer ähnlichen Entwicklung; Kaiser im früheren 3. Jahrhundert hatten sich bereits auf ihren Münzen mit Jupiter, Hercules und insbesondere Mars in Verbindung gebracht, und Aurelian erhob den Anspruch, unter dem besonderen göttlichen Schutz des *Sol Invictus* (des »Unbesiegten Sonnengottes«) zu stehen, dem er einen großen Tempel in Rom errichtete. Man läge ganz falsch, hierin bloße »Verpackung« zu sehen; die Bemühung um die Gestaltung eines öffentlichen Images war aber sicherlich ein wichtiger Teil des tetrarchischen Stils, und die göttliche Titulatur spielte hierbei eine große Rolle.

Von langfristig größerer Bedeutung war jedoch, daß Diokletian und die Tetrarchen den Niedergang der Bedeutung Roms als Zentrum kaiserlicher Herrschaft nicht beendeten. Zwar wurde das Reich während der Tetrarchie nicht formell aufgeteilt, doch entwickelten sich mehrere »Hauptstädte« in verschiedenen Teilen, insbesondere in Nicomedia (Izmit), der Hauptresidenz Diokletians, in Serdica (Sofia), Thessaloniki, dem Hauptsitz des Galerius, im pannonischen Sirmium, dem Sitz des Licinius, und in Trier, das die Residenz des Constantius I. Chlorus, des Vaters von Konstantin, war. In der Praxis verbrachten die Kaiser damals ihre Zeit üblicherweise mit Reisen von einer Residenz zur anderen: Zentren, die nun Bedeutung erlangten, waren etwa auch Naissus (Nis), Carnuntum (Petronell bei Wien) an der Donau, Mailand und Aquileia in Italien. Rom jedoch stand, wenn überhaupt, nur selten auf dem Reiseplan der Kaiser. Diese Reisen und die Mehrzahl kaiserlicher Zentren (der Begriff »Hauptstädte« führt in die Irre) hatten wichtige Folgen. Erstens schwächten sie den Einfluß altrömischer Tradition auf die Herrschaft und Verwaltung in großem Maße und befreiten in gewisser Weise Diokletian und seine Kollegen und Nachfolger von der Notwendigkeit, Neuerungen einzuführen. Zweitens förderten sie die kaiserliche Bautätigkeit und regten städtische Entwicklungen an, da ja jedes Zentrum eine Reihe grundlegender Funktionen erfüllen können mußte. Eine typische »tetrarchische Hauptstadt« hatte zumindest einen Palast mit angemessen großer Audienzhalle und Hippodrom für die öffentlichen Auftritte des

Herrschers und für die Wagenrennen aufzuweisen; Diokletian zog sich nach Split in einen Palast zurück, der in diesem Stil errichtet war, und auch Konstantin folgte diesem Muster, indem er im Jahr 330 die bereits bestehende Stadt Byzanz (Byzantion) in Konstantinopel verwandelte (s. Kapitel 11). Manche der genannten Städte waren von bedeutender Größe, insbesondere Nicomedia, wo Diokletian zum Kaiser ausgerufen worden war, Konstantin als Jugendlicher am Hofe Diokletians gelebt hatte und Laktanz als Redner beschäftigt war – und wo es auch eine bedeutende christliche Kirche gab.

Da Gesetze erlassen wurden, wo immer der Kaiser sich gerade aufhielt, lassen sich die Reisen der Herrscher zumindest teilweise aus den Angaben über Zeit und Ort eines solchen Erlasses nachvollziehen. In der Regierungszeit Diokletians schließlich hatte jeder Tetrarch seinen eigenen Stab von Beamten (*comitatus*), seinen eigenen »Hof« (*sacrum cubiculum*) und seine eigene Garde, weshalb man Laktanz nachsehen kann, daß er die Vermehrung der Posten kritisierte.

Am 23. Februar 303 wurde die Kirche in Nicomedia von Soldaten unter Führung des Prätorianerpräfekten zerstört, und am Tag darauf erließ Diokletian ein Edikt, das die Zerstörung der Kirchen und die Verbrennung der christlichen Schriften befahl – so jedenfalls Eusebios; Christen in öffentlicher Stellung sollten ihren Rang verlieren und kaiserliche Freigelassene, die die Verwaltung führten, sollten versklavt werden, wenn sie nicht dem Christentum abschworen. Weitere Anordnungen folgten bald darauf und wurden im Osten auch durchgeführt; so wurden Bischöfe eingekerkert und gezwungen, den heidnischen Göttern zu opfern. Optatus, ein afrikanischer katholischer Bischof des späteren 4. Jahrhunderts, hat aufgezeichnet, was in Cirta in Numidien geschah, als der kaiserliche Beamte, der sowohl heidnischer Priester als auch *curator* der Stadt war, das erste Dekret in die Praxis umsetzte: Der Bischof und die Geistlichen brachten alle Kirchenhabe hervor, zu der eine recht große Menge von Männer- und Frauenkleidung und -schuhen gehörte, doch mußte der *curator* die heiligen Schriften selbst den »Lektoren« abverlangen, wobei er schließlich etwa dreißig Exemplare, die als »Bücher« beschrieben werden, und 22 kleinere Schriften erhielt (Optatus, Appendix 1). Die Christenverfolgung wurde sehr ungleichmäßig durchgeführt: Im Westen zeigten Maximian und Constantius I. Chlorus offenbar wenig Begeisterung für diese Politik – selbst wenn man Eusebios' Verteidigung des Letztgenannten außer acht läßt –, während im Osten viele Bischöfe und Geistliche eingekerkert, gefoltert, verletzt oder – wie der Bischof von Nicomedia und andere – enthauptet wurden.

Die Verfolgung hinterließ bei den zeitgenössischen Christen einen tiefen Eindruck. Das Pamphlet *Über die Todesarten der Verfolger* (De mortibus persecutorum) von Laktanz entstand, als die Christenverfolgung aufgehört hatte und Maxentius von Konstantin besiegt worden war; das Werk bietet also eine Version der jüngst vergangenen Geschichte, um über alle Zweifel erhaben zu zeigen, daß Gott tatsächlich auf der Seite der Christen stand und grausame Strafen für alle vorsah, die jene verfolgten. Bald nach dem Ende der Christenverfolgung im Mai 311 schrieb Eusebios (der ihr entgangen war) eine bewegende Darstellung der Ereignisse in seiner eigenen Provinz Palästina, die er später seiner Kirchengeschichte als achtes Buch einverleibte; er hatte die »Bekenner« (die sich zu ihrem Christentum bekannten), die in Ägypten eingekerkert waren, besucht und dabei gesehen, wie manche von ihnen umgebracht wurden. Sein eigener Freund und Mentor aus Caesarea, Pamphilus, der 310 den Märtyrertod erlitt, war einer von denen, die Eusebios besucht hatte, wobei er ihm beistand, als er im Kerker eine Verteidigung des Origenes schrieb, eines christlichen Autors des 3. Jahrhunderts, der die große Bibliothek in Caesarea aufgebaut hatte.

Man hat darauf hingewiesen, daß die Gesamtzahl der während jener Verfolgung als Märtyrer getöteten Christen recht klein und daß die Auswirkung der Verfolgung sehr ungleichmäßig verteilt war, doch läßt Eusebios' eindringliche Darstellung nicht daran zweifeln, daß viele Christen im Osten die Ereignisse als Schock empfanden. Allgemein scheint es freilich wenig Unterstützung für diese Verfolgung gegeben zu haben, und Galerius beendete sie im Jahr 311. Zwei Jahre danach erklärten im sogenannten »Toleranzedikt von Mailand« Konstantin und Licinius die Toleranz gegenüber allen Religionen (Eusebios, Kirchengeschichte 10, 5; Laktanz, De mortibus persecutorum 48). Welche Motivation für die Verfolgung selbst Ursache war, ist in keiner Weise klar, auch wenn die Quellen sie zuversichtlich dem Einfluß des Galerius zuschreiben. Dem Edikt von 303 war eine Säuberung des Heeres von Christen vorangegangen, die angeblich auf einen Fall des Jahres 299 gegründet war, als die Wahrsager bei einem Opfer im kaiserlichen Kult nicht mehr die richtigen Zeichen finden konnten, nachdem einige Christen, die zugegen waren, das Kreuzzeichen gemacht hatten. Was immer unmittelbarer Anlaß gewesen sein mag, der Versuch, abweichende Glaubensbekenntnisse und -praktiken zu kontrollieren, paßte sehr gut zur Ideologie der Tetrarchie. Die Übernahme der

Titel *Iovius* und *Herculius* durch Diokletian und Maximian war Teil einer deutlichen Betonung moralischer und religiöser Sanktionen für ihre Herrschaft, und jedes Anzeichen einer Beleidigung der Götter, wie es sich symbolisch im Mißlingen der eben genannten Wahrsagung zeigte, wurde als große Gefahr für die künftige Sicherheit des Reiches aufgefaßt.

Genau dieselbe Denkform, nur in umgekehrter Richtung, lag hinter Konstantins Übernahme des Christentums; er stellte sich nun dem Christengott gegenüber ebenso pflichtbewußt dar und suchte, die korrekte Form von Gottesdienst im ganzen Reich sicherzustellen, und er sah sich ebenso persönlicher Strafe durch Gott ausgesetzt, wenn er hierbei versagte.

Der Herrschaftsstil, den Diokletian und die Tetrarchen pflegten, war – jedenfalls in der Theorie – zweifellos streng und autoritär. Harte gesellschaftliche und moralische Maßregeln wurden allen Schichten der Bevölkerung auferlegt. Ein nicht geringer Teil der Gesetzgebung des 4. Jahrhunderts zielte darauf, die Kolonen (*coloni*, Kleinpächter) am Verlassen ihrer Güter und die Dekurionen (s. Kapitel 1) an der Aufgabe ihres Wohnorts zu hindern und bei Handwerkern und Gewerbetreibenden sicherzustellen, daß ihre Tätigkeit auf die Söhne überging; all dies ist in der moralisierenden Sprache, die so typisch für die spätrömischen Gesetze ist, niedergeschrieben und mit Drohungen schlimmster Strafen im Falle des Ungehorsams bewehrt. Nimmt man die Gesetze wörtlich, glaubt man leicht, den Apparat eines totalitären Staates zu erkennen. Wir werden darauf in Kapitel 7 zurückkommen; hier genügt es, darauf hinzuweisen, daß eine große Kluft zwischen Theorie und Praxis, Anspruch und Wirklichkeit bestand und daß es eher einen unmittelbaren Anlaß gab als ein allgemeines Bemühen um gesellschaftliche Unterdrückung: nämlich die alles andere an Wichtigkeit übertreffende Notwendigkeit, die Steuereinnahmen und die Produktion sicherzustellen, und dies gerade angesichts einer tatsächlichen Schwäche der Regierung.

Die ältere Forschungsmeinung, die etwa A. H. M. Jones vertritt, weist Diokletian die Schaffung der Institution des »Kolonats« und die Bindung der freien Bevölkerung an die Scholle zu. Diese Auffassung ist aber in den letzten Jahren zunehmend kritisiert worden, denn schon lange vor Diokletian hatten private Pächter in Ägypten ihre Steuern über ihren Verpächter als Zwischeninstitution zahlen müssen. Dies also war es vielleicht, was Diokletian nun erblich machte, wobei er bereits Bestehendes zur Regel erhob, nicht aber eine neue einführte. Auch seine Gesetzgebung bedeutete nicht die

Schaffung eines neuen und einheitlichen Systems für das ganze Reich; vielmehr betont sie gerade die regionalen Unterschiede, die weiterhin bestanden, auch wenn die Existenz der Gesetzeswerke manchmal den Eindruck einer Zentralisierung erweckt.

Die moralisierende und bedrohliche Wortwahl kaiserlicher Gesetzgebung wurde freilich in der Folge üblich; dies ist nur allzu deutlich bei Ammian, der dieselbe Art von Terminologie für seine eigenen historischen Urteile verwendet. Die vielfältigen Zeugnisse, die uns für die Zeit seit Konstantin zur Verfügung stehen, insbesondere seit dem späteren 4. Jahrhundert, legen nahe, daß bei aller Härte des Lebens die Reglementierung, die Diokletian und seine Kollegen predigten, in der Praxis nicht griff.

Diokletian blieb seinen eigenen Zielen treu: Er dankte zusammen mit seinem Kollegen Maximian am 1. Mai 305 ab, zog sich in seinen Palast nach Split zurück und weigerte sich künftig, ins politische Leben zurückzukehren. Laktanz, der ihm als Christenverfolger einen besonders üblen Tod zuweisen will, behauptet, er habe sich 311 oder 312 zu Tode gehungert (De mortibus persecutorum 42), andere Quellen jedoch sprechen von einer längeren Lebenszeit.

Diokletian hatte keine direkten Erben, und auch die Tetrarchie hatte über seinen Rückzug hinaus kaum mehr Bestand. Konstantin folgte seinem Vater Constantius I. Chlorus im Jahr 306, sicherte seine Position als *Augustus* mittels einer Allianz mit Maximian im Jahr 307 und ging bald dazu über, auf die Eliminierung seiner Rivalen hinzuarbeiten. Einer von denen, der ein Opfer dieser Maßnahmen wurde, war im Jahr 310 Maximian selbst, und sein Sohn Maxentius unterlag Konstantin im Jahr 312. Als Konstantin auf diese Weise Alleinherrscher geworden war, sollte er große Änderungen in Bewegung setzen, die sowohl seine Zeitgenossen als auch viele Historiker dazu veranlaßt haben, ihn in einem scharfen Gegensatz zu Diokletian zu sehen; doch war Konstantin selbst das Produkt der Tetrarchie und in vieler Hinsicht der Erbe Diokletians – viele der gesellschaftlichen, politischen und wirtschaftlichen Entwicklungen während seiner Herrschaft führten schlichtweg Diokletians Neuerungen zu ihrem logischen Schluß.

4. Das neue Reich Konstantins

Konstantin ist mehr noch als Diokletian von der Voreingenommenheit seiner antiken wie modernen Beurteiler betroffen. Im Zentrum der Problematik steht seine Unterstützung des Christentums, die das Schicksal der christlichen Kirche grundlegend änderte und durchaus für die spätere Entwicklung zur Weltreligion verantwortlich sein mag.

Eusebios aus Caesarea, unsere Hauptquelle, verfaßte seine *Kirchengeschichte,* die zu einer Verherrlichung Konstantins wurde, und später pries er ihn in seiner *Vita Constantini* (s. Kapitel 2). Auch Laktanz unterscheidet den tugendhaften Konstantin deutlich von dem schlimmen Diokletian; da er aber seinen Traktat *Über die Todesarten der Verfolger* (De mortibus persecutorum) jedenfalls vor dem endgültigen Sieg Konstantins über Licinius im Jahr 324 schrieb, wird bei ihm Licinius ähnlich hoch wie Konstantin eingeschätzt. Die einschlägigen lateinischen Panegyriker preisen Konstantin natürlich ganz besonders und ordnen ihr historisches Material in diesem Sinne an. Für die weltlichen Aspekte seiner Regierung sind wir großenteils auf Zosimos' *Neue Geschichte* angewiesen, die nicht nur ähnlich vorurteilsbeladen ist (wenn auch in genau entgegengesetzter Richtung), sondern auch ganz naiv historische Fakten verdreht. Dokumentarische Zeugnisse, etwa für die Gesetzgebungstätigkeit Konstantins, sind meist nur in der *Vita Constantini* des Eusebios erhalten und deshalb ebenfalls nicht unverdächtig. Die Kaiserbriefe zum Streit zwischen den sogenannten Donatisten und den katholischen Geistlichen in Nordafrika (s. u.), die im Anhang (Appendix) von Optatus' Geschichte dieses Streites überliefert sind, gelten zwar heute üblicherweise als echt (sie eröffnen dann aufschlußreiche Einblicke in Konstantins eigenes Denken), doch dürfen wir nicht vergessen, daß sie nur eine Seite des Streites wiedergeben, da sie in einer katholischen Umgebung bewahrt wurden.

Auch bei modernen Historikern muß man ähnlich auf offene oder versteckte Voreingenommenheit achten. Manchmal zeigt sich diese in aller Deutlichkeit: Als ein Heiliger der orthodoxen Kirche und als Gründer Konstantinopels wird Konstantin häufig geradezu als Gründer der byzantinischen Kultur überhaupt gepriesen; seine Beiträge zur religiösen Entwicklung der Kultur werden infolgedessen besonders betont. Andere Gelehrte, insbesondere Jacob Burckhardt im 19. und Henri Grégoire im 20. Jahrhundert, haben die Integrität Konstantins bezweifelt, indem sie die Glaubwürdigkeit von Eusebios angriffen – eine Auffassung, die eine Verteidigung sowohl Konstantins als auch Eusebios' hervorrief, etwa durch den Historiker Norman Baynes (s. Literaturhinweise). Schreibt man über Konstantin, muß man in jedem Fall zwischen den widersprüchlichen Quellen wählen oder zumindest eine Meinung zur Glaubwürdigkeit Eusebios' haben, der wichtigsten christlichen Quelle jener Zeit; es ist daher unmöglich, sich dieser Forschungskontroverse zu entziehen. Konstantin ist eine der bedeutendsten Persönlichkeiten in der Geschichte der christlichen Kirche; angesichts deren Bedeutung für unsere eigene Kultur neigen selbst scheinbar neutrale Untersuchungen zeitweilig dazu, versteckte Voreingenommenheiten aufzuweisen. Nötig ist also ein kritischer Ansatz, wenn auch nicht unbedingt ein überaus skeptischer.

Zunächst muß Konstantin im Kontext der Tetrarchie gesehen werden. Sein Vater war Constantius, ein illyrischer Soldat, der es zum Prätorianerpräfekten und zum *Caesar* Maximians gebracht hatte und der nach dessen Abdankung im Jahr 305 selbst *Augustus* wurde (Constantius I. Chlorus). Konstantin kam 272 oder 273 zur Welt; er begleitete Diokletian und Galerius auf einer Reihe von militärischen Unternehmungen. Die konstantinfreundlichen Quellen, die Galerius anschwärzen wollten, geben nun an, daß der junge Mann schließlich dem ihn wegen eines Komplotts verdächtigenden Kaiser nur mit einer List entkam und zu seinem Vater floh, diesen aber bereits auf dem Totenbett antraf. Tatsächlich aber fand er seinen Vater bei der Vorbereitung, den Ärmelkanal zu überqueren, und begleitete ihn nach York; hier wurde Konstantin nach dem Tod seines Vaters von dessen Soldaten am 25. Juli 306 zum *Augustus* ausgerufen.

Die Chronologie der Ereignisse und die politischen Vorgänge zwischen der gemeinschaftlichen Abdankung Diokletians und Maximians 305 und dem Sieg Konstantins über Maxentius in der Schlacht an der Milvischen Brücke Ende Oktober 312 ist äußerst verworren und kaum im einzelnen nachzuvollziehen, obgleich sich die tendenziösen literarischen Quellen durch die Zeugnisse von Münzen und Papyri sowie von einigen wenigen Inschriften ergänzen lassen. Die Propaganda Konstantins fing schon bald an: Ein anonymer Panegyriker des Jahres 307 stellt ihn als Staatsmann dar, der sich mit dem (offenbar nur für kurze Zeit abgedankt habenden) Maximian verbündet, indem er dessen Tochter Fausta ehelicht. Der Autor schließt mit der Vorstellung, daß er Konstantins verstorbenen Vater Constantius I. anspricht und sich vorstellt, welche Freude dieser im Himmel empfinden müsse, daß Konstantin denselben Adoptivvater habe (nämlich Maximian, den *Augustus* der herculischen Linie), während er und Maximian nun denselben Sohn hätten (Panegyrici Latini 7 [6], 14).

Während Laktanz behauptet, Konstantin sei bereits damals christenfreundlich gewesen (De mortibus persecutorum 24), breitet der eben genannte Panegyriker Konstantins Verbindung mit Hercules aus und betont dessen Anspruch auf die göttliche Titulatur, die von Maximian angenommen worden war. Spätestens 310 hatte sich jedoch die Lage dramatisch verändert: Maxentius, der Sohn Maximians, hatte Rom eingenommen – und Maximian selbst, der sich zugleich gegen Maxentius und gegen Konstantin gewandt hatte, war durch Selbstmord gestorben, nachdem Konstantin gegen ihn die Waffen erhoben hatte. Eine weitere Rechtfertigung von Konstantins Position war also nunmehr erforderlich, und ein ebenfalls anonymer Panegyriker des Jahres 310 bringt auch gleich einen neuen Anspruch auf eine dynastische Abstammung Konstantins hervor, diesmal von einem Kaiser des 3. Jahrhunderts, Claudius Goticus, und schreibt Konstantin zugleich eine symbolische Vision Apollons zu:

Du sahst, Konstantin, wie ich glaube, deinen eigenen Apollon, von Victoria begleitet, der dir Lorbeerkränze anbot, die ein Vorzeichen für eine dreißig Jahre lang währende Herrschaft boten.   (Panegyrici Latini 6 [7], 21)

Im selben Jahr machte auf Konstantins Münzen der Gott Mars Platz für Sol Invictus, den Sonnengott, mit dem Apollon identifiziert wurde. Dieser neue Schritt ging auf ein Vorbild aus der Zeit vor der Tetrarchie zurück, das Aurelian (270–275) gesetzt hatte; jener ließ nämlich Münzen prägen, die an seinen unmittelbaren Vorgänger, den vergöttlichten Claudius Goticus erinnerten und den Kaiser selbst mit dem Sonnengott in Verbindung brachten. Konstantin behauptete nun also seine Legitimität auf Grund dynastischer Abstammung, um sich gegen Vorwürfe verteidigen zu können, er habe sich von der Tetrarchie losgesagt.

In Wahrheit war die Tetrarchie ohnehin bereits zusammengebrochen, und Konstantin blickte nur nach vorne. Im Jahr 311 sagte der für den Osten zuständige *Augustus*, Galerius, erst auf seinem Totenbett die Christenverfolgung ab und starb unter großen Schmerzen, was Laktanz und andere christliche Autoren natürlich befriedigte. Maximinus Daia, Galerius' Neffe, der von seinen eigenen Soldaten zum *Augustus* ausgerufen wurde, übernahm Kleinasien

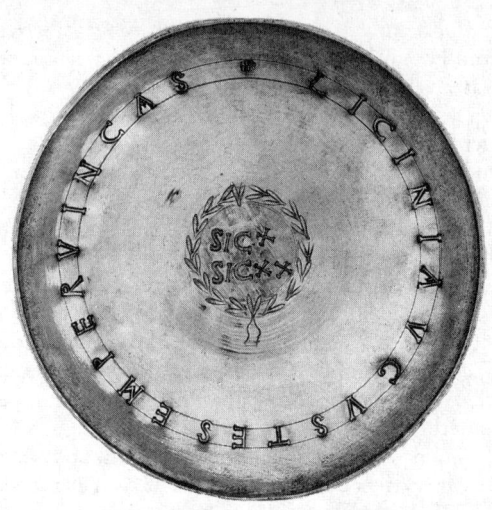

Abb. 2. Silberteller, der als *largitio* (Prämie) zur Erinnerung an den zwanzigsten Jahrestag der Erhebung des Licinius zum *Augustus* verteilt wurde.

von Licinius, der bei einem Treffen der Tetrarchen in Carnuntum im Jahr 308 zum *Augustus* bestimmt worden war (s. Abbildung 2). Konstantin mußte nun seine Position sichern; 312 marschierte er durch Italien, belagerte Segusio, zog in Turin und Mailand ein und eroberte Verona. Maxentius verließ Rom, um Konstantins Heer entgegenzutreten, erlitt aber am 28. Oktober 312 an der Milvischen Brücke über den Tiber eine schwere Niederlage. Viele von Maxentius' Soldaten ertranken im Fluß, sein eigenes Haupt wurde auf einem Stab durch Rom getragen.

Konstantin betrat also diese Stadt im Triumph und hielt eine Rede vor den Senatoren, von denen viele Maxentius unterstützt hatten und nun verängstigt waren, in der er Milde versprach. Die Schlacht wurde als großer Sieg der Gerechtigkeit über die Tyrannis dargestellt, wie dies aus der Inschrift auf dem Konstantinsbogen hervorgeht, der noch heute in Rom nahe dem Colosseum steht, wo er anläßlich der Zehnjahresfeier von Konstantins Herrschaft 315 errichtet worden war (s. Abbildung 3). Senat und Volk von Rom weihten den Bogen zu Ehren Konstantins, und auf der Inschrift heißt es:

Abb. 3. Konstantinsbogen, im Jahr 315 in Rom nahe dem Colosseum errichtet. Die Inschrift nennt den durch die »Inspiration der Göttlichkeit« *(instinctu divinitatis)* errungenen Sieg Konstantins über Maxentius. Auf beiden Seiten Medaillons, die aus älteren Kunstwerken wiederverwendet und mit neuen Kaiserhäuptern versehen sind; unter ihnen zeigen neu geschaffene Reliefs Szenen von Konstantins Feldzug und Ankunft in Rom.

Durch die Inspiration der Göttlichkeit *(instinctu divinitatis)* und durch die Größe seines Geistes hat er mit seinem Heer sowohl am Tyrannen wie an all dessen Parteigängern zu ein und derselben Zeit in einem gerechten Krieg das Gemeinwesen gerächt. (ILS 694)

Der Bogen ist mit Reliefs geschmückt, die den Feldzug und Konstantins Einzug in Rom darstellen: Die Belagerung von Verona, die Niederlage des Maxentius, dessen Soldaten im Tiber ertrinken, Konstantins Rede vor dem Senat und seine Austeilung von *largitiones* (Prämien).

Der Sieg über Maxentius machte Konstantin zum Herrscher des Westens. Im Februar 313 traf er sich in Mailand mit Licinius, der dort Konstantins Schwester Constantia heiratete; wenige Monate später brachte Licinius dem Maximinus Daia eine Niederlage bei, womit er und Konstantin die alleinigen *Augusti* im Osten bzw. Westen wurden. Maximinus Daia hatte im Jahr 312 die Christenverfolgung wieder aufgenommen (Eusebios, Kirchengeschichte 9, 9), doch soll er ihr christlichen Autoren zufolge ebenso wie einst Galerius auf dem Totenbett wieder abgeschworen haben (9, 10). Das ebenda (10, 5) erwähnte sogenannte »Toleranzedikt von Mailand« (vgl. Laktanz, De mortibus persecutorum 48) wird häufig Konstantin allein zugewiesen (s. Kapitel 3), ist aber tatsächlich ein Kaiserbrief, den Licinius im Osten aussandte und der vereinbarungsgemäß in beider Namen verfaßt war.

Konstantin wurde also nicht vor 324, als er schließlich den Licinius in Chrysopolis besiegte, zum Alleinherrscher. Zuvor war es 316 zu einem vorläufigen und nicht entscheidenden Zusammenstoß beider in Cibalae gekommen, auf den hin die beiden *Augusti* aber ihre Allianz noch einmal kitteten und die drei Söhne am 1. März 317 zu *Caesares* erklärten. Da Laktanz sein Pamphlet über die Todesarten der Verfolger vor der Schlacht von Cibalae schrieb und da Eusebios im Osten unter Licinius lebte, ist die Quellenlage für diese Zeit ungünstig; überdies treten in Eusebios' Darstellung des Feldzugs von 324 in der *Vita Constantini* biblische Anspielungen und tendenziöse Rhetorik an die Stelle historischer Fakten. Eusebios bearbeitete 324 auch in aller Eile seine *Kirchengeschichte,* tilgte oder veränderte viele der zuvor freundlichen Bezüge auf Licinius und fügte eine kurze Beschreibung von Konstantins Sieg hinzu (s. Kapitel 2).

Für die spätere Herrschaft Konstantins ist unsere Hauptquelle die *Vita Constantini,* die weit später entstand und erst nach dem (in ihr beschriebenen) Tod Konstantins im Mai 337 vollendet wurde. Der Charakter der *Vita* selbst ändert sich mit dem Jahr 324: Zuvor hatte Eusebios seine Darstellung im 9. Buch der *Kirchengeschichte* übernommen, ergänzt und bearbeitet, für das folgende wird die *Vita* (die ausdrücklich als Porträt Konstantins als christlichem Kaiser und nicht als vollständige Geschichte seiner Herrschaft beschrieben ist) zu einem Sammelsurium von Informationen ganz verschiedener Art und Herkunft, die jeweils für sich sorgfältig auf ihre Historizität untersucht werden müssen.

Bevor wir aber auf das Thema Konstantin und das Christentum eingehen, muß die Kontinuität zwischen dieser Periode und der vorhergehenden betont werden. Über die weltliche Politik Konstantins sind wir nur unzureichend informiert; auch hierfür ist die Quellenlage erst für die Periode zwischen 324 und 337 günstiger. Wie wir (in Kapitel 3) gesehen haben, wurde Konstantin als Militär von heidnischen Autoren, insbesondere Zosimos (Neue Geschichte 2, 34), dafür kritisiert, daß er die Grenzverteidigung geschwächt habe, indem er dort Soldaten abzog, die im Bewegungsheer dienen sollten. Tatsächlich führten die militärischen Notwendigkeiten der Jahre 306 bis 324 zur Entwicklung starker mobiler Streitkräfte, doch war dies keine wirkliche Neuerung. Auch in anderer Hinsicht, etwa in der Idee eines Perserfeldzugs, die Konstantin in seinen letzten Jahren verfolgte, übernahm Konstantin ältere Vorbilder. Und Diokletians Politik bezüglich der Provinzen und der allgemeinen Staatsverwaltung setzte er ebenfalls fort und konsolidierte sie; allein die Prätorianerpräfekten verloren nun ihre militärische Funktion. Die Gründe für diese Änderung, die erst am Ende seiner Herrschaft durchgeführt wurde, und die Einzelheiten sind umstritten; wahrscheinlich ist sie der Zuweisung von Territorien an Konstantins verbliebene Söhne und an die zwei Söhne seiner Halbbrüder im Jahr 335 zuzuschreiben, war aber ohnehin eine durchaus logische Erweiterung der diokletianischen Reformen. Auch der künftig oberste Verwalter des Staatsschatzes, der *comes sacrarum largitionum,* ist erst im späteren Abschnitt von Diokletians Herrschaft belegt und entwickelte sich wahrscheinlich in einer ähnlichen nur *ad hoc* entstandenen Weise. Auch die Inflation blieb unter Konstantin bestehen. Zwar gelang es ihm, eine neue Goldmünze, den *Solidus,* einzuführen, die nie an Wert verlor und bis weit in die byzantinische Zeit hinein ein fester Münzstandard blieb (s. Kapitel 8); dies bedeutet aber nicht eine grundsätzlich neue Wirtschaftsmaßnahme, sondern weist nur darauf hin, daß Konstantin das hierfür notwendige Gold zur Verfügung stand. Teilweise kam dies aus den Schätzen heidnischer Tempel, die – wie Eusebios angibt – konfisziert wurden, doch haben dazu auch die neuen Steuern beigetragen, die in Gold und Silber zu bezahlen waren und von Senatoren (als *Follis*) und von Händlern (als *Chrysargyron,* Gold- und Silbersteuer) erhoben wurden und von denen Zosimos (nach ihrer Abschaffung 499) angibt:

Dabei verschonte er nicht einmal die unseligen Prostituierten von dieser Abgabe, so daß man, wenn der vierjährige Steuertermin herannahte, in jeder Stadt Wehklagen und Jammergeheul vernehmen konnte. War dann der Zeitpunkt da, so gab es Geißelhiebe und Folterungen, welche die Körper jener trafen, die infolge bitterster Armut nicht bezahlen konnten. Selbst Mütter mußten von nun an ihre Kinder verkaufen und Väter ihre Töchter prostituieren, da sie sich gezwungen sahen, aus deren Arbeitsertrag das nötige Geld für die Beitreiber des *Chrysargyron* aufzubringen.

(Zosimos, Neue Geschichte 2, 38)

Die von Diokletian eingeführten Reformen begannen während der Herrschaftszeit Konstantins überhaupt erst einmal zu greifen, und wenn es ein Gefühl der Erholung gab, lag dies zweifellos teilweise daran, daß die seinerzeit eingeführten Änderungen nunmehr allmählich spürbar wurden. Statt der Kriege, die Konstantin in seinen frühen Jahren geführt hatte, gab es nun seine Alleinherrrschaft, die bereits als solche eine Ruhepause und Konsolidierung bedeutete.

In einer Hinsicht schien Konstantin jedoch zumindest auf den ersten Blick geradezu dramatisch von Diokletians Vorbild abzuweichen: im Einsatz von Senatoren für hohe Ämter. Nach Eusebios (Vita Constantini 4, 1) erweiterte der Kaiser die Senatorenschicht beträchtlich und gestattete auch Männern, die in Rom wohnten und nicht persönlich an den Senatsversammlungen teilnahmen, Senator zu sein. Später wurde sogar ein zweiter Senat in Konstantinopel begründet, der großenteils durch neu zum Senator berufene Männer besetzt werden mußte. Die Rolle, welche jene neuen Senatoren spielten, unterschied sich freilich grundlegend von der, welche den Senatoren in der frühen Kaiserzeit zukam (s. Kapitel 1). Angesichts des Niedergangs im 3. Jahrhundert ist es bemerkenswert, daß Konstantin Mitglieder der großen römischen Familien für seine Verwaltung einsetzte: als senatorische Statthalter (*consulares*), als *correctores*, als Statthalter von Provinzen in Italien, als Stadtpräfekten von Rom und für das jetzt im wesentlichen nurmehr einen Ehrentitel darstellende Amt des Konsuls. Wie ihre Vorgänger in der frühen Kaiserzeit ließen auch diese Männer ihre Ämterlaufbahn voll Stolz durch Inschriften verewigen – freilich sind die Ämter selbst oft anderer Art. So war der Konsul des Jahres 337, also von Konstantins Todesjahr, Fabius Titianus, *corrector* von Flaminia und Picenum gewesen, *consularis* von Sizilien, *proconsul* von Asia (Kleinasien), *comes primi ordinis* (*comes* erster Ordnung) in Konstantins *comitatus* und schließlich Stadtpräfekt von Rom in den Jahren 339 bis 341 (ILS 1227; vgl. T. D. Barnes [s. Literaturhinweise zu Kapitel 3] 109). Einer der Konsuln des Jahres 335 war Caeionius Rufius Albinus, der Sohn des Rufius Volusianus, der seinerseits 311 und 314 Konsul gewesen war; der Sohn wurde im Schicksalsjahr 326 wegen Magie und Ehebruch von Konstantin in die Verbannung geschickt, überlebte diese aber und wurde *consularis* von Kampanien, *proconsul* von Achaea und Asia, Konsul und Stadtpräfekt (vgl. Barnes ebd. 108; zur Karriere des Vaters ebd. 100).

Diese Entwicklung straft übrigens die häufig vertretene These einer Entfremdung zwischen Konstantin und dem römischen Senat Lügen. Es wäre nur natürlich, anzunehmen, daß Konstantin sich mit Christen umgab, doch sind bloß wenige der von ihm bestimmten Personen – jedenfalls in diesen hohen Stellungen – nachweislich

Christen gewesen. Eine Ausnahme stellt der berühmte Ablabius dar, der Konsul des Jahres 331, der aus einer unbedeutenden Familie von Kreta stammte, Konstantins Aufmerksamkeit fand, zum Prätorianerpräfekten aufstieg und die Ehre hatte, daß seine Tochter mit Constans, dem Sohn des Kaisers, verlobt wurde (vgl. Barnes ebd. 104); die meisten stammten jedoch aus der neuen Aristokratie, die in Rom aus dem Durcheinander des 3. Jahrhunderts hervortrat. Konstantins Erweiterung der Senatorenschicht war von größter Bedeutung; sie sollte die Grundlage für eine noch weitergehende Vergrößerung in den nächsten zwei Jahrhunderten bilden, in deren Verlauf der Ritterstand praktisch verschwand. Doch kann auch diese Maßnahme als Reaktion auf eine aktuelle Notwendigkeit gesehen werden, nicht als Akt bewußter Gesellschaftspolitik; sie erscheint auch weniger als eine Abkehr von Diokletians Politik, wenn man erkennt, daß letzterer auch keine nachweisliche Voreingenommenheit gegen Senatoren als solche hatte. Im übrigen ist es unwahrscheinlich, daß hierin eine bewußte Anstrengung Konstantins um die Versöhnung der noch immer heidnischen römischen Aristokratie vorliegt.

Auch Konstantins Gesetzgebung setzte die Tendenzen fort, die sich bereits unter Diokletian gezeigt hatten, indem sie die Bewegungsfreiheit für Dekurionen und Kolonen weiter einschränkte (s. Kapitel 3). Die finanziellen Belastungen der Erstgenannten waren beträchtlich, was sich an den Schwierigkeiten zeigt, die Konstantin hatte, als er sein Gesetz zur Ausnahme christlicher Geistlicher vom Dienst in den städtischen Räten durchzusetzen suchte (Eusebios, Kirchengeschichte 10, 7) – ihre hierüber wenig erfreuten Mitbürger, deren eigene Belastungen entsprechend erhöht wurden, versuchten immer wieder, sie für die Ämter zu verpflichten und mußten vom Kaiser wiederholt daran gehindert werden. Ironischerweise sah sich Konstantin auch gezwungen, gesetzlich gegen das übermäßige Anwachsen der Zahl derer vorzugehen, die nun auf die Ordination erpicht waren und die genannten Privilegien für sich auf diese Weise zu erlangen versuchten; die Ordination wurde nunmehr nur zugelassen, wenn ein Geistlicher gestorben war oder wenn aus anderen Gründen eine Stelle frei war. Den Kolonen wurde ebenfalls untersagt, ihre Güter zu verlassen; Verpächter, die solche Ausreißer beherbergten, mußten sie ausliefern, und wenn es denen, deren Kolonen fortgelaufen waren, gelang, sie zurückzubekommen, stand es ihnen frei, sie in Ketten zu halten, als wenn es sich um eigentliche Sklaven handelte (Codex Theodosianus 5, 17, 1 aus dem Jahr 332).

Selbst im religiösen Bereich folgte Konstantin seinen Vorbildern, indem er den Anspruch erhob, unter besonderem göttlichen Schutz zu stehen; es ist sehr gut möglich, daß er den Christengott zunächst im selben Licht wie Apollo und Sol Invictus sah: als Schutzgottheit, die ihm in Erwiderung seiner Verehrung ihre Gunst erweisen werde. Jedenfalls setzte er weiterhin Sol auf seine Münzen, und zwar noch 320/21, obwohl er in seinem Brief des Jahres 313, in dem christliche Geistliche von den genannten Verpflichtungen befreit wurden, ganz offenbar den Erhalt des Christentums mit dem Wohl des Reiches gleichsetzte; durch diese Entlastung, so sagte er, sollten sie in die Lage versetzt werden,

> ohne alle Beunruhigung nur ihrem eigenen Gesetze (eben dem Christentum) Folge zu leisten. Bringen sie doch sichtlich dadurch, daß sie ihres höchsten Amtes gegenüber der Gottheit walten, unermeßlichen Segen über den Staat. (Eusebios, Kirchengeschichte 10, 7)

Laktanz gibt an, daß Konstantin vor der Schlacht an der Milvischen Brücke einen Traum hatte, in dem er den Auftrag erhielt, das Christus-Monogramm (eine Ligatur der griechischen Anfangsbuchstaben von Christi Namen Chi-Rho) auf die Schilde seiner Soldaten zu setzen (De mortibus persecutorum 44); Eusebios hingegen erwähnt in seiner *Kirchengeschichte* (9, 9) keine solche Vision und begnügt sich damit, den Sieg – insbesondere das Ertrinken von Maxentius' Soldaten im Tiber – mit dem Schicksal der Streitwagen des Pharao bei der Durchquerung des Schilfmeeres zu vergleichen (2. Mose 13, 17ff.). Der lateinische Panegyriker des Jahres 313 (Panegyrici Latini 12 [9]), unsere älteste Quelle für die Schlacht, bietet eine deutlich heidnische Interpretation, die sich erneut, doch mit dem Auftreten himmlischer Soldaten, die Constantius aus dem Jenseits dem Konstantin zu Hilfe geschickt habe, in einer späteren panegyrischen Rede findet, die Nazarius 321 in Rom hielt (Panegyrici Latini 4 [10]). Als Eusebios schließlich seine *Vita Constantini* verfaßte, fügte er eine noch ausführlichere und deutlich von der des Laktanz abweichende Version der Geschichte ein; bei ihm heißt es, Konstantin habe ein lichtes Kreuz am Himmel gesehen, und zwar nicht am Vorabend, sondern schon einige Wochen vor der Schlacht (Eusebios, Vita Constantini 1, 27f.) – ganz offenbar war es zu mancherlei Mythenbildung gekommen.

Was auch immer nun Konstantin widerfahren war, es besteht kein Zweifel, daß er sich von 312 an der Unterstützung der Kirche verpflichtet sah; bereits im folgenden Winter erließ er Gesetze zugunsten der Geistlichen, und er zögerte nicht, bei dem inneren

Disput zwischen Donatisten und katholischen Geistlichen in Nordafrika (s. u.) Stellung zu beziehen, ja wurde zunehmend irritiert, als die Donatisten sich seiner Linie nicht anschlossen. Spätestens 315 drohte er damit, persönlich nach Nordafrika zu kommen und das Problem selbst zu lösen; nur die bevorstehende Schlacht gegen Licinius hinderte ihn daran, und allein das geradezu sture Festhalten der Donatisten an ihrer Position ließ ihn schließlich seine Versuche aufgeben.

Bei Eusebios findet sich eine eindrucksvolle Darstellung von Konstantins späterer Gewohnheit, vor dem versammelten Hof zu predigen, dem er im übrigen auch strenge Gebetsrichtlinien auferlegte. Der Kaiser senkte in solchen Fällen seine Stimme, wies zum Himmel hinauf und drohte seinen Zuhörern Bestrafung durch Gott an, wobei er ihnen sagte, daß sowohl er als auch sie ihre hohen Stellungen nur Gott allein verdankten. Eine seiner Predigten ist in einer griechischen Version erhalten, die sogenannte *Rede über die Heiligen;* sie zeigt Konstantin als Vertreter einer christlichen Interpretation von Vergils 4. Ekloge, in der das Kommen eines göttlichen Kindes angekündigt ist. Doch selbst der loyale Eusebios mußte einräumen, daß die Höflinge zwar dem Kaiser lauten Beifall spendeten, aber nicht weiter beachteten, was er sagte (Vita Constantini 4, 29).

Die Tatsache, daß Konstantin bis kurz vor seinem Tod nicht christlich getauft wurde, impliziert übrigens keinen Zweifel am Christentum, denn die Taufe wurde sehr ernst genommen, und es war üblich, sie möglichst bis ans Lebensende aufzuschieben, damit man auf diese Weise weniger Gelegenheit habe, nach der Taufe noch Todsünden zu begehen. Für den Gläubigen war die Taufe ein ernster Schritt, und Eusebios (Vita Constantini 4, 62–63) berichtet, wie Konstantin sich nach seiner Taufe weigerte, den kaiserlichen Purpur zu tragen, und sich nurmehr weiß kleidete.

Man hat häufig behauptet, daß Konstantin die Christen nur aus Eigeninteresse unterstützte. Dies scheint auf den ersten Blick nicht plausibel, da der Anteil von Christen an der Reichsbevölkerung noch immer verschwindend gering war; allerdings hatte das Thema in tetrarchischen Kreisen wohl politische Bedeutung erhalten, weshalb eine Unterstützung des Christentums Konstantin bei seinem Propagandakrieg genützt haben mag. Sowohl Maxentius als auch Licinius scheinen dem Christentum positiv gegenübergestanden zu haben, so daß Konstantins Fürsprecher es später schwer hatten, beide als heidnische Christenverfolger zu beschuldigen.

Nach seiner Entscheidung für das Christentum wich Konstantin hiervon nicht mehr ab. Das bedeutet natürlich nicht, daß jede Spur von Heidentum sofort verschwand, wie uns Eusebios glauben machen will. Nur sehr wenige heidnische Tempel wurden geschlossen, ja Konstantin erlaubte noch in der Spätzeit seiner Herrschaft die Errichtung eines neuen Tempels in Italien, welcher der kaiserlichen Familie geweiht sein sollte (ILS 705); allerdings war es nicht gestattet, hier zu opfern, da nach christlicher Auffassung das Abendmahl die Notwendigkeit von Tieropfern ersetzt hatte.

Ebensowenig nahm Konstantin sogleich den Charakter eines Heiligen an: Noch 326 ließ er offenbar seinen eigenen Sohn Crispus hinrichten; darauf folgte bald auch der Tod seiner Frau Fausta. Beide kamen unter so mysteriösen Umständen ums Leben, daß Eusebios es vorzieht, diese Affären überhaupt nicht zu erwähnen, während spätere Quellen die Gründe für die Todesfälle im dunkeln lassen. Heidnische Autoren behaupteten später, daß Konstantin nur aus dem Grund Christ geworden sei, um für diese Untat Vergebung zu erlangen, und der heidnische Kaiser Julian stellt seinen Vorgänger in seiner Satire *Caesares* (s. Kapitel 2) als einen dar, der im Himmel auf der Suche nach einem Gott, der ihm hilft, umherläuft – ohne Erfolg; nur Jesus bot Vergebung. Der christliche Kirchenhistoriker Sozomenos gar machte sich die Mühe, die Geschichte der späten Bekehrung Konstantins abzustreiten, die für ihn offenbar aus heidnischer Kritik entsprungen war.

Man könnte annehmen, daß Konstantins Christentum sich in seiner Gesetzgebung niederschlüge, doch ergeben sich auch hier Schwierigkeiten. Wenn man eine mildere Form von Strafen und eine insgesamt menschenfreundlichere Einstellung erwartet, so wird man enttäuscht. Vielmehr ist Konstantins Gesetzgebung zu sittlichen und eherechtlichen Fragen sogar durch extreme Härte gekennzeichnet, ja durch den Rückgriff auf obskure barbarische Strafen. Eine Frau darf bei der Trennung von ihrem Ehegatten ihre Mitgift nur dann behalten, wenn jener ein Mörder, Zauberer oder Grabschänder ist; andernfalls verliert die Frau ihre Mitgift und wird auf eine Insel verbannt (Codex Theodosianus 3, 16, 1). Und wenn eine Amme im Sklavenstand bei der Entführung eines Mädchens mit dem Ziel der Verehelichung teilgenommen hat, soll ihr geschmolzenes Blei in den Rachen gegossen werden (ebd. 9, 24, 1). Andererseits sollen Sklaven nicht mehr auf der Stirn gebrandmarkt werden, da ja auch sie nach dem Bilde Gottes geschaffen seien.

In einem Gesetz schließlich, das von Eusebios (Vita Constantini 4, 26; vgl. Codex Theodosianus 8, 16, 1 und Codex Iustinianus 6,

23, 15) in einiger Ausführlichkeit erörtert wird, machte Konstantin mit den Strafen ein Ende, die seit der Zeit des Kaisers Augustus auf Ehelosigkeit standen. Eusebios zweifelte nicht daran, daß dies als Anerkennung und Legalisierung des christlichen Zölibats und des Ideals der Jungfräulichkeit geschah, doch was immer die tatsächlichen Gründe für diese Maßnahme gewesen sein mögen (wahrscheinlich handelte es sich um eine viel weiter gefaßte Gesetzgebung zu Ehe- und Familienfragen) – eine wichtige Wirkung hatte sie: Sie gestattete, ja förderte den asketischen Lebensstil, zu dem sich Christen entweder als einzelne oder in klösterlichen Gemeinschaften bekannten; dies wiederum hatte weitreichende Folgen für die Verteilung des Reichtums zwischen der Oberschicht und der Kirche.

Die Tatsache, daß ein Christ auf dem Kaiserthron saß, führte nicht von sich aus zu einer massenhaften Bekehrung der Bevölkerung, vielmehr fand die Christianisierung der Gesellschaft im allgemeinen nur sehr langsam statt. Doch war nun die Verfolgung der Christen zu Ende, und die christliche Kirche stand in kaiserlicher Gunst. Konstantin pflegte sich selbst als »Bischof der Menschen außerhalb der Kirche« oder gar als »dreizehnten Apostel« zu bezeichnen, eine Vorstellung, die er durch den Plan seines Mausoleums in Konstantinopel (s. Abbildung 6) unterstrich, wo sein eigenes Grab von zwölf Särgen, die für die zwölf Apostel standen, umgeben sein sollte.

Konstantins Hauptbeitrag zur Entwicklung der Kirche bestand jedoch in der Einstellung, die er ihr als Institution gegenüber einnahm; ohne sich dessen bewußt zu sein, schuf er hierin ein hochbedeutendes Vorbild für die künftige Beziehung zwischen Kaiser und Kirche und für die Entwicklung, die man häufig mit der irreführenden Bezeichnung »Caesaropapismus« belegt. Diese Einstellung zeigt sich am deutlichsten darin, daß er nie zögerte, in innerkirchliche Streitigkeiten einzugreifen und Kirchenversammlungen einzuberufen, insbesondere das Konzil von Nicaea im Jahr 325; sie zeigt sich auch in seinem Umgang mit den Bischöfen. Letztere waren die Politiker der Kirche und deshalb in Konstantins Augen zweifellos die naturgegebenen Verbündeten des Kaisers. Zwar gab er sich viel Mühe, nach außen hin den Eindruck zu erwecken, sich dem Urteil der Bischöfe zu unterwerfen, und gab an, es als gleichbedeutend mit dem Urteil Christi anzusehen, doch ergriff er oft selbst die Initiative, ja soll sogar die entscheidende Definition (*homoousios*, »von gleichem Wesen«) persönlich entwickelt haben, welche in Nicaea schließlich angenommen wurde (s. u.).

Konstantin sah sich in innerkirchliche Streitigkeiten hineingezogen, sobald er Gesetze zugunsten Geistlicher erlassen hatte: Sogleich wurde etwa deutlich, daß es zwei rivalisierende Gruppen innerhalb der Kirche von Karthago gab, die Orthodoxen oder Katholiken auf der einen, die Donatisten als Herausforderer auf der anderen Seite; letztere waren Anhänger eines gewissen Donatus, der eine rigorose Haltung gegenüber Geistlichen einnahm, die »gefallen« waren, also bei den jüngstvergangenen Christenverfolgungen die Heilige Schrift ausgeliefert hatten (s. Kapitel 3). Sie wandten sich an den Kaiser in einem Berufungsverfahren, wie es in zivilrechtlichen Fällen möglich war, und Konstantin verwies die Angelegenheit an ein Treffen der Bischöfe in Rom; als die Donatisten das so entstandene Urteil nicht akzeptierten, verwies er sie erneut an ein repräsentativeres Konzil in Arles, wobei er den örtlichen Verwaltern auftrug, den Bischöfen, die daran teilnahmen, kostenlosen Transport zu gewähren. Auch damit gelang es Konstantin nicht, das donatistische Schisma beizulegen, das in Nordafrika noch zu Zeiten Augustinus' eine Rolle spielte – doch war sein Eingreifen ein äußerst wichtiges Vorbild für die Zukunft.

Das Konzil von Nicaea im Jahr 325 war eine weit größere Veranstaltung und galt später als das erste von sieben als solchen anerkannten ökumenischen Konzilen (das siebte fand wiederum in Nicaea statt, und zwar im Jahr 787). Es war nicht mit einem lokalen Schisma befaßt, sondern mit einem grundlegenden Problem der christlichen Lehre, der Definition der Beziehung zwischen Gott, dem Sohn zu Gott, dem Vater. Viele Bischöfe, darunter Eusebios, stimmten mit dem alexandrinischen Priester Arius überein, daß der Sohn dem Vater nachgeordnet sei, doch war die Frage heftig umstritten – wie es übrigens auch das korrekte Datum für das Osterfest war, worin sich die Kirchen von Antiochia und Alexandria unterschieden. Konstantin hatte mittlerweile erkannt, daß die Einheit der Kirche eine grundlegende Voraussetzung für das christliche Reich war, welches sein Lobredner Eusebios sowohl in der *Oratio Tricennalis* als auch in der *Vita Constantini* als ein Ideal hervorhebt; seine späteren Jahre waren der Erreichung dieses Zieles gewidmet. In der Praxis freilich waren die umstrittenen Fragen viel zu kompliziert, als daß sie rasch hätten gelöst werden können. Auf den ersten Blick bedeutete der Beschluß des Konzils von Nicaea einen Triumph; Eusebios hatte seine Prinzipien aufgegeben und das Schlußdokument unterzeichnet, während andere – unter ihnen Arius – sich weiterhin dagegen aussprachen und ins Exil gehen mußten. Das in Nicaea verabschiedete Glaubensbekenntnis hat bis heute in der Kirche Bestand; Arius jedoch war einige Zeit später zurückgekehrt, woraufhin die Hauptanhänger des Beschlusses von Nicaea nun ihrerseits bedroht waren. Deren wichtigster war Athanasios, der erst 328 Bischof von Alexandria geworden war, aber am Konzil von Nicaea bereits als Diakon teilgenommen hatte. Er wurde 335 verbannt und hatte dieses Schicksal innerhalb der nächsten Jahrzehnte mehrfach zu erleiden, da er der aktivste Gegner des Arianismus war, Konstantins eigene Söhne jedoch mit Arius sympathisierten (s. Kapitel 5). Die polemischen Schriften des Athanasios sind unsere wichtigste, wenngleich eine problematische Quelle für die Kontroverse.

Da keine offiziellen Akten des Konzils von Nicaea erhalten sind, müssen wir für einen Augenzeugenbericht auf die Beschreibung Eusebios' (Vita Constantini 3, 7–14) zurückgreifen. Er ist extrem einseitig, spielt das Ausmaß der tatsächlichen Differenzen herab und legt alle Betonung auf das Spektakel von Konstantins eindrucksvollem Erscheinen beim Konzil, an dem vorwiegend Männer aus dem Osten teilnahmen (s. das Zitat S. 30). Der Schluß des Konzils fiel mit dem zwanzigsten Jahrestag von Konstantins Herrschaftsantritt zusammen, und Eusebios erzählt, wie all die Bischöfe zu einem Abendessen mit dem Kaiser eingeladen wurden,

dessen Umstände großartiger waren als es jede Beschreibung wiedergeben könnte. Leibwächter und bewaffnete Wachen, die scharfen Schwerter gezückt, standen rings um den Vorhof des kaiserlichen Palastes; mitten zwischen ihnen konnten aber furchtlos die Gottesmänner hindurchgehen und bis ins Innerste des Palastes gelangen. Da nun lagen die einen auf demselben Polster zu Tisch wie der Kaiser, während die anderen auf Polstern zu beiden Seiten ruhten. Leicht hätte man das für ein Bild vom Reich Christi halten oder wähnen können, es sei alles nur ein Traum und nicht Wirklichkeit.
(Eusebios, Vita Constantini 3, 15)

Eusebios hatte allen Grund, seinen Lesern das tatsächliche Anliegen des Konzils zu verschleiern, zum einen, weil Konstantin selbst am Ende seines Lebens seine Einstellung gewandelt hatte, zum andern weil Eusebios' persönliche Position bei dem Konzil kompromittiert worden war; doch bleibt seine Darstellung als eigenständiges Werk eine sehr aufschlußreiche Aufzeichnung des Ereignisses und zeigt die Überraschung und Aufregung der Bischöfe, die vielfach ja zum ersten Mal einen Kaiser sahen, der sich mit ihnen beschäftigte und der Fragen der christlichen Lehre an die Spitze der kaiserlichen Aufgaben stellte. Wie Eusebios selbst erkannt haben muß, erhielten Bischöfe wie er nun eine einmalige Gelegenheit, Einfluß am Hof, ja sogar beim Kaiser selbst zu erlangen. Bischof

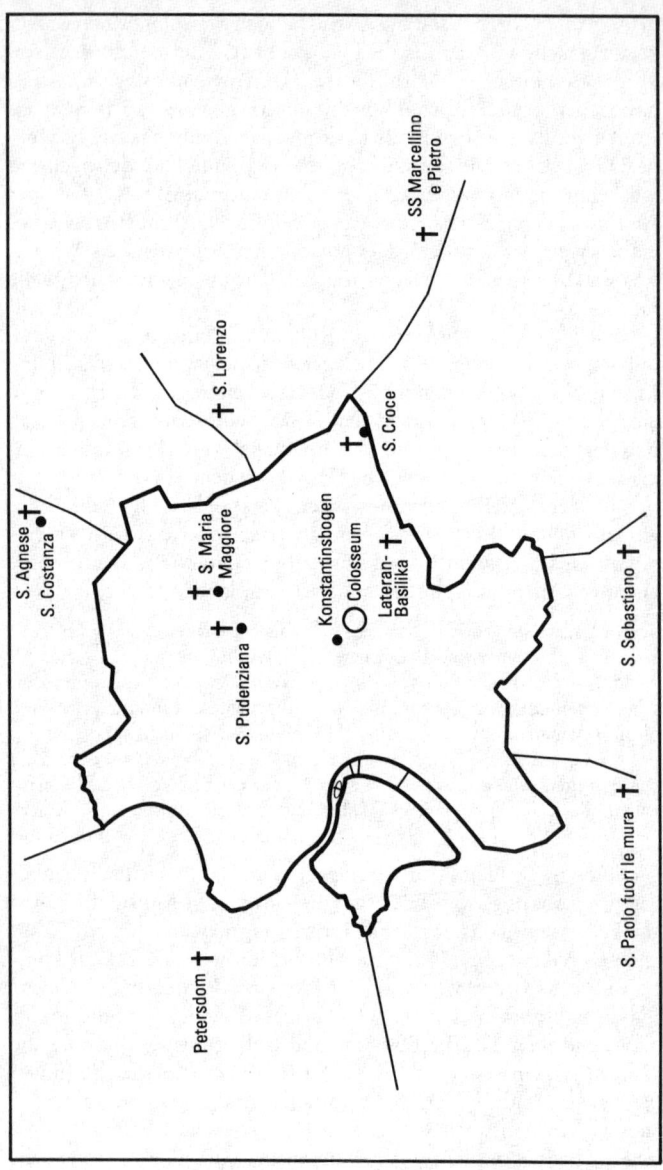

Abb. 4. Lageplan der Kirchen, die von Konstantins Nachfolgern in Rom errichtet wurden.

Ossius von Córdoba soll einen solchen Einfluß auf Konstantin gehabt haben, und auch Eusebios war bei der Weihung der Grabeskirche in Jerusalem im Jahr 335 Redner, ebenso bei der Dreißigjahrfeier der Herrschaft Konstantins; auch verbrachte Eusebios von 335 bis 336 einige Zeit in Konstantinopel.

Konstantins Vorbild im Umgang mit der Kirche wurde von seinen Nachfolgern übernommen – die einzige Ausnahme war Julian (361–363), der einzige Kaiser, der nochmals Heide war. Konstantin initiierte auch ein Kirchenbauprogramm, das seine Prioritäten allen augenfällig machte. Es begann sehr bald nach seinem Sieg über Maxentius mit einer Reihe von Kirchenbauten in Rom, die alle zwischen 312 und 325 entstanden. Unter Bezugnahme auf vorhandene Muster christlicher Gottesdienste dort wurden die meisten dieser Kirchen außerhalb der Stadtmauern errichtet, an Stätten, die mit der Verehrung von Aposteln oder Märtyrern verbunden waren (s. Abbildung 4). Das Mausoleum für Konstantins Mutter Helena besteht noch, ebenso das nach Konstantins Tod für seine Tochter Constantia erbaute (S. Costanza). Die große Lateranbasilika (sie steht nicht mehr) konnte ausnahmsweise im Herzen der Stadt errichtet werden, weil der Bauplatz der kaiserlichen Familie gehörte. Die größte von Konstantins Kirchen war St. Peter (S. Pietro), an der Stätte eines alten Kultzentrums für den Heiligen Petrus unter gewaltigen Schwierigkeiten in die Flanke des vatikanischen Hügels gebaut. Die Kirche wurde über einer bestehenden Nekropole errichtet, die sowohl heidnische Mausoleen als auch christliche Gräber umfaßte; neuere Ausgrabungen zeigen, daß die Erbauer der Kirche äußerst sorgfältig darauf achteten, den Zugang zu diesen Grabstätten aufrechtzuerhalten – und noch heute kann man sie unter der gegenwärtigen Kirche sehen. Es handelt sich also um die Stätte eines alten Kultortes, an dem angeblich die Gebeine des Heiligen Petrus gefunden worden waren.

Wie die anderen Gründungen Konstantins wurden auch die Kirchen in Rom mit jeweils eigenen großzügig bemessenen Einkünften aus bestimmten Landgütern bedacht, um ihre Instandhaltung sicherzustellen, die Geistlichen zu versorgen und für die Gottesdienste aufzukommen, die dort abgehalten werden sollten.

Auch andernorts, etwa in Antiochia, entstanden wichtige Kirchen, die bedeutendste Gruppe aber gehört Jerusalem und dem Heiligen Land; ihr Bau begann erst nach 326. Eusebios bietet eine ausführliche Darstellung der Errichtung der Grabeskirche in Jerusalem, die Golgatha und den Garten von Gethsemane miteinander verband (Eusebios, Vita Constantini 3, 25–40). Seit dem II. Jüdi-

Abb. 5. Inneres der Kirche S. Maria Maggiore in Rom (5. Jahrhundert); ein gut erhaltenes Beispiel für eine typische christliche Basilika (der Baldachin ist modern).

schen Krieg im Jahr 135 war Jerusalem Ort einer römischen Kolonie namens Aelia Capitolina gewesen, und ein heidnischer Tempel stand an der Stätte von Christi Grab. Eusebios erzählt, wie in wundersamer Weise den Bauarbeitern sich eine Höhle eröffnete, die nichts anderes war als die Stätte von Jesu Auferstehung. Konstantin errichtete hier einen umfangreichen Kirchenkomplex und trug dem Bischof und dem Statthalter vor Ort auf, Gold für das Dach zu stellen, ebenso andere wertvolle Materialien und Bauhandwerker; die Kirche wurde im Jahr 335 mit großer Feierlichkeit geweiht. Eusebios erwähnt eine spätere Tradition nicht, die erstmals in einer Predigt des Heiligen Ambrosius und später sehr häufig belegt ist; ihr zufolge war die Grabeskirche mit Konstantins Mutter Helena verbunden, welche angeblich während der Bauarbeiten das Kreuz Christi gefunden hatte. Helena begab sich ins Heilige Land und wurde dort Gründerin anderer Kirchen, in Bethlehem und auf dem Ölberg von Jerusalem, der Stätte der Himmelfahrt; beide Kirchen wurden von Konstantin reich ausgestattet, der auf diese Weise Jerusalem und das Heilige Land als Zentren christlicher Pilgerfahrt etablierte und den Weg für den Wohlstand ebnete, der bald als Folge der vielen Pilgerreisen eintrat.

Die bekannten Kirchen Konstantins liegen alle an zentralen Orten von beträchtlicher politischer und religiöser Bedeutung, und obgleich es keine Belege dafür gibt, daß Konstantin selbst andere Kirchen an weniger wichtigen Stätten gründete, boten sie ein symbolisches Muster, wie künftig gehandelt werden sollte, und zugleich auch architektonische Vorbilder, die nachgeahmt werden konnten. Der wichtigste Typ war die Basilika, bei der eine halbkreisförmige Apsis mit einem rechtwinkeligen Gebäude verbunden ist, das häufig Seitenschiffe aufweist; die Basilika folgte insofern direkt dem Baustil der römischen Versammlungshalle, die seinerzeit für öffentliche Zusammenkünfte verwendet wurde (s. Abbildung 5). Der andere Typ war rund, sechs- oder achteckig und mit einem älteren Kultort oder einem Märtyrergrab verbunden; in dieser Form ließ Konstantin sein eigenes Mausoleum in Konstantinopel errichten, an das später die große Apostelkirche angefügt wurde (Eusebios, Vita Constantini 4, 58–60). Kaiserliche Bauten waren natürlich völlig traditionell im Baustil, auch wenn es die Kirchen nicht waren, und wie andere Kaiser vor ihm wünschte Konstantin eine Stadt in seinem Namen zu gründen.

Er schuf Konstantinopel, das zur Erinnerung an seinen Sieg über Licinius an der Stätte der antiken Stadt Byzanz (Byzantion) gegründet wurde; die alte Stadt hatte in den Bürgerkriegen des ausgehenden 2. Jahrhunderts sehr gelitten und war von Septimius Severus wiederhergestellt worden. Man hat häufig, aber zu Unrecht behauptet, daß Konstantin mit der Gründung von Konstantinopel die Hauptstadt des Reiches in den Osten verlagern wollte – tatsächlich wurde Konstantinopel ja erst später Hauptstadt des byzantinischen Reiches. Rom behielt weiterhin sein Prestige, war aber als Kaiserresidenz bereits durch Zentren wie Trier und Mailand abgelöst worden, und auch Konstantins Gründung mit ihrem Palast und dem benachbarten Hippodrom hatte alles, was auch die anderen tetrarchischen Städte aufwiesen (s. Kapitel 3), aber nicht mehr. Erst viel später im 4. Jahrhundert entwickelte sich Konstantinopel wirklich zu der Halbmillionenstadt, die sie jedenfalls bis zum 6. Jahrhundert geworden war. Freilich ließ sich schon Konstantin nicht lumpen, schmückte die Gründung mit so berühmten Bildwerken wie der Statue des Zeus von Olympia, der Schlangensäule aus Delphi und der Statue der Athena Promachos aus Athen; auch gab es eine große Hauptstraße (»Mese« genannt) und ein ovales Forum, auf dem oben auf einer Porphyrsäule eine Statue des Kai-

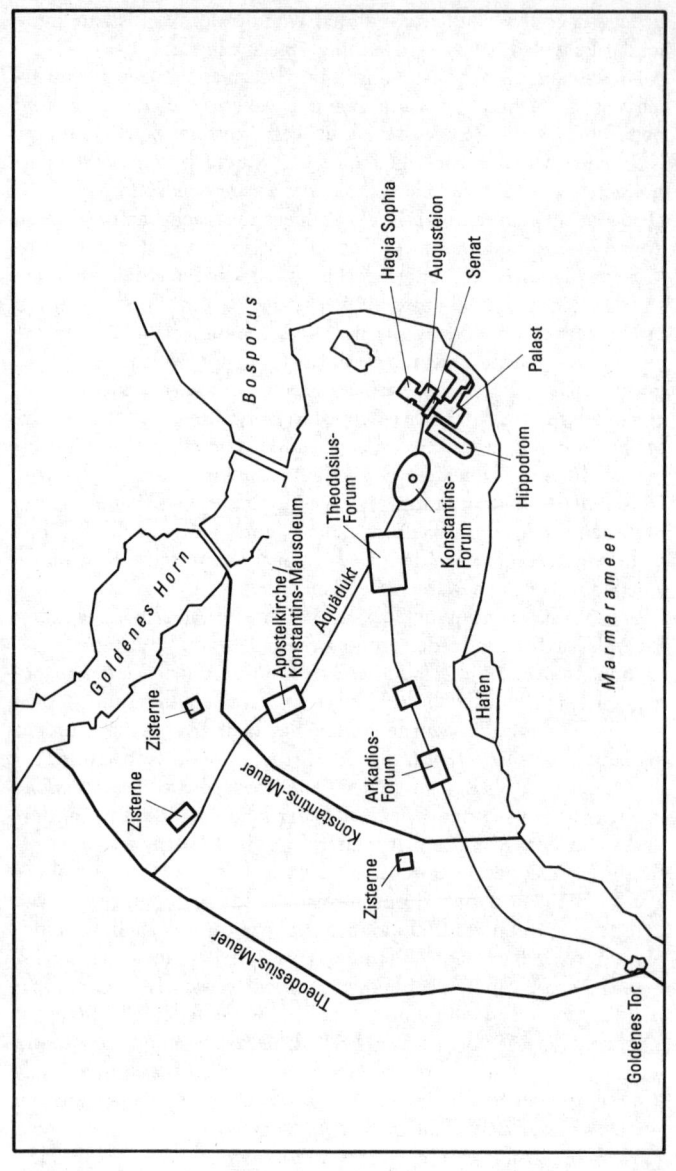

Abb. 6. Plan von Konstantinopel.

sers selbst zu sehen war (s. Abbildung 6). Konstantin verlieh der Stadt besondere Ehren, etwa den Titel »Neues Rom« und einen eigenen Senat, wobei freilich die Senatoren nur *clari* genannt werden sollten, nicht wie in Rom *clarissimi* (Origo Constantini Imperatoris 6, 30). Konstantinfeindliche Kritiker wie Zosimos warfen ihm Pfuscherei und die Plünderung aller Schätze des Reiches für die neue Gründung vor; umgekehrt behauptet Eusebios, daß nicht ein Stückchen Heidentum in die Stadt gelassen wurde, doch war Konstantinopel zweifellos nicht die christliche Stadt, als die Eusebios sie bezeichnet und die moderne Autoren häufig in ihr sehen. Das wichtigste christliche Monument war Konstantins eigenes Mausoleum. Die erste Kirche der heiligen Sophia (Hagia Sophia) mag zwar tatsächlich von Konstantin begonnen worden sein, wie dies die spätere Tradition behauptet, doch sagt Eusebios hiervon nichts – ja, es gibt überraschend wenig deutliche Belege für die Errichtung von Kirchen durch Konstantin in der Stadt; Zosimos behauptet sogar, daß zwei neue heidnische Tempel für Rhea und Fortuna errichtet wurden. Die frühen Quellen sind freilich alle tendenziös und die späteren Traditionen über Konstantinopel vielfach verworren, weshalb die Frage nach Konstantins Gründertätigkeit sehr schwierig zu beantworten ist. Es besteht aber kein Zweifel an der Bedeutung der Stadt auf längere Sicht, und auch keiner an Konstantins eigenem Interesse an ihr; hier verbrachte er nach der Weihung am 11. Mai 330 die meiste Zeit bis zu seinem Tod 337.

Rom wurde nicht abgewertet – wie wir gesehen haben, waren römische Senatoren weiterhin hohe Amtsträger in jenen Jahren und ganz offenbar darauf aus, sich mit der Herrschaft Konstantins in Verbindung zu bringen, auch wenn diese christlich war; doch war Rom nicht mehr der Ort, an dem der Kaiser und sein Hof residierten, was die Entwicklung der Stadt im 4. Jahrhundert grundlegend beeinflussen sollte.

Während seiner gesamten Herrschaft war Konstantin sich seines öffentlichen Ansehens ständig bewußt. So entwickelt sich sein Porträt mit der Zeit von dem bewußt jugendlichen Typ in der Art des Augustus wie auf seinen frühen Münzen und auf dem monumentalen Haupt, das heute im Konservatorenpalast in Rom aufgestellt ist (s. Abbildung 7), zu dem an Alexander den Großen gemahnenden idealisierenden Porträt mit dem Diadem und dem nach oben in den Himmel gewandten Blick, das seine späteren Münzen aufweisen. Eusebios deutete diesen nach oben gerichteten Blick in naiver – oder verfälschender – Weise als Anzeichen für christliche Frömmigkeit (Vita Constantini 4, 15), doch handelte es sich tat-

Abb. 7. Haupt der Kolossalstatue Konstantins I. aus Rom, von der außerdem die Hände und Füße erhalten sind.

sächlich um einen Typ von Herrscherbild mit einer langen antiken Vergangenheit. Zweifellos neigte Eusebios dazu, seinen Helden im Übermaß zu interpretieren. So weist er in seinem Bemühen, Konstantins fortwährenden Einfluß durch die Herrschaft seiner Söhne festzustellen, den Vergleich des Kaisers mit dem legendären Phönix, dem Symbol der Wiedergeburt und Erneuerung, zurück – aber nur, um seinen Helden mit Christus selbst zu vergleichen (ebd. 4, 72), und betont den Glanz seiner christlichen Bestattung (ebd. 4, 70f.). Allerdings lagen die Dinge nicht so eindeutig, wie dies hier erscheint, und Eusebios beschreibt sogar selbst (ebd. 4, 73) die zum Andenken an Konstantin geprägten Münzen, die sich der traditionellen Bilder bedienten, die die *consecratio* eines heidnischen römischen Kaisers bedeuteten (vgl. Kapitel 10, Abbildung 11).

Es ist bedauerlich, daß uns die Konstantin behandelnden Bücher in Ammians Geschichtswerk nicht erhalten sind, denn jener hatte als Parteigänger Julians persönlich unter den Söhnen Konstantins zu leiden gehabt und insofern allen Grund, Konstantin gegenüber nicht wohlwollend gesinnt zu sein. Der Heide Eunapios, der wie Ammian sein Geschichtswerk nach der katastrophalen römischen Niederlage bei Adrianopel 378 schrieb, lastete Konstantin den Niedergang des römischen Geschicks an – eine Ansicht, in der ihm auch Zosimos folgte. Es ist schwieriger, heidnische Reaktionen auf Konstantin zu dessen Lebzeiten zu erkennen, da die zeitgenössischen Quellen für uns hauptsächlich durch den hochgradig parteiischen Eusebios repräsentiert sind. Doch scheint es tatsächlich keinen großen Aufschrei der heidnischen Bevölkerung gegeben zu haben – ja, Konstantins Handlungen mögen weniger eindeutig gewesen sein, als Eusebios dies eingesteht.

In der Haltung von Konstantins Söhnen, insbesondere von Constantius II., gab es keine solche Mehrdeutigkeit; über diesen schreibt Ammian:

Den klaren und einfachen christlichen Glauben verwirrte er mit dem Aberglauben eines alten Weibes. Viele Spaltungen regte er an..., daher eilten Scharen von Bischöfen mit dem Gespanne der Staatspost hierhin und dorthin zu sogenannten Synoden, und während er den gesamten Ritus nach seinem Willen zu gestalten versuchte, durchschnitt er die Nervenstränge des Postwesens. (Ammian 21, 16)

Viele heidnische Untertanen Konstantins, die die Anfänge dieser Entwicklung miterlebten und die neuen kaiserlichen Kirchen im Bau sahen, müssen Ammians Erbitterung geteilt haben.

5. Kirche und Staat: Das Erbe Konstantins

Ob Konstantin die langfristigen Folgen der Schritte, die er während der Wintermonate 312/13 in bezug auf die christliche Kirche unternahm, vorhersehen konnte, ist zweifelhaft. Die Ausnahme Geistlicher von den finanziellen Verpflichtungen in den Städten (s. Kapitel 4) mag durchaus mit der Tradition kaiserlicher Privilegien für begünstigte Gruppen – einschließlich heidnischer Priester – in Verbindung gesehen worden sein; Konstantin konnte nicht wissen, daß die Christen selbst über die Legitimität mancher ihrer Geistlichen geteilter Meinung waren oder daß die Anhänger des Donatus so hartnäckig in ihrem Widerstand gegen seine deutlich ausgedrückte Auffassung bleiben würden. Seine Korrespondenz zum Donatistenstreit, die sich über fast ein Jahrzehnt erstreckt, zeigt, wie er von anfänglicher Überraschung und Angst über Indigniertheit und Zweifel bis zu schmerzhafter Resignation gelangte – der letzte Brief Konstantins, der in der Sammlung im *Appendix* des Optatus erhalten ist, datiert von 330 und enthält den ebenso ausführlichen wie nicht überzeugenden Versuch, die enttäuschten Katholiken in Nordafrika dafür zu gewinnen, geduldig zu sein, keine Lösung vom Kaiser zu erwarten und die Angelegenheit dem Urteil Gottes zu überlassen. Das donatistische Schisma in Nordafrika setzte sich das ganze 4. Jahrhundert über fort und bedeutete noch zu Zeiten von Augustinus eine spürbare Spaltung der afrikanischen Kirche, als schließlich strenge Unterdrückungsmaßnahmen durch das Konzil von Karthago im Jahr 411 durchgesetzt wurden. Konstantins Taktik der Vermischung von Diplomatie mit Drohungen hatte nichts erreicht, und er hatte einen bitteren Vorgeschmack der Schwierigkeiten bekommen, welche seine Nachfolger bei ihren Versuchen, mit Spaltungen innerhalb der Christenheit umzugehen, erleben sollten.

Das Verhalten Konstantins gegenüber den Donatisten ist von besonderer Bedeutung, weil es zeigt, wie der Kaiser sich der Kirche gegenüber eines Verfahrens bediente, das sich bereits beim Umgang mit unzufriedenen Provinzialen oder bei individuellen Disputen bewährt hatte. Die Donatisten ihrerseits wandten sich an ihn ebenfalls in Form der üblichen Berufung an den Kaiser in weltlichen Angelegenheiten, und Konstantin zögerte nicht, sich offiziell damit zu befassen.

Ebenfalls im Verlauf dieser Episode hatte Konstantin den äußerst folgenreichen Präzedenzfall geschaffen, daß die Angelegenheit durch die Einberufung eines Konzils von Bischöfen gelöst werden sollte. Das erste Treffen, das 313 unter der Schirmherrschaft des Bischofs von Rom stattfand, ließ sich leicht als in keiner Hinsicht repräsentativ anfechten. Das Konzil von Arles jedoch, das im Jahr darauf folgte, war besser organisiert, und viel Mühe wurde darauf verwendet, die größtmögliche Teilnahme sicherzustellen, indem man den Bischöfen das System der Reichspost (also die Transporte auf dem Straßennetz mit seinen in regelmäßigen Abständen liegenden Stationen, das für Reichsangelegenheiten zur Verfügung stand) zugänglich machte, wozu entsprechende Anordnungen an die Provinzstatthalter ergingen; der Brief an den *vicarius* von Afrika zu diesem Thema ist erhalten (Optatus, Appendix 3). Ob Konstantin persönlich an dem Konzil teilnahm, ist nicht direkt belegt, aber aus dem offiziellen Brief des Kaisers an die teilnehmenden Bischöfe erschlossen worden. (Daß der Kaiser, auch wenn er persönlich anwesend war, einen Brief schrieb, war durchaus üblich.) Dieses Konzil wies die Argumentation der Donatisten zurück, welche freilich sogleich gegen dieses Urteil Berufung einlegten. Das Konzil von Arles war ein westliches Konzil, das mit einer Angelegenheit befaßt war, die sich allein in Konstantins Herrschaftsgebiet ergeben hatte; es gilt daher nicht als eines der sogenannten »ökumenischen« Konzile, die für die gesamte Kirche als verbindlich galten. Es folgten viele andere lokale Konzile oder »Synoden«, wie der griechische Begriff hierfür lautet, ebenso waren ihm viele solche vorhergegangen, doch unterschied es sich von den meisten – etwa dem Konzil, das 305 in Elvira in Spanien stattgefunden hatte – darin, daß es auf Befehl des Kaisers einberufen worden war; insofern markiert es den Eintritt des Kaisers in mehr oder weniger offizieller Funktion in Angelegenheiten der Kirche.

Das Konzil von Arles war also von entscheidender Bedeutung, doch läßt sich die Beziehung zwischen Kaiser und Kirche nicht leicht bestimmen. Häufig verwendet man den Begriff »Caesaropapismus«, um die Kontrolle des Kaisers über die Kirche zu bezeichnen, und führt ihn gelegentlich auf Konstantin selbst zurück. Tatsächlich lagen die Dinge nicht so einfach: Die Situation hing von der Persönlichkeit des jeweiligen Kaisers ebenso ab wie von der der Kirchenführer zur entsprechenden Zeit. Der Kaiser kontrollierte die Kirchen nicht in irgendeinem rechtlichen oder verfassungsmäßigen Sinne, auch war er nicht ihr Oberhaupt. Selbst in der byzantinischen Zeit bestimmte der Kaiser üblicherweise nicht den Patriarchen von Konstantinopel, und byzantinische Kaiser, die zu speziellen Fragen eine unbeliebte Haltung einnahmen, sahen sich einer starken Opposition der Kirchenhierarchie gegenüber. Überdies galt im 4. Jahrhundert, in dem der Anspruch Roms auf den Vorrang noch anerkannt wurde, die Kirche als zwischen den Bistümern aufgeteilt, die traditionell miteinander rivalisierten. Das Papsttum, das wir aus der späteren Zeit kennen, war erst eine Schöpfung des frühen Mittelalters, speziell der Zeit Gregors des Großen (590–604), wohingegen im Osten die Bistümer von Konstantinopel und Jerusalem erst deshalb mit denen von Antiochia und Alexandria in Konkurrenz traten, weil Konstantin Schirmherr beider Städte war. Ja, der Vorrang der Bischöfe von Jerusalem war in Caesarea, dem bestehenden Erzbistum in Palästina, nicht sogleich willkommen, und die Rivalität beider Bistümer zeigte sich nur allzu deutlich während der Amtszeit des mächtigen Bischofs Cyrillus von Jerusalem (um 349–386).

Das Konzil von Nicaea des Jahres 325 stellte eine Wende dar. Zum ersten Mal wurde der Versuch unternommen, sämtliche Bischöfe an einem Ort zusammenzubringen, und es wurde deutlich gemacht, daß das Ergebnis des Konzils als allgemeinverbindlich gelten sollte. Die Rolle, die Konstantin hierbei spielte, war nicht eindeutig: Er nahm an allen Sitzungen teil, und sein kaiserlicher Aufzug beeindruckte sicherlich die meisten Bischöfe sehr stark, doch legte er großen Wert darauf, sich ihrem Urteil zu unterwerfen. Zwar machte er deutlich, welche Formel er bevorzugte, doch wollte er die endgültige Entscheidung durch die Mehrheit erreicht sehen, vorzugsweise sogar einstimmig. Dies aber gelang ihm nicht ganz; die wenigen Gegner des Konzilsbeschlusses wurden in die Verbannung geschickt, also mit einer eher kaiserlichen als kirchlichen Strafe belegt. Doch setzte die Haltung, die Konstantin eingenommen hatte, ihn ebenso wie seine Nachfolger dem Druck einflußreicher Bischöfe aus – wie sollte der Kaiser den Weg durch dieses Gestrüpp finden?

Überdies besteht zwar kein Zweifel an Konstantins eigenem Sendungsbewußtsein, doch gründet sich unser Bild von ihm im wesentlichen auf Eusebios, dem selbst besonders daran gelegen war, die Idee einer engen Verbindung von Kaiser und Kirche zu fördern. In seiner *Oratio Tricennalis* von 336 legt er die Grundlage für manche spätere christliche politische Theorie, indem er den vorhandenen hellenistischen und römischen Vorstellungen von der Beziehung zwischen dem Herrscher und der Gottheit eine christliche Deutung gab. Eusebios zufolge war der christliche Kaiser Gottes Stellvertreter auf Erden und das irdische Königreich ein Mikrokosmos oder ein Abbild des himmlischen Königreiches. Solche Ansichten hatten einen enormen Einfluß und bildeten die Grundlage für die politische Theorie der ganzen byzantinischen Zeit; sie legten aber auch nahe, daß das göttliche Königreich bereits Wirklichkeit war, daß man also auf ewige Seligkeit hoffen durfte – ganz offenbar eine irrige Vorstellung, die später Augustinus hinwegerklären mußte. Auch beinhaltete diese Theorie die gefährliche Folgerung, daß der Kaiser, dessen erste Pflicht ja als »Frömmigkeit« definiert war, diese in seinem Reich mit allen möglichen Mitteln durchzusetzen suchen mußte – potentiell eine Rechtfertigung für religiöse Verfolgungen, auf die Augustinus ebenfalls einging, aber in diesem Fall verteidigte. Noch wurden Heiden nicht als solche Ziel tatsächlicher Verfolgungen – immerhin stellten sie ja auch die überwiegende Mehrheit der Bevölkerung –, doch wurden Christen, deren religiöse Ansichten nicht mit der offiziellen Haltung (die stets als »orthodox« definiert wurde) übereinstimmte, bald harten Maßnahmen ausgesetzt.

Der Donatismus war zumindest noch geographisch beschränkt und theoretisch haltbar gewesen. Dies aber galt nicht für den Arianismus, womit man ein weit komplizierteres und schwierigeres Phänomen beschreibt, das eine viel längere Zeit hindurch große Probleme machen sollte. Anders als der Donatismus, der ein Schisma im eigentlichen Sinne darstellte, weil er eine Trennung, nicht aber abweichende Lehrmeinungen betraf, galt der Arianismus als Häresie, also als wirklicher Irrglaube. Paradoxerweise eröffnete gerade das Konzil von Nicaea, durch das Konstantin eine Lösung von Differenzen angestrebt hatte, die er wohl als geringfügig ansah, in der Praxis den Prozeß des Versuchs einer Definition des korrekten Glaubens, der unendliche Probleme verursachen und Kirche und Staat jahrhundertelang beschäftigen sollte. Das griechische Wort *hairesis* (»Auswahl«) war ursprünglich neutral gewesen und hatte lediglich eine Sammlung von Glaubensüberzeugungen oder -praktiken bedeutet. Jetzt aber verstand man hierunter abweichende Haltungen, eben Ketzereien, die man katalogisierte und in dem Maße verteufelte, wie die Kirche eine zunehmend autoritäre Rolle bei der Definition dessen einnahm, was als korrekt anzusehen war. Die Kaiser waren in alledem mitgefangen und hatten nun die Aufgabe, die verfeindeten Individuen oder Gruppierungen miteinander auszusöhnen.

Es ist von grundlegender Wichtigkeit, sich die zentrale Rolle vor Augen zu führen, welche diese Dispute im 4. Jahrhundert spielten. Als etwa im Jahr 375 Bischof Epiphanius von Salamis auf Zypern ein Werk schuf, das als *Panarion* (»Arzneischrank«) bekannt ist – es enthält eine Sammlung von Argumenten (»Medikamenten«) gegen acht unterschiedliche *haireseis* – schloß er auch Sekten wie die Stoiker, Juden und »Hellenen« (Heiden) ein, ebenso natürlich Ketzereien im eigentlichen Wortsinn wie die Melitianer, Halb-Arianer und Marcellianer. Die Kontroversen im 4. und 5. Jahrhundert waren hauptsächlich christologischer Natur, befaßten sich also mit dem Versuch, die genaue Natur Christi in Beziehung zu Gott einerseits und zur Menschheit andererseits zu erfassen. Der »Arianismus«, ein viel weiter gefaßtes Phänomen, als es die Verbindung mit dem Namen des Alexandriners Arius nahelegt, umfaßte in loser Weise die Überzeugungen einer ganzen Reihe von Christen, die sich nicht sicher waren, ob die drei »Personen« der Dreifaltigkeit – Vater, Sohn und Heiliger Geist – exakt gleich waren. Der Begriff *homoousios* (»von gleichem Wesen«), der in das Glaubensbekenntnis von Nicaea aufgenommen wurde, war Teil des Versuches, eine Formel zu finden, durch welche diese Beziehung ausgedrückt werden konnte – ganz wie das Schlußkommuniqué einer heutigen Kommission: die Mehrheit konnte ihm eben zustimmen. Doch wenn auch das nicaenische Glaubensbekenntnis nie zurückgezogen werden mußte, lagen die Dinge sonst durchaus nicht so einfach.

Konstantin hatte nämlich das Ausmaß der Streitigkeiten unterschätzt und eine zeitweilige Vereinbarung mit einer dauerhaften Verbindung verwechselt. Innerhalb weniger Jahre waren Arius und die anderen Verbannten zurückgekehrt; Konstantin selbst wurde 337 von dem arianischen Bischof Eusebios von Nicomedia getauft. Konstantins Sohn Constantius II., dessen Brüder Konstantin II. und Constans in den Jahren 340 bzw. 350 ums Leben kamen und der von 350 bis 361 Alleinherrscher war, neigte seinerseits dem Arianismus zu. Die Verteidigung des Beschlusses von Nicaea und der Widerstand gegen den Arianismus wurde im Osten vor allem von Athanasios (gest. 373) geführt, der seit 328 Bischof von Alexandria war und neben vielen anderen Werken eine Schrift *De incarnatione* (Über die Fleischwerdung Christi) verfaßte, eines der bedeutendsten Werke trinitarischer, also die Dreifaltigkeit betreffender Theologie. Athanasios verbrachte immer wieder Zeiten im Exil oder auf der Flucht, zunächst 335 nach dem Konzil von Tyros, dann wieder 339, 346, 362 (unter dem heidnischen Kaiser Julian) und schließlich 365. Er war offenbar eine schwierige und streitsüchtige Persönlichkeit und fürchtete sich auch nicht, den Staat in Person des Kaisers herauszufordern. Eine typische Geschichte aus seiner Frühzeit berichtet, wie er sich einfach vor Konstantins Reitpferd stellte und so eine Audienz einforderte. Seine Festbriefe, die an seine Geistlichen in Ägypten gerichtet und in einer syrischen Version überliefert sind, sind eine Hauptquelle für die Chronologie der Frühzeit der arianischen Kontroverse.

Im lateinischen Westen stellt Bischof Hilarius von Poitiers (gest. 367) eine vergleichbare Persönlichkeit dar; er war ebenfalls – von Constantius II. im Jahr 356 für vier Jahre – verbannt worden und verfaßte ein langes gegen den Arianismus gerichtetes Werk *De trinitate* (Über die Dreifaltigkeit) und ein weiteres über Synoden. Eine Folge der Bestrebungen dieser beiden Bischöfe war, daß die nicaenische »Partei« sowohl die theologischen »Waffen« als auch den politischen Einfluß gewann und bei einem Konzil, das Kaiser Theodosius I. 381 nach Konstantinopel einberufen hatte und an dem mehr als zweihundert Bischöfe aus dem Osten teilnahmen, den Arianismus in aller Form verurteilte. Allerdings bedeutete dies in keiner Weise, daß die Leute nun ihre Ansichten änderten oder daß der Arianismus aufhörte, ein Problem vorzustellen – noch im frühen 5. Jahrhundert war er in Konstantinopel bedeutendes Thema, und die Tatsache, daß die verschiedenen barbarischen Invasoren, wenn sie sich zum Christentum bekehrten, dies zum Arianismus und nicht zur orthodoxen Kirche taten, führte zu lang andauernden Schwierigkeiten für die römische Bevölkerung in den westlichen Reichsteilen. Zwar war das Konzil von Konstantinopel nicht in vollem Umfang repräsentativ, doch wurde es als ökumenisch anerkannt, womit die durchaus realistische Möglichkeit, daß der Arianismus die offizielle und dauerhafte Version des Christentums mit kaiserlicher Unterstützung geworden wäre, endgültig abgewendet war.

Eines der auffallenden Merkmale der Mitte und des ausgehenden 4. Jahrhunderts ist der Aufstieg der Bischöfe zu öffentlicher Prominenz. Konstantin fand eine Kirche vor, die bereits in einer episkopalen (bischöflichen) Hierarchie organisiert war und ihr eigenes mächtiges Kommunikationsnetz besaß. Mit der kaiserlichen Förderung der Kirche und dem unterwürfigen Gebaren, dessen sich Konstantin und seine Nachfolger gegenüber Bischöfen – zumindest gegenüber denen, die sie schätzten – befleißigten, erreichten die Bischöfe ihrerseits den Zugang zum öffentlichen, ja manchmal auch zum politischen Leben. Diesem Trend kam weiterhin zugute, daß die Kirche immer reicher wurde, weil sie durch ein Gesetz Konstantins offiziell in die Lage versetzt worden war, Vermögen zu erben. Es konnte also gut sein, daß ein örtlicher Bischof über ein beträchtliches Vermögen seiner Kirche verfügen konnte und sich in der Rolle eines städtischen Patrons wiederfand. Spätestens am Ende des 4. oder Anfang des 5. Jahrhunderts errichteten Bischöfe wie Ambrosius in Mailand oder Paulinus in Nola ihre eigenen Kirchenkomplexe und nahmen eine zentrale Stellung innerhalb der örtlichen Gemeinschaft ein. Man mußte nicht einmal Bischof sein, um eine solche einflußreiche Position zu erlangen: Eines der bekanntesten Beispiele hierfür bietet Johannes Chrysostomos (»Goldmund«), dessen Predigten als Presbyter in Antiochia in den achtziger Jahren des 4. Jahrhunderts geradezu ein Magnet für die christliche Bevölkerung waren. Da in derselben Zeit auch der heidnische Redner Libanios in jener Stadt lehrte und Reden hielt, kann man in manchen Fällen ihre jeweiligen Reden über dasselbe Ereignis vergleichen: So sprachen etwa beide über den großen Aufstand von 387, während dessen von einer aufgeregten, über eine Steuererhöhung erbosten und die Bedrohung durch die Barbaren fürchtenden Menge die Kaiserstatuen umgestürzt worden waren, woraufhin der betagte Bischof Flavianus nach Konstantinopel geeilt war, um den erwarteten Zorn des Kaisers Theodosius I. zu mildern (s. Kapitel 10). Zehn Jahre später, 397, wurde Johannes Chrysostomos Bischof von Konstantinopel und bezauberte nunmehr dort seine Hörerschaft, bis er sich 403 mit der Kaiserin Eudoxia überwarf und ins Exil geschickt wurde; nach einer kurzen Rückkehr wurde er erneut verbannt, zum Teil wieder auf Betreiben der Kaiserin, die er unklugerweise in einer Predigt mit Isebel, der Widersacherin Elias' im Alten Testament (1. Könige 18ff.), verglichen hatte.

Bischöfe wie diese waren gelehrte Männer, die zu allermeist eine gründliche weltliche Erziehung genossen hatten. Ihre Predigten, die zu so bedeutenden öffentlichen Anlässen wie der Bestattung eines Kaisers gehalten wurden, boten vorbildliche antike Rhetorik. Im lateinischen Sprachraum galt Ambrosius von Mailand als genialer Redner, im griechischen Gregor von Nazianz; auch Augustinus war in Karthago in lateinischer Rhetorik ausgebildet worden und hatte als Lehrer in Rom gewirkt, bevor er sich 386 in Mailand zum Christentum bekehrte. Diese Fertigkeit in einer traditionellen öffentlichen Domäne trug sicherlich zur hohen Stellung solcher Männer bei und konnte ihnen eine beträchtliche Anhängerschaft verschaffen. Ambrosius war der Sohn eines Prätorianerpräfekten und selbst Provinzstatthalter in Norditalien gewesen, bevor er 374 auf allgemeinen Wunsch hin Bischof von Mailand wurde – zu einer Zeit, als er nicht nur Laie war, sondern noch nicht einmal getauft. Solche plötzlichen Erhebungen zum Bischofsamt waren nichts Ungewöhnliches: Auch Augustinus wurde in der Stadt Hippo in

Nordafrika 391 auf allgemeinen Wunsch ordiniert und vier Jahre später zum Bischof geweiht – ja, es war manchmal klug, wenn ein prominenter Christ sich von bestimmten Versammlungen fernhielt, wenn er nicht Gefahr laufen wollte, auf diese Weise in ein hohes Amt erhoben zu werden.

Die frühere Laufbahn des Ambrosius hatte ihn mit allen Verzweigungen des spätrömischen Patronagewesens in Verbindung gebracht, und es ist eine Reihe von Empfehlungsschreiben erhalten, die ihm der prominente heidnische Senator Symmachus geschrieben hatte, der sich für verschiedene seiner Freunde bei ihm verwendete. Auch als Ambrosius Bischof geworden war, unterschied sich sein Umgang mit Kollegen nicht wesentlich von dem, den er in seinem weltlichen Leben gepflogen hatte. Seine Autorität erstreckte sich über andere Bischöfe und Geistliche in Norditalien, die er in ihren Beziehungen mit heidnischen und christlichen Gemeinden beeinflußte, und es gelang ihm auch, beträchtlichen Einfluß auf die Kaiser Gratian und Theodosius I. auszuüben und sie zu einer betont christlichen Politik in ihrem Umgang mit dem römischen Senat zu bewegen. Als 382 Gratian unter dem Einfluß des Ambrosius die Entfernung des Victoriaaltars aus dem Senatsgebäude anordnete, nahm der eben genannte Symmachus an einer Protestdelegation an den Kaiser teil und sandte 384 seine berühmten *Relationes*, eine Petition für die Wiedereinrichtung des Altars, an den neuen jungen Kaiser Valentinian II. Darüber erschrocken, erinnerte Ambrosius jenen an seine Pflicht:

Da von dir, allerchristlichster Kaiser, für deinen Glauben an den wahren Gott Zeugnis abgelegt werden sollte und für diesen Glauben Eifer, Achtsamkeit und Frömmigkeit, wundere ich mich, wie manche Leute die Erwartung hegen, daß du die Altäre für die heidnischen Götter durch deinen Befehl wieder einrichten und sogar Mittel für die Durchführung weltlicher Opfer bereitstellen würdest. (Ambrosius, Brief 17, 3)

Die öffentliche Rolle der Bischöfe war von entscheidender Bedeutung für die Förderung der Akzeptanz des Christentums in den höheren Schichten der Gesellschaft. Dies hinderte sie jedoch nicht daran, an den hochtechnischen theologischen Kontroversen ihrer Zeit ausführlich teilzunehmen oder über sehr spezielle Fragen christlicher Doktrin zu schreiben. Die Trenn- bzw. Verbindungslinien zwischen Heiden und Christen waren nicht immer religiös bedingt: Der heidnische Philosoph und Redner Themistios etwa diente einer ganzen Reihe christlicher Kaiser von Constantius II. an als Panegyriker und war – was in gewisser Weise überrascht –

ausgerechnet während der Herrschaft des heidnischen Kaisers Julian in Ungnade. Es scheint, daß persönliche Loyalität noch immer mehr Bedeutung besaß als religiöse Verbindungen. Ammian, ein Heide, scheint ebenfalls ein Mann gewesen zu sein, dem an religiösen Fragen recht wenig gelegen war und der gleich negativ über Heiden wie über Christen urteilen konnte. Seine einzige Kritik an Kaiser Julian wendet sich gegen dessen Versuch, die Christen von der Lehre und damit vom Einfluß auf die Jugend auszuschließen; Ammian hielt dieses Gesetz für zu hart und unterdrückerisch (25, 4; s. das Zitat Kapitel 2); dem christlichen Aristokraten Petronius Probus gilt einer von Ammians schärfsten Angriffen (27, 11); in einen anderen Fall wird der christliche Kaiser Valentinian I. (gest. 375), dem Ammian jede nur vorstellbare Art von Habsucht, Grausamkeit und Eifersucht zuweist, dennoch für seine religiöse Toleranz belobigt (30, 8–9).

Abgesehen von Julian (361–363), der eine heidnische Alternative zu entwickeln suchte (s. Kapitel 6), unterstützten alle Kaiser des 4. Jahrhunderts das Christentum, und ihre Haltung war zweifellos ein Hauptfaktor für die wachsende Bedeutung der Kirche. Doch anders als man dies vielleicht erwartet, bildeten Versuche, das Heidentum zu verbieten oder gar zu verfolgen, eher die Ausnahme als die Regel. Konstantin selbst soll Eusebios zufolge ein Gesetz erlassen haben, das heidnische Opfer untersagte; es ist nicht erhalten, doch spielt ein ähnliches Gesetz des Constantius aus dem Jahr 341 darauf an:

Der Aberglaube möge aufhören, der Wahnsinn der Opfer abgeschafft werden. Denn jeder, der gegen das Gesetz des vergöttlichten Kaisers, unseres Vaters, und gegen diesen Befehl unserer Milde zu verstoßen wagt und Opfer feiert, soll die angemessene Strafe und sofort sein Urteil erhalten.

(Codex Theodosianus 16, 10, 2)

Allerdings blieb ausdrücklich die heidnische Götterverehrung weiterhin erlaubt – ein neuer Tempel zu Ehren der kaiserlichen Familie wurde am Ende von Konstantins Herrschaft in Hispellum in Italien errichtet. Auch das Opfern selbst hörte nicht auf, so daß ein Gesetz, das Theodosius, Arcadius und Honorius im Jahr 392 erließen, noch immer dagegen vorzugehen hatte (Codex Theodosianus 16, 10, 12). Von einigen wenigen Fällen abgesehen, in denen die Kultpraktiken für Christen unannehmbar waren, blieben heidnische Tempel die meiste Zeit bestehen. Es scheint zweifelhaft, ob Konstantin sie tatsächlich in dem von Eusebios (s. Kapitel 4) behaupteten Maße ihrer Schätze beraubte; die Beschwerden des Libanios über ihren schlimmen Zustand, die er in seiner Rede *Pro templis* (Für die Tempel, Rede XXX) in den späten achtziger Jahren des 4. Jahrhunderts äußerte, gehören in eine Zeit, in der sich das Heidentum in der Defensive befand. Nach dem Versuch einer Usurpation der Kaiserherrschaft durch Magnentius, der mit dem Heidentum sympathisierte, führte Constantius II. spät im Jahr 353 und im Jahr 354 eine Reihe von antiheidnischen Maßnahmen ein und ließ 357 während seines Besuches in Rom den Victoriaaltar aus dem Senatsgebäude entfernen (der Altar wurde wahrscheinlich in der Herrschaftszeit Julians wiedererrichtet, worauf sich der oben zitierte Streit ergab).

Doch wie so oft mögen hier Gesetze, die geradezu wild klingen, wenig praktische Wirkung gehabt haben. Die Gesetzgebung führte zu Furcht und Animositäten, brachte aber nicht das Ende des Heidentums. Noch im frühen 6. Jahrhundert waren Familien der Oberschicht der Stadt Aphrodisias in Karien weiterhin Heiden, und auch in den gebildeten Schichten der Stadt Heliopolis in Syrien am Ende des 6. Jahrhunderts sind Heiden belegt. Auf dem Lande wurden die heidnischen Kulte natürlich ohnehin überall fortgesetzt, entweder isoliert vom Christentum oder aber neben ihm her. Daß Kaiser Julian mit seinem Versuch einer heidnischen Restauration scheiterte (s. Kapitel 6), bedeutet also nicht, daß das Heidentum seinerzeit schon tot war; vielmehr standen Julians eigene Vorstellungen nicht mehr in Berührung mit der allgemeinen Praxis.

Das spätere 4. Jahrhundert erlebte einen entschiedeneren Angriff der Christen auf das Heidentum, der gewalttätige Szenen hervorrief, so etwa in Alexandria, wo 392 der örtliche Bischof die Belagerung und Zerstörung des berühmten Tempels der ägyptischen Gottheit Serapis leitete. Nicht lange zuvor, im Jahr 386, hatte Bischof Marcellus Soldaten eingesetzt, um die Zerstörung des großen Zeustempels in Apameia in Syrien durchzuführen. Beide Episoden müssen im Zusammenhang mit der gewaltsam antiheidnischen Einstellung des Cynegius gesehen werden, der seinerzeit Prätorianerpräfekt für den Osten war, und mit der des Kaisers Theodosius I. selbst (379–395). Ersterer ließ 384 die Tempel in Ägypten schließen, letzterer erließ nach einer Periode der Zurückhaltung im Februar und Juli 391 zwei Edikte gegen heidnische Opfer und heidnischen Kult (Codex Theodosianus 16, 10, 10 und 11). Der scheinbare Wandel seiner Politik mag etwas mit seiner jüngst vergangenen Erniedrigung durch Ambrosius zu tun gehabt haben, der dem Kaiser die Kommunion verweigert hatte, nachdem er auf eine Unruhe hin ein Massaker an der im Zirkus von Thessaloniki versammelten

Zivilbevölkerung befohlen hatte; erst zum Weihnachtsfest 390 hatte Ambrosius den Kaiser wieder zur Kommunion zugelassen. Was auch immer die Gründe für die Gesetzgebung wie auch für die Zerstörung des großen Serapaeums von Alexandria, das Ammian als »nach dem Kapitol das großartigste Bauwerk der gesamten Welt« bezeichnet (22, 16), waren, sie riefen vielerlei Emotionen wach: Im folgenden Jahr erhob sich unter einem obskuren Rhetoriklehrer namens Eugenius ein Aufstand gegen Theodosius I., und obwohl Eugenius selbst Christ war, zog seine Unternehmung verständlicherweise prominente heidnische Unterstützer an, insbesondere den Nicomachus Flavianus, der gemeinsam mit Symmachus eines der führenden Mitglieder der heidnischen Aristokratie Roms war (s. Kapitel 2). Ebenfalls im Jahr 392, und zwar im November, erließ Theodosius ein langes Dekret, das mit dem Verbot des heidnischen Kultes noch weiter ging (Codex Theodosianus 16, 10, 12). Doch selbst jetzt war das Verbot weder vollständig noch wurde es allgemein durchgeführt; allerdings war die Sache der Heiden endgültig in Mißkredit geraten, als 394 Eugenius besiegt war und Flavianus Selbstmord beging. Christliche Historiker interpretierten die Entscheidungsschlacht am Frigidus-Fluß (Wippach; s. Kapitel 2) als Gottesurteil gegen die Heiden:

Es mag vielleicht hart für die Heiden sein, zu glauben, was geschah; denn man entdeckte, daß nach dem Gebet, das der Kaiser an Gott gerichtet hatte, ein so gewaltiger Wind aufkam, daß er die Waffen auf die Feinde, die sie geschleudert hatten, zurücklenkte. Als der Wind mit starker Macht anhielt und kein feindliches Geschoß sein Ziel traf, verloren sie allen Mut, oder waren vielmehr durch die göttliche Macht erschüttert.

(Rufinus, Kirchengeschichte 11, 33)

Nunmehr wurde die Unterstützung heidnischer Priester und Kulte zurückgezogen, und im folgenden Jahr kam es zur Zerstörung von Tempeln und zu gewaltsamen Auseinandersetzungen zwischen Heiden und Christen in einer Reihe verschiedener Provinzen. Manche christlichen Bischöfe, unter ihnen Johannes Chrysostomos und Augustinus, nutzten die Lage dazu, Christen zum Einsatz von Gewalt zu veranlassen oder sie zumindest zu empfehlen; der Kaiser im Osten, Arcadius, der zusammen mit seinem Bruder Honorius beider Vater Theodosius I. 395 nachgefolgt war, suchte diese Tätigkeiten des Mob zu beschränken. Unter den Christen, die Tempel oder heidnische Statuen angriffen, traten häufig ganze Gruppen von Mönchen (s. Kapitel 8) besonders in Erscheinung, weshalb die Feindseligkeit kaum überrascht, mit der ihnen eine Rcihe heidnischer Autoren – darunter Libanios und Eunapios – gegenüberstanden.

In derselben Zeit können wir auch Anzeichen für eine zunehmende Feindschaft der Christen den Juden gegenüber erkennen, die sich nicht nur in christlichen Predigten – allen voran bei Johannes Chrysostomos – äußert, sondern auch in der Gesetzgebung. Das Judentum wurde nicht als solches verboten; die christlichen Kaiser erließen sogar Gesetze, die die Christen daran hindern sollten, die örtlichen Synagogen anzugreifen (Codex Theodosianus 16, 8, 9 von 393; ebd. 2 von 423). Aber Christen, die zum Judentum übertraten, gingen ihres Vermögens verlustig, und Juden wurde es verboten, in kaiserlichen Diensten zu stehen, als Rechtsanwälte aufzutreten oder – dies seit 438 – überhaupt *honores* und *dignitates* (Ehrenstellungen und -ämter) innezuhaben. Die große jüdische Gemeinde selbst, die in Galiläa ansässig war, wurde von dem jüdischen Patriarchen geleitet; es ist eine umfangreiche Korrespondenz zwischen Libanios und dem Inhaber dieses Amtes zu jener Zeit erhalten. Auch in vielen anderen Städten des ganzen Reiches gab es blühende und nicht geringe jüdische Gemeinden, wofür die von Antiochia und von Apameia in Syrien beispielhaft sind.

Maßnahmen wie die, welche von der Gesetzgebung des späten 4. Jahrhunderts vorgeschrieben wurden, entsprachen nicht einer regelrechten Verfolgung. Ja, die Reden, die Johannes Chrysostomos gegen die Juden hielt, zeigen vielmehr eine Situation, in der anscheinend viele Christen sich zum jüdischen Glauben hingezogen fühlten. Die Predigten selbst belegen aber ebenso wie andere Hinweise in der zeitgenössischen christlichen Literatur, daß die Kirche zunehmend intoleranter wurde und eine Vermischung zwischen der christlichen und jüdischen Gemeinde immer deutlicher zu verhindern suchte.

Während des 4. Jahrhunderts verlief der Prozeß der Christianisierung weit langsamer und ungleichmäßiger, als man gewöhnlich meint. Ob das Christentum ohne kaiserliche Unterstützung überhaupt zur vorherrschenden Religion geworden wäre, ist schwer zu sagen, darf aber jedenfalls bezweifelt werden. Das kaiserliche Zutun hatte mehrere direkte Auswirkungen, es beendete die Verfolgung, gewährte der Kirche bestimmte rechtliche und wirtschaftliche Privilegien, die ihre Position innerhalb des Reiches grundlegend änderten, und gestattete ihr, zu einer mächtigen und wohlhabenden Institution zu werden. Außerdem gab die kaiserliche Gunst den Christen, insbesondere den Bischöfen, öffentliche Bedeutung und eine Rolle in politischen und öffentlichen Angelegenheiten.

Jeweils in Abhängigkeit von der Persönlichkeit des Kaisers konnten sich einzelne Christen in hohe Ämter erhoben sehen, wie dies auf den zunächst ganz unbedeutenden Kreter Blabios unter Konstantin zutraf; allerdings geschah das wahrscheinlich weniger häufig, als man meinen könnte. Wohl bereits im frühen 5. Jahrhundert, sicher aber unter Theodosius II. (Kaiser im Osten von 408 bis 450), war der kaiserliche Hof nicht nur christlich, sondern sah sich vielfältigem Einfluß von Mönchen, Asketikern und Bischöfen ausgesetzt. Die ältere Schwester des Kaisers, Pulcheria, die im Alter von sechzehn Jahren *Augusta* wurde und eine Zeitlang als Regentin für ihren Bruder agierte, war persönlich äußerst fromm und dem gottgefälligen Leben so ernsthaft zugetan, daß der kaiserliche Hof einem Kloster geglichen haben soll. Trotz alledem – und obgleich die christlichen Kaiser wiederholt gegen den heidnischen Kult vorgingen, obgleich manche Tempel abgerissen und manche in Kirchen verwandelt wurden, was insbesondere seit dem frühen 5. Jahrhundert geschah – hatten kaiserliche Dekrete allein begrenzte Wirkung. Die Christianisierung der breiten Bevölkerungsschichten ging aus einer Reihe unterschiedlicher Gründe voran, für die der kaiserliche Einfluß allenfalls den Rahmen bot. Von direkterer Auswirkung waren die aktiven Bekehrungstechniken, die in den Schriften des Augustinus und des Ambrosius gut dokumentiert sind, die Macht des guten Beispiels, die individuelle Erfahrung, der praktische Anstoß der Kirchenbauten und der praktizierten christlichen Nächstenliebe in den örtlichen Gemeinden. Es überrascht nicht, daß all dies Zeit brauchte, bevor sich größere Wirkungen zeigten; die Christianisierung der römischen Aristokratie als ganzer gehört ins frühe 5. Jahrhundert, und erst von da an kann man die Errichtung von Kirchen in größerem Umfang erkennen und anfangen, von einer christlichen Gesellschaft zu sprechen (s. Kapitel 8 und 9).

Ein Teil der Erklärung für die Spannungen zwischen Christen und Heiden am Ende des 4. Jahrhunderts liegt freilich in gesellschaftlichen und kulturellen Faktoren begründet. Für die oberen Schichten der Gesellschaft, insbesondere für die Senatsaristokratie in Rom, bedeutete die Bekehrung zum Christentum eine Zurückweisung ihres klassisch-antiken kulturellen Erbes: Hieronymus etwa befürchtete, daß man ihn eher für einen Anhänger Ciceros als für einen Anhänger Christi halten würde. Auch die Bekehrung des gefeierten heidnischen Redners Marius Victorinus in den fünfziger Jahren des 4. Jahrhunderts, als jener bereits über siebzig Jahre alt war, verursachte eine Sensation, die Augustinus in seinen *Confessiones* beschreibt. Es war in Rom üblich, daß Neubekehrte das

Glaubensbekenntnis öffentlich vor der christlichen Gemeinde sprachen; aus Ehrfurcht vor seinem Alter und seiner Bedeutung wurde Victorinus aber gestattet, die Zeremonie privat durchzuführen – doch dieser weigerte sich. Augustinus beschreibt nun die Reaktion in der Kirche:

Als er nun die Stufen hinaufstieg, das Bekenntnis abzulegen, raunten sich alle, sobald sie ihn erkannten – und wer hätte ihn dort nicht gekannt! –, in einem Freudengemurmel seinen Namen zu. Und von Mund zu Mund ging es durch die ganze Gemeinde der Frohbewegten, gedämpften Lautes jubelte es aus aller Munde: »Victorinus, Victorinus!«

(Augustinus, Confessiones 8, 2, 5)

Victorinus hatte neuplatonische Werke ins Lateinische übersetzt, Abhandlungen über Grammatik und Rhetorik verfaßt und viele Söhne senatorischer Familien in diesen Fächern ausgebildet. Seine Bekehrung hatte einen symbolischen Wert, insbesondere als er später seinen Posten aufgab, um nicht mit dem Edikt Kaiser Julians aus dem Jahr 362, das Christen die Lehre verbot (s. Kapitel 2), in Konflikt zu geraten. Die führenden Heiden im Rom des späten 4. Jahrhunderts – Männer wie Praetextatus, Symmachus und Nicomachus Flavianus – standen in einer langen Tradition der Priesterschaft wie auch der öffentlichen Ämter, etwa als Stadtpräfekten. Für Männer aus solchen Familien bedeutete die Bekehrung zum Christentum nicht nur eine Glaubensaussage, sondern brachte auch weitreichende Entscheidungen mit sich, die ihre gesellschaftliche Stellung und ihre traditionellen Verpflichtungen betrafen. Ein Beispiel: Mehrere erhaltene Inschriften bezeugen die Lebensdaten des eben genannten Praetextatus (gest. 384) und seiner Gattin; eine davon, ihre Grabinschrift, beginnt wie folgt:

Den göttlichen Schatten. Vettius Agorius Praetextatus, Augur, Priester der Vesta, Priester des Sol, Quindecemvir, Curialis des Hercules, eingeweiht bei Liber und in die eleusinischen Mysterien, Hierophant, Tempelleiter, Eingeweihter ins Taurobolium ... (ILS 1259)

Seine Gattin Paulina ist auf demselben Stein in Verbindung mit ihm genannt; sie wird wie folgt beschrieben:

Aconia Fabia Paulina, *c(larissima) f(emina)* (also Frau aus der Senatorenschicht), eingeweiht bei Ceres und in die eleusinischen Mysterien, eingeweiht in Ägina der Hekate, eingeweiht in das Taurobolium, Hierophantin ... (ILS 1259)

Eine der Folgen der Christianisierung des Hofes und der Förderung des Christentums durch die Kaiser war demnach, letztere aus der römischen Senatorenschicht zu entfernen, die unter Konstantin wiederbelebt und vergrößert worden war. Ja gerade die Tatsache, daß der Hof nun in Mailand (übrigens dem Bischofssitz des Ambrosius) statt in Rom etabliert war, ermöglichte es den weiterhin heidnischen Mitgliedern des römischen Senats, in jenem Luxus zu leben, den Ammian beschreibt (s. Kapitel 2) und sich darin zu ergehen, noch heidnischer als ihre Vorfahren zu sein. Wir haben schon gesehen, daß Flavianus hierin noch weiter ging, die Usurpation des Eugenius unterstützte und nach deren Scheitern Selbstmord verübte. Symmachus sprach sich andererseits für einen religiösen Pluralismus aus, obwohl er weniger für Toleranz im allgemeinen argumentierte als für die Wiederherstellung des Victoriaaltars und die kaiserliche Unterstützung heidnischer Priestertümer im besonderen. Ein christlicher Dichter, Prudentius, stellte den Kaiser Theodosius als Mann dar, der Anspruch erhob, daß der römische Senat »zu den reinen Heiligtümern der Nazarener eilte« (Prudentius, Contra Symmachum 1, 551).

Die frühere Auffassung, daß Rom im späten 4. Jahrhundert von einem scharfen »Konflikt« zwischen Heiden und Christen beherrscht wurde, hat sich als falsch erwiesen; sie beruht auf irrigen Annahmen über die Belege, auf die sie gründete (s. Kapitel 10). Dennoch bedeutete für diese in traditioneller Weise ausgebildeten Mitglieder der Oberschicht ebenso wie für ihre griechischsprachigen Gegenüber im östlichen Reich die Bekehrung zum Christentum einen starken Bruch mit all dem, was sie als ihr kulturelles Erbe ansahen.

Für die Intellektuellen bot, wie wir im nächsten Kapitel sehen werden, der Neuplatonismus die ernsthafteste Alternative zum Christentum. Hierbei handelt es sich um eine deutlicher spirituelle spätantike Version der platonischen Philosophie, die insbesondere mit dem Philosophen Plotin im 3. Jahrhundert und seinem Anhänger Porphyrios (dem Verfasser einer Streitschrift gegen das Christentum, die offiziell zerstört wurde) verbunden wurde; sie bildete ein System, zu dem sich etwa Augustinus sehr hingezogen fühlte. Wie die Manichäer, die Anhänger des im 3. Jahrhundert wirkenden Lehrers Mani, waren die Neuplatoniker Asketen; sie zitierten Pythagoras, den griechischen Philosophen des 6. vorchristlichen Jahrhunderts, der gelehrt hatte, daß Weisheit durch Abstinenz erlangt werde.

Viele Christen gingen aber erheblich weiter in diese Richtung: Sie vertraten und praktizierten extreme Formen von Selbstverleugnung und Askese, kleideten sich in Sacktuch, gaben jeden Komfort auf und rühmten sich, nie zu baden. Während der Kaiser in Mailand gehofft haben mag, die Bekehrung des Senats beeinflussen zu können, waren seine Frau und seine Töchter von charismatischen christlichen Asketen überwältigt, insbesondere von Hieronymus, der gerade in dem Jahr in der römischen Oberschicht wirkte, in dem Symmachus seine Petition eingereicht hatte, und der zu seinen weiblichen Jüngern und Anhängern die Senatorenwitwen Marcella und Paula sowie die Töchter der letztgenannten, Blesilla und Eustochium, zählte. Die Bekehrung eines Mädchens aus solcher Familie zur christlichen Askese hatte für ihre Familie ernsthafte Folgen: Nach der Überzeugung des Hieronymus mußte sie sich für ein Leben in Jungfräulichkeit entscheiden; war sie bereits verheiratet, hatte sie künftig wie eine Ehelose zu leben. Solche Haltungen führten im günstigsten Fall »bloß« zu persönlichen Schwierigkeiten, im ungünstigsten zur Unterbrechung der Erbfolge; deshalb kam es in einigen seinerzeit berühmten Fällen tatsächlich zum Verkauf und zur Vergabe riesiger Familienvermögen, wodurch die Armen oder häufiger die Kirche direkten Nutzen hatten.

Im frühen 5. Jahrhundert gewann die junge römische Matrone Melania die Jüngere (s. Kapitel 2) ihren Ehegatten Pinianus zur Vergabe ihrer riesigen Güter und gründete wie Paula ein Kloster im Heiligen Land. Wenngleich es nun so aussieht, als ob die meisten solcher Veräußerungen für vorhandene Familienmitglieder die Beibehaltung eines entsprechenden Anteils vorsahen und auf diese Weise etwas weniger extrem ausfielen, als es auf den ersten Blick erscheinen mag, gab es gute Gründe dafür, daß Familien, die noch immer heidnisch geblieben waren, sich in Gefahr sahen, um so mehr, als manche jungen Frauen eine Art von persönlicher Askese wählten, die so streng war, daß sie zu ihrem Tod führen konnte. Bekannt wurde der Fall von Paulas Tochter Blesilla, einst ein lebhaftes und attraktives Mädchen, das sich sehr für Kleidung und ihr Aussehen interessiert hatte, aber nachdem sie sich unter dem Einfluß des Hieronymus der Askese verschrieben hatte, auf diese Weise im Jahr 384 starb. Ihre Mutter war zu Tode betrübt; doch Hieronymus zeigte keineswegs Mitleid, sondern belehrte sie über die Sündhaftigkeit ihrer übermäßigen Trauer und hieß sie vielmehr, froh zu sein (Hieronymus, Brief 39). Paula und Hieronymus ließen sich in zwei Klöstern für Frauen bzw. Männer in Bethlehem nieder; als Paula im Jahr 404 starb, gehörten ihrer Gründung fünfzig Nonnen an, und Eustochium, eine ihrer Töchter und Adressatin von Hieronymus' berühmtem Brief über die Jungfräulichkeit (Hieronymus, Brief 22), übernahm das Kloster.

Das Mönchtum war als Institution seit dem späten 3. Jahrhundert immer weiter angewachsen; es ist insbesondere mit Pachomius (gest. 346) und mit Antonius, dem ägyptischen Einsiedler (gest. 356) verbunden, dessen griechische, dem Athanasios zugewiesene Biographie (s. Kapitel 2) von Hieronymus ins Lateinische übersetzt und in den Kreisen der Oberschicht von Rom verbreitet worden war. Das griechische Wort *monachos* bedeutet lediglich »einer, der alleine ist«: Viele einzelne Asketiker ließen sich ja in Höhlen und abgelegenen Orten in der Wüste nieder. Ägypten, speziell die Zentren von Skete (Wadi Natrun), Nitria und Kellia waren die erste Heimat einer organisierten mönchischen Bewegung, und bis zum Ende des 4. Jahrhunderts gab es bereits sehr viele Mönche, die in der Wüste lebten. Manche von ihnen waren Einsiedler, die meisten jedoch versammelten sich allwöchentlich zu einem gemeinsamen Mahl und zur Liturgie – eine Art von Mönchsleben, das in vielen späteren als *lavras* bekannten Gründungen nachgeahmt wurde.

Über diese in der Wüste lebenden »Väter« liefen später viele Geschichten um, und zwei historische Darstellungen der Mönche von Ägypten wurden im 5. Jahrhundert verfaßt: Die sogenannte *Historia Monachorum* (Geschichte der Mönche), ein griechisches Werk von etwa 400, und Palladios' *Historia Lausiaca* etwa aus dem Jahr 420. Die beiden bedeutendsten unter den »Vätern« in der Wüste waren Makarios der Große (gest. um 350) und der asketische Autor Euagrios Pontikos (nach Kellia zurückgezogen um 385); letzterer, ein hochgebildeter Mann, belegt übrigens, daß die »Väter« keineswegs nur analphabetische koptische Dörfler waren, wie man gelegentlich gemeint hat. Häufig wurden sie von wichtigen Personen aufgesucht, woraufhin sich manche noch weiter in die Wüste zurückzogen, um größere Einsamkeit zu erreichen. In Oberägypten gründete Pachomius ein großes koinobitisches (gemeinschaftliches) Kloster in Tabennisi in der Thebais, wo die Mönche unter einer allgemeinverbindlichen Regel lebten, was bald Vorbild für andere Gründungen wurde. Basilios von Caesarea in Kappadokien (um 330 bis 379) schuf ebenfalls eine Mönchsregel, die auf künftige Generationen sehr großen Einfluß hatte. Bis zum 5. Jahrhundert hatte sich das Modell des ägyptischen Mönchtums nach Syrien ausgebreitet, insbesondere in die Wüste von Judäa, wo es einige große und bedeutende Gründungen gab und wo archäologische Reste von mehr als sechzig Klöstern identifiziert wurden.

Es gab in jener Zeit viele unterschiedliche Formen asketischen Lebens. Viele christliche Asketiker – insbesondere die aus der Oberschicht wie Hieronymus' Kreis von asketischen Damen in

Rom – führten lediglich ein gottesfürchtiges Leben miteinander in gewöhnlichen Häusern, ohne daß es eine spezielle Organisation oder Regeln gab, wie sie sich dann im frühen mittelalterlichen Mönchtum entwickelten. Makrina, die Schwester des Gregor von Nyssa und des Basilios von Caesarea, lebte zu Hause auf dem Familiengut in Pontos mit ihrer Mutter in einer solchen religiösen Gemeinschaft, die auf ihrem eigenen Haushalt beruhte, und auch die Klöster im Heiligen Land, die von Damen wie Paula, Melania und Olympias gegründet und geleitet wurden, waren tatsächlich von aristokratischen Haushalten kaum zu unterscheiden.

Im späten 4. Jahrhundert gehörten Mönche und Nonnen bereits zum Bild des täglichen Lebens selbst in den größeren Städten, so daß Historiker wie Ammian (18, 10 über Nonnen bei Amida) sie wie selbstverständlich nur nebenbei erwähnen; sie konnten sogar ausgesprochen aktiv sein und übernahmen am Ende des Jahrhunderts recht oft die Hauptrolle bei den Angriffen des Mob auf heidnische Tempel, wobei sie genauso aggressiv vorgingen wie die Menge, vielleicht sogar noch heftiger.

Es ist schwierig, die Zahl der Mönche und Nonnen zu jener Zeit zu bestimmen, doch scheint es bedeutsam, daß bereits am Ende der dreißiger Jahre des 4. Jahrhunderts Eusebios überzeugt war, daß Konstantins Abschaffung der von Augustus eingeführten Strafen für Ehelosigkeit die Absicht verfolgte, die christliche Askese aus dem Blickwinkel des Erbrechts zu legalisieren. Gleich ob jene Menschen in der Wüste oder in den Städten lebten, wir müssen sicherlich mit Tausenden von Mönchen am Ende des 4. Jahrhunderts rechnen. Eine ganze Reihe großer christlicher Autoren und Bischöfe lebte in Ehelosigkeit (wenn auch nicht alle – Gregor von Nyssa etwa war verheiratet), ja in einem mönchischen Lebensstil. Augustinus nahm an, daß die Bekehrung eine solche Zurückhaltung einschließe und lebte künftig in einer religiösen Gemeinschaft (Confessiones 8, 11, 26–27). Dieser Teil der *Confessiones* macht auch deutlich, daß es ebenso andere asketische Gemeinschaften und Gruppen gleichgesinnter Freunde gab wie auch christliche; Augustinus ging in jener Periode seines Lebens von der einen Form zur anderen über.

Augustinus' anderes Meisterwerk, der *Gottesstaat*, das er am Ende seines Lebens zwischen der Eroberung Roms durch den Westgoten Alarich im Jahr 410 und seinem Tod im Jahr 430 verfaßte, stellt eine ausführliche Erörterung der Beziehung zwischen weltlichen und geistlichen Angelegenheiten dar, insbesondere zwischen Kirche und Staat. Es ist kein Zufall, daß die erste Hälfte des langen

Werkes eine Diskussion der Haltung bestimmter klassischer lateinischer Autoren darstellt, insbesondere Sallusts und Ciceros. Immerhin waren dies die Autoren, die Augustinus selbst als Rhetoriklehrer herangezogen hatte, und es war für Augustinus' persönliches Programm von grundlegender Bedeutung, die Unangemessenheit von deren Gedankengut im Vergleich mit der christlichen Lehre demonstrieren zu können. Was seiner Auffassung nach in der älteren römischen Geschichte, insbesondere in der republikanischen Zeit, trotz aller militärischen Erfolge fehlte, war Gerechtigkeit, die eine Anerkennung des Göttlichen nach sich ziehen mußte; statt dessen beruhte der römische Staat nur auf der Suche nach *gloria*, Ruhm (Gottesstaat 19, 21–24). Seine heidnischen Zeitgenossen mögen argumentiert haben, die Eroberung Roms beweise doch, daß der Christengott sein Königreich doch nicht beschützte, wie dies die Christen behaupteten; er aber vertrat die Auffassung, auch die heidnische Geschichte sei kaum mehr als eine Kette von Katastrophen gewesen, während das christliche Königreich noch nicht mit dem himmlischen Königreich gleichgesetzt werden dürfe, sondern noch eine Zeit der Erprobung durchmachen müsse. Darin zeigt sich eine weniger optimistische Sicht als die, welche wir bei Eusebios mit seiner Begeisterung für Konstantin kennengelernt haben (s. Kapitel 2); sie erhält weitere Intensität aus der Tatsache, daß Augustinus sein großes Werk am Vorabend des Einfalls und der erfolgreichen Eroberung seiner eigenen Provinz Nordafrika durch die arianischen Vandalen schrieb. Dort sollte die Zeit der Erprobung für Katholiken wie ihn selbst ein Jahrhundert dauern, auf das nach der Wiedereroberung durch Konstantinopel 533 bis 534 eine weitere Aufspaltung wegen Differenzen in der Lehre folgen sollte, die dieses Mal durch einen örtlichen Kaiser im Namen der Einheit der Kirche auferlegt wurde.

6. Die Herrschaft Julians

Julian (361–363) war der jüngere Sohn des Julius Constantius, eines der Halbbrüder Konstantins, der vom Heer zugunsten von Konstantins Söhnen in den Monaten nach dessen Tod im Mai 337 ermordet worden waren. Nur Julian und sein älterer Bruder Gallus entkamen dem Massaker und durften weiterleben; damals war Julian freilich erst etwa sechs Jahre alt. Einer der drei Söhne Konstantins, die das Reich zwischen sich aufteilten, als sie am 9. September 337 *Augusti* wurden, nämlich Konstantin II., wurde getötet, als er 340 in das Gebiet seines Bruders Constans in Norditalien eindringen wollte, und auch Constans selbst, der für den Westen zuständig war, kam 350 in einer Palastrevolution ums Leben. So verblieb Constantius II. als einziger Kaiser – und er hatte keinen Erben. Als er sich nun anschickte, die Ermordung seines Bruders Constans an Magnentius zu rächen, dem Heeresoffizier, der für dessen Tod verantwortlich gewesen und nun zu keiner Einigung bereit war, erhob er seinen Vetter Gallus zu einem *Caesar* und beließ ihn in der Verantwortung für den Osten. Magnentius wurde schließlich 353 in Gallien besiegt, woraufhin Constantius II. der alleinige und unangefochtene Kaiser war.

Mit dem darauffolgenden Winter 353/54 beginnt der erhaltene Teil von Ammians Geschichtswerk. Von jetzt bis in das Jahr der Schlacht von Adrianopel 378 steht uns damit eine lateinische historische Darstellung von fast unvergleichlicher Kraft, Fülle und Informationsdichte zur Verfügung, die auf derselben Ebene wie Herodot oder Thukydides für die griechische Geschichte und Tacitus für die frühe römische Kaiserzeit steht. Zwar gibt Ammian an, daß er sein Geschichtswerk mit dem Jahr 96 n. Chr. hatte beginnen lassen (31, 16), doch ist der erste Teil seines Werkes verloren, und Buch 14, das erste uns erhaltene Buch, geht *medias in res* in einem Stil, der völlig typisch ist für Ammians häufig scharfe Kritik an Persönlichkeiten – hier in einem Angriff gegen die angebliche Grausamkeit des neuen *Caesar*:

Der *Caesar* Gallus verübte viele entsetzliche Greueltaten und brachte alles durch seine übergroße Zügellosigkeit in Unordnung. Im angehenden Mannesalter war er aus tiefstem Elend auf den Gipfel der kaiserlichen Macht erhoben worden, mit einem Gepränge, auf das er nie zu hoffen gewagt hätte. Nun überschritt er weit die Grenzen der Befugnisse, die ihm übertragen worden waren. (Ammian 14, 1)

Die Gattin des Gallus, eine Tochter Konstantins, die zuvor mit dessen Neffen Hannibalianus verehelicht gewesen war, einem weiteren Opfer der Morde von 337, stachelte ihn noch weiter an:

> Sie war eine Megäre in Menschengestalt, hetzte den Wahnsinnigen geflissentlich auf, in ihrer Gier nach Menschenblut dem Gatten in nichts nachstehend. (Ammian 14, 1)

Ammians Eigenarten und Stärken als Historiker, insbesondere seine Bewunderung für Julian, in dessen Heer er als Offizier gedient hatte, beeinflussen in unvermeidlicher Weise unsere Auffassung der gesamten folgenden Geschichte, doch ist er, obgleich mit Abstand der wichtigste Historiker jener Zeit, zu unserem Vorteil nicht die einzige Quelle, weshalb seine Auffassung manchmal aus anderen Blickwinkeln ergänzt werden kann. So besitzen wir etwa Julians eigene Schriften, die eine Seite des Kaisers zeigen, welche von Ammian nicht beleuchtet wird, außerdem die christlichen Autoren, die besonders wichtige historische Quellen sind, auch wenn sie gegen den »abtrünnigen Heiden« Julian voreingenommen sind.

Auch Ammian war Heide, vertrat aber nicht die Auffassung, daß die Religion die Hauptrolle in seinem Werk spielen sollte, sondern setzte seine Prioritäten anders. Sein eher traditioneller Schwerpunkt auf der politischen und militärischen Ereignisgeschichte bedeutet übrigens, daß uns sein Werk das mit Abstand beste Bild des spätrömischen Heeres in Aktion bietet. Die späteren Bücher Ammians sind jedoch von ganz anderer Art: Im Gegensatz zur früheren Darstellung konzentrieren sie sich auf Rom und sind deshalb von großem Wert für unser Verständnis der spätrömischen Senatorenschicht (s. Kapitel 10). Schließlich ist Ammians Geschichtswerk voll von aufschlußreichen Exkursen über alle möglichen Themen, die uns einen Eindruck von der Art seines Denkens vermitteln und nebenher noch einige kuriose Details über Erlebnisse auch auf seinen ausgedehnten Reisen liefern.

Ammian diente in Julians Heer bei dessen fataler Unternehmung gegen Persien, die mit dem mysteriösen Tod des Kaisers im Jahr 363 endete (s. u.); danach scheint Ammian lange Zeit Reisen unternommen und Informationen gesammelt zu haben. Im Jahr 384 war er schließlich in Rom, als ein Versorgungsmangel die Vertreibung von Fremden aus der Stadt veranlaßte; er scheint sein Werk in den Jahren um 390 beendet zu haben, offenbar noch bevor das Serapaeum in Alexandria 391 zerstört worden war (s. Ammian 22, 16) und auch vor der Usurpation des Eugenius 392. Ein Brief, den ihm Libanios, der heidnische Redner aus Antiochia, Ende 392 schrieb, nimmt Bezug auf die Lektüre des seinerzeit gerade publizierten Werkes (Libanios, Brief 1063). Doch ist das genaue Entstehungsdatum der späteren Bücher und insbesondere einzelner Passagen in ihnen (wahrscheinlich nämlich ging Ammian sein Werk nochmals durch und revidierte einzelne Teile zu unterschiedlichen Zeiten) schwierig zu ermitteln und hängt an dem komplizierten Vergleich mit anderen zeitgenössischen Autoren, darunter Hieronymus und dem Autor der *Historia Augusta;* die Datierung von Ammians Werk insgesamt ist daher heftig umstritten.

Sowohl Julian als auch Ammian waren Constantius II. gegenüber voreingenommen. Der erste Teil von dessen Herrschaft ist im Vergleich mit dem Quellenmaterial, das für seinen Vater Konstantin oder für seinen Vetter Julian zur Verfügung steht, schlecht dokumentiert, jedenfalls in weltlichen Dingen; wir müssen uns auf die kurzen lateinischen Chroniken des Eutropius und des Aurelius Victor und die unbefriedigende und erst später entstandene griechische *Neue Geschichte* des Zosimos verlassen.

Dort, wo Ammians Darstellung für uns beginnt, bietet sie ein düsteres Bild von Verdächtigungen und politischen wie militärischen Krisen. Constantius' Herrschaft nach der Niederwerfung des Aufstandes des Magnentius wird als willkürlich und grausam beschrieben: »Es ist schwierig, sich irgend jemanden vorzustellen, der während der Herrschaft des Constantius freigesprochen worden wäre, wenn erst einmal nicht mehr als ein Flüstern die Strafmaschinerie in Bewegung gesetzt hatte« (Ammian 14, 5). Der Hof dieses Kaisers wird als Ort der Verdächtigung, üblen Nachrede und Denunziation (14, 8) und als Stätte von Hochverratsprozessen beschrieben (14, 12). In einer Manier, die an Tacitus gemahnt, äußert Ammian Bedauern über den Tod der ersten Gattin des Kaisers, Eusebia, und über den daraus folgenden Verlust ihres guten Einflusses auf den Herrscher (21, 6), und in für ihn typischer Weise gibt er den schlechten Eigenschaften des Kaisers weit mehr Raum in seiner Darstellung als den guten, wenn er schließlich den Charakter und die Herrschaft des Constantius noch einmal zusammenfaßt (21, 16).

Eine der berühmtesten Passagen in Ammians Geschichtswerk beschreibt den formellen Einzug des Constantius nach Rom im Jahre 357, einen der seltenen Besuche in jener Stadt durch einen Kaiser des 4. Jahrhunderts nach Konstantin. Für den Besuch gab es eigentlich keinen Grund, behauptet Ammian: Der Kaiser hatte keinen Sieg errungen und verdiente daher auch keinen Triumphzug, vielmehr wollte er sich lediglich in all seiner Pracht den überraschten Bürgern präsentieren. Die Beschreibung, die hierauf folgt, bietet ein außerordentlich lebendiges Bild sowohl Roms im 4. Jahrhundert als auch der Erscheinung der militärischen Eskorte, welche die Prozession bildete und völlig verschieden von einer traditionellen römischen Legion war:

Den Kaiser umgaben die aus Purpurfäden gewobenen Drachenzeichen, die an der Spitze vergoldeter und mit Edelsteinen verzierter Lanzen angebracht waren. Sie blähten sich mit weitgeöffnetem Rachen im Wind und sahen so aus, als ob sie gereizt züngelten, und ihre Schweife schlängelten sich im Wind. Zu beiden Seiten des Kaisers schritten in doppelter Reihe Bewaffnete mit Schild und Helmbusch, strahlend im Glanz der schimmernden Panzer, dazwischen Panzerreiter, die sogenannten Clibanarier (»Eisenmänner«), mit Helmvisier, geschützt durch Harnisch und mit ehernem Wehrgehenk gegürtet. Man hätte sie für Statuen halten können, die des Praxiteles' Hand geglättet hatte, nicht aber für lebendige Männer.   (Ammian 16, 10)

Am auffälligsten jedoch ist die Pose, die der Kaiser selbst einnimmt:

Er richtete wie mit gepanzertem Hals den leuchtenden Blick geradeaus und wandte das Gesicht weder nach rechts noch nach links. Wie ein menschliches Standbild schwankte er nicht, wenn ein Rad einen Stoß verursachte, und er spuckte nicht aus und rieb oder wischte sich nicht die Nase, ja nie sah man ihn auch nur eine Hand bewegen.   (Ammian 16, 10)

Doch Ammian war fair und bewunderte Constantius wegen seiner Selbstbeherrschung – eine Qualität, die der Historiker stets besonders hochschätzte:

Freilich nahm er diese Haltung bewußt ein, doch waren dies und manches andere im diesseitigen Leben Anzeichen für eine überdurchschnittliche Selbstbeherrschung, die, wie man zu verstehen gab, ihm allein zustand.
(Ammian 16, 10)

Julians Vorbehalte gegen Constantius II. gründeten tiefer als die Ammians und waren von eher persönlicher Art: Nach den Morden des Jahres 337 waren er und sein Bruder Gallus zunächst ins Haus ihrer Großmutter in Bithynien geschickt worden, und ihre christliche Erziehung wurde dem Bischof Eusebius von Nicomedia übertragen; trotz des Fehlens beider Elternteile war dies offenbar eine glückliche Zeit für die Brüder. Im Jahr 342 jedoch, als Julian gerade zwölf Jahre alt war, »verbannte« Constantius beide nach Marcellum in Kappadokien, wo sie ständig unter Bewachung standen. Diese Situation dauerte bis 348 an, als es Julian zugestanden wurde, nach Konstantinopel zurückzukehren, bevor man ihn in das vermeintlich weniger heikle Nicomedia schickte; 351 wurde Gallus zum *Caesar* erhoben und in den Westen gesandt.

Hier liegt geradezu eine Standardsituation für einen Herrscher vor, der selbst kinderlos ist und eines Tages Erben braucht, sie aber zugleich fürchtet. Was heute besonders auffällt, ist die Tatsache, daß Constantius zunächst viel Aufwand trieb, damit die beiden Brüder als Christen aufwuchsen, jedoch offenbar nicht ernsthaft die Möglichkeit in Betracht zog, daß Julian, wenn er erst einmal freigelassen und weltlichen Einflüssen ausgesetzt würde, vielmehr dem Heidentum zuneigen könnte. Natürlich war es gefährlich, dies offen zu tun, und als Constantius 361 starb, führte Julian den Leichenzug zur Apostelkirche persönlich an. Doch Julian selbst, der heidnische Autor Eunapios und Libanios, unter dessen Einfluß Julian in Nicomedia geriet, beschreiben dessen »Bekehrung« zum Heidentum, in christlichen Begriffen also seine »Abtrünnigkeit«; Libanios weist sie dem Einfluß des Maximus von Ephesos zu, einem extremen Neuplatoniker, der sich mit Wundern und Götterbeschwörung abgab; ihn hatte Julian entgegen klügerer Ratschläge 351 aufgesucht, nachdem er Zugang zum Kreis des Neuplatonikers Aidesios von Pergamon gefunden hatte. Julians Begeisterung für das Heidentum, eine geradezu vorhersehbare Form pubertärer Auflehnung, begann also damit, daß der junge Mann einfach von den exotischeren Formen des neuplatonischen Mystizismus fasziniert war.

Solange Constantius II. am Leben war, hielt Julian nach außen hin am Christentum fest und durfte nach dem Fall und der Hinrichtung seines Bruders Gallus 354 sogar seine Studien in Athen fortsetzen, der eigentlichen Heimstatt des heidnischen Neuplatonismus. Sowohl Ammian (15, 2) als auch Julian selbst vermuteten, daß Julian vor ähnlichen Gefahren wie Gallus durch den Einfluß der Kaiserin Eusebia geschützt wäre, während offenbar andere seine Position zu untergraben suchten. Als *Caesar* schrieb Julian von Gallien aus zwei Preisreden auf Constantius II. (356 und 358), die einen deutlichen Sinn für die diplomatischen Erfordernisse seiner Position gegenüber einem aggressiv christlichen Kaiser beweisen. Erst nach dem plötzlichen Tod des Constantius, als sich Julian bereits dazu entschieden hatte, sich unverdeckt gegen ihn zu stellen, konnte er in aller Öffentlichkeit den heidnischen Göttern danken und seines Heidentums frönen, doch selbst jetzt noch verbarg er es, wie Ammian behauptet, bis er sicher in Konstantinopel eingetroffen war (22, 5).

Der Aufstieg des Julian vom *Caesar* zum *Augustus* war nunmehr absehbar, wenn er sich auch als mit vielerlei Gefahren verbunden erwies; er erinnert in mancher Weise an die Manöver Konstantins zwischen 306 und 312. Nach dem Tod des Gallus Ende 354 brauchte Constantius unbedingt einen neuen Kollegen, um gegen die Barbareneinfälle in Gallien und Germanien vorgehen zu können, während er selbst sich auf Persien konzentrierte. Constantius neigte freilich dazu, gegen alles und jeden Verdacht zu schöpfen und unternahm nichts, bis ihn seine Frau – die Zosimos zufolge »äußerst hochgebildet war und weiser, als Frauen üblicherweise sind« – dazu überredete, Julian zum Mitregenten zu machen; sie legte folgendes dar:

Julian ist jung und von einfachem Wesen, hat sich sein ganzes Leben lang mit wissenschaftlichen Studien beschäftigt und versteht sich ganz und gar nicht auf öffentliche Angelegenheiten; er wird sich daher uns gegenüber besser eignen als irgend jemand sonst. Hat er nämlich bei seinen Unternehmungen Glück, so wird er nur bewirken, daß der Kaiser sich diese Erfolge persönlich zuschreiben kann; erleidet er hingegen einen Rückschlag und verliert dabei das Leben, dann wird Constantius künftig niemand mehr haben, der als Sproß aus kaiserlichem Geschlecht zur höchsten Macht berufen werden könnte. (Zosimos, Neue Geschichte 3, 1)

Beide Vorhersagen trafen nicht ein, und obwohl Julian tatsächlich völlig unerfahren war, erwies er sich als äußerst erfolgreicher Heerführer in Gallien. Die meisten unserer Quellen sind, wie zugegeben werden muß, Julian gegenüber freundlich und geben sich alle Mühe, Constantius abzuwerten und Julian zu glorifizieren, indem sie die Beschränkungen, die jener ihm auferlegt hatte, betonen; auch der uns überlieferte Brief Julians, den er Ende 361 an die Athener schrieb, bietet ein äußerst tendenziöses Bild jener Zeit. Andererseits führte das Wissen um das Schicksal anderer – einschließlich seines Bruders Gallus – Julian dazu, seine Lage sehr sorgfältig zu analysieren. 357 gelang es ihm, in der Schlacht von Straßburg auf dem linken Rheinufer ein Heer von 30000 Alemannen zu besiegen (es gab 6000 Tote auf ihrer Seite) – ein Sieg, auf den weitere beachtliche Erfolge gegen die Franken und die Einrichtung mehrerer Garnisonen am Rhein folgten.

Als Constantius 360 plötzlich die sofortige Abberufung eines Großteils von Julians Soldaten in den Osten verlangte, riefen diese Julian in Paris zum *Augustus* aus, wobei sie erstmalig den neuen Kaiser in germanischer Weise auf einen Schild hoben und die Halskette eines Soldaten als Diadem auf sein Haupt legten (Ammian 20, 4). Es mag durchaus sein, daß sie dazu mit aller Kraft ermuntert worden waren, doch kam es Julian entgegen, sein eigenes Zögern zu betonen: Er schickte an Constantius einen sorgfältig ausgearbeiteten Brief, in dem er das Geschehene erläuterte (Ammian 20, 8), und obgleich ihm jener zornig befahl, den Rang des *Caesars* beizubehalten, blieb dieser Befehl unbeachtet; bald schon wurden in Gallien Münzen im Namen der beiden *Augusti* geprägt (20, 9; 21, 1).

Vom Sommer 361 an plante Julian sein Vorgehen gegen Constantius in größerem Rahmen; es gelang ihm, die Stadt Sirmium für sich zu gewinnen, während Aquileia ein Problem für ihn blieb, und als er weitere Verzögerungen in Naissus (Nis) erlebte, machte er sich daran, Rechtfertigungsbriefe an viele einzelne Städte und an den römischen Senat zu schreiben; einer davon, der an die Athener, ist erhalten (s. o.).

Inzwischen war Constantius auf dem Rückweg aus Persien, um der Bedrohung entgegenzutreten, starb aber ganz unerwartet auf dem Weg in Kilikien, während Julian noch in Naissus weilte (Ammian 21, 15). Dieser Zufall erlaubte es Julian, den Anspruch zu erheben, daß die Götter auf seiner Seite stünden und daß ihm der Tod des Constantius durch göttliche Vorzeichen vorhergesagt worden sei; dies wiederum ermöglichte ihm, sein Heidentum offen zu bekennen und bei der Leitung von Constantius' prächtiger Totenfeier, die im Dezember 361 in Konstantinopel stattfand, alle gebührende Ehrerbietung für den verstorbenen Vorgänger zur Schau zu stellen – man behauptete sogar, daß Constantius selbst auf seinem Totenbett ihn zu seinem Nachfolger erklärt habe. Es wäre schwierig für Julian gewesen, seine Freude und Erleichterung über diese Wendung des Schicksals zu verbergen, die er als eine Bestätigung dafür sah, daß er mit seinem Vertrauen auf die heidnischen Götter recht gehabt hatte; tatsächlich machen seine eigenen Werke deutlich, wie er sich nun fühlte. Das Rad hatte sich einmal ganz herumgedreht, seit Eusebios und andere Christen nach dem Sieg Konstantins über Maxentius an der Milvischen Brücke ähnliche Gefühle gehabt hatten. Kaum mehr als achtzehn Monate danach, am 26. Juni 363, starb Julian; sein Nachfolger wurde ein obskurer Heeresoffizier namens Jovian, den Ammian (25, 5) als »annehmbaren Kandidaten« beschreibt; er war gläubiger Christ.

Wenige Kaiser haben derart parteiische Stellungnahmen und so großen Haß hervorgerufen wie Julian, keiner in so kurzer Zeit. Dabei war dies nicht ausschließlich eine Frage von Julians Heidentum. Was also war geschehen? Selbst Ammian, einer der glühendsten Verehrer Julians, gab zu, daß jener manchmal kein gutes Urteilsvermögen besaß, gelegentlich schlichtweg naiv war. Als er Kaiser wurde, erklärte er nicht nur sein Heidentum, sondern bestellte die christlichen Bischöfe in den Palast nach Konstantinopel ein und schlug ihnen vor, die Differenzen zu begraben und religiöse Toleranz zu praktizieren. Zweifellos verfolgte er gute Absichten, doch wie Ammian (22, 5) anmerkt, handelte er nach dem Vorbild eines angeblichen Ausspruches von Kaiser Mark Aurel, dessen Zusammenhang aber ein ganz anderer war. Nachdem er Antiochia zum kaiserlichen Hauptquartier gemacht hatte, als er sich im Sommer 362 auf den Weg nach Persien begab, brachte er es fertig, nicht nur die Christen in der Stadt zu verprellen, sondern auch die gebildeten Heiden, die eigentlich seine Verbündeten gewesen wären. Seine Erwartungen ihnen gegenüber waren recht unrealistisch; so war er etwa darüber erbost, daß die Stadt nicht angemessen vorbereitet war, als er sich dazu entschloß, am Heiligtum des Apollon in Daphne den Kult zu feiern, und daß die örtlichen Heiden sich nicht bereit zeigten, seine Begeisterung zu teilen – ein Mangel an Bereitschaft, der viel damit zu tun hatte, daß er kurz zuvor gegen einen Getreidemangel in der Stadt nur wenig erfolgreich vorgegangen war und daß er zu Tieropfern in großem Umfang neigte, die viele Zeitgenossen für geschmacklos hielten. Doch statt zu versuchen, die Probleme zu bereinigen, zögerte Julian nicht, die Leute von Antiochia zu schelten und auf diese Weise die Situation noch zu verschärfen. Seine Haltung machte ihn zum Gegenstand von Witzen und Satiren – kaum ein erfreuliches Ergebnis für einen heidnischen Kaiser in der Stadt des Libanios, in der er massive Unterstützung hätte erwarten können, und auch nicht für einen, der auf dem Weg zu einer größeren militärischen Unternehmung war. Solcher Kritik begegnete er Anfang 363 mit einer scharf ironischen, doch allzu intellektuellen Spottschrift mit dem Titel *Misopogon* (Der Barthasser), die er im Stadtzentrum anschlagen ließ. Ferner träumte er von einem Wiederaufbau des jüdischen Tempels in Jerusalem, der eine symbolische Niederlage für das Christentum bedeuten sollte, doch führte dieser Plan zu nichts (s.u.).

Zwar hatte Julian seine Feldzüge in Gallien und Germanien äußerst erfolgreich geführt, doch war nun der Perserfeldzug von merkwürdigen Fehlurteilen gekennzeichnet; außerdem gingen ihm eine Reihe schlechter Vorzeichen und Warnungen voraus und begleiteten ihn, woraus erhellt, daß zumindest jetzt Julians Führungskraft nicht uneingeschränkt Vertrauen fand (Ammian 23, 1). Nachdem er weit nach Osten vorgedrungen war und einen vergessenen Kanal, der die Schiffahrt zum Tigris ermöglichte, wieder eröffnet und sich auf diese Weise einen entscheidenden Vorteil gegenüber der Perserhauptstadt Ktesiphon verschafft hatte (Ammian 24, 6), stand er kurz vor einer erfolgreichen Belagerung der Stadt, als er plötzlich den ganzen Plan verwarf und ebenso plötzlich die Verbrennung all seiner Schiffe anordnete. Diese unkluge Maßnahme war, wie die christlichen Quellen angeben, wahrscheinlich die Antwort auf ein Angebot der Perser, ihn auf dem Landweg zu führen, welches sich aber als eine Kriegslist erwies (Ephraim der Syrer, Hymnen gegen Julian 3, 15; vgl. Ammian 24, 7). Worin immer die Erklärung liegen mag, für das Heer bedeutete diese Entscheidung einen schändlichen und überdies schwierigen Rückzug, in dessen Verlauf Julian selbst auf mysteriöse Weise ums Leben kam. Sein Nachfolger Jovian sah sich nun in der wenig beneidenswerten Lage, Friedensbedingungen auszuhandeln, zu denen neben anderem die Aufgabe der wichtigen Grenzfestung Nisibis zugunsten der Perser gehörte; dieser schandbare Verlust wurde von der christlichen Bevölkerung der Grenzregionen von Syrien und Mesopotamien nie vergessen.

Julian war ein Idealist, dessen Ansichten und Pläne viele Zeitgenossen teilten, ja für die sich viele begeisterten. Überdies scheint er eine charismatische Persönlichkeit gewesen zu sein, die manche zu ihm hinzog, andere freilich abschreckte. Hätte er die politische Vernunft besessen, die Zuversicht, die seine Karriere als *Caesar* ausgezeichnet hatte, als Kaiser beizubehalten, wäre sicher manches ganz anders verlaufen. Ammians Charakterskizze des Kaisers nach seinem Tod (25, 4) ist des Lobes voll und bietet kaum Kritik; Ammian entlastet Julian sogar von den militärischen Vorwürfen, indem er die Verantwortung für den erneuten Krieg mit Persien Konstantin zuweist. Doch steht diese Interpretation im Widerspruch zum Zeugnis von Ammians eigener ausführlicher Geschichtsdarstellung, und wenn Ammian den Kaiser allenfalls wegen seines Aberglaubens und seiner Vorliebe für Tieropfer kritisiert, dann ist dies schlimm genug, verbirgt aber die weit schlimmere und unleugbare Tatsache, daß Julian seine eigenen Anhänger verprellte. Überdies verbirgt Ammians Zurückhaltung in religiösen Fragen, wie gewaltsam die christliche Reaktion auf Julian war, wie sie sich bei Zeitgenossen wie Johannes Chrysostomos, Gregor von Nazianz und Ephraim dem Syrer zeigt: Sie alle hatten während seiner Herrschaft jeden Grund zur Befürchtung, daß seine Politik Erfolg haben werde, und entsprechend viel Anlaß für unverhohlene Freude, als er scheiterte. Nur wenige Zeitgenossen konnten sich eine neutrale Haltung zu Julian leisten. Aus diesem Grunde sind die uns zur Verfügung stehenden Quellen sowohl unverhältnismäßig zahlreich, wenn man die kurze Dauer seiner Herrschaft in Betracht zieht, als auch in den allermeisten Fällen extrem tendenziös – eine Quellenlage, die schon als solche zur Entstehung romantischer Ansichten über Julian in der Neuzeit führen mußte.

Eine Sache, der sich Julian verschrieb, war die Erneuerung der Städte und Stadtverwaltungen. Dieses Interesse teilten eine Reihe konservativer Autoren, allen voran Prokopios von Caesarea im 6. Jahrhundert, die alle in den ihrer Ansicht nach zunehmenden Ansprüchen der Zentrale eine Bedrohung der Unabhängigkeit von örtlichen städtischen Eliten sahen. In Julians eigener Zeit vertraten etwa Ammian, Libanios und Themistios eine solche Auffassung; alle drei waren Heiden und könnten deshalb dazu geneigt gewesen sein, die Eingriffe christlicher Kaiser in die Angelegenheiten der Städte abzulehnen. Allerdings war Großzügigkeit gegenüber Städten, etwa Zugeständnisse bezüglich der Höhe der Steuerlast, seit langem ein traditionelles Attribut eines »guten« Kaisers und als solches ein regelmäßiges Thema kaiserlicher Panegyrik. Unterstützung der Sache der Städte hatte daher mehr mit den traditionellen Werten einer heidnischen Oberschichterziehung zu tun als mit einem religiösen Bekenntnis. Insofern war es logisch, daß Julian, der sich eines altmodischen Sinnes für *civilitas* (Bürgerlichkeit) rühmte, den Senat von Konstantinopel – inzwischen einer der wichtigsten Städte kaiserlicher Regierung – zu stärken und zu reformieren suchte (Codex Theodosianus 9, 2, 1 und 11, 23, 2; vgl. Panegyrici Latini 3 [11], 24). Auch die Räte in anderen Städten stärkte Julian durch seine Gesetzgebung, indem er Beschränkungen bezüglich der Mitgliedschaft in ihnen aufhob, die übliche Gabe von *aurum coronarium* (goldenen Kränzen, die von den Städten anläßlich einer Kaisererhebung gestiftet wurden und deren Wert durch die Rivalität zwischen den Städten immer weiter eskaliert war) nurmehr freiwillig zuließ (Codex Theodosianus 12, 13, 1) und zugleich die Belastung durch den *cursus publicus*, das System der Staatspost (s. Kapitel 4), reduzierte (Codex Theodosianus 8, 5, 12). Auch schaffte er die Steuerbefreiung von Geistlichen ab, die Konstantin eingeführt hatte; zweifellos wechselte als Folge dieser Maßnahme manches in christlicher Hand befindliche Land den Besitzer, was die Wiederherstellung städtischen Eigentums ermöglichte (Codex Theodosianus 10, 3, 1). Steuern wurden, wo nötig, erlassen und neuer Aufsicht unterstellt (Codex Theodosianus 11, 16, 10). Insgesamt versuchte Julian also, den Apparat städtischer Verwaltung zu stützen, was sowohl der Regierung als ganzer als auch der Herrschaftsideologie zugute kam; allerdings hatten seine Maßnahmen nur geringe

Wirkung, weil er ja nur kurze Zeit herrschte. Immerhin bezeugen sie eine Mischung von Tradition und Erneuerung, die für einen Großteil spätrömischer Gesetzgebung typisch ist, und illustrieren den aus verschiedener Richtung auf der Herrschaft lastenden Druck.

Die einzige Maßnahme Julians, die sich – abgesehen von der Aufhebung der Steuerprivilegien für die Geistlichen – direkt auf Christen bezog, war das berühmte Edikt des Jahres 362, das es jenen untersagte, Rhetorik- oder Grammatikunterricht zu erteilen – eine Maßnahme, die Ammian an zwei Stellen als zu hart und unterdrückerisch kritisiert (22, 10 und 25, 4; s. Kapitel 2); sie bewirkte den Ausschluß der Christen von jeder Lehrtätigkeit, da ja Rhetorik und Grammatik den Hauptbestandteil jedes Lehrplanes ausmachten. Die Wirkung dieser Maßnahme, die immerhin Marius Victorinus dazu veranlaßte, seine Position nach seiner Bekehrung zum Christentum aufzugeben, war jedoch wohl eher symbolischer als praktischer Natur; Christen wandten sich nun an heidnische Lehrer, von denen sie eine formale Ausbildung erhielten, wie dies etwa Julians Zeitgenossen Basilios von Caesarea und Gregor von Nazianz taten. Der heidnische Lehrer Libanios hatte viele Christen unter seinen Hörern, und noch im Alexandria des 6. Jahrhunderts studierten Christen und Heiden miteinander. Julian suchte also nur, die Möglichkeit einer Bekehrung heidnischer Studenten durch christliche Lehrer zu behindern, die freilich in anderer Weise weiterhin für das Christentum gewonnen werden konnten; zweifellos hatte er seine eigene Erfahrung vor Augen, als er, vorgeblich ein Christ, unter den Einfluß des Libanios und Aidesios gekommen war (s. o.). Nichtsdestotrotz protestierten besonnene und gebildete Christen wie Gregor von Nazianz (Rede 4) laut gegen die Trennung von dem kulturellen Erbe, das auch sie für sich in Anspruch nahmen. Diese Maßnahme wurde von Julian mit anderen kombiniert, die eine Politik der Diskriminierung gegenüber Heiden verfolgten und die Bildung einer Art organisierter heidnischer Kirche nach dem Modell der christlichen zum Ziel hatten.

So erscheint Julian als bemerkenswert moderner Kaiser, der wahrnahm, welche Bedeutung der Bildung insbesondere von Heranwachsenden zukam, wie wichtig es war, Heiden Schlüsselpositionen bekleiden zu lassen und welchen Vorteil der hohe Organisationsgrad des Christentums gegenüber dem Pluralismus und der Verstreutheit heidnischer Kulte bedeutete. Doch beurteilte er die Lage falsch und unterschätzte die negative Wirkung seiner persönlichen, höchst eigenartigen religiösen Praxis.

Die Mehrheit der Heiden im Römischen Reich bestand aus Landbewohnern und städtischen Unterschichtsangehörigen; mit diesen hatte Julian nichts gemein. Er selbst war nicht nur hochgradig intellektuell, sondern fühlte sich auch zu den abstruseren und halbreligiösen Formen des zeitgenössischen Neuplatonismus hingezogen – die Attraktion des Übernatürlichen spielte bei ihm eine große Rolle, was auf den Einfluß von Männern wie Iamblichos von Apameia in Syrien und Maximus von Ephesos zurückzuführen ist.

Die verschiedenen Schriften Julians zu Religionsthemen, darunter sein Werk gegen die »Galiläer« (als welche er die Christen bezeichnete), zeigen einen scharfen, häufig recht unkonventionellen Intellekt. Er hatte keine Bedenken, eine Satire mit dem Titel *Caesares* zu schreiben, in der er sich über Konstantin lustig macht: Er stellt ihn als einen dar, der bei den Göttern im Himmel die Runde macht und nicht in der Lage ist, einen Schutzherrn zu finden, bis er sich schließlich an Jesus wendet, weil er christlicher Vergebung bedarf (von den Eigenarten des Christentums schätzte Julian die Bescheidenheit am wenigsten, weil er der Ansicht war, daß sie angemessenem Stolz im Wege stand). Nachdem sich Julian offen als Heide bekannt hatte, gefiel es ihm, mit jedem nur möglichen Kult zu experimentieren, speziell mit Schlachtopfern, welche von den Christen besonders abgelehnt wurden. Sogar Ammian bemerkt des Kaisers Exzesse und sagt, jener habe so viele Tiere geopfert, daß »man annahm, es hätte in dem Fall, daß Julian aus Parthien zurückgekehrt wäre, einen Mangel an Vieh geben müssen« (25, 4). Offenbar erkannte Julian nicht, daß ihn, neben anderen Faktoren, die Begeisterung, mit der er solche Schlachtopfer wiederbelebte und selbst durchführte, den gebildeten Heiden in Antiochia entfremdete.

Sein Versuch, den Apollon-Kult im nahegelegenen Daphne wiederzubeleben, verprellte auch die Christen: Sein Bruder Gallus, selbst Christ, hatte die Gebeine eines örtlichen Heiligen namens Babylas dorthin überführt, Julian aber befahl, daß diese Reliquien rituell beseitigt und das Heiligtum von der »Befleckung« gereinigt werden sollte. Die örtlichen Christen geleiteten die Märtyrerreliquien mit großem Pomp an eine andere Stätte, woraufhin sie sich grausamen Vergeltungsmaßnahmen ausgesetzt sahen. Als das Dach des Apollon-Tempels und das Götterbild in ihm durch ein Feuer zerstört wurden, ging Julian von einer Brandstiftung durch Christen aus und befahl, daß die große Kirche in Antiochia geschlossen und ihr Vermögen konfisziert werden sollte; allerdings wurde auch der Apollon-Priester gefoltert, weil er sein Amt vernachlässigt hatte. Die Christen sahen natürlich ihrerseits in dem Brand eine Gottesstrafe, Julian hingegen suchte erneut seine Wünsche durchzusetzen, indem er Opferfleisch in die Quelle von Daphne werfen ließ und befahl, daß alle Nahrungsmittel auf dem Markt mit Wasser besprengt werden sollten, das von den heidnischen Priestern bei den Opferzeremonien verwendet worden war – beides mußte die Christengemeinde in äußerstem Maße provozieren. Johannes Chrysostomos, der zu der Zeit dieser Vorgänge noch ein Jugendlicher war, verfaßte später in seiner Predigt über den Heiligen Babylas hierüber eine emotionsgeladene und überhöhte Darstellung. Julian war zu allermindest vorzuwerfen, daß er bewußt die Provokation gesucht hatte, auch wenn Johannes Chrysostomos und andere christliche Autoren die tatsächlichen Geschehnisse übertrieben oder sogar verdreht haben.

Eine weitere Episode, welche enorme Emotionen hervorrief, war Julians Versuch, den Tempel in Jerusalem wieder zu errichten. Ammian (23, 1) berichtet hiervon mit scheinbarer Gleichgültigkeit: Julian habe den Wunsch gehabt, »ein großes Denkmal zur ewigen Erinnerung an seine Herrschaft zu hinterlassen« und daher beschlossen, den »einst großartigen Tempel in Jerusalem« wiederherzustellen. Die Arbeit sei aber abgebrochen worden, da in der Nähe der Fundamente ständig Feuerbälle explodierten – die Juden werden nicht einmal erwähnt. Tatsache war, daß die Wiederherstellung des jüdischen Tempels den größtmöglichen Affront gegen das Christentum bedeutete, den man sich überhaupt vorstellen konnte. Konstantins Grabeskirche in Jerusalem und das Wachstum dieser Stadt seit 335 als heiliger Stätte der Christenheit und als Pilgerzentrum waren Symbole für die christliche Übernahme Jerusalems, das seit 135 eine römische Kolonie gewesen war. Julian machte sich nun nicht nur daran, Konstantins Werk rückgängig zu machen, sondern – in christlicher Sicht – auch seine eigene Herrschaft mit den traditionellen Feinden des Christentums in Verbindung zu bringen und das von Christen häufig zitierte Jesuswort Lügen zu strafen, daß kein Stein des Jerusalemer Tempels auf dem anderen bleiben werde (Matthäus 24, 2). Die Tatsache, daß die Zerstörung des jüdischen Tempels in der christlichen Apologetik bereits ein zentrales Thema war – nicht zuletzt in Jerusalem selbst, wo Bischof Cyrillus vor kurzem über dieses Thema gepredigt hatte –, machte die Sache noch heikler. Die Wiederherstellung des Tempels bedeutete ja auch, daß auf dem Tempelberg wieder geopfert werden konnte, was Julian natürlich gefiel, Christen aber schockieren mußte. Letztere waren also in Angst und Schrecken, als sie von dem

Plan erfuhren, und hocherfreut, als er nicht durchgeführt werden konnte – und schnell fanden sich für das Feuer, das den Abbruch der Arbeiten verursacht hatte, übernatürliche Erklärungen, darunter die Erscheinung des Kreuzes am Himmel. Ephraim der Syrer und ein dem Cyrillus von Jerusalem zugeschriebener, auf syrisch erhaltener Brief beschreiben die Ereignisse in bildhafter und emotionsgeladener Form, und hier sowie in späteren Darstellungen durch die Kirchenhistoriker gewinnt die Geschichte bereits eine unzweideutig eschatologische Bedeutung.

Was Julians Perserfeldzug betrifft, dürfen wir nicht außer acht lassen, daß Ammians Darstellung zwar von einem Augenzeugen geschrieben, aber eben mit Kenntnis des Ausgangs jener Unternehmung verfaßt ist, und zwar von einem Mann, der das Scheitern des Feldzuges und den Tod Julians als Tragödie auffaßte. Julian wird als Heerführer dargestellt, der bewußt nicht nur göttliche Vorzeichen, sondern auch den ausdrücklichen Rat seiner Freunde mißachtete; allerdings, so Ammian, wäre es ohnehin unmöglich gewesen, abzuwenden, was das Schicksal bereits beschlossen hatte (23, 5). Julian ignorierte also die zahlreichen Warnzeichen und ließ das Heer nach der Überquerung des Khabur-Flusses in einer theatralischen Geste die Schiffe hinter sich verbrennen; Ammian gibt hierzu an, daß die Warnungen der Wahrsager von den Gegenargumenten der »Philosophen« entkräftet worden waren, welche Julian auf dem Feldzug begleiteten.

Julians Tod schließlich ist ebenfalls mysteriös und von verschiedenen Gerüchten umgeben: Der Kaiser hatte es versäumt, seinen Brustpanzer zu tragen, und war von einem Speer getroffen worden, den ein Reiter geschleudert hatte, dessen Identität selbst bei den Zeitgenossen umstritten war. Christliche Quellen, darunter Ephraim der Syrer, vermuten, daß Julian sich bewußt dem Risiko ausgesetzt, also gleichsam Selbstmord begangen habe; andere frühe Quellen weisen den Schuß einem »Sarazener« (also einem Araber, der im persischen oder aber im römischen Heer kämpfte), einem Perser, einem unbekannten Roßknecht oder sogar einem Römer christlichen oder aber heidnischen Bekenntnisses zu. Typischerweise wollen die christlichen Autoren den Anspruch erheben, daß Julians Tod göttliche Vergeltung war, wohingegen Libanios davon ausgeht, daß der heidnische Kaiser von einem Christen getötet worden war. Ammian hingegen hält schlicht fest, daß der Urheber des Schusses unbekannt war (25, 3), fügt dann aber seine eigene Ausschmückung hinzu: Bei ihm erörtert der sterbende Julian die Natur der Seele mit den Philosophen in seiner Begleitung.

Der Mythos von Julian hatte sich bereits zu Lebzeiten des Kaisers zu entwickeln begonnen, und seine kurze Herrschaft hinterließ sowohl bei Heiden wie bei Christen einen unauslöschlichen Eindruck. Die Dramatik der Ereignisse wird für uns über das schlicht historische Interesse hinaus dadurch erhöht, daß zeitgenössische und spätere Autoren so voller Leidenschaft berichten und daß so viel über ihn geschrieben wurde. Als Inspiration für das Werk Ammians und als Thema der wichtigsten und dramatischsten Abschnitte der erhaltenen Teile seines Werkes erhält Julian geradezu eine überlebensgroße Statur. Stellt man einmal die Frage, »was wäre, wenn«, wird man sich überlegen müssen, ob Julian mit der Restauration des Heidentums nicht doch Erfolg gehabt hätte, wenn er länger gelebt hätte.

Es ist schließlich eine Ironie der Geschichte, daß es weder die von Julian verfolgten Ziele als solche noch die historische Situation waren, die zu seinem Scheitern führten, sondern eher Julians eigener Charakter, insbesondere seine unvergeßliche nervenaufreibende Kombination von Hochherzigkeit und Arroganz.

7. Der spätrömische Staat von Constantius bis Theodosius

Zwar gab es zu verschiedenen Zeiten mehrere *Augusti*, die gleichzeitig herrschten, doch war das Reich selbst im Zeitraum zwischen dem Tod Konstantins 337 und dem Theodosius' I. 395 nicht formal aufgeteilt. Als letzterer starb, übernahmen seine beiden jungen Söhne Honorius und Arcadius den Westen bzw. den Osten des Reiches – doch auch jetzt gab es keine förmliche Aufteilung; vielmehr bot die Zeit der Tetrarchie Vorbilder für ein solches Arrangement. Der Unterschied lag im wesentlichen darin, daß die Teilung des Reiches von 395 an fortwährend Bestand hatte, bis es schließlich 476 zu dem kam, was man üblicherweise als das Ende des Westreiches ansieht.

Mit dem Tod Julians ging die Herrschaft des konstantinischen Kaiserhauses zu Ende. Julians Nachfolger Jovian war als Kaiser wenig profiliert und herrschte nur kurze Zeit; seine Haupttätigkeit bestand darin, einen für Rom ungünstigen, ja erniedrigenden Frieden mit den Persern zu schließen, durch den neben anderem Nisibis abgetreten werden mußten (s. Kapitel 6). Ammian behauptet, dies sei der einzige Fall in der römischen Geschichte seit Gründung der Republik gewesen, daß solche Zugeständnisse gemacht werden mußten (25, 9). Kurze Zeit später starb Jovian in Kleinasien auf dem Rückweg nach Konstantinopel im Alter von nur 32 Jahren – auch dies ein Erbe von Julians Perserfeldzug.

Als nächster Kaiser wurde der Pannonier Valentinian (I.) wie zuvor Jovian von den hochrangigen Heereskommandanten im Verein mit hohen zivilen Amtsträgern ausgesucht, als er sich noch auf dem Weg aus dem Osten nach Konstantinopel befand. Die Übernahme der Macht galt stets als prekär; man achtete deshalb darauf, in Nicaea keinen von schlechten Vorzeichen belasteten Tag für die Ausrufung Valentinians zum *Augustus* zu wählen. Kurz darauf machte Valentinian seinen Bruder Valens zum Mitkaiser. Ammians Darstellung ihres Arrangements illustriert, wie eine solche Machtteilung in der Praxis aussah (25, 5): Die Brüder trafen in Naissus eine Vereinbarung, der zufolge Valens den Osten übernahm und die eine Aufteilung der Heereskommandanten, Soldaten und Hofbeamten vorsah. Die Vereinbarung wurde dadurch besiegelt, daß beide am 1. Januar 365 das Konsulat übernahmen, was am Anfang einer neuen Kaiserherrschaft üblich war.

Wie Jovian und wie die Kaiser des späten 3. Jahrhunderts und die Tetrarchen vor ihnen hatten beide Brüder einen militärischen Hintergrund, und ebenso wie Jovian hatte Valentinian seinen Aufstieg dem Ansehen seines Vaters zu verdanken, der nicht aus einer vornehmen Familie stammte, sich aber als Kommandant in Britannien ausgezeichnet hatte (Ammian 30, 7; vgl. 25, 5). Konstantin war es nur eine Zeitlang gelungen, dieses Muster zu durchbrechen, und Julians plötzlicher Tod, aber auch seine schwierige Persönlichkeit hatten dazu geführt, daß man zur älteren Praxis zurückfand. Nur drei Jahre nach seiner Erhebung zum Kaiser erkrankte Valentinian allerdings schwer, und man unternahm Versuche, einen Nachfolger zu finden; als Valentinian wieder genas, setzte er, um die Entscheidung vorweg zu nehmen, seinen eigenen Sohn Gratian, ein achtjähriges Kind, als Mitkaiser ein und präsentierte ihn den Soldaten mit einer emotionalen Rede, nach der er ihn mit dem Kaisergewand bekleidete. Ammian merkt hierzu an:

Damit ließ Valentinian eine von alters her feststehende Sitte unberücksichtigt und ernannte recht großzügig seinen Bruder und seinen Sohn nicht zu *Caesares,* sondern zu *Augusti.* Früher nämlich hatte niemand sich einen Kollegen mit gleicher Amtsgewalt genommen mit Ausnahme des Kaisers Marcus (Mark Aurel, 161–180), der seinen Adoptivbruder Verus ohne jede Einschränkung zum Teilhaber der kaiserlichen Autorität gemacht hatte.

(Ammian 27, 6)

Der Kinderkaiser Gratian wurde zum Vorbild für eine ganze Reihe ähnlicher Ernennungen. Als Valentinian I. 375 starb, wurde, obwohl Gratian und Valens (der bei der Schlacht von Adrianopel 378 fallen sollte) *Augusti* waren, ein weiterer Sohn, den Valentinians zweite Gemahlin Justina geboren hatte (und der noch jünger war als Gratian im Jahr 367), vom Heer als Valentinian II. zum Kaiser ausgerufen, ohne daß Gratian auch nur gefragt worden wäre (Ammian 30, 10). Solche dynastische Loyalität überlebte jedoch die Schwache der Kinderkaiser längerfristig nicht: Im August 383, vier Jahre nach der Ernennung des Theodosius zum *Augustus* nach der Schlacht von Adrianopel, erklärte sich einer von dessen Rivalen, Magnus Maximus, in Britannien zum Kaiser; Gratian selbst wurde von seinen Soldaten ermordet.

Vervollständigen wir den Katalog der Kaiser jener Zeit: Theodosius I. war ein Kaiser, dessen Vater Theodosius d. Ä. sich – wie Constantius I. Chlorus und der Vater Valentinians I., und zwar ebenfalls in Britannien – als fähiger *magister militum* erwiesen hatte; allerdings war Theodosius d. Ä. später aus der Gunst gefallen und in Karthago hingerichtet worden, während sich sein Sohn klugerweise eine Zeitlang in seine spanische Heimat zurückgezogen hatte. Ammian preist den älteren Theodosius in außerordentlicher Weise (27, 8; 28, 3), doch muß man berücksichtigen, daß der Sohn jenes Herrschers regierte, als Ammian sein Werk schrieb – ja, der Historiker war so klug, den Sturz des Vaters gar nicht zu erwähnen.

Weder das Zwischenspiel von Diokletians Tetrarchie noch die Alleinherrschaft Konstantins hatten also langfristige Änderungen in der Bestellung von Kaisern bewirkt. Worauf es im Grunde ankam, war die Unterstützung der richtigen Gruppe von Heeresoffizieren – was nämlich letztlich zählte, war allein der Erfolg. Dem Senat kam keine aktive Rolle mehr zu, und das Volk, wenn es überhaupt erwähnt wird, erscheint lediglich als Zuschauer, dessen Unterstützung man gegebenenfalls veranlassen konnte. Den Versuch einer Usurpation durch Procopius nach der Kaisererhebung des Valens beschreibt Ammian verächtlich als mißlungenen Coup: Procopius, der auf seine Familienbeziehungen zu Constantius II. und Julian baute, fand Ammian zufolge eine Gruppe käuflicher Soldaten, die ihn in Konstantinopel zum Kaiser ausrief und dabei verwenden mußte, was gerade zur Hand war:

Da man nirgends einen purpurnen Kaisermantel fand, zog man ihm ein goldgesticktes Unterkleid an, wie es ein kaiserlicher Diener trägt; von den Füßen bis zum Leib war er wie ein Page angezogen, die Füße in purpurnen Schuhen. Man hatte ihm eine Lanze gegeben, und er trug in der linken Hand ein ebenfalls purpurnes Fähnlein. So hätte man meinen können, in einer Theateraufführung sei irgendein glänzendes Schaustück plötzlich hinter dem Vorhang oder durch mimische Täuschung aufgetaucht.

(Ammian 26, 6)

Angeblich wurde Procopius außerdem von einer bezahlten Claque unterstützt, die ihr Geld dafür erhielt, ihm zuzujubeln. Wie aber die weitere Darstellung deutlich macht, gelang es Procopius, beachtliche Unterstützung zu gewinnen, Valens von dessen Belagerung Nicaeas zu vertreiben und Kyzikos einzunehmen; als er sich auf eine Schlacht mit Valens bei Nacolia in Phrygien einließ, wurde er jedoch von seinen eigenen Offizieren im Stich gelassen, geriet in Gefangenschaft und wurde enthauptet (26, 9). Ammian führt Procopius in der Rolle eines gescheiterten Rebellen und Usurpators vor – wie Perperna, der von Pompeius getötet worden war, und Didius Julianus sowie Pescennius Niger aus der jünger vergangenen Geschichte (26, 6–9); aus Ammians Sicht handelte es sich nicht um einen legitimen Kaiser, allerdings war der Unterschied zu einem solchen im wesentlichen die Tatsache, daß er mit seiner Herausforderung des Valens keinen Erfolg gehabt hatte.

Der römische Staat wurde also zu jener Zeit großenteils nicht durch die Politik oder Persönlichkeit eines einzelnen Herrschers zusammengehalten; ja, eine Mehrzahl von Herrschern war eher die Regel als die Ausnahme. Der Zugang zur kaiserlichen Macht war unvorhersagbar und instabil; nicht einmal dynastische Loyalität garantierte das Überleben. Die Bestellung von Kinderkaisern beinhaltete überdies die Gefahr, daß die Macht in die Hände anderer geriet, wie etwa in die der Justina, der Mutter Valentinians II. oder später in die mächtiger Minister wie Rufinus oder des Eunuchen Eutropius. Beide waren Berater des Arcadius, des Sohnes Theodosius' I., und ihr Einfluß wird von dem westlichen Hofdichter Claudianus wütend angegriffen. Der jüngere Kaiser Gratian wurde unter die Vormundschaft des Ausonius gestellt, eines Redners und Dichters aus Bordeaux und Quaestors Valentinians I., der nach Beendigung dieser Aufgabe die hohen Stellungen des Konsuls und des Prätorianerpräfekten erreichte (s. Kapitel 2). Rhetorische Fähigkeiten, wie er sie besaß, wurden hoch geachtet und konnten einen raschen Aufstieg ermöglichen, doch förderten Valentinian I. und Valens auch Männer, die – wie sie – aus Pannonien stammten und meist kaum gebildet waren, weshalb sie in den konservativeren und gebildeteren Kreisen wenig Anklang fanden. Einzelne Kaiser konnten auch unter den Einfluß eines bedeutenden Bischofs geraten, was etwa für Gratian, Theodosius und Ambrosius zutrifft.

Schließlich ist diese Zeit vom zunehmenden Druck der Barbareneinfälle, aber auch vom vermehrten Einsatz von Barbaren selbst in den höheren Ebenen des römischen Heeres gekennzeichnet (s. Kapitel 9); vom Ende des 4. Jahrhunderts an spielten Generäle barbarischer Herkunft eine entscheidende Rolle in der kaiserlichen Politik, die schließlich in der westlichen Reichshälfte über die der Kaiser hinausging. Der erste solche General war der Vandale Stilicho, der unter Theodosius I. *magister militum* und prospektiver Regent für dessen zwei Söhne gewesen war. Die Tatsache, daß der Osten im 5. Jahrhundert eine ähnliche Situation weitgehend zu vermeiden verstand und daß die östlichen Kaiser sich eher auf zivile Amtsträger als auf Militärs verließen, ist ein wichtiger Faktor für die Erklärung des Fortlebens des östlichen Reiches nach 476.

Wie auch immer die Kaiser ihre Stellung erlangt hatten – von traditionell gesinnten Zeitgenossen wurden sie nach harten Kriterien beurteilt, vielleicht um so mehr, als der Zugang zur Herrschaft eigentlich vergleichsweise offen war. Man erwartete von einem

Kaiser, daß er das komplizierte Gleichgewicht zwischen Würde und Leutseligkeit und zwischen Gerechtigkeit und Strenge fände und daß er den verschiedenen Schichten der Gesellschaft ohne unangemessene Bevorzugung gerecht würde. Andererseits wurde er von seinen Untertanen mit der Ehrerbietung und Unterwürfigkeit behandelt, die einem Autokraten zustand, wurde mit Fackeln und Blumen empfangen und mit Akklamationsrufen begrüßt – und dies sogar vom Senat selbst.

Das Bild von Kaiser und Untertan dominierte jene Periode und erscheint in allen Arten von Literatur, einschließlich christlicher Werke, als Metapher. Und als christliche Künstler ein Repertoire für ihre neuen öffentlichen Aufträge benötigten, war es für sie nur natürlich, sich an der kaiserlichen Kunst zu orientieren: In zwei der frühesten erhaltenen christlichen Mosaike aus Rom wird Christus mit seinen Aposteln im Stil von Kaiser und Senat dargestellt (S. Pudenziana, ausgehendes 4. Jahrhundert), und die Jungfrau Maria erscheint – ganz unangemessen – in der Kleidung und mit den Attributen einer römischen Kaisergattin (S. Maria Maggiore, 5. Jahrhundert). Eines von Julians Problemen in der Sicht seiner Zeitgenossen, das ihn auch für uns interessant macht, war eben die Tatsache, daß er der bei seiner Position erwarteten Würde nicht gerecht wurde.

In der spätrömischen Gesellschaft waren die Abstufungen von Würde gesetzlich geordnet, hoch bewertet und eifersüchtig bewahrt. Ränge und Titel erlebten geradezu eine Inflation: Jeder erstrebte den Rang eines *honoratus* (so hieß ein Mitglied der höheren *ordines,* also der Stände, in welche die römische Gesellschaft seit der frühen Republik eingeteilt gewesen war). Bis zur Mitte des 4. Jahrhunderts verursachten kaiserliche Würdeverleihungen im großen Stil, daß der Ritterstand so sehr anwuchs, daß er allmählich nicht mehr attraktiv war. Von den höchsten Rängen des Ritterstands, dem des *perfectissimus* und des *eminentissimus,* wurde ersterer so häufig vergeben, daß er in drei Unterkategorien eingeteilt werden mußte. Auch der Senatorenstand wuchs infolge eines von Konstantin eingeleiteten Prozesses, den schon Eusebios (Vita Constantini 4, 1) kritisiert hatte, deutlich an. Weit mehr Posten wurden als senatorisch designiert als zuvor, und neue Senatoren wurden in großem Umfang bestellt, insbesondere in Konstantinopel – ja, die Ehrenmitgliedschaft in jenem Stand wurde so weit verteilt, daß es nicht mehr genügte, bloß *vir clarissimus* zu sein, also den traditionellen Rang eines Senators einzunehmen. Zwar erlangte man den Senatorenrang auch weiterhin durch Geburt, doch bis zum Ende des 4. Jahrhunderts war er von einem Amt abhängig: So blieb der höchste Rang, der des *illustris,* Konsuln, Patriziern und den Trägern der höchsten Ämter vorbehalten; unter ihnen standen die *spectabiles,* eine Gruppe, zu der die höheren Provinzstatthalter und bestimmte Hofeunuchen der kaiserlichen Privatgemächer gehörten; hierauf folgten schließlich die *clarissimi,* nämlich alle sonstigen Senatoren. Es war nunmehr unvermeidlich, daß der zuvor übermäßig gewachsene Ritterstand Federn ließ, da viele seiner Mitglieder senatorischen Rang erwarben. Auch hatte Konstantin einen dritten Stand geschaffen, die *comitiva,* dessen Mitglieder den Rang eines *comes* innehatten; dieser war seinerseits wieder in unterschiedliche Grade eingeteilt und wurde durch kaiserliche Gunst oder mittels Ernennung in den *comitatus* (s. Kapitel 3) des Kaisers verliehen; in Verbindung mit dem Ritter- oder Senatorenstand bedeutete er einen noch höheren Rang. Wie der Ritterstand wuchs auch dieser zunächst stark an, wurde dann aber durch die Ausweitung der Senatorenschicht überholt. Das 4. Jahrhundert erlebte also die Transformation der alten »Stände«, die noch immer in enger Verbindung mit Geburt und Reichtum standen, in eine Ämteraristokratie, bei der der Rang von der erreichten Stellung abhing. Der Sohn eines Senators hatte also zwar noch immer Senatorenrang, war aber nur *clarissimus;* erst wenn er ein Amt wahrgenommen hatte, konnte er seine Rangstellung verbessern.

Die Inflation solcher Titel illustriert erneut die Spannung, die zwischen den Erfordernissen des Staates und den zeitgenössischen Erwartungen und Haltungen der Gesellschaft bestand. Die Kaiser verliehen ritterliche und senatorische Ränge, welche die Ausnahme von Verpflichtungen der Dekurionen (s. Kapitel 1) in den städtischen Verwaltungen mit sich brachten, obgleich sie zur selben Zeit versuchten, den fiskalischen Druck auf die Städte zu erhöhen, zu denen eben jene Männer gehörten.

Rang und Titel brachten auch Privilegien wie den Schutz vor Gerichtsurteilen mit sich; insofern unterminierte die genannte Entwicklung auch die Bemühungen der Regierung, Recht und Gesetz zu erzwingen, was seitens der Kaiser zu immer größeren rhetorischen Höhenflügen in der Legislative führte und zu einer fortwährenden Eskalation der angedrohten Strafen selbst für läßliche Vergehen. So gab es ein Gesetz für die Reichen und Mächtigen, ein anderes für die gewöhnlichen Leute; daß also die *potentiores* (hochrangige Männer) sich nicht zu verantworten hatten, führte freilich manchmal doch zu kaiserlicher Gesetzgebung: »Auch *potentiores* müssen vor Gericht erscheinen, wenn ihnen eine Straftat, die formell aufgezeichnet ist, vorgeworfen wird und ihre Anwesenheit verlangt ist« (Codex Theodosianus 9, 1, 17 aus dem Jahr 390).

In kaiserliche Dienste zu treten war also für Männer aus dem Mittelstand, etwa aus den Städten, äußerst attraktiv, da eine solche Position nun einen militärischen Rang und den Anspruch auf *annona* (Versorgung) mit sich brachte, in den meisten Fällen außerdem die noch wichtigere Gelegenheit, am Rande der Legalität beachtliche Beträge (*sportulae*) zur Seite zu schaffen. Die Kaiser gingen daher gesetzlich dagegen vor, daß allzu viele Männer aus den Städten rekrutiert wurden, wo sie ja benötigt wurden, um ihren Aufgaben in der Stadt nachzukommen: »All jene, die den kaiserlichen Dienst (*militia*) angestrebt haben, der ihnen nicht zusteht, sollen aus dem Dienst entlassen werden und in ihren eigenen Stand und ihre Ämter zurückgeschickt werden« (Codex Theodosianus 12, 1, 120 aus dem Jahr 389). Dieser Trend war bereits in Konstantins Zeit deutlich geworden (s. Kapitel 4). Allerdings war die Haltung der Kaiser im allgemeinen pragmatisch: Erfolg wurde belohnt oder zumindest anerkannt, und wenn es einem Dekurio gelungen war, lange genug fern von seiner Stadt zu weilen, wurde die Situation *de facto* akzeptiert.

Die Regierung reagierte auf die Tatsache, daß viele Leute bereit waren, große Beträge zu bezahlen, um für sich eine solche vorteilhafte Position sicherzustellen, in derselben Weise: Spätestens im 5. Jahrhundert war die Bezahlung für ein Amt zur Regel geworden, und 444 schuf Theodosius II. hierfür sogar die gesetzliche Grundlage (Codex Iustinianus 12, 19, 7). Manche Bereiche des kaiserlichen Dienstes galten dabei als erstrebenswerter als andere: So waren die kaiserlichen Kuriere (*agentes in rebus*) in einer Position, die es ihnen ermöglichte, beträchtliche Summen für ihre Dienste einzutreiben – entsprechend begehrt waren diese Posten, und bis zum Ende des 4. Jahrhunderts mußte das Recht der Bestallung auf einen solchen Posten gesetzlich geregelt werden (Codex Theodosianus 6, 27, 8). Die Eunuchen der kaiserlichen Privatgemächer (*sacrum cubiculum;* deshalb *cubicularii* genannt) hatten ebenfalls vielerlei Möglichkeit, sich durch die Annahme von Bestechungsgeldern oder die Nutzung von internen Informationen zu bereichern, ja im frühen 5. Jahrhundert hatte der höchste *cubicularius* bereits auch den höchsten senatorischen Rang inne. Die Hofeunuchen gehörten natürlich zu einer besonderen Kategorie; im allgemeinen war der Zugang zu einem solchen Amt nur durch die Kombination von Beziehungen, Empfehlungen und Geldzahlungen möglich – eine

Praxis, die der erfolgreiche Kandidat dann in anderen Bereichen fortsetzte oder seinerseits verlangte, war er erst einmal ernannt.

Auf den ersten Blick sieht also das spätrömische System mit seinem ganzen Heer von Beamten wie die personifizierte Korruption aus: alles, einschließlich der Herrschaft, war käuflich. Die Rhetorik der Gesetze und die lebendigen Geschichten in den literarischen Quellen – nicht zuletzt bei Ammian – werfen ein trübes Licht auf die Zeit, in der viele moderne Historiker noch immer lediglich das Vorspiel für den Niedergang und Fall des Westreiches sehen. Doch hatte bereits der nordafrikanische Prinz Jugurtha ähnliche Kritik an der römischen Gesellschaft des 2. vorchristlichen Jahrhunderts geübt, und eine genauere Betrachtung läßt manche Zweifel aufkommen, ob die Lage wirklich so schlimm war, wie sie zunächst wirkt.

Es fehlte viel vom Apparat eines modernen Staates: So gab es etwa keine Polizei, die Verbrecher verfolgen oder Recht und Ordnung durchsetzen konnte; auch fehlte trotz der zahllosen Gesetze, die beachtet werden sollten, ein organisiertes System rechtlicher Beratung oder Vertretung. Es gab kein eigentliches Bankwesen, und auch das Gesundheitswesen blieb allein denen überlassen, die gerade zur Verfügung standen, von Ärzten für wenige bis zu Zauberern und Heiligen für viele. Die Bildungspolitik fand zwar etwas mehr staatliche Aufmerksamkeit, doch blieben ihre Segnungen der Elite vorbehalten. Es gab tatsächlich viele Staatsbedienstete im spätrömischen Reich, doch vergleicht man ihren Anteil mit dem der Bürger, die in einer modernen entwickelten Gesellschaft im unmittelbaren Staatsdienst stehen, wirkt ihre Zahl geradezu lächerlich gering. Eine große Mehrheit der Bevölkerung war überhaupt nicht direkt »abhängig beschäftigt«, sondern gehörte entweder zur Schicht der Patrone, insbesondere als wohlhabende Landbesitzer, oder zu der der Abhängigen (Sklaven, Pächter und *coloni*); zur letztgenannten Schicht gehörten auch die städtischen Armen, die von öffentlichen Zuweisungen und religiös motivierter Wohltätigkeit abhängig waren.

Das Römische Reich unterschied sich von anderen vormodernen Gesellschaften durch seine Größe, sonst aber kaum, und die Leute bedienten sich derselben Mechanismen, im wesentlichen Formen von Patronage und Abhängigkeit, um den praktischen Schwierigkeiten des täglichen Lebens zu begegnen. Dies wurde in der Praxis von allen Seiten anerkannt, wenn auch manche Praktiken das etablierte Verhaltensmuster bedrohten und daher eine kaiserliche Verurteilung auf sich zogen. In seiner Rede *De patrociniis* (Rede 47), die wahrscheinlich 391/92 entstand, bittet Libanios den Kaiser Theodosius darum, die kaiserliche Gesetzgebung gegen Heeresoffiziere durchzusetzen, die Schutzgeld oder Naturalabgaben von den *coloni* großer Dörfer erpressen, welche dann ihrerseits den militärischen Schutz, den sie sich erkauft haben, dazu ausnützen, ihre Nachbarn zu terrorisieren und auszubeuten. Aus Libanios' Sicht war der Schutz des Landbesitzers dem Pächter gegenüber zu erwarten, doch brachte das Eingreifen des Heeres den Status quo in unannehmbarer Weise durcheinander.

In Gesellschaften wie dem spätrömischen Reich erscheint der Staat als fern und bedrohlich, und seine Vertreter können nur zu leicht im Namen von Protektion krumme Geschäfte tätigen, um ihr Einkommen zu ergänzen. Man kann die Lage aber auch andersherum betrachten und im spätrömischen Reich einen Wettbewerb unter den Mächtigen um die Patronage für die Armen erkennen. Entweder war dies so, weil die Ressourcen weniger wurden, oder weil der Herrschaftsapparat nicht gut funktionierte, jedenfalls scheint sich die Notwendigkeit von Protektion, Abhängigkeit und Patronage vermehrt zu haben – und mit ihr die »Gelegenheiten« für Patrone.

Man kann mehrere Gründe für diese Entwicklung anführen, wenn man das Problem hinsichtlich der Herrschaftsstruktur betrachtet. So gab es zweifellos eine Zunahme der Zahl von Staatsbediensteten, deshalb auch ein vergrößertes Potential des Mißbrauchs in einem System, in dem es wenig Möglichkeit zur Kontrolle im modernen Sinne gab. Man hat die Zahl der spätrömischen Beamten auf etwa 30 000 bis 35 000 geschätzt (so A. H. M. Jones, gefolgt von Ramsay MacMullen; s. Literaturhinweise) – im Gegensatz zu wenigen Hundert am Ende des 2. Jahrhunderts. Dank der Art von Zeugnissen, die uns insbesondere in den Gesetzessammlungen zur Verfügung stehen, wissen wir viel über die Struktur und die Größe der wichtigsten Abteilungen. Eine davon, die der *largitionales,* war in achtzehn Untergruppen aufgeteilt und in sieben Klassen nach Rang und Gehalt abgestuft. Johannes Lydus, ein Autor des 6. Jahrhunderts, berichtet viel vom Funktionieren der Prätorianerpräfektur, in der er seine Karriere gemacht hatte. In den Gesetzessammlungen wird häufig versucht, die diversen Grade zu reglementieren und bis ins kleinste Detail abzustimmen; die Regeln und Statusabstufungen klingen gar nicht so ungewohnt, wenn man einmal in einem größeren heutigen Amt gearbeitet hat.

Freilich waren solche Amtstätigkeiten auf bestimmte Bereiche konzentriert, während andere, die für die Staatsverwaltung ebenso notwendig gewesen wären, völlig vernachlässigt wurden; so blieb ein Vakuum, das nur durch Patronage gefüllt werden konnte.

Schließlich waren die Möglichkeiten des Staates, die Gesetze durchzusetzen oder allgemein wirksam zu regieren, äußerst beschränkt. Das Reich war riesig, und es fand zwar mehr Reisetätigkeit statt, als man erwarten könnte, doch war diese langsam und unsicher, ja sogar gefährlich – und alle anderen Formen moderner Kommunikation fehlten schlichtweg. Die Kaiser erließen deshalb immer strengere Gesetze und kündigten immer heftigere Strafen an, hatten aber nicht die Gewähr, daß diese auch irgendeine Wirkung zeitigten.

Wenn sogar moderne Staaten große Schwierigkeiten dabei haben, Regierungssysteme zu finden, die wirklich funktionieren, wäre es unsinnig sich vorzustellen, daß spätrömische Kaiser oder die von ihnen Beauftragten in der Lage gewesen sein sollten, ihre Probleme begrifflich zu erfassen – ja, es wäre absurd, anzunehmen, sie hätten die Fähigkeit besessen, einen Wandel in dem Ausmaß durchzusetzen, den eine solche Konzeptualisierung impliziert. Die Regierung des späten Rom versuchte, ein riesiges Reich zu verwalten, und dies unter schwierigen wirtschaftlichen und militärischen Bedingungen und ohne den eigentlich notwendigen Apparat. Die Kaiser spielten eine religiöse, moralische und symbolische Rolle, verwandten viel Aufmerksamkeit auf militärische Sicherheit und versuchten, die Ordnung aufrechtzuerhalten, wofür sie natürlich jeweils Einkünfte benötigten. Mehr ließ sich nicht erwarten – und oft auch nicht erreichen. Angesichts der Usancen der vorvergangenen antiken Welt und im Hinblick auf die zunehmende Komplexität der Probleme, denen sich die spätrömischen Kaiser gegenübersahen, und auf den fortwährenden Mangel an einer Herrschaftsmaschinerie, sind das Anwachsen von Patronage und die vielen Hinweise auf Formen der Korruption, die wir in unseren Quellen finden, unausweichliche Entwicklungen, die freilich auch bei angeblich entwickelten modernen Staaten nicht fehlen.

Man hat gemeint, daß der wirtschaftliche Niedergang zum Anwachsen der Patronage führte, weil die Mächtigen um Ressourcen und Einfluß konkurrierten und die Armen ein größeres Bedürfnis nach Protektion hatten. Allerdings beinhaltet diese These gleich wieder die Frage des »Niedergangs«: Weil spätere Historiker eben wissen, daß der »Niedergang« bald danach eintrat, neigen sie dazu, die negativen Belege hervorzuheben. Doch kann »Niedergang« mehrere unterschiedliche Bedeutungen haben; die schieren Organisationsprobleme, denen sich die spätrömischen Herrscher gegenübersahen, waren gewaltig, und wer Ammian liest, wird sowohl die zeitgenössischen sozialen Extreme als auch das Bewußtsein rapiden Wandels spüren. Zwar mag es einen gewissen wirtschaftlichen Rückgang gegeben haben (s. Kapitel 8), doch kann man sich auf der Grundlage von Ammians Zeugnis nicht wirklich vorstellen, daß es sich insgesamt um eine Gesellschaft in ernsthaftem Niedergang handelte.

Die Frage, ob das spätrömische Reich ein »totalitärer« Staat mit einem rigiden Kastenwesen war, bei dem die Position jedes einzelnen streng kontrolliert wurde, muß ebenfalls im Lichte der oben vorgestellten Argumentation verfolgt werden. Das Zeugnis der Gesetzessammlungen hat eine solche Ansicht gefördert, und tatsächlich wird sie heute noch weithin vertreten: Zahlreiche Gesetze im *Codex Theodosianus* aus der Zeit von Konstantin an beschränken die Bewegungsfreiheit in verschiedener Hinsicht (s. Kapitel 3 und 4). Viele Maßnahmen versuchen, die Söhne von Handwerkern und Gewerbetreibenden zur Weiterführung des väterlichen Berufes zu zwingen; Schiffer und Bäcker etwa durften ihren Beruf nicht wechseln und hatten für die Fortsetzung ihres Gewerbes nach ihrem Tod selbst Sorge zu tragen. Im Laufe der Zeit wurde solchen Männern auch der Ausweg verboten, diesen Bestimmungen dadurch zu entgehen, daß sie in den Dienst des Kaisers, des Heeres oder der Kirche traten. Ein Gesetz der Kaiser Valentinian I., Valens und Gratian aus dem Jahr 369 legt fest, daß »kein Mitglied der Gilde der Lumpensammler sich heimlich in einen städtischen Rat zurückziehen darf«; der Gilde wird die Verantwortung dafür übertragen, solche Fälle zur Kenntnis zu bringen: »Eine Strafe wird für die genannte Gilde festgelegt, sofern sie nicht unmittelbar über einen solchen Rückzug Anzeige erstattet« (Codex Theodosianus 14, 8, 2).

Eine weitere umfangreiche Kategorie von Gesetzgebung suchte die Dekurionen, also die Mitglieder städtischer Räte (s. Kapitel 1), an dem Ort zu halten, an dem sie zu fiskalischen Zwecken registriert waren (*origo*), und daran zu hindern, ein gewinnträchtigeres und weniger belastetes Leben andernorts zu beginnen; offenbar suchten auch diese Männer den Ausweg in derselben Richtung, insbesondere durch Eintritt in den kaiserlichen Dienst. Da es sich aber gerade bei ihnen um die Verantwortlichen für die Organisation und Einsammlung der so wichtigen Steuern handelte, und da sie für deren Höhe sogar mit ihrem eigenen Vermögen hafteten, lag es im Interesse der Regierung, sie am jeweiligen Ort zu belassen; freilich war es durchaus nicht einfach, die Dinge im Gleichgewicht zu halten, wie eine Vielzahl von Gesetzen hierüber beweist. Nicht nur die Kaiser und ihre Minister fanden sich in einer widersprüchlichen Situation: Während etwa Libanios in seinen öffentlichen Reden dafür eintrat, seiner eigenen *curia* (dem städtischen Rat) die Treue zu halten, wandte er viel Zeit dafür auf, Empfehlungsbriefe für einzelne Dekurionen zu schreiben, die – häufig mit Erfolg – versuchten, ihrer Lage zu entkommen. Sicher gelang es einigen, ein besseres Leben andernorts zu führen; ein Weg zu einem solchen sozialen Aufstieg war die Rhetorik und die Literatur, sei es als Lehrer dieser Künste oder gar als freier Redner oder Dichter, worin manche bemerkenswerte Erfolge erzielten. Wir müssen freilich stets die Belege für solche »Ausreißer« den Zeugnissen gegenüberstellen, die uns die Gesetzessammlungen bieten.

Der größte Anteil von Gesetzen, welche die Bewegungsfreiheit einschränken, bezieht sich jedoch auf die Schicht, die als Kolonen (*coloni*, Kleinpächter; s. Kapitel 3) bekannt ist, zu der auch Kleinbauern gehörten, die Land von anderen mieteten. Auf diesen armen Landleuten lag der Großteil der Steuerlast, und auf ihnen beruhte im wesentlichen die gesamte, agrarisch ausgerichtete Wirtschaft. Die Erhebung einer Kopfsteuer (*capitatio*), die von Diokletian eingeführt worden war (s. Kapitel 3), machte theoretisch regelmäßige Steuerschätzungen notwendig, die zuverlässig durchzuführen freilich schwierig war; wenn aber die Arbeitskräfte nicht einmal ortsgebunden waren, wurde sie ganz unpraktikabel. Die Einschränkung der Bewegungsfreiheit ergab sich also aus den Steuerreformen Diokletians. Vor 332 galten der Pächter oder sein Verpächter als für das Steueraufkommen verantwortlich; nach diesem Jahr mußten Verpächter, welche die Kolonen von anderen beherbergten, jene nicht nur zurückgeben, sondern für den Zeitraum, den jene bei ihnen verbracht hatten, auch ihre Kopfsteuer entrichten, ja mehr noch:

Es wird zulässig sein, Kolonen, die an eine Flucht denken, im Zustand von Sklaven mit Ketten zu binden, damit sie Aufgaben, die Freien zukommen, dank einer Verurteilung zum Sklavendasein auszuführen gezwungen werden. (Codex Theodosianus 5, 17, 1)

Dieses Gesetz von 332 belegt also zum einen, daß manche Kolonen es vorzogen, zur Vermeidung der Kopfsteuer zu fliehen, wobei sie darin von Verpächtern auf der Suche nach Arbeitskräften – oder jedenfalls billigeren Arbeitskräften – gedeckt wurden, zum anderen, daß Kolonen auch dann, wenn sie *de iure* noch freie Menschen waren, so behandelt werden konnten, als ob sie Sklaven seien.

Während aber Konstantins Gesetz die Kluft zwischen Arm und Reich illustriert, außerdem die Verachtung der Armen und die tatsächliche Schwäche der spätrömischen Regierung, neigt die moderne Vorstellung des »Ketten-Kolonats« dazu, sowohl die große bestehende Vielfalt von Formen freier und unfreier Arbeit zu verdunkeln als auch das Ausmaß des Wandels zu übertreiben, der im spätrömischen Reich als Folge kaiserlicher Verlautbarungen stattfand.

Der Staat griff auf diese rechtlichen Mechanismen nicht aus ideologischen Gründen zurück, sondern aufgrund des Wunsches nach Reglementierung und des Versuchs, die so grundlegenden Steuereinnahmen zu sichern. Im Jahr 320 erklärte Kaiser Konstantin, daß die Steuerzahler das Gesetz nicht fürchten sollten, stellte allerdings im selben Dekret die Zahlung von Steuern als eine moralische Verpflichtung und als Sache des »menschlichen Gefühls« dar und ordnete an, daß das Eigentum eines Steuerflüchtlings konfisziert und an andere verteilt werden sollte, denen dann auch dessen Steuerlast zugewiesen wurde (Codex Theodosianus 11, 7, 3).

Solche Gesetze belegen den Versuch einer wirtschaftlichen Kontrolle, die nach modernem Standard grob und ganz unangemessen ist (s. Kapitel 8), aber doch darauf zielte, das Gleichgewicht insgesamt zu halten. Die Maßnahmen wurden üblicherweise vom Nachfolger des jeweiligen Kaisers übernommen und wiederholt, selbst wenn die äußeren Bedingungen sich geändert hatten; so wurde, als in Thrakien die *capitatio* abgeschafft wurde, mit aller Kraft daran festgehalten, daß Kolonen trotz alledem weiterhin in Ketten gelegt werden sollten und daß »der Verpächter sich seiner Rechte über sie erfreuen solle mit der Sorgfalt eines Patrons und der Macht eines Herren« (Codex Iustinianus 11, 52, 1 aus dem Jahr 393). Sicherlich gab es erhebliche regionale Unterschiede; die Gesetze der siebziger und achtziger Jahre des 4. Jahrhunderts binden anscheinend Kolonen in Illyricum und Palästina erstmals an die Scholle, im letzteren Fall ausdrücklich zugunsten des Verpächters (Codex Iustinianus 11, 53, 1; vgl. 51, 1).

Die rechtliche Unterscheidung zwischen Kolonen und Sklaven war lange zuvor unscharf geworden, und man mag darüber streiten, inwieweit wir es nunmehr mit einer Frage der Nomenklatur zu tun haben; streng genommen waren Kolonen frei, doch konnte man sie als »Sklaven der Scholle« (*servi terrae*) bezeichnen (Codex Iustinianus 11, 52, 1, 1). Insbesondere im Osten waren andere Rechte – etwa das auf Eigentum – im Falle von *adscripticii* (Kolonen, die mittels eines *adscriptio glebeae* genannten Rechtsverfahrens an die Scholle gebunden waren) so eingeschränkt, als ob jene tatsächlich Sklaven wären. Andererseits waren Kolonen nicht Leibeigene in dem späteren Sinne dieses Begriffs und hatten nicht die Verpflichtung zum Militärdienst. Es war aber unvermeidlich, daß ihre rechtliche Position sich immer weiter an die der zahlreichen Sklaven auf den großen Landgütern (s. Kapitel 8) annäherte; überdies wurde die verworrene Lage durch die häufigen Verbindungen zwischen Kolonen und Sklaven weiter kompliziert – und schließlich konnte man Sklave und Kolone zugleich sein.

Manche modernen Historiker haben gemeint, daß es praktisch zur »Leibeigenschaft« der freien Landbevölkerung kam, die sich aus dem Rückgang des Einsatzes und der Verfügbarkeit von Sklavenarbeitskraft in der Kaiserzeit ergab, doch erscheinen sowohl der Begriff der »Leibeigenschaft« als auch das Ausmaß des angenommenen Rückgangs der Sklaverei im eigentlichen Sinne fraglich. Neuere Untersuchungen haben vielmehr das ganze Problem der Art von landwirtschaftlicher Arbeitskraft im spätrömischen Reich neu aufgerollt.

Auf den ersten Blick bieten die Gesetze, welche die Bewegungsfreiheit einschränken, ein düsteres Bild der Lage bezüglich der Freiheit der Menschen. Doch auch in diesem Fall sollte man sich fragen, ob die Lage in der Praxis wirklich so verschieden von der in der früheren Kaiserzeit war. Es wäre völlig anachronistisch, nach so modernen Vorstellungen wie »Menschenrechten« zu suchen. Ebensowenig gab es etwas, das sich auch nur entfernt einer Demokratie annäherte. Es ist also völlig berechtigt, mit Geoffrey de Ste. Croix (s. Literaturhinweise) in der Geschichte des Römischen Reiches auch eine Geschichte zunehmender Anwendung von Autoritarismus zu sehen.

Andererseits ließen gerade die Verworrenheit und eigentliche Ungeeignetheit des spätrömischen Herrschafts- und Gesetzgebungssystems viele Schlupflöcher, und zahlreiche nichtjuristische Quellen deuten darauf hin, daß die Gesetze in der Praxis nicht viel bewirkten. Das Problem mag daher eher in der Interpretation spätrömischer Gesetzgebung als in deren Praxis liegen. Wie wir (in Kapitel 8) bei Fragen bezüglich Ehe, Mitgift und Erbrecht sehen werden, ist auch hier eines der schwierigsten Probleme für den Historiker abzusehen, wie man bei dieser Masse von oft widersprüchlichem und sicherlich häufig abweichendem juristischen Quellenmaterial dessen praktische Auswirkungen und wirkliche Bedeutung zu bewerten hat.

Die Kaiser des späteren 4. Jahrhunderts führten die Grundmuster, die unter Diokletian und Konstantin entstanden waren, fort oder entwickelten sie weiter. Am Ende jenes Jahrhunderts unterschied sich der römische Staat von seinem Vorgänger eher hinsichtlich seiner natürlichen Fortentwicklung oder geänderter äußerer Faktoren, nicht so sehr aber wegen irgendeines größeren Richtungswechsels. Zu den deutlichsten Wandlungen, die ein Beobachter wohl bemerkt hätte, gehören zwei, die wir bereits erörtert haben: das Anwachsen der Kirche als Institution und die gestiegene Bedeutung von Bischöfen sowohl für ihre eigenen Gemeinden als auch für die Zentrale. Weitere Veränderungen betreffen die Entwicklung Roms im 4. Jahrhundert und den Aufstieg von Konstantinopel zu einer Hauptstadt, insbesondere aber die immer folgenreicheren Barbareneinfälle; die Schwierigkeiten, dagegen vorzugehen, wurden von vielen als Schwäche der römischen Verteidigungskraft oder des römischen Heeres insgesamt wahrgenommen. Wir werden hierauf in späteren Kapiteln zurückkommen, im nächsten jedoch einige der Deutungen, die hier angesprochen worden sind, behandeln, indem wir fragen, wie man die spätrömische Wirtschaft insgesamt beurteilen sollte, und indem wir uns auf spezielle Aspekte von Wirtschaft und Gesellschaft im 4. Jahrhundert konzentrieren.

8. Spätrömische Wirtschaft und Gesellschaft

Die Inflation nahm während der Herrschaft Konstantins weiterhin atemberaubend zu, ohne auf Diokletians Versuche einer Preiskontrolle und Münzreform zu reagieren. Die ökonomische Grundlage wurde noch immer von der Landwirtschaft gebildet; zwar führte Konstantin neue Steuern für Senatoren und Händler ein, doch ließ sich ein genereller Umschwung schwerlich herbeiführen. Weder allgemeine Überlegungen noch die erhaltenen Indikatoren legen nahe, daß es gelungen war, die tatsächliche Schrumpfung der wirtschaftlichen Basis, die während der Mitte des 3. Jahrhunderts stattgefunden hatte, in signifikanter Weise umzukehren. Selbst wenn man bezüglich der sehr großen Zahlen skeptisch ist, die für die Größe des spätrömischen Heeres in den literarischen Quellen genannt werden (s. Kapitel 3 und 9), bedeutete auch die Finanzierung eines Heeres von einem realistischer geschätzten Umfang erhebliche finanzielle Aufwendungen für den Staat. Überdies ist es unwahrscheinlich, daß sich der Grad von Besteuerung wirklich in bedeutendem Maße hätte steigern lassen können, weil die meisten Steuerzahler schlichtweg keine wirksame Möglichkeit hatten, ihre Überschüsse zu erhöhen. Auch die Beschlagnahme von Tempelschätzen durch Konstantin (s. Kapitel 4) kann nicht wirklich eine wirtschaftliche Erholung in größerem Umfang bewirkt haben, selbst wenn das Gegenteil häufig behauptet wird. Schließlich trifft zwar zu, daß Diokletian als Teil seiner Finanzpolitik »Staatsbetriebe« (*fabricae*) einführte, die in der *Notitia Dignitatum* erwähnt werden und von denen der Betrieb in Carnuntum sich auf Schilde, der in Ticinum auf Bögen spezialisierte, doch läßt sich erkennen, daß diese Betriebe nur zur Deckung des aktuellen militärischen Bedarfs errichtet wurden, nicht aus weitergefaßten wirtschaftlichen Überlegungen. Wenn es also in der ersten Hälfte des 4. Jahrhunderts zu einer Verbesserung der wirtschaftlichen Lage kam, muß dies vor allem verbesserten Methoden der Steuereintreibung zugewiesen werden, ferner der Rückkehr zu einer relativen politischen Stabilität.

In manchen Gebieten ist es allerdings möglich, eine Reduzierung der Betriebsgrößen zu erkennen. So wurde der Bergbau nicht mehr in zentral geleiteten Großunternehmen durchgeführt, sondern war nun auf kleinere Betriebe verteilt. Gold-, Silber- und Zinnabbau wurde, wie archäologische Zeugnisse nahelegen, etwa in Spanien während des 4. Jahrhunderts fortgesetzt; der *Codex Theodosianus* erwähnt ferner Goldbergbau auf dem Balkan, in Pontos und Kleinasien, und wiederum archäologische Belege bieten Anzeichen dafür, daß dieser auch andernorts fortgesetzt wurde. Freilich mag dies im Vergleich zur früheren Zeit in geringerem Umfang geschehen sein. Ein weiteres Beispiel für den Rückgang läßt sich in der Größe der spätrömischen Legionslager sehen, wie sie sich archäologischen Belegen (s. Kapitel 3) und aus der Tatsache entnehmen läßt, daß Soldaten im spätrömischen Reich typischerweise verteilt und in Kasernen in oder im Umkreis von Städten wohnten, sich also nicht mehr in großer Konzentration in den Grenzgebieten befanden. In beiden Fällen kam jedoch eine Vielzahl von Faktoren zum Tragen, darunter die Fragmentierung politischer Kontrolle in so abgelegenen Gegenden wie Nordwestspanien und die Tatsache, daß wegen der Organisation der *annona*, der Heeresversorgung, die nun im wesentlichen in Naturalien eingesammelt und verteilt wurde, die Entfernung zwischen Hersteller und Verbraucher so kurz wie nur möglich sein mußte; schließlich machte es die Notwendigkeit, Soldaten für die innere Sicherheit abzustellen, zu einem Akt der Vernunft, sie in kleinere Einheiten aufzuteilen. Und im Falle des Bergbaus war der Staat zwar sicherlich daran interessiert, einen Nachschub an Edelmetall sicherzustellen, doch läuft der Wandlungsprozeß tatsächlich der Zunahme staatlicher Kontrolle entgegen, den viele Historiker bisher für jene Zeit betont haben: Im spätrömischen Reich bestanden staatliche Bergbaubetriebe neben solchen in Privatbesitz, und es wurde Privatleuten in zunehmendem Maße erlaubt, Schürfrechte zu pachten.

Es ist zwar offenkundig schwierig, nachzuweisen, daß es im 3. Jahrhundert zu einem Rückgang der Bevölkerung gekommen war, doch scheint dies im allgemeinen für die westlichen Provinzen durchaus plausibel. Im Gegensatz dazu gibt es Belege, die darauf hinweisen, daß es im Osten seit dem Ende des 4. Jahrhunderts und insbesondere im 5. einen beträchtlichen Bevölkerungszuwachs gab. Allerdings waren die politischen Verhältnisse im Westen spätestens im 5. Jahrhundert sehr verschieden von denen im Osten und führten dort nicht zu einem vergleichbaren Anstieg.

Spätrömische Quellen klagen häufig über die Verarmung der Dekurionen (s. Kapitel 1) und über raffgierige Steuereintreiber. Im Hinblick auf politische Vorteile oder traditionelle Erwartungen ließen sich Kaiser immer noch darauf ein, Steuerrückstände en bloc zu erlassen, wie dies Konstantin in Gallien tat (Panegyrici Latini 5 [8], 5ff.); was immer die tatsächlichen Gründe hierfür gewesen sein mögen, das System als solches war noch nicht unter Kontrolle gebracht. Allerdings gibt es nicht nur negative Indikatoren. Die ersten Schritte zu einer Rückkehr der Eintreibung und Abführung der wichtigsten Steuern, nämlich der *capitatio* (Kopfsteuer) und der *iugatio* (Grundsteuer; s. Kapitel 7) in Gold, also nicht mehr in Naturalien, lassen sich im späten 4. Jahrhundert erkennen, wenngleich es noch mehrere Generationen dauerte, bis dieser Prozeß abgeschlossen war. Viele Landbesitzer, insbesondere aus der Senatorenschicht im Westen, häuften riesige Mengen an mobilen und immobilen Reichtümern an. Ammian schildert folgendes:

Manche erzählen, ohne daß man sie fragt, mit erheucheltem Ernst Wunderdinge über ihre Besitzungen und vervielfachen in Worten die jährlichen Einkünfte ihrer – wie sie meinen – gut bestellten Felder, die sie vom fernsten Osten bis zum fernsten Westen zu besitzen prahlen. (Ammian 14, 6)

Auch die Kirche wurde aus einer Vielzahl von Quellen wohlhabend, zu denen mittlerweile auch Erbschaften gehörten: Viele Christen vermachten der Kirche große Beträge, und nicht wenig Geld wurde für Kirchenbauten und wohltätige Zwecke ausgegeben, während die zunehmende Beliebtheit von Pilgerreisen ins Heilige Land dort den örtlichen Handel und Ansiedlungen anregte (s. Kapitel 11). Einige Sektoren der Gesellschaft waren also äußerst reich, und die vielen bissigen Bemerkungen Ammians über die Neigung mancher Zeitgenossen zur Angeberei und Extravaganz sind nicht völlig auf die senatorische Schicht beschränkt. Diese und andere Entwicklungen, die der These von Niedergang und Verarmung zuwiderlaufen, erfordern eine weitergehende Erklärung.

Der Wertverlust der Silberwährung im 3. Jahrhundert und die verschiedenen fiskalischen Maßnahmen Diokletians und Konstantins sollten die Wirkung haben, daß im 4. Jahrhundert das Reich im wesentlichen eine Goldwährung einerseits (*Solidus*) und eine Kupferwährung andererseits hatte. Auch Silber wurde noch geprägt, doch allmählich vom *Solidus* als Hauptwährungseinheit verdrängt. Anders als die Silber-Denare der früheren Zeit verlor der *Solidus* nie an Wert und blieb bis weit in die byzantinische Zeit in Gebrauch. Allerdings war man dabei auf die Verfügbarkeit regelmäßigen Goldnachschubs angewiesen, der in den ersten Stadien durch eine Kombination spezieller Umstände und neuer Maßnahmen gesichert war, darunter Konstantins Übernahme der Schätze seiner unterlegenen Rivalen, die Konfiszierung von Gold- und Silberschätzen aus den heidnischen Tempeln und die Erhebung neuer

Steuern, die nur in Gold zahlbar waren und daher die Reichen zwangen, Gold aufzutun und zu kaufen.

Allerdings war das Währungssystem alles andere als stabil: Ein Papyrus aus dem Jahr 300 nennt etwa einen Preis von 60000 Denaren für ein Pfund Gold, bald danach stieg der Preis auf 100000 und hatte bis zum Ende von Konstantins Herrschaft 275000 erreicht. Freilich war diese auf den ersten Blick unmögliche Situation in der Praxis ganz künstlich und repräsentiert nicht die tatsächliche wirtschaftliche Lage. Das Problem bestand vielmehr darin, daß viel zu viele Münzen aus unedlem Metall, etwa *Nummi* oder *Folles*, in Umlauf waren, während der Denar nunmehr lediglich eine Rechnungseinheit darstellte; im übrigen war für diese Entwicklung vorwiegend die Regierung verantwortlich, da sie regelmäßig Kupfermünzen prägte, ohne daß das Geld hierfür wieder durch Steuereinnahmen hereinkam. Auch durch den Ankauf von Gold gegen Kupfermünzen bei den Geldwechslern seitens der Regierung kam noch mehr Geld in Umlauf.

Wir können uns ein System kaum vorstellen, bei dem Münzen verschiedenen Wertes nicht entsprechend diesem gegeneinander ausgetauscht werden können, doch gerade das traf im spätrömischen Reich zu, weil dessen Regierung an Münzwährung noch vorwiegend als Selbstzweck interessiert war: zur Eintreibung von Staatseinnahmen, für allerlei Zahlungen, für die Anlage von Reserven und fürs Prestige. Die Münzen aus Gold und die aus unedlem Metall war also nicht Teil ein- und desselben einheitlichen Systems, worin die Regierung auch kein weiteres Problem sah, solange nicht alles aus dem Ruder lief. Ohnehin wären ihre Möglichkeiten begrenzt gewesen. Valentinian I. griff zur Standardlösung, indem er Gesetze hierüber erließ (Codex Iustinianus 11, 11, 1 aus dem Jahr 371) – allerdings war dies natürlich nicht gleichbedeutend mit der Einrichtung einer wirksamen Kontrolle.

Die *annona* (Heeresversorgung) wurde noch immer teilweise in Naturalien geleistet, während die neuen Goldmünzen, von denen 72 aus einem Pfund hergestellt wurden, für Donative (s. Kapitel 3) verwendet wurden. In der Forschung ist häufig bezweifelt worden, daß man damals überhaupt viel Verständnis für Währungssysteme hatte: Der anonyme Autor der Schrift *De rebus bellicis* (2, 1ff.) beklagt sich in den späten sechziger Jahren des 4. Jahrhunderts über den Gebrauch von Gold, als zeuge dies allein schon von extravagantem Verhalten.

Eine weitere Folge der Diskrepanz zwischen Gold- und Kupfergeld war die große Rolle, welche den Geldwechslern bei jeder Art von Geschäft zukam, vom gewöhnlichen Kauf bis zur Steuerleistung in Münzen. Ja, Geldwechsler (altgriechisch *trapezitai*, daraus leitet sich der neugriechische Begriff für Bankier her; lateinisch *collectarii*) und Silberschmiede (griechisch *argyropratai;* lateinisch *argentarii*) übernahmen mehr und mehr die Grundfunktionen von Banken. Am anderen Ende der Skala war das Gold, das in ungemünzter Form regelmäßig den Kaiser auf seinen Reisen und sogar auf Feldzügen im Troß begleitete. Es war daher ein Glücksfall, daß der Kaiser Valens seinen Schatz in Adrianopel gelassen hatte, als er 378 von den Westgoten besiegt und getötet wurde und der Großteil des sonstigen Trosses in deren Hände fiel (Ammian 31, 12).

Eine äußerst bedeutsame Entwicklung, die am Ende jener Periode beginnt, bildete die wiederholte Zahlung großer Beträge in Form von Gold als jährliche Zuwendungen oder Einmalzahlungen an Barbarenstämme mit dem einfachen Ziel, sie ruhig zu stellen; diese offenbar katastrophale Politik wurde über eine lange Zeit fortgesetzt und war schließlich einer der Eckpfeiler der frühbyzantinischen Diplomatie.

So erscheint für einen modernen Betrachter das ganze Währungssystem des spätrömischen Reiches geradezu als unglaublich unbefriedigend; überdies sind wir außergewöhnlich schlecht darüber informiert, wie es in der Praxis funktionierte. Der Staat jener Zeit tat jedoch sein Bestes, die Dinge unter gewisser Kontrolle zu halten, etwa durch Maßnahmen gegen Geldfälscher und damit einhergehende Überwachung von Maßen und Gewichten. Was übrigens die Landbevölkerung betrifft, kam sie weitgehend ohne den Gebrauch von Münzgeld aus, wie dies ein Gesetz aus dem Jahr 366 für Afrika zeigt (Codex Iustinianus 11, 48, 5). Alles in allem müssen die aus moderner Sicht deutlichen Nachteile des Systems sicher eine negative Wirkung auf die wirtschaftliche Aktivität zumindest in manchen Gegenden gehabt haben, doch führten sie nicht zu einem Zusammenbruch der Wirtschaft.

Ein auffälliges Merkmal des 4. Jahrhunderts ist die Tendenz der Landbesitzer, mobilen und immobilen Reichtum in enormem Umfang anzuhäufen. Dies zeigt sich insbesondere bezüglich der senatorischen Vermögen im 4. und frühen 5. Jahrhundert, über die wir gut informiert sind. Besonders eindrucksvoll ist der Reichtum von Melania der Jüngeren und ihrem Ehemann Pinianus (s. Kapitel 5), deren Güter in den ganzen westlichen Provinzen, von Italien bis nach Britannien, Gallien und Nordafrika, verteilt waren. Als ihr palastartiges Haus auf dem Mons Caelius in Rom zum Verkauf stand, war niemand in der Stadt in der Lage, es zu erwerben; sie konnten 45 000 Goldstücke auf einmal an die Armen verteilen, ein andermal 100 000 Münzen, und vermochten auch, Geldbeträge nach Mesopotamien, Syrien, Palästina und Ägypten zu vergeben. Und dennoch mag all ihr Reichtum sie nicht in die Kategorie der Allerreichsten gesetzt haben, obgleich ihr Besitz in Thagaste in Nordafrika Silber- und Bronzewerkstätten umfaßte, größer als die Stadt selbst war und zwei Bistümer einschloß. Olympiodoros, ein Historiker aus dem 5. Jahrhundert, gibt an, daß die reichsten Senatoren ein Jahreseinkommen von 4000 Pfund Gold hatten, andere immerhin noch 1000 bis 1500 Pfund (frg. 44). Ein weiterer wohlhabender Senator mit Landbesitz in der ganzen römischen Welt war Petronius Probus, der Konsul des Jahres 371 (Ammian 27, 11); auch Symmachus, in keiner Weise einer der Reichsten, besaß 19 Häuser und Landgüter, die auf Italien, Sizilien und Nordafrika verteilt waren, und gab für die Spiele, die sein Sohn als Prätor ausrichtete, allein 2000 Pfund Gold aus.

Zwar waren bei weitem nicht alle Senatoren so reich, doch hatte das Phänomen so großer Besitztümer sowohl wirtschaftliche als auch politische Folgen. Es offenbarte im Westen eine gefährliche Konzentration von Reichtum in Privathand, insbesondere im 5. Jahrhundert, wohingegen die Regierung selbst immer schwächer wurde. Im Osten hingegen waren die senatorischen Besitztümer kleiner, was teilweise daran lag, daß der Senat von Konstantinopel eine recht junge Einrichtung war und daß in ihm Männer von einfacherer Herkunft überwogen (vgl. Libanios, Rede 42).

Wann und wie waren jene besonders reichen Männer zu ihren großen Besitztümern gekommen? Eine Antwort hierauf muß man in den Bedingungen der Westprovinzen im späteren 3. Jahrhundert und der Folgezeit suchen. Die Familien der spätrömischen Senatsaristokratie waren nicht alle so alt, wie sie vorgaben, und viel Land war entweder schlicht verlassen oder durch Kriege zerstört worden, so daß es einfach und billig war, solches Land zu erwerben. Eine andere Frage betrifft die Auswirkung solcher Konglomerate auf Siedlungen in ihrer Umgebung, den Einsatz örtlicher Arbeitskraft und die Wirkung auf die örtliche Wirtschaft. Schließlich hat die Antwort auf die Frage, wie diese Güter geführt wurden, Einfluß auf unser Verständnis des spätrömischen Handels und Wandels im allgemeinen und auf das der Sklaverei gegenüber freier Arbeit im spätrömischen Reich.

Die Sklaverei als Institution (wir sprechen hier vorwiegend vom Einsatz von Sklaven in der landwirtschaftlichen Produktion) hat einen wichtigen Platz in allen Erörterungen der spätrömischen Wirtschaft eingenommen; insbesondere war die Bedeutung der Sklaverei im Wirtschaftssystem der antiken Welt ein wichtiges Thema marxistischer Geschichtsschreibung, die stets eine Verbindung zwischen der Existenz der antiken Sklaverei und der Tatsache gesehen hat, daß die klassische Antike schließlich ein Ende fand. Neuere Untersuchungen haben die Fragestellung weitergeführt: So ist der Begriff einer typischen »Sklavenproduktionsweise« heftiger Kritik ausgesetzt worden; man hat darauf hingewiesen, daß der Einsatz von Sklaven auf großen Landgütern außerhalb Italiens nie die Regel war, und selbst dort nur für eine recht kurze Zeitspanne und in beschränkter Weise praktiziert wurde. Zugleich ist nunmehr klar, daß im Gegensatz zu früheren Auffassungen in der Spätantike Sklaven nicht durch freie Arbeitskräfte ersetzt wurden, sondern in großer Zahl weiter existierten.

Da es aber auch zu den häufigen Annahmen der Historiker gehört (und zwar trotz Vergleichszeugnissen aus anderen historischen Epochen), daß Güter, die von Sklaven bewirtschaftet wurden, zwangsläufig produktiver waren als von Freien bearbeitete, ist es notwendig, nicht nur danach zu fragen, ob überhaupt Sklaven auf den großen Landgütern eingesetzt wurden, sondern auch, wie sie verwendet wurden und in welcher Weise sich ihre Lage von der freier Menschen unterschied.

Die landwirtschaftliche Sklaverei im spätrömischen Reich scheint nicht in der Weise organisiert gewesen zu sein, die man später aus den amerikanischen Südstaaten kennt. Dennoch hatte etwa Melania die Jüngere viele Sklaven auf ihren Gütern; sie gab 8000 von ihnen die Freiheit, was freilich eher als Bestandteil ihrer (oben genannten) Liquidierung von Eigentum als auf Grund christlicher Überzeugungen geschah – ja, viele Unfreie wurden zusammen mit dem Land veräußert. Melania teilte sowohl die Probleme aller Grundbesitzer als auch die Überzeugungen der Asketen; sie machte sich Sorgen darüber, daß für den Fall, daß auf manchen Gütern die Sklaven sich erhöben, diese Unruhe weitere Verbreitung fände; im übrigen muß auch die Freilassung von 8000 Sklaven als solche zu örtlichen Problemen geführt haben.

Sklaven konnten selbst Pächter sein, doch ist es kaum möglich, festzustellen, wie häufig sie diese Rolle innehatten; es muß sowohl zwischen den einzelnen Landgütern als auch zwischen den Regionen große Unterschiede gegeben haben. Die landwirtschaftliche Sklaverei war eigentlich zu keiner Zeit ein allgemeines Phänomen im Reich; zwar ist sie im spätrömischen Italien, Spanien und Kleinasien sowie auf den Inseln belegt, erscheint aber etwa nicht in den Papyri aus Ägypten.

Äußerst selten haben wir direkte Zeugnisse für einzelne Landgüter, erst recht keine allgemeinen Aussagen oder gar Zahlenangaben für größere Gebiete; jedenfalls wird von Palladius, dem Autor eines Handbuchs der Landwirtschaft aus dem 4. Jahrhundert, der Einsatz von Sklaven gar nicht erwähnt. Allerdings beschreibt Palladius einen typischen vielfältigen und diversifizierten Betrieb mit einer Villa, Nutzgärten, Vieh und Ackerbau und gibt einer zentralen Organisation der Arbeit der schlichten Verteilung des Landes auf von Pächtern bewirtschaftete Kleingüter den Vorzug; ein ähnliches Bild bieten die Mosaiken (s. Abbildung 8), die das fleißige Treiben in den Villen (landwirtschaftlichen Betrieben) zeigen, etwa in der eines gewissen Julius aus Karthago (jetzt im Bardo-Museum in Tunis); allerdings läßt sich solchen Zeugnissen nicht entnehmen, ob Sklaven eingesetzt waren. Eine der zahlreichen Villen dieser Art im Westen fand sich in Müngersdorf bei Köln, während es in Britannien, wo es im 4. Jahrhundert zu beträchtlichen Aufwendungen für Villen kam, ebenso wie in der Gegend von Trier lokale Unterschiede in der Bewirtschaftung gab, je nach den Beziehungen zur nächstgelegenen Stadt. Spätestens am Ende des 4. Jahrhunderts gibt es dann in Gallien wie auch in Britannien Zeugnisse für einen gewissen Grad von Zerstörung und Niedergang, der in Zusammenhang mit den Barbareneinfällen stehen muß, auch wenn dies nicht in jedem einzelnen Fall gesichert ist.

Inwieweit die antiken Agrarschriftsteller wie Palladius überhaupt zuverlässigen Zugang zu den tatsächlichen wirtschaftlichen Aktivitäten ihrer Zeit geben können, bleibt freilich problematisch. Symmachus schreibt so, als seien Sklaven die Norm, und Augustinus schildert die Praxis von Menschenhändlern, die arglose Dörfler entführten, um sie als Sklaven zu verkaufen. Oft verkauften auch arme Eltern Kinder, die sie nicht ernähren konnten. Doch war neben der Verwendung von Sklaven seit Jahrhunderten Lohnarbeit üblich, insbesondere in Spitzenzeiten wie der Ernteperiode, und selbst in Italien scheint man in der Hauptzeit der sogenannten Sklavenproduktion auf den großen Landgütern (*latifundia*) durchaus vielfältige Landwirtschaft betrieben, sich also nicht auf marktgängige Feldfrüchte allein spezialisiert zu haben.

Viele Fragen zur Sklaverei im spätrömischen Reich bleiben im dunkeln, und so sollte man die Bedeutung dieser Institution weder überschätzen noch zu niedrig veranschlagen. Wir müssen uns vor Augen halten, daß es zu bestimmten Zeiten, nämlich nach Erober-

Abb. 8. Mosaik aus einer Villa in Tabarka, Nordafrika, mit Darstellung der Gebäude; andere Mosaiken stellen verschiedene landwirtschaftliche Tätigkeiten dar.

ungen, Sklaven in Hülle und Fülle gab – obgleich kriegsgefangene Barbaren auch als Kolonen (Kleinpächter; s. Kapitel 3) behandelt werden konnten –, und daß die Sklaverei ihrem altrömischen Vorbild folgend als wohletablierte Institution bis in das westliche Mittelalter fortbestand. Doch wie wir (in Kapitel 7) gesehen haben, näherte sich der Status von in der Landwirtschaft eingesetzten Sklaven dem der ebenso beschäftigten freien Kolonen immer weiter an. Die Verwaltung der Güter im spätrömischen Reich variierte zweifellos sehr. Einerseits sollten wir uns nicht in düsterer Weise ganze Gruppen angeketteter Sklaven vorstellen, andererseits auch nicht den Eindruck verwerfen, daß eine zentrale Verwaltung von Gütern (»Domänen«) fortbestand.

Auf jeden Fall ist es riskant, aus dem Bestehen oder Fehlen von Sklaverei auf das Niveau der Produktion zu schließen. Ein anderes Merkmal, das sich aus der Existenz großer Güter ergab, hatte eine viel direktere Auswirkung auf die allgemeine Wirtschaftslage: Viele Geschäfte fanden nämlich zwischen verschiedenen Gütern ein und desselben Eigentümers statt oder beruhten auf Vereinbarungen zwischen ihm und seinen Verwandten und Freunden, gingen also am offenen Markt völlig vorbei. Die Vornehmen brauchten Geld und rechneten ihr Einkommen in Gold aus; ein Großteil ihrer Produktion war jedoch nötig, um die Güter und ihre Arbeitskräfte zu unterhalten, während ein anderer Teil in Übereinstimmung mit den Erwartungen, die an ihren Stand gestellt wurden, als Geschenke vergeben wurde. Reiche Landbesitzer mußten nicht einmal für Transportmittel extra bezahlen – sie besaßen selbst Schiffe, und ebenso konnten sie auf alle möglichen Handwerker auf ihren eigenen Gütern zurückgreifen, wenn sie etwas benötigten. Die Zeugnisse für einen wirtschaftlichen Austausch im eigentlichen Sinne sind, soweit sie diese Schicht betreffen, wenig aussagekräftig: Viele Vereinbarungen wurden durch *negotiatores* getroffen, wovon wir in den Quellen manches erfahren, doch mögen diese *negotiatores* nichts anderes als Mittelsmänner, nicht aber eigentliche Händler gewesen sein.

Insgesamt bedeutete die Zunahme an Zahl und Größe, die die Ländereien der großen Landbesitzer erlebten, daß der Raum für allgemein zugängliche Märkte entsprechend kleiner wurde. Und die Kirche, die ja ebenfalls Grundvermögen erwarb, übernahm natürlich dasselbe System und dieselben Gepflogenheiten: Nicht zuletzt stammten ja die meisten Bischöfe selbst genau aus dieser Schicht reicher Landbesitzer. So sehen wir, wie die Kirche von Alexandria Handelsunternehmen betrieb, wie wir auch von anderen Landbesitzern hören, die vom Verkauf ihrer Produkte profitierten. Schließlich wurde das Muster eines nicht über den Markt laufenden Austausches auch ins staatliche System von Einnahmen und Ausgaben in Form von Naturalien eingebaut. Der Staat hatte sogar, wie oben (in diesem Kapitel) erwähnt, die Initiative ergriffen, eigene Betriebe einzurichten, die so wichtige Produkte wie Waffen herstellten. Auch wenn es sich hierbei nicht um Fabriken in irgendeinem modernen Sinne handelt, sondern vielmehr um Ansammlungen von Handwerkern, so umgingen auch sie jedenfalls den ohnehin sehr beschränkten Prozeß des Austausches auf dem freien Markt.

Patronage, Abhängigkeit, Zwangsarbeit – all dies sind Charakteristika des spätrömischen Wirtschaftssystems und Faktoren, die gegen ein tatsächliches Wachstum der Wirtschaft sprechen. Ein weiteres Merkmal des spätrömischen Warentauschs, das in dieselbe Richtung weist, muß noch angeführt werden, nämlich die kostenlose Getreideversorgung für die Bevölkerung von Rom und nach diesem Vorbild auch für die von Konstantinopel. Es handelte sich um einen seit langem üblichen Brauch, demzufolge ein Großteil der

Getreideproduktion von Nordafrika und Ägypten zu diesem Zweck als Teil der Grundsteuer requiriert wurde. In Rom ging die Verteilung von Getreide bereits in die spätrepublikanische Zeit zurück. Im 4. nachchristlichen Jahrhundert wurde die Ration aufgrund von Berechtigungsnachweisen vergeben, die man mittlerweile vererben oder verkaufen konnte. Nach diesem Vorbild dehnte Konstantin die Getreideverteilung auch auf Konstantinopel aus, wo es 80000 Empfänger gab, und wo im späteren 4. Jahrhundert diese Berechtigungen (*annonae populares*) ebenfalls vererbt und verkauft werden konnten: Es ist also in keiner Weise klar, ob all jene, denen die Ration eigentlich zustand, sie auch tatsächlich erhielten. Allerdings war jeder, der ein Haus in Konstantinopel baute, allein dadurch zum Empfang einer solchen Ration berechtigt. In Rom wurden nicht nur Getreide oder Brot, sondern auch Olivenöl und Schweinefleisch in die kostenlose Verteilung einbezogen, wobei letztere Lebensmittel aus anderen Städten in Italien eingezogen wurden. Ein ähnliches System war im 3. Jahrhundert in Alexandria üblich und mag später von der Kirche übernommen worden sein.

Es überrascht nicht, daß es bei der hierfür notwendigen Organisation eine Menge praktischer Schwierigkeiten gab, über die wir viel aus dem *Codex Theodosianus* erfahren; spätestens in der Mitte des 5. Jahrhunderts erhielten die *suarii* (Schweinemetzger) in Rom aus den zur Abgabe verpflichteten Städten nicht mehr Tiere unterschiedlicher Größe und Qualität, sondern schlicht Geld, das sie für die Auswahl und den Kauf ihrer Ware verwenden konnten. Auch Wein wurde gestellt, allerdings nicht gratis, sondern nur zu einem deutlich reduzierten Preis; hierfür erhob die Regierung ebenfalls Naturalabgaben in den der Stadt nahegelegenen Teilen Italiens. Die Ursprünge dieser Verteilung waren politischer Natur: Sie sollten sicherstellen, daß die Bevölkerung der Hauptstadt den Urheber der Verteilung unterstützte. Doch hatten die Lebensmittelverteilungen mehrere Jahrhunderte trotz aller praktischen Schwierigkeiten und trotz der Mißbrauchsmöglichkeiten, die sie eröffneten, Bestand, und so war es nur logisch, daß sie auch auf Konstantinopel ausgedehnt wurden. Zugleich waren sie Ausdruck dafür, daß auch der Kaiser zur Wohltätigkeit neigte, die ja bei den bürgerlichen Notabeln in der früheren Kaiserzeit so tief verwurzelt gewesen war (s. Kapitel 1). Doch hatten sie auch offenbare Auswirkungen auf die Wirtschaft, indem sie das Anwachsen einer abhängigen städtischen Unterschicht förderte, eine sonst vielleicht mögliche Entwicklung zur Lohnarbeit in den Hauptstädten verhinderte und schließlich die Getreideproduktion in Nordafrika und Ägypten monopolisierte. In der Praxis war die Getreideverteilung in Rom im 4. Jahrhundert, als Rom nicht länger Hauptstadt oder Sitz der kaiserlichen Macht war, eigentlich ein Anachronismus; doch die Antriebslosigkeit der spätrömischen Regierung und die Macht der Tradition ließen die Idee ihrer Abschaffung gar nicht erst in Betracht kommen.

Viele Faktoren also wirkten dahingehend zusammen, das Niveau des Warentauschs im großen Stil zu verringern; hinzu kommen allgemeine Überlegungen bezüglich der agrarischen Gesellschaft des Römischen Reiches und der Eigenart antiker Städte. In jüngerer Zeit hat der Handel bei den mit der Antike befaßten Wirtschaftshistorikern mehr Aufmerksamkeit gefunden (dies zeigt etwa die Neubearbeitung von Moses Finley, *Die antike Wirtschaft* von 1993, in der der Handel deutlich mehr Raum einnimmt als in der so einflußreichen Erstauflage von 1977). Am Ende der hier behandelten Epoche scheint das Zeugnis der spätrömischen Keramik, die von archäologischer Seite erst relativ spät erforscht wurde, nahezulegen, daß der Warentausch über große Entfernungen, etwa zwischen dem vandalischen Afrika, Italien und Konstantinopel im 5. Jahrhundert in weit größerem Umfang stattfand, als man sich dies zuvor auf der Grundlage literarischer Quellen vorgestellt hatte. Dies ist eine äußerst wichtige Feststellung, wenn man die so umstrittene Frage nach den Gründen für den Niedergang des Westens und den Übergang zur mittelalterlichen Welt untersucht, wenngleich durchaus nicht völlig klar ist, wieviel von dem Warentausch durch Handel im eigentlichen Sinne getätigt wurde; auch hat sich die Forschungsdiskussion bisher in der Hauptsache auf die Zeit nach den umfangreichen barbarischen Besiedlungen von Gallien und der vandalischen Eroberung Nordafrikas 430 konzentriert. Doch ist bereits jetzt deutlich, daß die Städte in Nordafrika im 4. Jahrhundert in überraschender Blüte standen, und daß im späteren 4. Jahrhundert Palästina und Syrien einen deutlichen Anstieg der Bevölkerungszahl und zunehmenden Wohlstand erlebten. Hier wie sonst waren die Bedingungen vor Ort von größter Bedeutung: Das Kalksteinmassiv in Nordsyrien war besonders für den Olivenanbau in großem Stil geeignet und wurde hierfür auch genutzt, wenngleich offenbar nicht so ausschließlich, wie man früher gemeint hat; und in der Negeb-Wüste in Südpalästina trugen Bewässerungssysteme, die seit nabatäischer Zeit bestanden, vielfältige Landwirtschaft sowie funktionierende Klöster mit Nutzgärten, deren Produkte auf dem Markt verkauft werden konnten, dazu bei, eine größere Bevölkerungszahl zu unterstützen als jemals wieder –

bis auf den heutigen Tag. Von Antiochia, einer der wenigen Städte, über die wir aus den Quellen detaillierte Informationen besitzen, wissen wir, daß zur Bevölkerung viele verschiedene Arten von Handwerkern und Händlern gehörten, wenngleich weniger gut erkennbar ist, in welchem Ausmaß oder für wen diese tätig waren. Die Forschung auf diesem Gebiet schreitet derzeit jedoch rasch voran, weshalb heute noch alle allgemeinen Aussagen über die spätrömische Wirtschaft zu grob gefaßt wären; dennoch kann man nunmehr damit anfangen, die archäologischen Zeugnisse mit größerer Zuversicht den reichhaltigen, aber potentiell irreführenden Aussagen der Gesetzessammlungen gegenüberzustellen und so ein abgerundeteres Bild zu schaffen, als es noch vor einer Generation möglich war.

Die Ausbreitung des Christentums brachte eine Vielzahl von Formen der Umverteilung von Reichtum mit sich. Eine davon, die wir bereits (in Kapitel 5) erwähnt haben, war die Vererbung. Von Konstantin war es der Kirche gesetzlich zugestanden worden, Vermögen zu erben, weshalb diese, in der Praxis also die einzelnen Bistümer, zu beachtlichem Grundbesitz kam. Bischöfe sahen sich derselben Verantwortung für die Verwaltung von Landgütern mit Sklaven und Kolonen gegenüber wie nichtgeistliche Landbesitzer, und der Unterhalt der neuen Kirchen wurde ebenfalls häufig durch die Überlassung der Einnahmen aus bestimmten Gütern sichergestellt; wir wissen etwa von entsprechenden Vereinbarungen für Konstantins Kirchen in Rom viel aus dem mittelalterlichen *Liber Pontificum* (Papstbuch). Eine andere wichtige Form, in der das Christentum zur Umverteilung von Reichtum beitrug, war die bewußte Zurückweisung und Vergabe des Vermögens seitens wohlhabender Christen. Ein schlagendes Beispiel hierfür ist Melania die Jüngere (s. Kapitel 5 und dieses Kapitel), ein anderes Paulinus von Nola, ein Briefpartner von Ambrosius, Augustinus und Sulpicius Severus, über dessen Vorgehen wir viel aus seinen eigenen Briefen und anderen Quellen wissen: Er verkaufte sein Eigentum und schuf aus dem Erlös einen umfangreichen kirchlichen Baukomplex in Nola in Kampanien; dasselbe tat Sulpicius Severus (gest. 420) in Primuliacum in Südgallien, wahrscheinlich an der Stätte einer landwirtschaftlich genutzten Villa. Beide Männer waren daran interessiert, ein Kultzentrum zu schaffen, das zugleich ein Mittelpunkt ihrer eigenen Aktivitäten sein würde. Andere errichteten Klöster im Heiligen Land und trugen damit direkt oder indirekt zum Pilgerverkehr bei, der dort seit dem Besuch von Konstantins Mutter Helena im Jahre 326 zugenommen hatte.

Überhaupt zeitigten christliche Reisen ihre eigenen wirtschaftlichen Wirkungen. Am besten kennen wir die spanische Nonne Egeria, die das Heilige Land im Jahre 384 besuchte und ein lebendiges Tagebuch über die Erfahrungen auf ihrer Pilgerreise verfaßte. Zweifellos fand sie wie andere Reisende mit guten Verbindungen jederzeit die Hilfe, welche sie benötigte, oft von seiten eines Bischofs, aber auch örtlicher Amtsträger, die Egeria und ihren Mitreisenden Unterkunft gewährten und die Weiterreise zur nächsten Station erleichterten. Auf der etwas gefährlichen Route von Klysma (Suez) zum Nildelta etwa wurde sie von den regulären Militäreskorten begleitet, die entlang der Straße stationiert waren; andernorts waren es Mönche oder der örtliche Bischof, die ihr beistanden. Als die Freundin des Hieronymus, Paula, nach Jerusalem ging, stellte ihr der Statthalter von Palästina in seinem Amtssitz Räumlichkeiten zur Verfügung. Die Pilger benötigten außerdem Transportmöglichkeiten: Soweit möglich reisten sie zu Schiff, auf dem Land meistens zu Pferde.

Selbst die Mönche in der ägyptischen Wüste erhielten ständig Besuch, darunter reiche Damen, die sie nicht immer freundlich empfingen. Arsenios, ein Mönch, der Erzieher von Arcadius und Honorius gewesen war und in seiner Abkehr von der Welt weiter als die meisten ging, wurde einst gegen seinen Willen von einer reichen jungen Dame aus der Senatorenschicht besucht, die darauf bestand, ihn in Kanopos aufzusuchen, und der der Patriarch Theophilos von Alexandria bei ihrer Pilgerreise geholfen hatte. Sie warf sich dem Arsenios zu Füßen:

Voll Zorn hieß er sie aufstehen, schaute sie an und sagte: »Wenn du mein Gesicht sehen willst, dann schau es an!« Sie aber schämte sich und betrachtete sein Antlitz nicht. Und der Alte sprach zu ihr: »Hast du nicht von meiner Lebensweise gehört? Diese mußt du beachten! Wie hast du es gewagt, eine so große Seereise zu unternehmen? Weißt du nicht, daß du eine Frau bist? Daß es dir nicht ziemt, beliebig auszugehen? Oder willst du nach Rom zurück und zu den anderen Frauen sagen: Ich habe den Arsenios gesehen! Daß sie dann das Meer zu einem Weg für Frauen machen, die zu mir kommen wollen?«

(Apophthegmata Patrum 66 = Arsenios 28, Miller S. 31)

Die Reise an sich konnte sehr gefährlich sein, und die Pilger benötigten all das, was auch heutige Reisende brauchen. Sie kauften außerdem ebenfalls Souvenirs wie Fläschchen (*ampullae*) mit Jordanwasser, Öllämpchen, Siegel, Bildchen oder andere Andenken an den jeweils örtlichen Heiligen. Eines der wichtigen Heiligtümer außerhalb des Heiligen Landes war das der Thekla in Seleukeia in Isaurien, das Gregor von Nazianz in den siebziger Jahren des 4. Jahrhunderts und Egeria aufsuchten und das bereits eine dreischiffige Basilika besaß. In vielen Pilgerstätten wurde den Reisenden Logis gestellt, doch wohnten sie auch in örtlichen Gasthäusern: So warnt Johannes Chrysostomos die Pilger vor dem Aufenthalt in den Tavernen von Daphne bei Antiochia. Schließlich wurde der Festtag des Heiligen gewöhnlich mit einem Jahrmarkt gefeiert, der für den örtlichen Handel eine wichtige Gelegenheit für Umsätze bot.

Die wirtschaftlichen Auswirkungen von Kirchenbauten und von Förderung bildender Kunst seitens der Christen in jener Zeit einzuschätzen, ist sehr schwierig. Bei kaiserlichen Bauten flossen die Abgaben einer örtlichen Gemeinschaft dieser direkt wieder zu, auch konnte ein Kaiser dem Provinzstatthalter den Auftrag erteilen, Baumaterial und Arbeitskräfte zur Verfügung zu stellen; auch das staatliche Postwesen war so finanziert. Doch auch die Größe mancher der bedeutenden Kirchen war eindrucksvoll, so die der *Basilica Ambrosiana* des Ambrosius in Mailand, in die er 386 die gerade entdeckten Reliquien zweier örtlicher Märtyrer, Gervasius und Protrasius, in Gegenwart einer großen Menge überführte (Ambrosius, Epistulae 22). Eine Basilika, die den Aposteln geweiht war, wurde spätestens in der Mitte des 4. Jahrhunderts dem Konstantinsmausoleum in Konstantinopel hinzugefügt (s. Kapitel 4, Abbildung 6). Wohl jeder Bischof wollte sich ein so dauerhaftes Denkmal setzen; Gregor von Nazianz etwa beschreibt die von seinem Vater, der zugleich sein Vorgänger gewesen war, erbaute Kirche, und Gregor von Nyssa seinen eigenen Bau in jener Stadt. In Rom errichtete Papst Damasus eine Basilika an der Via Ardeatina, in der er später zusammen mit seiner Mutter und seiner Schwester bestattet wurde (Liber Pontificum 1, 212 f.). Auch Laien konnten Geld für einen solchen Zweck stiften: So hatte Serena, die Gattin Stilichos, aufgrund eines Gelübdes für den Fall der sicheren Rückkehr ihres Ehemannes den Fußboden der Kirche von S. Nazaro in Mailand gestiftet (CIL V 6250). Neben Kirchen sind in Italien auch von Bischöfen finanzierte Badeanlagen belegt – und dies trotz der weitverbreiteten Ablehnung solcher Einrichtungen durch die Christen. Zwar entwickelte sich die christliche Kunst als solche im 4. Jahrhundert nur recht langsam, doch bildeten die Kirchenbauten und die Entwicklung von Pilgerzentren und heiligen Orten gleichsam die Vorhut; beides beinhaltete die Umleitung von Vermögen und schuf – was ebenso wichtig war – Vorbilder für die bedeutende

Entwicklung solcher Bauten, die es später, insbesondere im 5. Jahrhundert im Osten gab.

So wie Bischöfe eine bürgerliche Rolle als Schirmherren städtischer Bauten in unserer Periode übernahmen, so nahm allmählich auch die christliche Mildtätigkeit die Stelle bürgerlichen Euergetismus' (s. Kapitel 1) ein. Schon im 3. Jahrhundert sorgte die Kirche von Rom für etwa 1 800 Witwen, Waisen und Arme; im Antiochia des 4. Jahrhunderts waren 3 000 Witwen und Mädchen registriert, hinzu kamen bedürftige Männer. Bischof Porphyrios von Gaza sorgte für eine regelmäßige Verteilung von Geld an Bedürftige, die nach seinem Tod aufgrund seines Testaments fortgesetzt wurde (Marcus Diaconus, Vita Porphyrii). Die Idee, den Armen zu geben, war ein wichtiger Teil christlicher Ethik, und solche Mildtätigkeit konnte sogar die Form der Vergabe des gesamten Vermögens einer Person annehmen, wie das im Fall von Melania der Jüngeren oder von Olympias der Fall war (s. Kapitel 5). Wohlhabende Christen verkauften in erheblichem Ausmaß ihre Güter, gaben die Einnahmen jeweils der örtlichen Kirche und bestimmten, daß aus ihnen regelmäßig die Armenspeisungen bezahlt oder daß die Armen direkt mit Geld versorgt werden sollten. Solche Wohltätigkeit wurde auch formalisiert, etwa in der Einrichtung von Hospitalen und Heimen für alte Menschen oder für Waisen, die häufig den Kirchenbauten angeschlossen wurden; für solche wohltätigen Einrichtungen gibt es zwar weit mehr Zeugnisse aus dem 5. und 6. Jahrhundert, doch stammen die ersten Beispiele aus dieser früheren Zeit.

Der grundlegende Unterschied zwischen diesen und den mildtätigen Stiftungen der frühen Kaiserzeit lag in ihrem Anlaß und darin, daß als Empfänger der Wohltat ausdrücklich die Armen und Bedürftigen bestimmt waren, während bei den frühkaiserlichen Stiftungen oft höhere gesellschaftliche Schichten bedacht wurden. Andererseits war der Prestigegewinn für den Stifter einer solchen Einrichtung manchmal durchaus ähnlich dem, welchen die älteren bürgerlichen Wohltäter erlangten; Paulinus von Nola und Sulpicius Severus agierten ebenso selbstbewußt wie die Würdenträger der frühen römischen Kaiserzeit. In solchem Licht betrachtet scheint es nicht so, als ob der angebliche Kontrast zwischen dem früheren Euergetismus und der christlichen Mildtätigkeit stets so groß war, wie man in der Forschung gemeint hat. Tatsächlich fielen die spektakulärsten Vergaben von Vermögen seitens der Mitglieder der Oberschicht im Westen ins erste Jahrzehnt des 5. Jahrhunderts, also genau in die Zeit, in welcher der Staat am meisten durch Barbareneinfälle bedroht war. In gewisser Hinsicht spiegeln sie also eine Art von Rückzug wider, eine Form von Überlebensstrategie für die privilegierte Oberschicht, die auf diese Weise ihren Status als Patrone in freilich anderer Form erhalten und sich zugleich von einer direkten Betroffenheit durch die politische Krise entfernen konnte.

Manche Frauen erlangten durch das Christentum wirtschaftliche Unabhängigkeit, indem sie die traditionellen Forderungen nach Eheschließung und Familiengründung ablehnten und ein Leben nach eigenen Wünschen führten, als Asketinnen zu Hause oder auf Reisen oder als Gründerinnen ihrer eigenen Klöster; letzteres war freilich Frauen aus der Oberschicht vorbehalten. Man mag sich fragen, inwieweit die Frauen nicht nur eine Art von Beschränkung gegen eine andere eintauschten, doch ist die Begeisterung der Frauen selbst nur zu deutlich: Paula hatte die Heilige Schrift genau studiert und konnte besser Hebräisch als Hieronymus, und Melania die Ältere hatte »von Origenes drei Millionen, von Gregor (von Nazianz), Stephanos, Piërios, Basilios und anderen bedeutenden (christlichen) Schriftstellern fünfundzwanzigtausend (Zeilen) nicht ein –, sondern sieben- bis achtmal mit aller Aufmerksamkeit studiert« (Palladios, Historia Lausiaca 55). Fabiola, eine andere Freundin des Hieronymus, begründete in Rom ein Hospital, in dem sie Hieronymus zufolge selbst bei der Krankenversorgung half, und Marcella, ebenfalls eine Römerin, die sich zum Asketismus bekehrt hatte, strafte die siegreichen Westgoten Lügen, als sie nach der Eroberung Roms im Jahr 410 in ihr Haus drangen und ihr vorwarfen, ihre Reichtümer vergraben zu haben (Hieronymus, Brief 127). Im Osten soll die bereits genannte Witwe Olympias, eine Freundin des Johannes Chrysostomos, mit ihrem Reichtum und ihrem Rat Nektarios, den Patriarchen von Konstantinopel, Gregor von Nyssa, Amphilochios von Ikonion, Epiphanios von Constantia in Zypern und »vielen anderen Heiligen und Vätern, die in der Hauptstadt wohnten«, Unterstützung gewährt haben; zu den weiteren Empfängern ihrer Hilfe gehörten die Bischöfe Antiochos von Ptolemaïs, Acacius von Beroia und Severianus von Gabala (Leben der Olympias 14).

Mitgliedern der oberen Schichten wurde es durch Konstantins Gesetz des Jahres 320 gestattet, unverheiratet zu bleiben, womit die von der Ehegesetzgebung des Kaisers Augustus eingeführten Strafen für die Ehelosigkeit aufgehoben wurden (Codex Theodosianus 8, 16, 1). Frauen wurden vom Gesetz weiterhin streng behandelt. Im Jahr 331 erließ Konstantin ein Gesetz über die Ehescheidung, in dem erklärt wurde, daß Frauen nicht einfach aufgrund eines »verderblichen Wunsches« die Scheidung erreichen konnten, auch nicht wegen Ehebruchs, Spiel- oder Trunksucht des Ehemannes, aber immerhin ihre Mitgift zurückerhalten konnten, wenn der Ehemann ein überführter »Mörder, Zauberer oder Grabschänder« war (Codex Theodosianus 3, 16, 1); im Gegensatz dazu berechtigte ein Ehebruch der Frau den Mann sofort zur Scheidung.

Augustinus bietet uns ein düsteres Bild der menschlichen Beziehungen im typischen römischen Haushalt: Der Ehemann war noch immer der strenge *paterfamilias* (der allgewaltige Haushaltsvorstand), und die Ehefrau hatte dieselben Disziplinarmaßnahmen zu gewärtigen wie die Kinder. Seine eigene Mutter Monica und seine Beziehung zu ihr sind in den *Confessiones* in unvergeßlicher Weise geschildert, während sein Vater Patricius, eine weniger sympathische Figur, ständig im Hintergrund steht als ein Mann, dessen plötzlichen Zorn man sorgsam vorhersehen und dessen Wünsche man erfüllen mußte:

Viele Frauen von Stand, die handsamere Männer hatten, trugen Spuren von Schlägen im entehrten Gesicht. (Augustinus, Confessiones 9, 9, 19)

Andererseits deuten viele Texte auf einen liebevollen und herzlichen Umgang der Familienangehörigen miteinander, und christliche Autoren (noch immer überwiegend Männer) sind weit mehr bereit, in ihren Werken den Frauen Raum und Aufmerksamkeit zu schenken; infolgedessen wissen wir über einzelne Frauen im spätrömischen Reich viel mehr als in früheren Zeiträumen.

Ein Unterschied in der rechtlichen Einstellung scheint darin bestanden zu haben, daß man Frauen zunehmend als schwach und schutzbedürftig ansah. Zwar sind die Zeugnisse hierfür nicht sehr zahlreich, doch legen Inschriften nahe, daß sich Christen bezüglich Familiengröße oder Heiratsalter kaum von Heiden unterschieden; in der besseren Gesellschaft wurden Ehen hier wie dort von den Eltern vereinbart und Mädchen im Alter von zwölf bis vierzehn Jahren in die Ehe gegeben, ja vor der Pubertät bereits verlobt. Augustinus war im Alter von etwa dreißig mit einem zehnjährigen Mädchen verlobt. Die kaiserliche Gesetzgebung des Theodosius I. und des Justinian untersagte die Ehe zwischen engen Verwandten, was zu der üblichen Praxis am Ostrand des Reiches in Widerspruch stand; allerdings war diese Gesetzgebung nichts Neues – bereits Diokletian hatte in diese Richtung entschieden –, und es ist deutlich, daß auch dieses Gesetz keinen Erfolg hatte. Trotz alledem sicherte die römische Gesellschaft im Westen das Erbe nicht dadurch, daß sie Verwandte als Ehepartner vorsah, sondern vielmehr durch die Nutzung eines Netzwerkes von »Freunden« und gesellschaftlicher Interessen.

Was Kinder betrifft, verurteilten christliche Kaiser die Aussetzung von Neugeborenen (Codex Iustinianus 8, 51 [52], 2), erkannten typischerweise aber zugleich an, daß Eltern *de facto* Kinder verkauften, indem sie für einen solchen Fall verboten, daß sie jene zurückverlangen konnten, wenn sie einmal vergeben waren (Codex Theodosianus 5, 9, 1). Und die größere Aufmerksamkeit Frauen gegenüber, die sich in den christlichen Quellen zeigt, erstreckt sich nicht auch auf Kinder, die in der Literatur als Subjekte mit eigenen Gefühlen weitgehend ignoriert werden; nur Augustinus ist mit seinem Interesse an der kindlichen Entwicklung eine Ausnahme, doch bleibt sein Bild von Kleinkindern in geradezu unvergeßlicher Weise negativ:

Mit eigenen Augen sah und beobachtete ich ein eifersüchtiges Knäblein. Noch konnte es nicht sprechen, aber gleich, mit bitterbösem Blick schaute es auf seinen Bruder, der seines Mutters Milch mit ihm teilte. Wer kennt das nicht? Sie brächten, sagen Mütter und Ammen, derlei schon noch weg, ich weiß nicht, mit welchen Mitteln. Das ist doch wohl nicht Unschuld, bei reichem Fluß und Überfluß des Milchquells den anderen Bedürftigen und einzig erst von dieser Nahrung Lebenden nicht als Genossen zu dulden!
(Augustinus, Confessiones 1, 7, 11)

Auch die Kirchenväter hatten meist ein wenig erfreuliches Frauenbild, selbst wenn sie sich um einzelne reiche Damen durchaus bemühten; Frauen erscheinen bei ihnen als Ursache der Versuchung für Männer, und viele christliche Autoren vertreten die Auffassung, daß nicht nur Geschlechtsverkehr, sondern sogar die Ehe als solche eine Sünde darstelle. Eine heftige Debatte am Ende des 4. Jahrhunderts wurde um die Frage geführt, ob Adam und Eva im Paradies sexuelle Wesen waren; viele sprachen sich dagegen aus und vertraten die Auffassung, daß die menschliche Sexualität erst Folge des Sündenfalls war. Ebenso heftig umstritten waren die genauen Details von Christi Geburt, bezüglich derer viele die Ansicht vertraten, daß Maria auch während und nach der Geburt ihren Status als Jungfrau aufrechterhalten habe. Dies mag uns trivial oder absurd erscheinen, doch für die damaligen Zeitgenossen waren dies entscheidende Fragen für das theologische Verständnis der Inkarnation, weshalb sie einen beachtlichen Teil der christologischen Kontroverse ausmachten; der Status der Jungfrau Maria war die Hauptfrage der Debatten beim Konzil von Ephesos im Jahre 431. Zwar trifft es zu, daß Männer ebenso wie Frauen vom Zölibat und der Forderung nach Jungfräulichkeit betroffen waren, doch kommt man der Tatsache nicht aus, daß es gewöhnlich die Frauen waren, denen man die Rolle der Verführerin zuschrieb und – angefangen mit Eva – die Verantwortung für das Schwachwerden der Männer zuwies – sicher nicht zuletzt deshalb, weil die Autoren der vielen Traktate über Jungfräulichkeit und Ehe zuallermeist Männer waren. Es ist schwierig, einzuschätzen, wieviel Wirkung all dieses Predigen und Moralisieren auf das tatsächliche Sexualverhalten von Einzelpersonen und Paaren hatte, doch ist es höchst unwahrscheinlich, daß derart strenge Auffassungen bereits von mehr als einer winzigen Minderheit in die Praxis umgesetzt wurden. Selbst wenn man also vieles nicht so ernst nehmen muß, zeigt aber auch die moderne Erfahrung, daß die Ansichten einer sehr einflußreichen Elite langfristig eine Auswirkung auf die Ideen und die Praxis auch von Einzelpersonen haben können.

Ein Bild des täglichen Lebens im spätrömischen Reich zu geben, ist deshalb nicht leicht, weil das Gebiet so riesig und die Quellen so disparat sind, und weil so viele der für spätere Zeiträume vorhandenen statistischen und dokumentarischen Zeugnisse schlichtweg fehlen. Unter diesen Umständen bleibt das Beste, das wir überhaupt leisten können, notwendig impressionistisch, verträgt also nicht unbedingt eine Verallgemeinerung. Die Belege selbst sind freilich im Vergleich zu früheren Zeiträumen der Antike äußerst reichhaltig. Um nur ein Beispiel für den Wandel der Betonungen in den Quellen zu nennen: Die Armen sind nun deutlicher zu erkennen, weil sie in den christlichen Quellen vorkommen, wenngleich sie üblicherweise nur als Gruppe, nicht als Einzelpersonen genannt werden. Man kann feststellen, daß in Bezug auf die Kommunikation christliche Prediger anders als klassisch-antike Redner sich der Notwendigkeit bewußt waren, nicht nur die Oberschicht, sondern auch die Ungebildeten anzusprechen (Augustinus schrieb hierüber ein eigenes Traktat, De catechizandis rudibus). Auch beginnen wir, mehr über gewöhnliche Menschen zu erfahren, was insbesondere auf die Entwicklung der hagiographischen Literatur (s. Kapitel 2) zurückzuführen ist, wenngleich diese Gattung im 4. Jahrhundert noch kaum entwickelt war. Aus der zweiten Hälfte jenes Zeitraums stammen jedoch die Anfänge der östlichen Mönchsliteratur, etwa die Sprüche und Anekdoten über die »Väter« in der ägyptischen Wüste (Apophthegmata Patrum), und hier finden wir eine interessante gesellschaftliche Mischung von unbelesenen Landbewohnern und gebildeten Angehörigen der oberen Schichten wie Arsenios.

Vom späten 4. und beginnenden 5. Jahrhundert an werden Christen immer häufiger in Kirchen bestattet, wovon einfache Grabinschriften zeugen; zumeist erzählen uns diese wenig über die Person, an die sie erinnern sollen, sondern nennen nur den Namen, doch gerade diese Direktheit bildet einen deutlichen Kontrast zu den so viel ausführlicheren Grabinschriften, welche die Wohlhabenden noch immer für sich in Auftrag gaben.

Das Bild der Städte begann sich langsam zu wandeln, da mehr und mehr Kirchen gebaut wurden, doch lebten die Menschen weiterhin in derselben Art von Häusern wie in früheren Zeiträumen. Für die Reichen bedeutete dies oft ein »Peristyl-Haus«, bei dem die Räume um einen säulenbestandenen Zentralhof angeordnet waren; dieser Typ blieb in den meisten Städten bis ins 6. Jahrhundert hinein in Gebrauch. Bereits im 4. Jahrhundert wurden in vielen solchen Gebäuden großartige Mosaiken angebracht; bemerkenswerte Beispiele hierfür finden sich in Apameia in Syrien, der Heimat des neuplatonischen Philosophen Iamblichos (s. Abbildung 9), und in Paphos auf Zypern, wo mehr oder weniger philosophische Bildthemen wie Sokrates, die Sieben Weisen, Orpheus und Aion überliefert sind. Man hat im Falle von Apameia eine Verbindung mit der angeblichen »heidnischen Renaissance« unter Julian gesehen (s. Kapitel 10), doch folgte der Bildschmuck eines Hauses nicht notwendig den persönlichen religiösen Neigungen des Besitzers, selbst wenn dieser Christ war, vielmehr erfreuten sich die klassischen Stile und Motive noch lange großer Beliebtheit. Christen gingen auch weiterhin in die Badeanlagen, zu den Spielen und ins Theater – alles Gepflogenheiten, zu denen etwa Johannes Chrysostomos eindeutig puritanische Ansichten vertrat. Schöne Kleidung, Schmuck und Kosmetik waren im 4. Jahrhundert so beliebt wie zu jeder anderen Zeit, weshalb es das erste Erfordernis für den Asketen war, sich in Sacktuch zu kleiden. Hieronymus ließ seine Freundin Eustochium wissen, daß sie besser vermeiden sollte, verheiratete Frauen zu treffen, deren Kleidung mit goldenen Fäden gewoben sei; Männer mit langem Haar, die Halsketten und Armreifen trugen, übten seiner Auffassung nach einen ähnlich schlechten Einfluß aus. Die Mode unterlag also nicht dem raschen Wandel des Stils, wie dies heute der Fall ist. Ein langes Gewand mit einer Art Mantel darüber war noch immer der Standard, besonderen Wert legte man auf die Dekoration des Tuches, ganz besonders auf Stickereien und die Verwendung von edlen Steinen, Farben und Stoffen, insbesondere Seide. Ammian kritisiert auch hierbei die übermäßige Zurschaustellung von Reichtum:

Abb. 9. Haupt des Sokrates, Ausschnitt aus einem Fußbodenmosaik (mit der Darstellung sechs weiterer Weiser) aus Apameia in Syrien, einem Zentrum der neuplatonischen Schule der Philosophie im 4. Jahrhundert, besonders bekannt wegen des Philosophen Iamblichos (um 250–325).

Andere (Mitglieder der Senatorenschicht in Rom) sehen übermäßig hohe Karossen und luxuriösen Kleideraufwand als höchste Zierde an und schwitzen unter der Last der edlen Gewänder, die sie über den Hals ziehen und unter der Kehle fest zubinden und die infolge der allzu großen Feinheit des Stoffes durchsichtig sind. Sie führen viele Bewegungen aus, meistens mit der linken Hand, damit die langen Fransen und die mit Tiergestalten bestickten Unterkleider in ihren verschiedenen Formen deutlich hindurch schimmern.

(Ammian 14, 6)

Moderne Autoren erwecken oft den Eindruck, daß auch das Leben im spätrömischen Reich krisenhaft degeneriert war. Die folgende Aussage ist hierfür durchaus typisch:

> Armut, Unfreiheit und Unterdrückung waren in allen Epochen der römischen Geschichte für breite soziale Schichten die normalen Lebensbedingungen. Aber im spätrömischen Reich waren die Qualen der Bevölkerung in mancherlei Hinsicht schlimmer denn je, und vor allem waren von Not und Leid breitere Kreise betroffen als früher.
>
> (G. Alföldy, Römische Sozialgeschichte, Wiesbaden ³1984, 172)

Die Schlüsselfaktoren, die hier hervorgehoben werden, sind eine Zunahme des Zwanges und die angebliche Entfremdung der Masse der Bevölkerung, von der es dann heißt: »Breite Kreise zogen... aus dem sichtlichen Niedergang der verhaßten kaiserlichen Monarchie eine ganz andere Konsequenz: Sie bevorzugten das Leben unter der Herrschaft der Barbaren« (ebd. 177). Im folgenden Kapitel wollen wir den Umgang des spätrömischen Staates mit den Barbaren betrachten. Wie immer hängen historischen Urteile nicht nur vom persönlichen Standpunkt des Beurteilenden ab, sondern auch davon, wohin er schaut.

9. Das Militär, die Barbaren und das spätrömische Heer

Die wirtschaftlichen und gesellschaftlichen Änderungen des 4. Jahrhunderts fanden vor dem Hintergrund fortwährender militärischer Konflikte der einen oder anderen Art statt. Auch wenn die Herrschaft Diokletians und der Tetrarchie eine gewisse Erholung von den Belastungen des 3. Jahrhunderts brachten, wird man kaum eine Zeit während der hier behandelten Periode finden, in der sich das Römische Reich eines auch nur kurz andauernden Friedens erfreute – die übertriebenen Aussagen der Panegyriker hierüber neigen dazu, fromme Wünsche, nicht aber Tatsachen wiederzugeben.

So schrieb im Jahr 321 der lateinische Panegyriker Nazarius vom tiefen Frieden und Wohlstand des Reiches zu jener Zeit – und das am Vorabend erneuter Feindseligkeiten zwischen Konstantin und Licinius (Panegyrici Latini 4 [10]). Und während der Dichter Optatianus (5, 1 ff.; 14, 9 ff.) und Eusebios (Vita Constantini 4, 7) behaupteten, daß alle Völker die Macht Konstantins anerkannten, brachen in dessen letzten Jahren erneut Kämpfe zwischen Rom und dem sassanidischen Persien aus und hinterließen seinem Sohn Constantius II. das Erbe eines Feldzugs in Mesopotamien.

Die ersten Jahre von Konstantins Herrschaft waren damit verbracht worden, ein römisches Heer gegen fränkische Stämme in Gallien zu führen; in jener Zeit ließ Konstantin eine Brücke über den Rhein bei Köln bauen, um das römische Prestige zu erhöhen und die Stämme von weiteren Einfällen abzuschrecken (Origo Constantini Imperatoris 8). Von 306 bis 313 setzte sich auch der Bürgerkrieg fast ununterbrochen fort, wurde von Konstantin und Licinius 316 erneuert und führte 324 zur direkten militärischen Auseinandersetzung zwischen diesen beiden. In der Herrschaft von Constantius II. setzte sich dieses Muster fort: Der Krieg mit Magnentius von 350 bis 353 zog nicht nur seine Aufmerksamkeit vom Osten ab, sondern bedrohte auch den Westen und schwächte die römische Verteidigung am Rhein. Ammian spricht in seiner Darstellung von Julians Feldzügen in Gallien von Kastellen und Städten, die von Barbaren zerstört wurden (16, 11; 18, 9 f.), und auch die Alemannen waren über den Rhein bis weit nach Gallien eingedrungen (15, 4).

Nun entstand eine gefährliche Situation: Silvanus, der Befehlshaber, der mit der Niederwerfung der Alemannen betraut und selbst fränkischer Abstammung war, erklärte sich in Köln zum *Augustus*

(Ammian 15, 5). Ammian selbst war einer der Offiziere, die den römischen General Ursicinus zur Niederwerfung dieses Usurpators begleiteten, und er sagte, er und seine Begleiter hätten so sehr um ihre eigene Sicherheit gefürchtet, daß sie »wie verurteilte Verbrecher waren, die man vor hungrige wilde Tiere warf« (ebd.). Ammians Darstellung der ganzen Unternehmung und ihrer Folgen illustriert die wechselseitigen Beziehungen zwischen Barbaren und Römern und zeigt die geteilten Loyalitäten und die Chancen, welche sich durch sie boten, aber auch die Atmosphäre von Verdacht am Hof und im Feld. In diesem Fall wurde Köln selbst belagert und von den Barbaren eingenommen, worauf die Aufgabe, die Lage in Gallien wieder in Ordnung zu bringen, dem unerfahrenen Julian übertragen wurde (Ammian 15, 8), dessen Feldzüge von Ammian ausführlich beschrieben werden. Julian erwies sich nämlich als talentierter Heerführer, eroberte Köln zurück und schlug in einer Feldschlacht bei Straßburg im Jahr 357 ein großes alemannisches Heer (Ammian 16, 12), dann überschritt er den Rhein und griff in der Folge die Franken an, die römisches Gebiet besetzt hielten (Ammian 17, 1f. und 8ff.).

Auch wenn Ammian von den Feldzügen in Gallien in einer Form berichtet, die Julians Reputation als Militär erhöhen soll, ist sein Bericht für ein Verständnis der Probleme Roms gegenüber den Barbarenstämmen in Gallien und Germanien wertvoll. So wird deutlich, daß Julian es nicht einfach hatte: Die römischen Waffen waren nicht von selbst denen der Barbaren überlegen; die Alemannen waren weit nach Gallien hinein eingedrungen und auf eine Vielzahl von Gebieten verteilt, so daß sich die römischen Soldaten leicht umzingelt finden konnten; schließlich konnten sie sich nicht einmal darauf verlassen, in den Städten des römischen Gebiets willkommen zu sein, da deren Bürger gelernt hatten, immer mit dem Schlimmsten zu rechnen. Ammians Darstellung hält an der Ansicht fest, daß Barbaren nicht in der Lage waren, Belagerungen erfolgreich durchzuführen (16, 4); dennoch waren aber viele Städte, darunter Köln, von ihnen eingenommen und zerstört oder zumindest beschädigt worden. Und die Römer mochten zwar Erfolge haben, wie dies bei Straßburg der Fall war, wo eine für sie bedrohliche Allianz von Stämmen ihr Ende fand, doch war das Problem ein langfristiges und beinhaltete bereits jetzt eine ungute Mischung von militärischen Aktionen, diplomatischen Initiativen und Zugeständnissen.

Die Einfälle Schapurs II. in Mesopotamien in den Jahren 353 und 360 verlagerten die Aufmerksamkeit Roms in den Osten, es folgte

Julians in einer Katastrophe endender Perserfeldzug des Jahres 363, an dem ein Heer von 65 000 Mann beteiligt war – und neue Einfälle über den Rhein. Es war also angesichts der Verpflichtungen an anderen Orten wieder einmal Diplomatie notwendig, und Ammian beschreibt das Treffen Valentinians I. mit dem alemannischen Stammeshäuptling Macrianus am Rhein bei Mainz im Jahr 374:

Am Tage, der für das Gespräch festgesetzt war, stand Macrianus hocherhobenen Hauptes unmittelbar am Rheinufer, während von allen Seiten seine Stammesgenossen mit ihren Schilden Lärm erhoben. Auf dem anderen Ufer bestiegen der Kaiser und eine große Schar seiner Offiziere Kähne und kamen bis auf sichere Entfernung nahe an das Ufer heran, weithin sichtbar im Glanz der schimmernden Feldzeichen. Als sich endlich die maßlosen Gebärden und das Gerede der Barbaren gelegt hatten, wurden viele Reden und Gegenreden gehalten und angehört, und man schloß unter eidlicher Bekräftigung einen freundschaftlichen Neutralitätspakt. (Ammian 30, 3)

Doch schon vier Jahre später hatte Gratian wieder jenseits des Rheins zu kämpfen, und zwar mit einigem Erfolg (Ammian 31, 10).

Auch die Donau und der Balkan stellten immer wieder gefährdete Räume dar: Constantius II., der in Sirmium stand, unternahm Feldzüge an der Donau gegen die Sarmaten und Quaden, die Pannonien und Obermösien im Jahr 358 bedrohten; auch er hatte beachtlichen Erfolg, und nachdem er die Limiganten zum Abzug gezwungen und die Sarmaten besiegt hatte, »kehrte er nach Sirmium wie ein Eroberer zurück« (Ammian 27, 13). Doch forderten die Sarmaten Valentinian I. erneut im Jahr 375 heraus, und der Kaiser, der selbst aus Pannonien stammte, machte Carnuntum an der Donau zu seinem Ausgangsort und griff die Quaden von Aquincum (Budapest) aus an. Ammian schreibt den Tod des Kaisers, der offenbar infolge eines Schlaganfalls eintrat, dem Zornesausbruch zu, den die Ausflüchte ihrer Gesandten bei ihm auslösten (Ammian 30, 6).

Um die Donaufront nicht ungeschützt zu lassen, riefen die Soldaten dort sogleich das Kind Valentinian II. zum Kaiser aus, da Kaiser Gratian weit weg in Trier weilte; jener wurde von seinen eigenen Soldaten verlassen, als Magnus Maximus in Britannien 383 zum Kaiser proklamiert wurde (Zosimos, Neue Geschichte 4, 35). Auch Valens hatte 367 bis 369 an der Donau Feldzüge gegen die Goten geführt und deren Anführer Athanarich besiegt (Ammian 27, 5).

Doch die größte Katastrophe für Rom in jener Zeit im Westen – ein Ereignis, das Ammian als schwerwiegend genug ansah, um mit ihm sein Geschichtswerk zu beenden – war die Niederlage und der Tod des Kaisers Valens in Adrianopel im Jahr 378 (Ammian 31, 12f.) – ein Schock, der der ganzen Situation ein neues Ausmaß verlieh und auf eine Vielzahl unterschiedlicher Faktoren zurückzuführen war. Die Franken und andere westgermanische Völker wie die Lemanen treten erstmals in den fünfziger Jahren des 3. Jahrhunderts in Erscheinung und stellen bereits seit dem Beginn von Ammians Darstellung 354 einen Faktor dar, mit dem man rechnen mußte – ja, einzelne Franken hatten bereits den Aufstieg in hochrangige Positionen im römischen Heer erreicht. Etwas anderes war im 4. Jahrhundert der Drang der Tervinger (die später als Westgoten bezeichnet werden), der Ostgoten und anderer östlicher Germanen nach Westen. Diese Gruppe von Völkern hatte bereits im 3. Jahrhundert von Ausgangsbasen nördlich des Schwarzen Meeres römische Gebiete angegriffen, insbesondere in den fünfziger Jahren, als sie über das Schwarze Meer gefahren waren und Pontos überfallen hatten, also die Schwarzmeerküste der heutigen Türkei (Zosimos, Neue Geschichte 1, 27 und 31–36). Bis zum 4. Jahrhundert kontrollierten sie offenbar große Gebiete nördlich des Schwarzen Meeres zwischen Donau und Don (Dakien war schon lange als römische Provinz aufgegeben worden); auch von ihnen dienten einzelne im römischen Heer, etwa bei Julians Perserfeldzug, wo sie als »Skythen« beschrieben werden. Der arianische Bischof Ulfila hatte sieben Jahre damit verbracht, mit Zustimmung Constantius' II. die Goten zu bekehren, bis er sich in den späten vierziger Jahren des 4. Jahrhunderts dazu gezwungen sah, ihr Gebiet zu verlassen; ihm schreibt man die Erfindung eines gotischen Alphabets und die Übersetzung der Bibel ins Gotische zu (Philostorgios, Kirchengeschichte 2, 5). Einfach gesagt wurden diese Goten jetzt dort durch ein anderes, nomadisches Volk verdrängt, nämlich durch die Hunnen, die aus den Steppen Zentralasiens stammten und für die Römer etwas so Neues darstellten, daß man ihnen mit heftiger Furcht und Schrecken begegnete. Dies geht deutlich aus Bemerkungen des Hieronymus wie aus Ammians Beschreibung hervor, in welcher sie als kaum menschlich erscheinen, sich von Wurzeln und rohem Fleisch ernähren, das sie dadurch weich machten, daß sie es beim Reiten zwischen ihre Schenkel und den Pferderücken klemmten (Ammian 31, 2).

Die Goten, die Ammian als Tervinger bezeichnet, trafen an der Donau als Vertriebene ein und erhielten infolge einer historischen Entscheidung des Kaiser Valens 376 die Erlaubnis, auf römisches Gebiet zu kommen:

Daraufhin setzten sie Tag und Nacht scharenweise auf Schiffen, Flößen und ausgehöhlten Baumstämmen über. Da der Fluß der bei weitem gefährlichste von allen ist und damals gerade infolge zahlreicher Regenfälle Hochwasser führte, kamen bei dem übermäßigen Gedränge manche, die gegen die Sturzwellen ankämpften oder zu schwimmen versuchten, in den Fluten um.

(Ammian 31, 4)

Valens hatte sich zu seiner Genehmigung durch das Versprechen gewinnen lassen, daß die Goten, wenn sie erst einmal auf römischem Gebiet stünden, als Hilfstruppen im römischen Heer dienen würden; dies war Ammian zufolge »eher Grund zur Freude als zur Befürchtung«, zumal die römischen Provinzen ganz offenbar gerne für das Privileg, nicht mehr selbst Rekruten stellen zu müssen, hohe Goldbeträge zu zahlen bereit waren. Dennoch erwies sich dieser Schritt als schicksalhaft. Die neuen Rekruten wurden römischerseits schlecht behandelt, weshalb die Goten in Thrakien rebellierten. Trotz römischer Bemühungen, diesen Aufstand zu beenden, ging er weiter, und als Valens schließlich ein Heer von 15000 bis 20000 Mann gegen die Aufständischen führte, wurde es von den West- und Ostgoten bei Adrianopel im August 378 besiegt; Valens selbst starb auf dem Schlachtfeld (Ammian 31, 13; Zosimos, Neue Geschichte 4, 20–24).

Moderne Historiker haben darauf hingewiesen, daß die Schlacht von Adrianopel gar kein solcher Wendepunkt und auch keine so übermächtige Katastrophe für Rom war, wie dies oft angenommen wurde – nicht zuletzt von den Autoren der auf die Schlacht folgenden Generation, denen daran gelegen war, hieraus religiöse oder politische Lehren zu ziehen. So bezieht sich Rufinus in seiner lateinischen Fortsetzung von Eusebios' *Kirchengeschichte* auf die Schlacht als »den Anfang der Kalamitäten zu jener Zeit und seither« (11, 13), und Zosimos schreibt die Niederlage dem Wirken des Schicksals zu (Neue Geschichte 4, 24).

Der Militärschriftsteller Vegetius behauptet, daß der Tod Gratians 383 das Ende der Wirksamkeit der römischen Reiterei markierte (1, 20), und sagt, daß von diesem Zeitpunkt an die traditionelle Bewaffnung der römischen Soldaten aufgegeben wurde, weshalb diese seither jeden Vorteil gegenüber den Barbaren verloren hätten. Allerdings wird dieses Urteil nicht der Tatsache gerecht, daß sich die militärischen Fähigkeiten der beiden schon seit langem immer weniger unterschieden. Die Goten waren freilich nicht hinreichend einig, um als solche eine Bedrohung des Reiches darzustellen, auch gelang es ihnen nicht, Adrianopel oder gar Konstantinopel einzunehmen; ja, Theodosius I. nahm als *Augustus* sogar viele von ihnen in das neue Heer auf, das er auf dem Balkan aushob, und trieb die anderen 379 in Richtung Donau zurück, wofür er 380 in Konstantinopel einen Triumph feierte.

Das Problem selbst verschwand aber nicht, und Gratian erkannte einen gotischen Bund in Pannonien 380 an, während Theodosius am 3. Oktober 382 einen Vertrag mit den Goten schloß, der ihnen offenbar Land in Norddakien und Thrakien zwischen der Donau und den Balkanbergen zuwies, wenn sie dafür als Hilfstruppen Militärdienst unter ihren eigenen Führern leisteten. Dem Vertrag zufolge sollten sie auch als ganze Gruppe angesiedelt werden, von der Besteuerung ausgenommen bleiben und jährlich Geld erhalten – alles Vereinbarungen, die zu bedeutenden Präzedenzfällen werden sollten (Zosimos, Neue Geschichte 4, 30. 33. 40. 56). Die Tatsache, daß man ihnen nicht das *conubium* einräumte, also das Recht, gültige Ehen mit römischen Bürgern zu schließen, sonderte sie jedoch ab und stand einer Assimilation im Wege. Und im übrigen bedeutete die Regelung, daß die Grenze an der unteren Donau, ihrem eigenen Siedlungsgebiet, nun von den Westgoten selbst geschützt wurde.

Die Politik, gotische Hilfstruppen einzusetzen und dafür mit Land zu belohnen, war keine Erfindung Theodosius' I., wenngleich der Vertrag des Jahres 382 deutlich weiter ging als alles Bisherige und Theodosius später für dessen üble Auswirkungen allein verantwortlich gemacht wurde. In der Forschung ist sogar bestritten worden, daß tatsächlich Land übergeben wurde; vielmehr seien nur die Steuereinnahmen aus bestimmten Ländern abgetreten worden. Pacatus bezieht sich aber in seiner Preisrede auf Theodosius von 389 ausdrücklich auf die Zulassung von Goten zum Militärdienst, »um Soldaten für deine Lager und Bauern für unsere Länder zu stellen« (Panegyrici Latini 2 [12], 22). Die Gewährung von Geldzahlungen und Gütern an barbarische Stämme war ebenso wohletabliert, unabhängig davon, ob man sie nun mit dem belasteten Begriff »Tributzahlung« versah oder nicht. Themistios kann behaupten, daß frühere Tributzahlungen infolge von Gratians Vertrag des Jahres 369 aufgehört hatten:

Niemand sah, daß Goldmünzen für die Barbaren abgezählt wurden, auch nicht so und so viele Silberbeträge oder Schiffe voller Tücher oder sonst etwas von dem, was wir zuvor fortwährend ertrugen, ... als wir jährlichen Tribut leisteten, wobei wir uns nicht der Tatsache schämten, sondern nur den Begriff vermieden. (Themistios, Rede 10, 135 a p. 205 D)

Doch ist die Rede des Themistios hochgradig tendenziös, und wenn die Tributzahlungen wirklich aufhörten, war dies jedenfalls nicht von langer Dauer.

Die Maßnahmen des Theodosius waren nicht mehr als das Stopfen eines Loches, wodurch die Gefahren insgesamt kaum beseitigt und die grundlegenden Probleme nicht angegangen wurden. Die Probleme wurden in den Jahren zwischen dem Tod des Kaisers 395 und 410 immer schwieriger, da Alarich als Anführer der Westgoten aufstieg. Es gab nunmehr getrennte Regierungen für den Osten und für den Westen, was es den Barbarenführern leichter machte, die eine gegen die andere auszuspielen; während jener Jahre forderte Alarich ständig jährliche Geldzahlungen und Naturalienleistungen und für sich selbst den Posten des *magister militum* (s. Kapitel 3). Stilicho versuchte zunächst, ihn für seine Zwecke zu benutzen, war dann aber gezwungen, sich mit ihm in einer Schlacht zu messen, die in Italien bei Pollentia 402 stattfand. Fünf Jahre später schloß er mit Alarich einen Vertrag, in welchem er seinen Forderungen nachgab und ihn dafür zum Verbündeten gewann; diese Zugeständnisse führten jedoch dazu, daß Stilicho im Osten zum Staatsfeind erklärt wurde (Zosimos, Neue Geschichte 5, 29; Olympiodoros, frg. 5). Die Regierung des Ostens wandte sich nämlich gegen den Einsatz von Barbaren als Militärbefehlshaber, und die Garnison des Goten Gainas war im Jahr 400 in Konstantinopel einem Massaker zum Opfer gefallen.

Zwar war die Politik jener Jahre äußerst komplex und ist in den Einzelheiten heute kaum zu verfolgen, doch war zweifellos die Bedeutung dieses Wandels für die Zukunft des östlichen Reiches sehr groß. Der Westen hatte weniger Glück. Als Stilichos Angebot einer Zahlung von 4000 Pfund Gold an Alarich abgelehnt worden war und Stilicho selbst im Jahr 408 die Macht verloren hatte, fiel Alarich in Italien ein und belagerte Rom (Zosimos, Neue Geschichte 5, 38–43). Bald hatte sich der Senat in seiner Not bereit gefunden, mehr als den von Stilicho angebotenen Betrag zu zahlen, doch marschierte Alarich erneut gegen Rom, drang diesmal in die Stadt ein und rief einen Marionettenkaiser aus. Als er freilich seinerseits die Unterstützung anderer Goten verlor, gab es kein Halten mehr: Seine Soldaten plünderten Rom im späten August 410 drei Tage lang (Olympiodoros, frg. 3) – ein Ereignis, das für Hieronymus einen großen Schrecken bedeutete, als er davon in seiner Mönchszelle in Bethlehem hörte: »Wer könnte glauben«, schrieb er in seinem Kommentar zu dem alttestamentlichen Buch Ezechiel (3 pr. CCL 75, 91), »daß die Stadt Rom, nachdem sie durch ihre

Siege über die ganze Welt erhoben wurde, so stürzen sollte und zugleich Mutter und Grab ihrer Menschen werden könnte?« Christliche Bemühungen, Heiden gegenüber die Tatsache zu erklären und zu rechtfertigen, daß die christliche Stadt Rom eingenommen und ausgeplündert worden war und daß dies ausgerechnet andere Christen getan hatten, führten u. a. zu dem apologetischen Werk *Historia contra paganos* (Geschichtswerk gegen die Heiden) des Orosius und letztlich auch zu Augustinus' Meisterwerk über den *Gottesstaat* (s. Kapitel 12).

Derselbe Zeitraum hatte noch mehr größere Einfälle erlebt: Ein Aufstand in Britannien 406 gipfelte in der Ausrufung des Usurpators Konstantin zum *Augustus,* während eine große Gruppe Vandalen, Sueben und Alanen am Ende desselben Jahres den zugefrorenen Rhein überquerte und bis 409 nach Spanien gelangt war. Jener Konstantin setzte nach Gallien über, errichtete in Arles eine Basis und machte sich sogar nach Italien auf; zwar gelang es Kaiser Honorius, ihm Soldaten entgegenzusenden und ihn exekutieren zu lassen, doch scheint infolge dieser Ereignisse das römische Heer aus Britannien, das vier Jahrhunderte lang besetzt gewesen war, zurückgezogen worden zu sein: Den britannischen Städten wurde in einem Brief des Honorius mitgeteilt, daß sie künftig selbst für ihre Sicherheit zu sorgen hätten (Zosimos, Neue Geschichte 6, 5).

Wenn man den weiteren Verlauf der Geschichte kennt, tut man sich leichter; die Zeitgenossen aber hatten diesen Vorteil nicht, sonst hätten sie wohl nicht versucht, die Barbaren fernzuhalten oder mittels unbefriedigender vertraglicher Bindungen – vergebens – im Zaum zu halten, sondern sie vielmehr zu assimilieren. Doch war es nicht nur die Unmöglichkeit, die Zukunft vorherzusehen, sondern auch die zeitgenössische Ideologie, welche die Römer an einem solchen klugen Verhalten hinderte. Man kann ihnen nicht Rassismus vorwerfen; allerdings sahen sie, dem griechischen Vorbild folgend, die Unterscheidung zwischen Barbaren und Römern als Kluft zwischen ungebildeter Grobheit und Kultur. Stilicho war als Vandale stets suspekt, da er eben barbarischer Herkunft war, und es gibt kaum ein deutlicheres Anzeichen für die typische Einstellung als die Gedichte des Bischofs Sidonius Apollinaris, der im 5. Jahrhundert – selbst von Barbaren umgeben – in Gallien lebte und sich zugute hielt, zivilisierte Manieren mitten unter solchen rohen Kerlen aufrechtzuerhalten.

Wir dürfen überdies nicht vergessen, daß für die Zeitgenossen die Einfälle als einzelne Raubzüge und nicht als langfristiger Prozeß erschienen – ja, auch heute sind die Gründe für die Einfälle durchaus nicht klar. Die alte Vorstellung, barbarische »Horden« seien gleichsam gegen die Grenzen des Römischen Reiches »gepreßt« worden, hat keine Gültigkeit mehr: Erstens waren die tatsächlichen Zahlen aller Wahrscheinlichkeit nach recht gering, und zweitens erklärt dies nicht, warum die Hunnen ihrerseits ihre Heimat in Zentralasien verließen. Ebenso gilt, daß das »Hunnenreich« Attilas (gest. 453) ein Phänomen des 5. Jahrhunderts, also *später* als die Wanderungsbewegungen ist und demnach nicht ihre Ursache darstellen kann.

Eine andere historische Deutung sieht die Bewegung der Ostgoten im Hinblick auf sich verändernde Wirtschaftsbedingungen in dem Gebiet zwischen Don und Dnjestr und setzt das ganze Phänomen in Zusammenhang mit den Beziehungen zwischen Nomaden und Siedlern.

Die Zeitgenossen selbst bezogen sich wahrscheinlich vor allem auf eine angebliche Schwächung der römischen Grenzen, um die barbarischen Einfälle zu erklären. In der Praxis waren die Kaiser des 4. Jahrhunderts bis in die Zeit Theodosius' I. meistens in der Lage, mit der Situation fertig zu werden, wenn auch mit großem Zeit- und Geldaufwand; erst im 5. Jahrhundert gelang es den Barbaren, so tief in römisches Gebiet einzudringen, daß sie dort angesiedelt werden mußten und die Einheit der westlichen Provinzen bedrohten. Doch hatte dieser Prozeß erst einmal begonnen, schritt er mit erstaunlicher Leichtigkeit und Geschwindigkeit voran; eine Gruppe von nur 80 000 Vandalen hatte bis 439 erfolgreich das gesamte römische Nordafrika übernommen. Spätestens zu jener Zeit war das römische Heer im Westen in ernsthaften Schwierigkeiten, worauf wir gleich zurückkommen werden.

Doch zunächst müssen diese Ereignisse im Westen und Norden des Reiches in den Kontext dessen gesetzt werden, was an den östlichen Grenzen mit Persien geschah. Die Kriege zwischen Rom und dem sassanidischen Persien waren von anderer Art; hier handelte es sich um zwei Reiche, die in einem mehr oder weniger andauernden Konflikt miteinander standen, bei dem freilich das Gleichgewicht der Macht aufrechterhalten wurde, das erst im frühen 7. Jahrhundert zusammenbrechen sollte. Die Sassaniden drangen immer wieder einmal in römisches Gebiet ein und nahmen große Mengen an Tributen, Beute und Gefangenen mit nach Persien zurück, wo letztere gelegentlich in neuen Städten angesiedelt wurden. Dies war etwa bei den Bürgern von Antiochia der Fall, die in Gefangenschaft gerieten, als Schapur I. im Jahr 260 die Stadt erobert hatte; bei diesem Ereignis wurde auch der Kaiser Valerian gefangengenommen, nach Persien verbracht und anschließend unter erniedrigenden Umständen getötet. All diese Ereignisse wurden auf einer grandiosen dreisprachigen Inschrift auf Persisch, Parthisch und Griechisch aufgezeichnet, die von Schapur I. nahe Persepolis aufgestellt wurde und als *Res Gestae Divi Saporis* bekannt ist (SEG XX 324). Bei einem von mehreren ähnlichen Raubzügen nach Mesopotamien und Syrien durch Chosroes I. im 6. Jahrhundert wurde im Jahr 540 Antiochia erneut von den Persern eingenommen und ausgeplündert. Im 4. Jahrhundert hatte Constantius II. hier sein Hauptquartier für die jährlichen Feldzüge gegen die Perser von 338 bis 346 errichtet, und während dieser Zeit hatten die Perser unter Schapur II. mehrmals die Grenzfestung Nisibis belagert, 350 erneut angegriffen, doch wieder keinen dauerhaften Erfolg erzielt. Julians Perserfeldzug und der Vertrag von 363 (s. Kapitel 6) führten zur Abtretung von Nisibis an Persien, doch blieb dies eine Ausnahme, und nach jener Zeit gelangen bis ins 7. Jahrhundert keiner der beiden Seiten mehr bedeutende Gewinne.

Rom hatte in die Grenzgebiete im Osten viel investiert, seit die severischen Kaiser Nordmesopotamien annektiert hatten – ein Gebiet, in dem auch alle Feldzüge des Constantius II. stattfanden. Eine natürliche Grenze gab es nicht: Im 4. Jahrhundert, nach Diokletians Reorganisation, waren römische Streitkräfte in Kastellen entlang der sogenannten *strata Diocletiana* stationiert, einer Militärstraße, die von Nordostarabien und Damaskus bis nach Palmyra und zum Euphrat führte (s. Kapitel 3), ebenso entlang einer anderen Straße von Damaskus bis Palmyra. Legionen standen üblicherweise in größeren Städten, etwa in Aela (Aqaba am Roten Meer), Udruh, Bostra, Palmyra, Sura und Circesium am Euphrat, und im Norden lagen Legionen in Singara (dies nur bis 363, als dieses zusammen mit Nisibis an die Perser abgetreten wurde) und noch weiter nördlich in Melitene, Satala und Trapezus. Zwar waren diese Legionen nicht mehr so groß wie die der früheren Kaiserzeit, doch ist die schiere Menge militärischer Bauten eindrucksvoll, und es fällt auf, daß auf gute Kommunikationsverbindungen und Bewegungsmöglichkeiten besonderer Wert gelegt wurde. Die Funktion jener Einrichtungen ist freilich umstritten. Häufig wird die Vorstellung einer Politik der »Tiefenverteidigung« vertreten (so Edward Luttwak in seinem einflußreichen Buch; s. Literaturhinweise), der zufolge die Streitkräfte an den Grenzen nötigenfalls von einem mobilen Heer verstärkt werden konnten. Doch haben andere Untersuchungen (s. Literaturhinweise) ergeben, daß hierfür weder die literarischen noch die materiellen Zeugnisse sprechen. Im Osten waren die Soldaten des spätrömischen Reiches weit verteilt, es gab keine klare Unterscheidung zwischen Grenztruppen und Bewegungsheer (s. u.) und Kastelle hatten mit der Abwehr möglicher Eindringlinge ebensoviel zu tun wie mit der Aufrechterhaltung innerer Ordnung; die häufig zitierten Aussagen in den literarischen Quellen, darunter eine Beschreibung Arabiens bei Ammian (14, 8), sind zu vage, als daß sie wirklich nutzbar wären. Ein großer Teil des Problems liegt in der Identifizierung der militärischen Anlagen selbst: Viele Gelehrte haben übereilt darauf geschlossen, daß es sich nur um Kastelle handeln könne und daß deren Zweck die Verteidigung gegen äußere Bedrohung gewesen sei. Doch gab es ähnliche Bauten auch in Ägypten, wo es keine der Lage im Osten vergleichbare Problematik der Grenzverteidigung gab, so daß wohl manche dieser Anlagen tatsächlich eher Wachtposten, Wasserstationen oder Haltepunkte an den Verbindungsrouten darstellten, wenn nicht gar mehrere Funktionen zugleich ausübten. Viel hiervon ist freilich noch umstritten, und derzeit ist die Forschung um eine Klärung der offenen Fragen in diesem Bereich besonders bemüht.

Auch muß eine weitere Unterscheidung getroffen werden, nämlich zwischen dem nördlichen und dem südlichen Teil der Grenzgebiete im Osten: Die militärischen Aktivitäten gegen Persien blieben auf den Norden konzentriert; im Süden, also in Palästina, Arabien und Südsyrien, drohte aus dieser Richtung weniger Gefahr, doch herrschte hier, wie man gemeint hat, angesichts der Bedrohung durch nomadische Stämme zunehmende Unsicherheit, die Ursache für das Ausmaß militärischer Einrichtungen war. Langfristige Änderungen in der Balance der örtlichen Bevölkerung von Arabien und Südpalästina mögen vielleicht auch zur Instabilität beigetragen haben. Doch ist all dies noch nicht geklärt, und selbst wenn es aus unserer Sicht so gewesen wäre, ist es ganz unwahrscheinlich, daß von den Römern selbst die Gründe in ähnlicher Form begrifflich hätten erfaßt werden können. Insgesamt scheint jedenfalls das römische Interesse an Südarabien und Äthiopien eher in Handel und Diplomatie als im militärischen Bereich gelegen zu haben.

Was immer also die Gründe waren, die Konzentration der römischen Aufmerksamkeit auf die Grenzgebiete im Osten hatte neben militärischen auch kulturelle Folgen, auf die wir in Kapitel 11 zurückkommen werden. Im militärischen Bereich lassen sich, wie Benjamin Isaac (s. Literaturhinweise) gezeigt hat, drei bemerkenswerte Entwicklungen konstatieren: erstens eine zunehmende Konzentration auf den Nordosten seit dem späten 4. Jahrhundert; dies steht in Verbindung mit dem Erscheinen der Hunnen, die bereits in der Mitte jenes Jahrhunderts in persisches Gebiet eingedrungen und nach 394 in Persien, Melitene, Syrien und Kilikien einmarschiert waren. Armenien war bereits unter Diokletian ein Zentrum militärischer Operationen und erlebte 335 einen erneuten persischen Einfall; da es seit 314 christlich war, was auch auf Iberien im Kaukasus sehr bald nach 324 zutraf, machten religiöse Faktoren diese Regionen zu einem Streitobjekt zwischen Rom und Persien; sie blieben es bis ins 6. Jahrhundert hinein. Die christliche Bevölkerung von Persien selbst spielte in den diplomatischen Beziehungen zwischen den beiden Mächten seit Konstantin ebenfalls eine Rolle; der Brief des letzteren an Schapur II. zu diesem Thema ist bei Eusebios überliefert (Vita Constantini 4, 8–13).

Das zweite Merkmal ist der Einsatz von Nomaden als Verbündete auf beiden Seiten (Ammian 14, 4 u. ö. bezeichnet sie als »Sarazenen« und kritisiert sie heftig mit der für ihn typischen Feindseligkeit gegenüber »Barbaren«); darin lag gar kein so großer Unterschied zu den Vereinbarungen der Römer mit germanischen Verbündeten im Westen. Die Praxis wurde bis ins 6. Jahrhundert fortgesetzt, in dem die Römer und die Perser besonders stark auf Stammesgruppen zurückgriffen, erstere auf die Ghassaniden, letztere auf die Lachmiden. Zuvor hatten die Römer sich auf die Tanukh westlich des Euphrats und später auf die Salih in der Wüste Syriens und Mesopotamiens verlassen. Auf diese Weise war es möglich, die Zahl der eigentlich römischen Streitkräfte schließlich deutlich zu reduzieren, was im Osten offenbar nach dem Friedensschluß zwischen Rom und Persien im Jahr 532 geschah.

Zwei Jahrhunderte lang ist der Einsatz von »barbarischen« Stämmen mitsamt ihren Häuptlingen also ein deutliches Kennzeichen des militärischen Lebens im Osten, doch handelte es sich nicht um etwas völlig Neues. Eine berühmte Inschrift aus Namara von 328, die auf Arabisch mit nabatäischen Buchstaben aufgezeichnet ist, feiert einen gewissen Imru'l-qais, den Sohn des 'Amr, eines Stammeshäuptlings, offenbar Lachmide, der als »König aller Araber, mit dem Diadem bekränzt,« beschrieben wird; die Inschrift bietet eine Liste der von ihm unterworfenen anderen Stämme, die sich bis nach Zentral- und Südarabien ausdehnten, und gibt an, daß er seine Söhne an deren Spitze gestellt habe. Mehrere moderne Historiker glauben, daß jener ein Verbündeter der Römer war, und tatsächlich wurde er auf römischem Gebiet in der Nähe eines römischen Kastells bestattet, doch ist die Inschrift nicht leicht zu verstehen, und außerdem gibt es einen späteren Imru'l-qais, mit dem der hier gemeinte leicht verwechselt werden kann.

Um 376 jedoch stehen wir auf etwas festerem Grund, wenn wir von einer Königin Mavia (Mawiya) hören, welche die Führung (»Phylarchat«) der »sarazenischen« Verbündeten Roms nach dem Tod ihres Gatten übernahm und sie bei Angriffen auf römische Gebiete von Phönikien und Palästina bis hin nach Ägypten führte. Hierin bestand eine beträchtliche Gefahr für Rom, wie der Kirchenhistoriker Sozomenos angibt: »Dieser Krieg war in keiner Weise unbedeutend, obwohl ihn eine Frau führte« (Kirchengeschichte 6, 38). Mavia stimmte schließlich einem Friedensschluß und einem Bündnis mit Rom zu, allerdings nur unter der Bedingung, daß ein bestimmter christlicher Einsiedler in der Wüste von Sinai, ein gewisser Moses, selbst ein Araber, zum Bischof ihres Volkes geweiht werde (Theodoret, Kirchengeschichte 4, 23); als dies geschehen war, soll er viele Araber zum Christentum bekehrt haben (s. insbesondere Sozomenos, Kirchengeschichte 6, 38; Sokrates, Kirchengeschichte 4, 36 nach Rufinus, Kirchengeschichte 2, 6).

Das Gleichgewicht zwischen Nomaden und Siedlern geriet offenbar ins Wanken, und zwar insbesondere in Südpalästina, wo arabische Raubzüge ein zunehmendes Problem für Rom darstellten. Zunächst antwortete man hierauf mit einer Vergrößerung der militärischen Einrichtungen und Kastelle, doch blieben Bündnisse mit den arabischen Stämmen in Südpalästina und anderen Regionen ein Merkmal auch der Politik des 4. Jahrhunderts, und noch ein Gesetz des 5. Jahrhunderts bezieht sich auf die Zahlung von *annona* (Heeresversorgung) an arabische *foederati*, also verbündete Soldaten (Codex Theodosianus, Novellae 24, 2).

Drittens und letztens ist die Militärgeschichte des Ostens im 4. Jahrhundert durch eine Konzentration auf Mesopotamien charakterisiert, wo sich die Feindseligkeiten besonders auf befestigte Städte wie Singara, Dara, Amida, Zenobia und Sergiopolis erstreckten. Vom 4. Jahrhundert an griffen die Perser regelmäßig solche Städte an oder verlangten beträchtliche Summen Schutzgeld von ihren Einwohnern, die seitens des römischen Heeres oft schlicht sich selbst überlassen blieben, wenn es um ihre Verteidigung ging – auf diese Weise konnte man offene Feldschlachten zwischen römischen und persischen Streitkräften vermeiden. Nach der römischen Niederlage von 363 blieb das Grenzgebiet selbst dann lange Zeit stabil.

Dennoch blieb Rom im Osten bis ins 6. Jahrhundert militärisch aktiv, aus welchen Gründen auch immer, und Kaiser Heraklios im 7. Jahrhundert war sogar in der Lage (wenn auch unter großen Schwierigkeiten), die Folgen der jüngstvergangenen Katastrophe der persischen Invasion unter Chosroes II. rückgängig zu machen. Hierin liegt ein großer Gegensatz zur Lage im Westen, wo das römische Heer bereits im frühen 5. Jahrhundert auseinanderzufallen begann. Die römischen Streitkräfte wurden aus Britannien und dem Großteil Spaniens abgezogen. Auch die Leichtigkeit, mit der die Vandalen Nordafrika erobern konnten, läßt sich nur durch einen Mangel an römischer Gegenwehr erklären, und tatsächlich waren Soldaten nicht allzu lange vor jener Zeit nach Italien verbracht worden, um dort im Bürgerkrieg zu kämpfen. In Gallien verringerte die zunehmende Ansiedlung barbarischer Gruppen, angefangen mit den Westgoten in Aquitania 418, das vom römischen Heer zu kontrollierende Gebiet, weshalb jenes dann reduziert wurde.

Die komplexe Lage jener Jahre, die wir allein gallischen und spanischen Chroniken entnehmen können, erklärt, weshalb die Regierung in Ravenna nicht in der Lage war, viel mehr zu tun, als eine Gruppe Barbaren gegen die andere auszuspielen und schließlich Gallien als allmählich in Auflösung begriffen anzusehen. Ein Merkmal jener Jahre war der Einsatz von hunnischen Söldnern, ein anderes die rasch anwachsende Bedeutung mächtiger Heerführer wie Flavius Aetius, der das westliche Reich von 433 bis 454 praktisch selbst beherrschte. Die Hunnen trieben auch vom Kaiser im Osten jährlichen Tribut ein, und als Kaiser Marcianus (450–457) dies beenden wollte, wandten sie sich nach Westen und drangen 452 in Italien ein; es war ein außerordentlicher Glücksfall für Rom, daß ihr König Attila im folgenden Jahr plötzlich starb, woraufhin das hunnische Reich auseinanderfiel.

Mit Ausnahme von Ammians Feldzugsberichten sind die Urteile, die sich in den literarischen Quellen über das spätrömische Heer finden, nicht sehr hilfreich, insbesondere weil spätere Autoren stets nach Erläuterungen für das suchten, was sie – verständlicherweise – als militärischen Niedergang und schließlichen Zusammenbruch ansahen. Die Antwort der Autoren hierauf ist gewöhnlich recht vereinfachend: es seien eben die Grenzen nicht ordentlich verteidigt gewesen. So glaubt der anonyme Autor des in den späten sechziger Jahren des 4. Jahrhunderts entstandenen Traktats *De rebus bellicis*, daß zu viel Geld fürs Heer aufgebracht werde, zugleich aber, daß die Grenzen zu schwach seien, und schickt sich an, für beide Übel Lösungen vorzuschlagen:

Wir werden beschreiben, wie durch eine Halbierung der Steuerlast der Bauer in den Provinzen zu seiner alten Schaffenskraft zurückfindet, wie auch mit der Abschaffung des Mißbrauchs der Steuererhebung der Bewohner der Grenzgebiete deren einsame Weiten nach der Errichtung von befestigten Kastellen in Sicherheit bewohnt. (De rebus bellicis, pr. 10)

An anderer Stelle (in Kapitel 5) sagt er, daß die »riesigen Ausgaben für das Heer« beschränkt werden müssen, da sie das ganze Steuersystem durcheinander bringen; sein Programm für eine Reform beinhaltet ein System rascher Beförderung und frühen Ausscheidens aus dem Dienst, wodurch die Grenzgebiete von Veteranen als Bauern genutzt werden könnten, die zugleich Steuerzahler wären.

Der Verfasser des Traktats vertritt also wie manche moderne Historiker – darunter nicht zuletzt A. H. M. Jones (s. Kapitel 1) – die Auffassung, daß die Steuerlast insgesamt schlicht zu hoch war; allerdings gibt es keine Anzeichen dafür, daß irgendein Zeitgenosse die diesbezüglichen Ideen des Verfassers aufnahm, wie auch die raffinierten Maschinen und Erfindungen, die er für die militärische Nutzung vorschlägt, unbeachtet blieben.

Die literarischen Quellen zum Heer des spätrömischen Reiches sind auch durch eine religiöse Voreingenommenheit gekennzeichnet; so stellt die heidnische Tradition, die von Zosimos (Neue Geschichte 2, 34) repräsentiert wird, Konstantin als Ursache für die Schwächung der Grenzverteidigung dar und bezeichnet ihn als den Kaiser, der »den Barbaren ungehinderten Zugang zum Römischen Reich gewährte«. Dieser Auffassung zufolge war Diokletian der Held, der die gesamte Grenze befestigen ließ und alle Möglichkeiten des Heeres diesem Ziel unterordnete, so daß keine Barbaren die Grenze überschreiten konnten, wohingegen Konstantin dieser Sicherung ein Ende setzte,

indem er den Großteil der Soldaten aus den Grenzgebieten abzog und in die Städte verlegte, die einer Hilfe nicht bedurften. Dadurch beraubte er die von den Barbaren bedrohte Bevölkerung der nötigen Unterstützung und lastete den friedlichen Städten all die Unordnung auf, wie sie eben vom Militär ausgeht. Die Folge ist, daß nunmehr zahllose Orte verödet daliegen. Bei den Soldaten hingegen, welche sich jetzt dem Besuch von Aufführungen und dem Wohlleben hingaben, sorgte er für Verweichlichung und schuf so, kurz gesagt, selbst den Anfang und streute den Samen für den Untergang des Reiches, worunter wir heute noch zu leiden haben.

(Zosimos, Neue Geschichte 2, 34)

Es war natürlich leicht, sich über das Verhalten von Soldaten zu beklagen, die in Städten einquartiert waren, doch Tatsache war, daß der Einsatz des Heeres sich im spätrömischen Reich eben auch geändert hatte.

Zum einen machte die Versorgung mittels *annona* in Form von Naturalien eine größere – und nicht immer erfreuliche – Nähe zwischen Steuerzahlern und Soldaten erforderlich, und zum anderen wurden teilweise die Soldaten selbst zur Steuereintreibung eingesetzt, wie das für Ägypten belegt ist, wo die Papyri vielerlei Spannungen als Folge dieser Praxis bezeugen. Die Einsammlung und der Transport der *annona* führte natürlich ebenfalls zu Problemen und Ablehnung, zugleich aber auch zur Korruption, wenngleich diese mit Folter bedroht war. Weitere Probleme ergaben sich aus dem System von *angareia*, der Verpflichtung zur Stellung von Transportleistung (s. Kapitel 1), über die Libanios in seiner ersten Rede handelt, und aus der ebenfalls verpflichtenden Einquartierung von Soldaten, zu der sich in den Gesetzessammlungen vielerlei Beschwerden finden – und manche Ausnahmegenehmigung, die ein Kaiser in Reaktion hierauf gewährte. Wenn also die Häufigkeit und die Dringlichkeit, mit der sich die Zeitgenossen über die Soldaten beklagten, zunahmen, lag dies daran, daß jene immer häufiger in den Alltag der Menschen in den Provinzen eindrangen.

Noch eine weitere Belastung für die Bevölkerung bestand in der Pflicht zur Stellung von Rekruten oder einer Geldabgabe anstelle dieser Verpflichtung; doch selbst wenn genügend Rekruten zur Verfügung standen, war es für die Regierung verlockend, an ihrer Statt Geldzahlungen zu verlangen. Ein Gesetz aus dem Jahr 412 rechtfertigt diese Praxis; es spricht von

Rekruten, für die Geldzahlungen zu erheben uns die Bedürftigkeit der erschöpften Staatskasse zwingt ... (Codex Theodosianus 11, 18)

Daß Valens die Goten im Jahr 376 nach Thrakien hereinließ, weil er der Meinung war, daß auf diese Weise den Provinzen die Stellung von Gold an Stelle von Rekruten auferlegt werden könnte, haben wir schon (o. in diesem Kapitel) festgehalten (Ammian 31, 4). Dieser kurzsichtigen Politik zufolge schien es für den Staat einfacher und profitabler, sich Barbaren als Söldner zu kaufen, statt sich die Mühe zu machen, Aushebungen in seinen eigenen Provinzen durchzuführen oder – mit ein wenig Glück – stattdessen Zahlungen zu erreichen. Es gab zumal – etwa in den Jahren unmittelbar nach der Schlacht von Adrianopel – Zeiten, zu denen Rekruten dringend benötigt wurden: Die einschlägigen Texte in den Gesetzessammlungen und auch die literarischen Quellen deuten darauf hin, daß sowohl Aushebungen innerhalb des Reiches als auch die Anwerbung von Barbaren in großem Umfang und großer Eile stattfanden.

Wir müssen auf die Frage nach der Größe des Heeres zurückkommen (s. Kapitel 3). Es wäre wohl kaum notwendig gewesen, in solchem Umfang auf Barbaren als Verbündete zurückzugreifen, wenn die Angaben über die Heereseinheiten in der *Notitia Dignitatum* aus dem frühen 5. Jahrhundert als Beleg für eine Größe des regulären Heeres von über 600000 Mann gewertet werden könnten (dies tut etwa A. H. M. Jones, s. Kapitel 1; er räumt aber ein, daß diese Berechnungen zu hoch sein könnten); es ist auch sehr wahrscheinlich, daß die Gesamtzahl von 645000, die Agathias nennt, nur auf dem Papier stand und nicht die wirkliche Heeresgröße um 425 wiedergibt. Tatsächlich fällt es schwer, eine solche Gesamtzahl für realistisch zu halten, wenn man bedenkt, daß das römische Heer im frühen 5. Jahrhundert aus den westlichen Provinzen zurückgezogen wurde (s. o. in diesem Kapitel). Jedenfalls gab es offenbar keine reguläre Feldarmee, die man gegen barbarische Heerführer wie Tribigild oder Gainas hätte einsetzen können; sonst wäre es kaum notwendig gewesen, entweder zu versuchen, diese beiden Heerführer gegeneinander aufzuhetzen oder Uldin und seine Hunnen zu bemühen (s. u. in diesem Kapitel). Im Westen ersetzten während des 5. Jahrhunderts die Verbündeten vollständig die eigentliche römische Feldarmee – mit absehbaren Folgen.

War also das spätrömische Heer als Streitmacht unwirksam? Dies ist oft vermutet worden (zuletzt von Arther Ferrill – s. Literaturhinweise –, der es zu Unrecht als völlig neue Idee wiedergibt), läßt sich aber nur schwer belegen. Vertreter dieser Auffassung nehmen einen Niedergang des Heeres aus mehreren Gründen an: erstens aufgrund der – von ihnen a priori vorausgesetzten und unbewiesenen – Annahme, daß barbarische Söldner weniger Kampfkraft hatten als ein Bürgerheer, insbesondere beim Einsatz gegen andere Barbaren; zweitens, weil die Menge der Bevölkerung, in die man die Heeresangehörigen jeden Grades einrechnet, illoyal und dem Staat entfremdet war; drittens heißt es, die sogenannten *limitanei* in den Grenzregionen seien Teilzeitsoldaten und Bauern gewesen, von denen im Fall einer wirklichen kriegerischen Auseinandersetzung nicht viel zu erwarten war; viertens schließlich verweist man auf die tatsächlich häufigen Niederlagen des spätrömischen Heeres.

Die meisten dieser Argumente sind freilich höchst subjektiver Natur, auch wenn sie von unterschiedlichen Standpunkten aus erhoben werden; typisch ist etwa folgende Aussage: »Daß das weströmische Reich im 5. Jahrhundert dem Druck der barbarischen

Völker nicht mehr standhielt, ergab sich ... vor allem als Folge der Entfremdung zwischen Staat und Gesellschaft« (G.Alföldy, Römische Sozialgeschichte, S. 174; s. Literaturhinweise). Was die *limitanei* betrifft – gleich, ob es nun gute Soldaten waren oder nicht –, ist festzuhalten, daß der Begriff als solcher für Grenztruppen bis ins späte 4. Jahrhundert gar nicht verwendet wird – und dann immer noch nicht für »Bauernsoldaten«, sondern lediglich für »Truppen in der Grenzregion«. Man kann ihnen also nicht die Verantwortung für den Niedergang zuweisen, wie dies häufig geschieht.

Tatsache ist auch, daß es zwar vielerlei Verdächtigungen gegen einzelne Barbaren als Heerführer gab, etwa gegen Stilicho, daß es aber kaum, ja überhaupt keine direkten Belege dafür gibt, daß barbarische Söldnermannschaften oder verbündete Streitkräfte zum Gegner abfielen; die Argumentation der Vertreter der oben genannten Ansicht überträgt also moderne Vorurteile auf eine ganz andere Situation. Freilich gab es viel Feindseligkeit gegenüber Barbarensoldaten als solche, die sich deutlich in der Beziehung zu Stilichos Barbarenrekruten zeigt: Als im Jahr 408 ein Gerücht aufkam, daß der Kaiser Arcadius gestorben sei, war die Lage für Stilicho äußerst schwierig, da auf der einen Seite Alarich und sein Heer stand, auf der anderen der Usurpator Konstantin; er mußte eine Meuterei seiner eigenen Leute gewärtigen, und mehrere wichtige Amtsträger – darunter der Prätorianerpräfekt – wurden von den Soldaten ermordet. Es war unklar, ob Kaiser Honorius in Sicherheit war; sollte sich herausstellen, daß auch er getötet worden war, so stellte sich die Frage, ob man die barbarischen Soldaten auf die römischen loslassen sollte, damit sie an ihnen Vergeltung üben könnten. Dies wurde von Stilicho mit der Begründung verhindert, daß die römischen Soldaten zu zahlreich und der Plan daher zu riskant sei (Zosimos, Neue Geschichte 5, 31–33). Innerhalb weniger Tage hatte Stilicho jedoch die Unterstützung des Kaisers verloren und ergab sich, ohne seiner Barbarengarde zu erlauben, ihn zu verteidigen, freiwillig der nach Ravenna entsandten Gruppe, die ihn festnehmen und hinrichten sollte (ebd. 34). In diesem Moment fielen die regulären Soldaten in den umliegenden Städten Norditaliens über die Familien der von Stilicho rekrutierten Barbaren her, brachten sie um und nahmen ihr Vermögen in Besitz, woraufhin sich die Barbarensoldaten ihrerseits, angeblich 30000 Mann, auf Alarichs Seite schlugen (ebd. 35).

Diese Umstände waren jedoch eine Ausnahme; nicht nur die Barbaren, sondern auch das reguläre Heer war in Unordnung. Nicht die geteilte Loyalität des einzelnen Soldaten im Felde, sondern die Rivalität zwischen Politikern und Militärs hatte die gefährlichen Interventionen der Barbaren herausgefordert, deren Höhepunkt die Krisenjahre des frühen 5. Jahrhunderts darstellen. Im Osten hatten bis 399 die Goten Tribigild und Gainas eine gefährliche Position erlangt, und beide hatten Anhänger unter den gotischen Rekruten. Gainas sicherte sich die Unterstützung des Kaisers Arcadius mit unlauteren Mitteln, bewerkstelligte den Fall des mächtigen Hofeunuchen Eutropius (s. Kapitel 7), stellte offenbar die Unterwerfung Tribigilds sicher und war schließlich in der Lage, den Kaiser und Konstantinopel selbst zu terrorisieren. In diesem Moment freilich, im Jahr 400, wendete sich das Blatt in dramatischer Weise: Nicht seine Barbaren nahmen die Stadt ein, sondern die Bürger erhoben sich und brachten 7000 arianische Goten um, indem sie die Kirche anzündeten, in die sich jene geflüchtet hatten; Gainas selbst, der die Stadt früher verlassen hatte, mußte nun einen bewaffneten Angriff hinnehmen und wurde von einer Hunnenstreitmacht unter Führung eines gewissen Uldin (oder Uldes) getötet (Zosimos, Neue Geschichte 5, 17–22). Die Version des Zosimos geht auf den heidnischen Historiker Eunapios zurück, dessen Werk auch von den Kirchenhistorikern Sokrates und Sozomenos benutzt wurde, bei denen sich freilich eine andere Darstellung findet, in der die religiösen Faktoren betont werden und der Fall des Gainas als gottgewollt dargestellt ist. Synesios, später Bischof von Ptolemaïs, der seinerzeit in Konstantinopel als ein Gesandter aus Kyrene weilte, schrieb ebenfalls über diese Ereignisse in seinem Werk *De providentia* (Über die Vorsehung), einem hochliterarischen allegorischen Werk, in dem Politiker als Figuren des Mythos von Isis und Osiris erscheinen. Schließlich spielte auch Johannes Chrysostomos, der seinerzeit Bischof von Konstantinopel war, eine aktive, wenngleich vielleicht etwas zweideutige Rolle: Er gestattete Gainas und seinen Goten, eine der Kirchen in der Stadt zu benutzen, suchte sie aber daran zu hindern, arianische Gottesdienste abzuhalten; auch hatte er als Gesandter an Gainas agiert. Über die Verbrennung der Goten in der Kirche ist keine Predigt von ihm erhalten, doch ging dieses schlimme Ereignis Johannes Chrysostomos offenbar nahe, da es das Asyl in der Kirche verletzte; auch er selbst war Kritik ausgesetzt, weil er Eutropios ausgeliefert hatte, der sich seinerseits in eine Kirche geflüchtet hatte.

Die grundlegenden Fragen zu diesen Ereignissen, die in den Einzelheiten zu entwirren äußerst schwierig ist, sind eher politischer als militärischer Art. Sie beziehen sich nicht nur auf die Gefahr, Barbaren als Heerführer einzusetzen, sondern auch auf die Position des Kaisers gegenüber seinen Ministern, und sie zeigen die Positionskämpfe, die sowohl am östlichen als auch am westlichen Hof nach dem Tod Theodosius' I. stattfanden. Der Unterschied war (dies hat Wolfgang Liebeschuetz dargelegt), daß im Osten die Gainas-Affäre dazu führte, daß man künftig lange auf die Rekrutierung von Barbaren im großen Stil verzichten wollte; als Uldin 408 in Thrakien einmarschierte und besiegt wurde, wurden seine Leute als Siedler zerstreut, nicht als Bündner zum römischen Militärdienst verpflichtet (Codex Theodosianus 5, 6, 3).

Der Unterschied zum Westen könnte hier nicht größer sein – auf den Fall Stilichos im selben Jahr folgte Alarichs Marsch auf Rom und jahrelang eine weitere Bedrohung durch einzelne barbarische Heerführer und deren Armeen. Freilich waren auch tieferliegende strukturelle Faktoren sowohl politischer als auch wirtschaftlicher Art für diesen Unterschied verantwortlich. Während des 5. Jahrhunderts, in dem der Westen zerfiel, wurden die Kaiser zunehmend schwächer und hatten immer weniger Zugriff auf Ressourcen, während der Osten immer wohlhabender wurde und sich nötigenfalls die Ruhe von den Barbaren erkaufen konnte. Schließlich ermöglichte die weniger abgehobene und besser integrierte Senatorenschicht im Osten die Entwicklung einer stabileren und im wesentlichen zivilen Regierung, was man während der Herrschaftszeit Theodosius' II. und später erkennen kann.

10. Die Kultur im späten 4. Jahrhundert

Der Einfachheit halber trennt dieses Buch verschiedene Aspekte der spätrömischen Gesellschaft – Wirtschaft, Militär, Religion, Politik –, ohne auf die Frage einzugehen, ob eine solche Einteilung wirklich die beste Methode historischer Studien ist. Unter »Kultur«, dem Thema dieses Kapitels, verstehen wir das Konglomerat von Ideen und Informationen, aus dem jede Gesellschaft ihre Identität ableitet und das mittels Unterricht und Ausbildung weitergegeben wird. Dazu gehört natürlich vieles von dem, was bereits in früheren Kapiteln behandelt worden ist: Zu wissen, wie die Gesellschaft, in der man lebt, politisch organisiert ist, ist ja nicht angeboren, sondern erlernt, und der allgemeine Konsens über den politischen Rahmen bindet eine Gesellschaft zusammen. Auch Religion gehört zweifellos in den Bereich der Kultur, denn sie setzt eine bestimmte Ansicht dessen voraus, wie die Welt ist oder sein sollte. Der Begriff »Kultur« wird aber üblicherweise auch in einem engeren Sinn verwendet, um die Bereiche von Unterricht und Bildung, Sitten und Geschmack zu beschreiben.

Wir haben uns in der modernen Welt an die Idee einer Pluralität von Kulturen gewöhnt – ja, im Hinblick auf eine multikulturelle Gesellschaft erscheint dies als ein erstrebenswertes Ziel, auch wenn sich sowohl Einzelpersonen als auch Gruppen damit schwer tun. Im Gegensatz dazu sind traditionelle Gesellschaften gewöhnlich von einer einzelnen Kultur dominiert. Das spätrömische Reich war zwar eine solche traditionelle Gesellschaft, doch erstreckte es sich über so riesige Gebiete, daß es viele unterschiedliche Einzelkulturen umfaßte. Überdies änderte sich die spätrömische Gesellschaft in mehreren wichtigen Hinsichten: Außenseiter, nämlich Barbaren, traten hervor, indem sie im Heer dienten oder sich innerhalb des Reiches ansiedelten; der Fortschritt des Christentums brachte nicht nur religiösen, sondern auch gesellschaftlichen Wandel mit sich, und die Kluft zwischen Arm und Reich erweiterte sich in mancher Hinsicht. All dies führte zu einer gesellschaftlichen und kulturellen Vielfalt, aber auch immer wieder zu Konflikten.

Ein solches Spannungsfeld war die Jugendbildung. Natürlich gab es kein staatliches Bildungswesen als solches, und Schulen, insbesondere höhere Schulen, waren den Wohlhabenden vorbehalten; dennoch war die Nachfrage nach einer traditionellen Unterweisung, die auf Grammatik und Rhetorik beruhte (dies waren die

Standarddisziplinen), groß, und Grammatiker, Schullehrer und mehr noch Rhetoren, die auf einem höheren Niveau unterrichteten, genossen hohes Ansehen. Das Funktionieren der Bürokratie und des bürgerlichen Lebens auf örtlicher Ebene verlangte rhetorische Fertigkeiten für die vielen formellen Reden, die man bei öffentlichen Anlässen halten mußte, und entsprechende Kenntnisse konnten für die Karriere des Einzelnen von Bedeutung sein, wie dies etwa bei Ausonius von Bordeaux der Fall war (s. Kapitel 2 und 7). Nazarius wirkte unter Konstantin, Themistios und Constantius II. und späteren Kaisern, Pacatus unter Theodosius I., und zahllose für uns namenlose andere Redner schufen Preisreden für formelle Anlässe. Dieselbe Praxis wurde auch auf wichtige christliche Ereignisse ausgedehnt, etwa auf die Weihung einer bedeutenden Kirche. Die Rede des Eusebios bei der Weihung der Grabeskirche in Jerusalem 335 etwa (s. Kapitel 4), war nur eine von mehreren, die bei dieser Gelegenheit gehalten wurden; Eusebios verfaßte auch eine christliche Preisrede auf Konstantin anläßlich des dreißigsten Jahrestags seines Herrschaftsantritts (Oratio Tricennalis). Die lateinischen Gedichte des Claudianus, die für Gelegenheiten wie das Konsulat des Kaisers verfaßt wurden, hatten eine ähnliche Funktion. All diese Kategorien öffentlicher Rede mochten auch einen stark politischen Gehalt haben. Eine rhetorische Ausbildung war deshalb ein wertvolles und als solches eben auch »käufliches« Gut, nach dem Eltern für ihre Söhne strebten; in Augustinus' Darstellung seiner eigenen Unterweisung und frühen Karriere in Karthago und Rom tritt uns dies lebendig entgegen. Die meisten der bekannten Bischöfe jener Zeit, etwa Basilios von Caesarea, der in Athen studiert hatte, waren in ähnlicher Weise gebildet.

Die Kultur, die auf diese Weise vermittelt wurde, war streng klassisch-antik und beruhte weiterhin auf den Standardwerken – im Bereich des Lateinischen auf Cicero, Sallust, Livius, Horaz und Vergil. Wissensgebiete wie Mathematik, Geographie oder gar Geschichte wurden nicht als solche unterrichtet; die Ausbildung hatte überhaupt wenig Bezug zum täglichen Leben und war überdies einer Elite vorbehalten. Ein staatliches Bildungswesen im heutigen Sinne gab es nicht, doch wurden den Lehrern vom Staat gewisse Privilegien zugestanden, und 425 gründete Theodosius II. eine »Universität« in Konstantinopel; unterrichtet wurde dort »lateinische Beredsamkeit«, die in Rhetorik und Grammatik eingeteilt war, und »griechische *facundia*« (ein anderes Wort für dieselbe Sache), wobei der Unterricht auf Sophisten und Grammatiker verteilt war, ferner auf einen Philosophen und zwei Juristen für »das tiefere

Wissen und Lernen« (Codex Theodosianus 14, 9, 3). Diese Bestimmungen unterstreichen die Tatsache, daß die einzigen Alternativen zur Rhetorik Philosophie oder Recht waren, die beide als höher spezialisiert galten.

Daß Lehrer in gesellschaftlicher Hinsicht einen wichtigen Einfluß ausüben konnten, erkannte als einer von wenigen Julian, der diese Erfahrung selbst gemacht hatte (s. Kapitel 6); im allgemeinen wurde das Bildungssystem als solches aber nicht in Frage gestellt. Es ermunterte nicht zu irgendeiner Art von originellem Denken oder Experimentieren, sondern konzentrierte sich auf gründliches Lernen, Auslegen und Imitieren der großen Autoren der Vergangenheit. Daß dies auf den Stil und den Inhalt dessen, was die Schüler dieses Systems später selbst schrieben, große Auswirkung hatte, versteht sich von selbst. Nachdenkliche Christen, die selbst die übliche Ausbildung durchgemacht hatten, sahen sich gelegentlich in Schwierigkeiten: Immerhin war ja ein Großteil der klassisch-antiken Literatur entweder direkt oder indirekt mit heidnischen Göttern und heidnischer Mythologie befaßt; manche Christen vertraten daher die Ansicht, daß man diese Literatur völlig meiden solle, während andere – wie Basilios, der ein Traktat über die griechische Literatur für seinen Neffen schrieb – argumentierten, daß nur die nützlichen Teile jener Literatur gelesen, die anderen aber gemieden werden sollten. Der Konflikt betraf noch andere namhafte Personen: Hieronymus kam sich wegen seiner Vorliebe für Cicero schlecht vor, und Augustinus blieb sein ganzes Leben lang heftig zwischen der klassischen Bildung, die er aufgesogen und selbst unterrichtet hatte, und seiner späteren Überzeugung, daß Wissen nicht aus weltlichem Unterricht, sondern nur von Gott selbst kommen könne, hin- und hergerissen. In zwei wichtigen Werken erörtert er diese Probleme direkt: in *De doctrina christiana* (Über die christliche Lehre) und in *De magistro* (Über den Lehrer). Ein weiterer Anlaß für Spannungen war die Tatsache, daß sich das Christentum an Männer und Frauen aller Schichten wandte. Dies galt zweifellos nicht für die klassische Ausbildung, und viele christliche Autoren – unter ihnen Hieronymus – waren in der Tat über die »Einfachheit« der christlichen Literatur unglücklich, die sich angeblich aus dem entwickelt hatte, was sie *sermo piscatorius* nannten, die »Sprache von Fischern«.

Allerdings wurde es als wichtige Aufgabe angesehen, auch die ungebildeten Mitglieder der Gemeinde zu erreichen; Bischöfe wie Ambrosius waren damit befaßt, wie man auch die *rustici* (Landleute) bekehren könne, und Augustinus war daran gelegen, wie man jene in einer Predigt erreichen könne (s. Kapitel 8). Doch hat man zu Recht darauf hingewiesen, daß dies nicht zu einem christlichen Bildungsprogramm an sich führte. Die Kirchenleute wollten bekehren – doch dies im Kontext von Schulen und Alphabetisierung zu tun, ist eine moderne Idee. Die allgemeine Befähigung zum Lesen und Schreiben nahm in jener Zeit wahrscheinlich insgesamt gar nicht zu, vielmehr ging sie mit dem Zerfall des Westens wohl sogar zurück.

Spätestens im 5. Jahrhundert, als man damit begann, Kirchen mit Szenen aus der christlichen Mythologie bildlich auszuschmücken, war anerkannt, daß auch hierin eine Methode zur Unterweisung der nicht des Lesens und Schreibens Kundigen vorlag. Doch die Beziehung zwischen christlicher und weltlicher Bildung führte noch immer zu Unruhe. Manche Mönche und Einsiedler waren selbst ungebildete Menschen und geradezu aggressiv antiintellektuell eingestellt, andere stammten hingegen aus einem wohlhabenden, gebildeten Haus. Eine ganze Reihe von Bischöfen und Theologen jener Zeit, etwa Basilios von Caesarea und Epiphanios von Salamis auf Zypern, hatten lange Zeit zurückgezogen in der Wüste gelebt. Ein weiteres Beispiel: Der asketische Autor Euagrios hatte zu dem Kreis des Basilios und des Gregor von Nazianz gehört und am Konzil von Konstantinopel 381 teilgenommen; während einer Erkrankung in Jerusalem war er von Melania der Älteren gepflegt und dann Mönch in Nitria und Kellia in Ägypten geworden. Die anderen Mönche dort waren von seiner Bildung unangenehm berührt, und als er ihnen einmal einen Vortrag gehalten hatte, mußte er den implizierten Tadel hinnehmen, als einer zu ihm sagte:

Wir wissen, Vater, daß du, wenn du in deinem Lande geblieben wärest, jetzt dort Bischof wärest und Herr über viele. Nun aber sitzt du hier und bist nur ein Fremdling.   (Apophthegmata Patrum 233 = Euagrios 7, Miller S. 92)

Symbolisch bedeutete die »Stadt« Weltlichkeit und Versuchung, die »Wüste« asketische Tugend, doch in der Praxis gab es häufige Kontakte zwischen beiden Welten, und in der »Wüste« lebten gebildete wie auch einfache Leute. Doch entwickelte sich »Bildung« zum Begriff für weltliche Kultur, weshalb deren Zurückweisung wie auch die Ablehnung der Ehe ein Topos asketischer Literatur wurde. Waren die Asketiker erst einmal in der Wüste, nahmen sie häufig eine bildungsfeindliche Haltung ein. In anderen Kreisen wurde hingegen Bildung mit christlicher Zielsetzung begeistert verfolgt, ja die asketischen Damen aus dem Kreis des Hieronymus verbanden einen besonders harten asketischen Lebensstil mit einem

Eifer für Bildung, der sich sogar auf den hebräischen Text der Bibel erstreckte (s. Kapitel 8).

Eine solche Situation führte zu vielerlei persönlicher Unsicherheit, und wir können in vielen Fällen sehen, daß das Thema der Bildung häufiges Streitobjekt war. Gregor von Nyssa vergleicht seine Schwester Makrina, die zu Hause anhand der Psalmen ausgebildet worden war, zu ihren Gunsten mit seinem Bruder Basilios, der gerade aus den Gelehrtenkreisen Athens kam. Johannes Chrysostomos proklamiert in seinen Reden den Triumph der »Fischer« (s. o.) über die Philosophen, wenngleich er selbst eine solide traditionelle Unterweisung erfahren hatte. Überhaupt greift er die weltliche Kultur im allgemeinen vehement an, insbesondere die Aspekte, zu denen sich seine christliche Hörerschaft ganz offenbar hingezogen fühlte, etwa das Theater, die Wagenrennen, schöne Kleidung und andere Arten von Schmuck, Geldverliebtheit und den Besitz unnötig vieler Sklaven. Manche erhielten eine vorwiegend christliche Unterweisung, doch gab es noch immer keine christlichen Schulen, die sich mit den traditionellen der Grammatiker und Rhetoren vergleichen ließen. Predigten wie die genannten wurden die Grundlage einer Art von christlicher Bildung, indem sie die Heilige Schrift auslegten, Grundlehren des Christentums vermittelten und den Gläubigen sagten, was sie zu tun hatten. Und auch wenn sich ein Großteil der Angriffe des Johannes Chrysostomos an die reichen Bürger von Antiochia und Konstantinopel wandte, waren die Predigten im allgemeinen an alle Schichten gerichtet. In der Kirche waren gewöhnliche Leute und die gebildete Gesellschaft gleichermaßen Empfänger derselben Gebote.

Die ideale Erziehung christlicher Kinder sollte Johannes Chrysostomos und anderen zufolge von den Eltern sorgfältig geregelt werden, um auf diese Weise unerwünschte Einflüsse zu vermeiden und christliche Prinzipien einzupflanzen; allerdings lassen die meisten Werke über die Ausbildung, die erhalten sind – etwa Johannes Chrysostomos in seiner Schrift *Über Hoffart und Kindererziehung* –, vermuten, daß ein Großteil diesen Erwartungen nicht gerecht wurde. Augustinus' Darstellung seiner eigenen Entwicklung in den *Confessiones* zeigt ihn selbst und andere junge Männer einer höheren Altersgruppe von den verschiedenen Einflüssen hin- und hergerissen, wie sie unter den im Wettbewerb stehenden Philosophien – Neuplatonismus, Manichäismus, Christentum – nach dem rechten Weg suchten und verschiedene Lebensstile erprobten. Augustinus' Kreis experimentierte mit einem gemeinschaftlichen Leben, und zu seinen Freunden gehörten etwa – zu verschiedenen

Zeiten – Firminus, offenbar ein Mitglied der Staatsverwaltung, Romanianus, ein alter Freund aus der Heimat, Alypius, ebenfalls aus Thagaste, der Rechtsanwalt wurde, Nebridius, ein enger Freund aus Karthago, und Verecundus, ein Redner in Mailand. Waren auch die zeitgenössischen Formen kultureller Überlieferung im Vergleich zur modernen Gesellschaft begrenzt, wurden doch die wirksamsten Einflüsse über Lektüre, persönliche Kontakte und Anekdoten ausgeübt – gar kein so großer Unterschied zum heutigen Erwerb von Erfahrung.

Die klassische Kultur war, wie schon erwähnt, auf die wohlhabenderen Schichten beschränkt. Wie der Unterricht waren auch Bücher teuer und ohnehin schwer erhältlich, und so war wohl ein Großteil der ärmeren Schichten entweder gar nicht oder nur in geringem Maße in der Lage, zu lesen und zu schreiben. Diese enge Kulturelite war auch ein mächtiges Hindernis für eine Assimilation der Barbaren (s. Kapitel 9). Im Christentum fanden die Armen und die niedrigeren Schichten größere Aufmerksamkeit. Dennoch sind die kulturellen Spannungen zwischen Heiden und Christen, von denen wir aus unseren Quellen erfahren, zu jener Zeit im wesentlichen solche zwischen verschiedenen Mitgliedern der oberen Schicht. Hiervon hören wir häufig etwas in den Quellen, wohingegen wir über die vielen Christen der niedrigeren Schichten in den Stadtgemeinden schlecht informiert sind, ebenso schlecht über die gesellschaftliche Herkunft der Mönchstruppen, die in den neunziger Jahren des 4. Jahrhunderts soviel Unruhe stifteten. Auch das Heidentum Julians war eine ähnlich herausragende Angelegenheit, und während wir viel über den Neuplatonismus und Verwandtes wissen, stehen uns über gewöhnliche Heiden, insbesondere über einzelne von ihnen, kaum Quellen zur Verfügung.

Einen Ort und einen Zeitraum, aus dem eine Vielzahl von Zeugnissen erhalten ist, stellt Rom im späten 4. Jahrhundert dar, in dem das voranschreitende Christentum die Werte und das soziale Gleichgewicht der Senatorenschicht bedrohte und in dem heidnische Angehörige der großen Familien sich unziemlichen Rangeleien zwischen Gruppen von Christen, die verschiedene Kandidaten für den Posten des Bischofs unterstützten, ausgesetzt sahen (Ammian 27, 3 behauptet, daß man nach dem blutigen Vorspiel der Wahl von Papst Damasus 366 in der Basilika von Sicininum 137 Leichen fand). In diesem Umfeld waren sowohl die Bekehrung eines einzelnen als auch die Erwartungen an eine deutlicher christliche Politik seitens der Kaiser gesellschaftlich und schichtenspezifisch scharf abgegrenzt. Männer wie Praetextatus und Symmachus, die sich ihrem Selbstverständis entsprechend weiterhin dem heidnischen Kult verbunden fühlten, sahen den großen Einfluß eines Ambrosius auf die kaiserliche Politik mit Bestürzung, und manche gingen in ihrer heidnischen Überzeugung so weit, offen Stellung zu beziehen, etwa Nicomachus Flavianus, der nach der Niederlage des Eugenius 394 Selbstmord beging (s. Kapitel 2).

Doch Ammians kritische Darstellung der römischen Senatorenschicht zeigt, daß die Religion nur bei wenigen hohe Priorität hatte; die meisten waren vielmehr mit der Aufrechterhaltung ihres luxuriösen Lebensstils beschäftigt und hatten für ernsthaftere Dinge wenig übrig:

Die wenigen Häuser, die früher wegen ernsthafter Pflege der Wissenschaften berühmt waren, sind jetzt erfüllt von Spielereien einer langweiligen Untätigkeit. (Ammian 14, 6)

Wir sollten uns in jenem Zeitraum also keine allgemeine »heidnische Renaissance« vorstellen, die dann auch noch um einen deutlich abgrenzbaren »Symmachuskreis« geschart war, wie man früher gemeint hat, sondern vielmehr mit einer ganzen Bandbreite von Einstellungen bei der heidnischen Oberschicht rechnen, von wirklicher Hingabe an den heidnischen Kult und die römische Tradition bis hin zu einer bloßen Zuneigung zum Status quo.

Es ist ebenso notwendig, eine Unterscheidung zu treffen zwischen der Literatur, die klassisch-antike (und deshalb heidnische) Vorbilder bewahrt oder wiederbelebt, und Werken, die direkt antichristlichen Charakter haben. Die meisten Schriften gehören zur erstgenannten Kategorie. Mehrere Werke, die man für »heidnische Propaganda« oder sonst antichristlich gehalten hat, erweisen sich bei näherem Hinsehen als entweder recht neutral oder zu Unrecht in diese Zeit datiert. Dies gilt etwa für die sogenannten *Saturnalia* des Macrobius, ein vielfältiges Werk in Form eines Dialogs, dessen Hauptsprecher Praetextatus und Symmachus sind; der Dialog wird als am Vorabend von Praetextatus' Tod 384 geführt dargestellt. Heute datiert man das Werk eine Generation später; es ist dann aber überhaupt kein Dokument für eine »heidnische Renaissance« des späten 4. Jahrhunderts. Dasselbe gilt für die großen Kommentare, die Servius zu den Werken Vergils verfaßt hat. Auch von Ammian hat man behauptet, er sei Sprachrohr der heidnischen Senatoren gewesen, doch gibt es keine Belege, die eine solche Ansicht stützen, vielmehr macht seine (oben zitierte) heftige Kritik es eher problematisch, in ihm einen Schützling jener Schicht zu sehen. Im gleichen Zusammenhang ist auch die *Historia Augusta* zu nennen, eine Sammlung von Kaiserbiographien, die sich als das Werk von sechs verschiedenen Autoren gibt, die unter Konstantin geschrieben hätten, tatsächlich aber das eines einzelnen Autors ist, der wahrscheinlich in den frühen neunziger Jahren des 4. Jahrhunderts schrieb. Dieses merkwürdige Werk, eher Skandalblatt als Geschichte, doch eine für uns wichtige Quelle insbesondere für das sonst schlecht dokumentierte 3. Jahrhundert (s. Kapitel 2), ist Gegenstand lebhafter Forschungskontroversen, sowohl was seine Datierung als auch was seinen Zweck betrifft. Die Meinung, daß es sich um heidnische Propaganda handle, scheitert an der schlichten Tatsache, daß diese angebliche Propaganda so gut versteckt wäre, daß man sie praktisch gar nicht zu entdecken vermag. Viel wahrscheinlicher ist daher, daß es sich um ein Produkt handelt, das den von Ammian gegeißelten Geschmack der Senatorenschicht trifft und deren Vorliebe für Sensationsgeschichten nachkommt:

Manche verabscheuen die Gelehrsamkeit wie Gift, lesen aber mit aufmerksamem Eifer (den Satiriker) Juvenal und (den Verfasser romanhafter Kaiserbiographen; s. Kapitel 2) Marius Maximus. In ihrem bodenlosen Müßiggang nehmen sie außer diesen kein Buch in die Hand; warum – das zu beurteilen will ich mir nicht anmaßen. (Ammian 28, 4)

Die Schlußbemerkung verbirgt die wohlbekannte Tatsache, daß Juvenals Satiren und Marius Maximus' Kaiserbiographien für ihre Schlüpfrigkeit bekannt waren.

Trotz Ammians Spott gab es eine Reihe von römischen Aristokraten, die sich für die frühere lateinische Literatur interessierten und sie abschreiben ließen, insbesondere die Standardwerke eines Vergil, Horaz, Terenz, Livius und Quintilian, aber auch die weniger häufig gelesenen Autoren der silbernen Latinität wie Martial und Persius. Die Abschriften, die sie sich herstellen ließen, waren meist mit einer ausführlichen *subscriptio* versehen, einer Art Anmerkung, welche die Tätigkeit der Auftraggeber als Herausgeber der Texte beschreibt, so daß wir hierin durchaus eine literarische Tätigkeit erkennen können. In den meisten Fällen wurden aber – dies hat Alan Cameron (s. Literaturhinweise) gezeigt – die Autoren, deren Werke auf diese Weise erneut herausgegeben wurden, auch von den Christen gelesen, die ihrerseits die Begeisterung für das Abschreiben alter Texte teilten. Dieses Phänomen ist interessant und wichtig, doch wäre es weit übertrieben zu meinen, daß die klassisch-antike Literatur von der heidnischen Intelligenz für die Nachwelt gerettet wurde.

Anders mag der Fall des Nicomachus Flavianus liegen, dessen

lateinische Übersetzung von Philostratos' *Leben des Apollonios von Tyana*, der Biographie eines berühmten heidnischen Wundertäters, von manchen den christlichen Evangelien gegenübergestellt wird; doch ist auch dies ein Werk, das sowohl Hieronymus als auch Augustinus gelesen haben, und die Übersetzung mag gar nicht die religiöse Wirkung gehabt haben, die ihr von modernen Historikern zugeschrieben wird. Auch Christen übersetzten griechische Werke ins Lateinische, und zwar mit eindrucksvollem Fleiß. So ließ sich ein römischer Auftraggeber, Apronianus, die Werke des Origenes, des Gregor von Nazianz und des Basilios von Caesarea übersetzen. Hieronymus selbst spielte eine wichtige Rolle dabei, solche Aktivitäten zu fördern und die Kenntnis der griechischen christlichen Werke zu verbreiten, darunter insbesondere die *Vita Antonii* (s. Kapitel 2).

Im allgemeinen gab es also sowohl bei Christen als auch bei Heiden ein Interesse an Lektüre und Bildung, das der Kritik Ammians an den Lektürevorlieben (oder deren Mangel) in der römischen Senatorenschicht zuwiderläuft; ja, es gibt einige Belege für die Interaktion und gegenseitige Beeinflussung beider Seiten. Kurz, wir dürfen nicht annehmen, daß jedes Werk, das von einem Heiden geschrieben oder in Auftrag gegeben worden war, schon deshalb als antichristliche Polemik gemeint war.

Die reichen römischen Familien waren natürlich auch Schirmherren der Künste auf anderen Gebieten. Wir sollten hierbei nicht an »Kunstwerke« oder Musik im heutigen Sinne denken, sondern eher an Luxusobjekte, mit denen die Auftraggeber ihre großen Häuser zieren konnten. Vom 4. Jahrhundert an ist die Spätantike reich an solchen Werken in zwei besonders edlen Werkstoffen, Silber und Elfenbein; beide waren im Rom des späten 4. Jahrhunderts sehr begehrt, und viele Arbeiten wurden von den aristokratischen Familien selbst in Auftrag gegeben. Bestimmte Arbeiten dieser Art sind datiert, insbesondere einige der sogenannten Elfenbeindiptycha, Doppeltafeln, die jeweils mit einem Relief verziert sind und aus Anlaß einer Gelegenheit wie etwa dem Antritt eines Konsulats verteilt wurden; viele lassen sich freilich nur nach ihrem Stil datieren.

Auch hier hat man das Festhalten an klassisch-antiken Motiven auf Elfenbeintafeln oder auch Silbertellern als direktes Argument für das Heidentum angesehen oder aber zumindest für eine »heidnische Renaissance« seitens ihrer Besitzer. Dies freilich ist ein gefährliches Argument, da es allzu leicht zum Zirkelschluß wird, etwa von der Art: Da wir wissen, daß es eine klassisch-antike heid-

Abb. 10. Tafel eines Elfenbeindiptychons mit Darstellung einer Priesterin bei einer Opferhandlung, der Inschrift zufolge »von den Symmachi«. Das andere, ebenfalls erhaltene Blatt stammt seiner Inschrift zufolge »von den Nicomachi«. Das Diptychon verbindet also vielleicht die beiden führenden heidnischen Familien im Rom des späten 4. Jahrhunderts. Allerdings ist die Datierung (und deshalb auch diese Deutung) in der Forschung umstritten, da man als Entstehungszeit auch erst das frühe 5. Jahrhundert für möglich hält.

nische Renaissance im späten 4. Jahrhundert gab, muß das spezielle Werk eben diesem Zeitraum angehören.

Christen lehnten in ihrer Kultur nicht jedes Element dieser Art ab und warfen auch nicht alle Objekte fort, die sie bereits besaßen, insbesondere wenn sie der Oberschicht angehörten und daran gewöhnt waren, von schönen Objekten im traditionellen Stil umgeben zu sein. Außerdem erfolgte die Christianisierung natürlich schrittweise – nicht alle Mitglieder einer großen römischen Familie wie der Anicii oder der Aproniani wurden zur selben Zeit Christen. Und schließlich verwarf die christliche Kunst nicht unmittelbar und völlig den klassischen Stil.

Einige wenige Beispiele sollen dies illustrieren: Wir beginnen mit dem berühmten Elfenbeindiptychon, dessen beide Hälften jeweils eine klassisch gekleidete Frau beim Opfer an einem Altar zeigen und mit den Namen der Familien der Nicomachi und der Symmachi beschrieben sind, also gerade der Familien, die in den heidnischen Kreisen jenes Zeitraums so prominent waren (die eine Hälfte des Diptychons befindet sich heute im Musée de Cluny zu Paris, die andere im Victoria-and-Albert-Museum zu London; s. Abbildung 10). Die Datierung der Tafeln ist für ihre Deutung entscheidend, und natürlich hat man sie der angenommenen »heidnischen Renaissance« zugewiesen; andere Elfenbeindiptychen, die keine Inschrift aufweisen, hat man dann im Vergleich mit diesen dem gleichen Zeitraum zugeordnet. Geht man also von dieser üblichen Datierung aus, kann man sich vorstellen, daß Quintus Aurelius Symmachus und Nicomachus Flavianus solche an klassisch-antikem Vorbild ausgerichtete Kunst förderten und insofern ihrer Rolle als selbsterklärte Verteidiger des Heidentums gerecht wurden. Allerdings waren beide auf den Tafeln genannten Familien bis weit ins 5. Jahrhundert und darüber hinaus bedeutend, weshalb die Elfenbeintafeln durchaus nicht aus der für diese Argumentation zentralen Periode des späten 4. Jahrhunderts stammen müssen, wie dies ja auch für Macrobius' *Saturnalia* oder Servius' Vergilkommentare zutrifft (s.o.).

Eine weitere nicht datierte Elfenbeintafel (sie ist heute im Britischen Museum zu London zu sehen; s. Abbildung 11) zeigt die ganz unklassische Szene der Apotheose (*consecratio*) einer Person, unter ihr eine Quadriga und vier Elefanten; sie ist mit einem Monogramm beschriftet, über dessen Deutung zwar keine Einigkeit herrscht, das man aber ebenfalls als *Symmachorum* (»von der Familie der Symmachi«) interpretieren kann. Trifft

Abb. 11. Tafel eines Elfenbeindiptychons mit Darstellung symbolischer Szenen eines heidnischen Scheiterhaufens und einer Apotheose (*consecratio*). Man hat dies auf Kaiser Julian oder aber auf Symmachus bezogen, wobei für letztere Interpretation das Monogramm oben angeführt wird. Auch bei diesem aus dem späten 4. oder frühen 5. Jahrhundert stammenden Kunstwerk hängen Deutung und Datierung voneinander ab.

dies zu, dann illustriert diese Darstellung einer offenbar heidnischen Apotheose zumindest, daß ein klassisch-antiker Stil allein nicht als Indikator des Heidentums gelten kann und daß folglich solche Werke nicht nach diesem Kriterium datiert werden können.

Schließlich ist das großartige gold-silberne Brautkästchen der Proiecta (s. Umschlagabbildung) zu nennen, das Teil einer ganzen

Sammlung von Silberobjekten ist, die nach dem Ort, an dem sie im späten 18. Jahrhundert entdeckt wurden, als »Esquilin-Schatz« bezeichnet werden (der Schatz ist heute im Britischen Museum zu London ausgestellt; s. auch Kapitel 11, Abbildung 14); es handelt sich um ein bei der Hochzeit übergebenes Kästchen, das mit mythologischen, also klassisch-antiken Figuren und Motiven verziert ist, aber auf dem Deckel eine christliche Inschrift trägt: *Proiecta et Secunde, vivatis in Christo* (»Proiecta und Secundus, möget ihr in Christus leben«). Über die Identifizierung des Brautpaares und damit über die Datierung des Kästchens gibt es eine lebhafte Forschungskontroverse (s. Literaturhinweise): manche Gelehrte halten die fünfziger Jahre, andere – die Mehrzahl – die achtziger Jahre des 4. Jahrhunderts für richtig. In jedem Fall haben wir es mit einem Satz von Silberobjekten zu tun, der von Mitgliedern der spätrömischen Senatsaristokratie besessen und wahrscheinlich auch in Auftrag gegeben wurde. Von einer Proiecta wissen wir, daß sie im Jahr 385 im Alter von 16 Jahren starb und daß ihr Papst Damasus ein Epigramm zur Erinnerung an sie widmete, und Secundus ist ein Name, der häufig von Mitgliedern der großen Familie der Turcii getragen wurde; Turcius mag auch die richtige Auflösung eines der Monogramme auf einem anderen Objekt aus diesem Schatz sein. In jedem Fall aber demonstriert die Zufügung einer christlichen Inschrift auf einem Kästchen im klassisch-antiken Stil erneut, daß Kunstgeschmack nicht notwendig mit religiöser Überzeugung verbunden war. Im übrigen zeigt dieses Beispiel auch einige der Schwierigkeiten, denen wir bereits bei der einfachen Deutung der erhaltenen Zeugnisse gegenüberstehen, und die Gefahr allzu rascher Verallgemeinerung.

Hätte sich das Haus einer heidnischen Familie im Rom des späten 4. Jahrhunderts sehr von dem einer christlichen unterschieden? Das Bild, das Hieronymus von den asketischen Haushalten zeichnet, in denen jeder Komfort abgelehnt wurde, wird, wenn überhaupt, nur für wenige zugetroffen haben – doch während Heiden wahrscheinlich weiterhin die alten Hausheiligtümer besaßen, waren vergleichbare christliche Gegenstände noch nicht weit verbreitet: Es gab zu jener Zeit noch keine Ikonen im eigentlichen Sinne, und auch Kreuze in der Form eines Kruzifixes wurden erst viel später üblich. Andererseits mögen Christen Siegelringe oder Stickereien mit religiösen Bildern besessen haben, vielleicht auch Öllämpchen und andere Pilgerandenken aus dem Heiligen Land (s. Kapitel 8). Glasgefäße, in deren Boden Medaillons aus graviertem Blattgold angebracht waren, erfreuten sich im 4. Jahrhundert be-

Abb. 12. Darstellung Christi (vgl. die Inschrift *Cristus*) auf dem Boden einer Glasschüssel. Viele Fragmente solcher Schüsseln oder Teller sind aus der Spätantike erhalten; diese ist besonders wegen der Wiedergabe eines jugendlichen bartlosen Christus interessant, die vom später zur Norm gewordenen Bild Christi als eines bärtigen Philosophen abweicht.

sonderer Beliebtheit (s. Abbildung 12); auch gibt es einige wenige Zeugnisse für religiöse Wandgemälde.

Viele der Themen auf den kleinen Objekten waren aus der Kunst der Katakomben und der Sarkophage übernommen; zu ihnen gehören der Gute Hirte, Jona und der Walfisch (s. Abbildung 13) sowie die drei Männer im Feuerofen. Adam und Eva begegnen uns auch auf den Hochzeitsgefäßen aus Goldglas, ebenso die Darstellung eines jugendlichen bartlosen Christus, die auf einem (heute im Britischen Museum zu London ausgestellten) anderen Objekt dieser Art erhalten ist (s. Abbildung 12).

Allerdings ist das Ausmaß erhaltener christlicher Kunst, die sich mit einiger Gewißheit ins 4. Jahrhundert datieren läßt, tatsächlich sehr beschränkt. So stammen die frühesten erhaltenen figürlichen Mosaike in Kirchen erst vom Ende dieses Jahrhunderts; in anderen Fällen müssen wir auf literarische Beschreibungen zurückgreifen.

Abb. 13. Steinsarkophag mit Szenen aus dem Leben des Jona, einem beliebten Thema frühchristlicher Kunst.

Bei kleinen Objekten arbeiteten heidnische und christliche Künstler Seite an Seite und griffen oft auf dasselbe Repertoire zurück, wie sie dies auch in der frühen Periode christlicher Kunst getan hatten. Wir haben ja schon gesehen, daß das christliche Brautkästchen der Proiecta einfach vorhandene Stilmuster übernahm.

Vom Ende des hier betrachteten Zeitraums an beginnen dann christliche Elfenbeinschnitzereien zu erscheinen, und zwar in Form kleiner Kästchen mit biblischen Szenen (auch wenn die meisten Beispiele hierfür erst aus dem 6. Jahrhundert stammen), und ein Diptychon aus dem 5. Jahrhundert zeigt eine Szene der Himmelfahrt zeigt. Im Gegensatz dazu fügen offizielle Diptychen, die – wie etwa das des Probus aus dem Jahr 406 – von Christen in Auftrag gegeben wurden, lediglich christliche Symbole wie das Chi-Rho zur üblichen Repräsentationsdarstellung spätrömischer Würdenträger hinzu.

Doch selbst wenn sich Heiden und Christen während des späten 4. Jahrhunderts nicht notwendig in Konflikt miteinander befanden, war dies zweifellos eine spannungsreiche Zeit, was die kulturellen und gesellschaftlichen Beziehungen anging. Während der Herrschaft Valentinians I. und des Valens hatte der Senat eine Reihe von Prozessen zu erdulden, die von kaiserlichen Agenten für Straftaten wie Magie, Ehebruch oder andere sexuelle Übergriffe in Gang gesetzt worden waren und die nach dem Gesetz über Hochverrat (*maiestas*) geahndet wurden, welches den Einsatz der Folter erlaubte. Von der Mitte der sechziger Jahre des 4. Jahrhunderts an wurden diese Agenten von Ammian mit zwei Handlangern Valentinians namens Maximinus und Leo in Verbindung gebracht, wohingegen die Stadtpräfekten, zu denen Praetextatus 367 gehörte, von solchen Vorwürfen sorgfältig distanziert blieben. Zu den Opfern gehörten hauptsächlich Männer und Frauen mit senatorischem Rang. Die Umstände dieser Prozesse und Ammians Bericht von ihnen (28, 1) sind historisch problematisch; dennoch wird Ammian mit seiner Schilderung der Wirkung jener Verfahren auf die Zeitgenossen nicht völlig falsch liegen:

Schon ertönten die Trompeten innerstaatlicher Katastrophen, und alle waren starr vor Entsetzen über die Schrecklichkeit dieser Vorgänge.

(Ammian 28, 1)

Eine ähnliche Reihe von Prozessen wegen Magie und Wahrsagerei war unter Constantius II. in Skythopolis in Palästina durchgeführt worden (Ammian 19, 12), und weitere fanden in Antiochia in den frühen siebziger Jahren des 4. Jahrhunderts unter Valens statt, wobei der Vorwurf der Wahrsagerei mit dem der Verschwörung verbunden wurde (Ammian 29, 1). Im Zusammenhang mit den letztgenannten Prozessen wurde Maximus von Ephesos enthauptet – der Philosoph, der Julian in die Götterbeschwörung eingeführt hatte (s. Kapitel 6). Auf die wichtigsten Verfahren, die Gerüchten von magischen Sitzungen und dem Einsatz eines Pendels zur Ermittlung des Namens des nächsten Kaisers nach Valens nachgingen, folgte eine regelrechte Hexenjagd mit dem Ziel, jedes Anzeichen von Magie oder Verrat zu verfolgen (Ammian 29, 2). Bücher und Hefte galten als gefährlich, da man befürchtete, sie weckten den Verdacht, Zauberformeln zu enthalten; zweifellos übertreibt aber Ammian (ebd.), wenn er schreibt, daß in den ganzen östlichen Provinzen die Leute schlicht alle ihre Bücher verbrannten, um keinem solchen Verdacht ausgesetzt zu sein, und daß in Antiochia Männer herumkrochen »als ob sie sich bei den Schatten der Unterwelt befänden« – doch waren sowohl die Exekutionen als auch die Ängste real genug. Sie zeigen, welche Bedeutung in der antiken Welt die Grauzone zwischen Religion und Magie hatte, die noch lange nach der Ausbreitung des Christentums bestand; christliche Autoren standen auf verlorenem Posten gegenüber Christen, die noch immer an volkstümlichen abergläubischen Praktiken festhielten und an Zauberei, Magie und Astrologie glaubten. Noch im 7. Jahrhundert sollte die Kirche mit dieser Problematik ebenso beschäftigt sein wie sie es mit den arabischen Einfällen war.

Selbst wenn man also einige Übertreibung in Rechnung stellt, zeigen diese Prozesse auch den Grad der gegenseitigen Verdächtigungen und Aufspaltungen innerhalb der Oberschicht selbst und erhellen die Spannungen zwischen der senatorischen Schicht und den Kaisern mit ihren Beauftragten sowie den Mangel einer gemeinsamen Grundlage in gesellschaftlichen und politischen Fragen. Dies sind die äußeren Zeichen für die nervöse Atmosphäre, in welcher die Menschen nicht mehr wußten, wo sie standen – und welche allzu leicht explodieren konnte.

Die wichtigste intellektuelle Alternative zum Christentum war, wie wir bereits (in Kapitel 5 und 6) festgestellt haben, der Neuplatonismus, der auch einen erkennbar religiösen und abergläubischen Aspekt hatte, insbesondere durch die Praxis der Götterbeschwörungen, einer Technik, mit der man durch magische oder okkulte Mittel Götter in die Gegenwart rief. Man verband sie insbesondere mit dem Philosophen Iamblichos aus Apameia in Syrien im frühen 4. Jahrhundert; Julian hatte sie von Maximus von Ephesos übernommen. Das Endziel der Götterbeschwörungen wie auch des Neuplatonismus insgesamt war die Einheit der Seele mit Gott; alltägliche Magie und Wunder waren lediglich ein erster Schritt auf der Leiter, die den Adepten zu dieser mystischen Vereinigung führen würde, denn die Fähigkeiten des Beschwörers gaben ihm Wissen und Macht über die physische Welt. In dem etwa um 399 geschriebenen Werk über das *Leben der Sophisten* von Eunapios wird geschildert, daß Maximus Statuen dazu veranlassen konnte, sich zu bewegen, und daß Iamblichos Gottheiten beschwor. Letzterer schrieb einen umfangreichen Kommentar zu den sogenannten *Chaldäischen Orakeln,* einer Sammlung angeblich orakelhafter, in Versform abgefaßter Offenbarungen über Gott und die Natur der Welt, die er auch in seinem Werk über die Mysterien als letztgültigen Schlüssel zum Verständnis von Platons Philosophie präsentierte. Platons Werk erhielt auf diese Weise tatsächlich den Status einer Heiligen Schrift, einer Art philosophischer Bibel. Im 5. und 6. Jahrhundert wurde der Neuplatonismus, insbesondere in der Form, in der er in der Akademie in Athen unterrichtet wurde, immer mehr mit der heidnischen Opposition gegen das Christentum identifiziert, bis schließlich 529 die Akademie geschlossen wurde.

Im späten 4. Jahrhundert waren jedoch noch viele Christen ebenso wie Heiden tief von dieser Denkrichtung beeinflußt, insbesondere in der intellektuelleren Form, die im 3. Jahrhundert Plotin und Porphyrios entwickelt hatten; Mitglieder der senatorischen Schicht von Rom hatten Plotins Vorlesungen gehört, wie Porphyrios in seinem *Leben des Plotin* angibt. Eine Vertrautheit mit den Schriften Platons gehörte zur geistigen Grundausstattung vieler Römer der

Oberschicht, so auch von Augustinus, der im 12. Buch seiner *Confessiones* die christliche und die platonische Sicht der Schöpfung miteinander zu versöhnen sucht. Marius Victorinus übersetzte Werke von Plotin und Porphyrios ins Lateinische, Calcidius den *Timaios* Platons; später zeigten Macrobius und Servius Kenntnis neuplatonischer Lehren. Im Osten waren Gregor von Nazianz und Gregor von Nyssa mit platonischen Gedanken wohlvertraut, die sich in vieler Hinsicht mit christlichen trafen oder vereinbaren ließen, etwa in der Lehre der Beziehung zwischen Seele und Körper, der Zielsetzung einer mystischen Vereinigung mit dem Göttlichen oder der Unbeschreiblichkeit Gottes. Zu den Werken Platons, von denen sich Christen besonders angesprochen fühlten, gehörten deshalb das *Symposion* und der *Phaidros,* der mit dem Aufstieg der Seele zu Gott befaßt ist. Der Neuplatonismus teilte mit dem Christentum auch die Betonung der Askese und der Selbstbeherrschung; Porphyrios schrieb ein Werk mit dem Titel *De abstinentia,* und in einem Brief an seine Frau Marcella rät er zu sexueller Abstinenz. Das Werk *De abstinentia* vertrat wie Iamblichos' Werk über das pythagoreische Leben eine vegetarische Lebensweise, wobei Pythagoras als Vorbild galt.

Für die Menschen, die nach etwas suchten, an das sie glauben konnten, oder nach einem System, das sie sich zu eigen machen konnten, gab es eine reichhaltige Auswahl. Eine Zeitlang gehörte auch Augustinus zu den Manichäern, einer rigoristischen Sekte, die den Lehren eines Guru aus dem Mesopotamien des 3. Jahrhunderts folgte; dieser Mani lehrte, daß es zwei Götter gäbe, einen bösen Schöpfergott, der für die Materie verantwortlich war, und einen guten Gott des Geistes. Entsprechend waren die Manichäer selbst in zwei Gruppen geteilt, die »Auserwählten«, denen eine äußerst strenge Askese – darunter die völlige Abstinenz von Sexualität, die als Übel galt – vorgeschrieben war, und die »Hörer«, die als schwächere Brüder galten. Der Manichäismus ging das Problem, welches das orthodoxe Christentum mit der Erklärung des Bösen hatte, direkt an und griff auf dieselben asketischen Tendenzen zurück, die man sowohl in christlichen wie in neuplatonischen Kreisen beobachten konnte. Trotz ihrer offiziellen Verfolgung gab es manichäische Gruppen dank der Tätigkeit ihrer Missionare im ganzen Römischen Reich, und der Manichäismus sollte im Osten bis hin nach China ein langes Leben haben.

Neben den hochgebildeten Bischöfen wie Ambrosius und Johannes Chrysostomos, denen das öffentliche Auftreten leicht fiel, gab es Mönche, Nonnen und Einsiedler, die ostentativ jede Verbindung mit weltlicher Kultur oder Bildung zurückwiesen und insofern die Werte der sie umgebenden Gesellschaft direkt in Frage stellten. Wie ähnliche Herausforderungen konventioneller Haltungen in unserer Zeit besaß eine solche Pose oft einige Affektiertheit: Der alternative Lebensstil hatte schon damals seine eigenen Konformismen. Das Muster, das die sich nun entwickelnde hagiographische Literatur bot, wurde manchem zur Grundlage der Gestaltung des eigenen Lebens.

Doch war das frühe Christentum auch eine Religion des Wortes, auf der Grundlage der Heiligen Schrift, die man auslegen mußte, und die auch komplizierte Lehren vertrat, welche eine gelehrte Deutung erforderlich machten. Zur selben Zeit also, in der die christlichen Autoren »Einfachheit« vertraten, verfaßten sie große Mengen gelehrter theologischer Literatur, von Traktaten über die Jungfräulichkeit, die Dreifaltigkeit oder die Schöpfung bis hin zu langen Kommentaren über einzelne Bücher der Bibel. Alle bedeutenden Bischöfe des späteren 4. Jahrhunderts schrieben neben Predigten, Briefen und Reden solche technischen Erörterungen theologischer Themen; je weniger Übereinstimmung es gab, desto mehr wurde geschrieben und desto ausgeklügelter war die jeweilige wissenschaftliche Position. All diese Schriften erforderten einen hohen Grad an rhetorischen Fertigkeiten. Für die Kulturgeschichte sind sie, obgleich ihr tatsächliches Publikum beschränkt war, von Bedeutung, weil sie zeigen, wie weltliche Bildung und philosophische Argumentation für die Erörterung christlicher Lehrfragen eingesetzt wurden, und weil sie demonstrieren, wie man nach einem umfassenden System christlichen Wissens suchte, welches für das erstrebte Ziel eines einheitlicheren Staates geeignet sein würde. Zugleich belegen sie die Richtung, in die so viele der größten Geister jener Zeit ihr Talent einsetzten. Dies hatte für die künftige Entwicklung der Kirche weitreichende Folgen – ja, man hat gemeint, daß hierdurch viele Fähigkeiten gebunden wurden, die dem Reich sonst vielleicht besser in anderer Weise zugute gekommen wären.

Während der großen Zeit des Römischen Reiches im 2. Jahrhundert war die Elitekultur für ein so riesiges politisches Gebilde bemerkenswert homogen. Das Ideal einer rhetorischen Bildung wurde in allen Provinzen gleichermaßen geachtet; natürlich unterschied sich seine Ausformung je nachdem, ob es für die griechische oder die lateinische Sprache verfolgt wurde, doch der allgemeine Stil und die Konzeption wichen von einer Gegend zur anderen nur wenig voneinander ab. Bis zum späten 4. Jahrhundert war dann eine Reihe von Faktoren hinzugekommen, die ein größeres Ausmaß kultureller Diversität einführten, auch wenn weiterhin die Rhetorik als solche besondere Bedeutung beibehielt. Einer dieser Faktoren war das Christentum, das einerseits unterschiedliche Werte und alternative Lebensweisen aufzeigte, andererseits neue Gelegenheiten der Anwendung rhetorischer Ausbildung bot. Ein anderer Faktor, der die traditionellen Einstellungen herausforderte, lag in dem Einfluß der Barbaren, und zwar sowohl einzelner als auch der Gesamtheit; langfristig mußte dies dazu führen, daß sich das alte System nicht mehr aufrechterhalten ließ. Ein dritter Faktor schließlich war der Aufstieg lokaler Kulturen, der ein Merkmal der Erhebungen des 3. Jahrhunderts gewesen war.

Die zunehmende Bedeutung lokaler Kulturen im Osten zeigt sich in der Entwicklung des Syrischen zu einer bedeutenden Literatursprache, die man effektiv mit den Werken Ephraims des Syrers im 4. Jahrhundert beginnen lassen kann. Ephraims Karriere begann in Nisibis, wo er während der wiederholten Belagerung der Stadt durch die Perser in der Herrschaftszeit Constantius' II. gelebt hatte und das er erst nach der Abtretung der Stadt an die Perser durch Jovian 363 verlassen hatte, um nach Edessa zu ziehen; traditionell schreibt man ihm die Gründung der Schule von Edessa zu. Er ist Autor einer Vielzahl von im Versmaß geschriebenen syrischen Hymnen und Predigten, ebenso zahlreicher exegetischer, asketischer oder polemischer Werke in Prosa, von denen manche schon bald ins Griechische übersetzt wurden. Sein hochgradig symbolischer und bildhafter Stil und der Einsatz komplizierter Metrik für das Singen seiner Hymnen geben seinen Werken einen unverwechselbaren Charakter, den man gewöhnlich als im Grunde semitisch angesehen hat, doch ist auch seine Verbindung mit der griechischen Literatur betont worden. Wie auch immer, Ephraim war einer der wichtigsten syrischen Schriftsteller, dessen Bedeutung bald auch in griechischen Kreisen anerkannt war (Sozomenos, Kirchengeschichte 3, 16). Von nun an entwickelte sich ein beachtliches Korpus christlicher Literatur auf Syrisch, darunter Predigten, Kirchengeschichten, Heiligenviten und Chroniken; auch kam es immer mehr zu Übersetzungen griechischer Werke ins Syrische und umgekehrt. Dieses Phänomen spiegelt bereits die Zunahme der Aufmerksamkeit, die man den östlichen Provinzen zumaß, und deren wachsende Bedeutung seit dem späten 4. Jahrhundert.

Auch die koptische Literatur begann im 3. und 4., erblühte aber erst im 5. Jahrhundert. Eine einheimische christliche Literatur entwickelte sich nach der Erfindung der armenischen Schrift um 400 auch auf armenisch und schritt dann von Übersetzungen syrischer und griechischer Werke zu eigenständigen fort; dieselbe Art von Entwicklung läßt sich etwas später im Falle des Georgischen verfolgen. In den nächsten Jahrhunderten werden Übersetzungen zwischen all diesen Sprachen zu einer wichtigen Beschäftigung, die offenbar in großem Umfang betrieben wurde. All diese Literaturen kamen auf, um christliche Bedürfnisse zu erfüllen, und wie wir schon (Kapitel 9) gesehen haben, wurde auch das gotische Alphabet aus einem ähnlichen Grund entwickelt.

Nach 395 entwickelten sich der Osten und der Westen immer weiter auseinander, was sich auch im sprachlichen Bereich zeigt. Die Kenntnis des Griechischen hatte sich im Westen bereits verringert, was wir etwa daran sehen können, daß Hieronymus griechische patristische Texte ins Lateinische übersetzte und daß Augustinus auf Übersetzungen der Werke Platons und der Neuplatoniker vertraute. Noch einige Generationen lang vermochten lateinische Autoren die Traditionen der lateinischen Rhetorik aufrechtzuerhalten und weiterhin in am klassischen Latein geschulter Prosa oder Versmaß zu schreiben; zu ihnen gehören Faustus von Riez in der Provence, Sidonius Apollinaris aus Clermont-Ferrand, Ennodius aus Pavia, Caesarius aus Arles, Dracontius aus dem vandalischen Afrika, Cassiodorus aus dem ostgotischen Italien und – im späten 6. Jahrhundert – Venantius Fortunatus aus Poitiers; wir besitzen sogar eine Anthologie lateinischer Dichtung in klassischem Versmaß aus dem letzten Zeitraum der Vandalenherrschaft in Nordafrika im frühen 6. Jahrhundert. Doch die Geschichte der Franken des Gregor von Tours aus dem späteren 6. Jahrhundert zeigt bereits, in welchem Ausmaß sich die lateinische Sprache selbst nun veränderte.

Angesichts des Grades gesellschaftlicher und politischer Wandlungen im Westen ist die entschlossene Fortsetzung der lateinischen Kultur bemerkenswert; im Osten, wo es eine Kontinuität der Herrschaft und Verwaltung gab und keine dem Westen vergleichbaren barbarischen Ansiedlungen, war die Lage für die Fortsetzung einer an der klassischen Sprache orientierten Literatur auf griechisch natürlich einfacher, doch auch hier ist eine Veränderung jedenfalls der gesprochenen Sprache spätestens im 6. Jahrhundert deutlich.

Sogar schon im 4. Jahrhundert gab es einen beachtlichen kulturellen Wandel, der sich etwa auch in der (freilich beschränkten) Zunahme der Prominenz von Frauen zeigt (s. Kapitel 8). Sicher war dies keine Renaissance oder gar Revolution; es fanden keine grundlegenden wirtschaftlichen oder politischen Bewegungen in der spätrömischen Gesellschaft statt, die denen in späteren Zeiträumen der europäischen Geschichte gleichkämen. Doch paßt auch das konventionelle Modell des Niedergangs nicht zu dem, was tatsächlich geschah. Freilich scheint die Masse der in den Gesetzessammlungen zusammengestellten Texte darauf hinzuweisen, daß die Regierung oder die Kaiser sich durchaus darüber im klaren waren, daß es Vorgänge gab, die sie nicht kontrollieren konnten. Die rhetorischen Höhenflüge, die sie hierauf unternahmen, stellen ihre Form von Versuchen dar, solche Veränderungen aufzuhalten, deren zugrundeliegende Ursachen sie freilich nicht erkennen konnten. Darin zeigt sich aber weniger ein Totalitarismus, als vielmehr eine bedauernswerte Hilflosigkeit. Betrachtet man andere Texte und andere Zeugnisse als bisher, ergibt sich ein recht verändertes Bild von dem, was es hieß, im 4. Jahrhundert zu leben.

11. Konstantinopel und der Osten

Die Frühgeschichte Konstantinopels liegt in einem geradezu überraschenden Ausmaß im dunkeln: Weder Konstantins Motive bei der Gründung seiner Stadt noch deren Erscheinungsform lassen sich gut erkennen. Dies liegt zu einem großen Teil an dem verständlichen Wunsch der späteren Bewohner Konstantinopels, die in einer anderen Welt lebten, die Geschichte ihrer eigenen Ursprünge in einer für ihre Zeit geeigneten Weise zu schreiben oder auch zu erfinden. Da das wirklich historische Wissen über die Zeit Konstantins spätestens im 7. Jahrhundert verblaßt war und Konstantin zu einer mythischen und legendären Person geworden war, konnten solche Bemühungen zu manch bizarrem Ergebnis führen: Bereits im 6. Jahrhundert heißt es, daß die Schlacht, vor der Konstantin seine Vision gehabt habe, eine gegen »Barbaren« gewesen sei, also nicht gegen einen römischen Widersacher; wenig später wurden seine Gegner die mythischen Riesen Byzas und Antes, nach denen dann die (eigentlich ja längst bestehende, s. u.) Stadt Byzanz (Byzantion) benannt worden sei! Man kann erkennen, daß ein Teil der Motive für solche Geschichten auf die Tatsache zurückgeht, daß Konstantinopel spätestens im frühen 6. Jahrhundert die Rolle Roms übernommen hatte, das jetzt unter ostgotischer Herrschaft stand; seine Bewohner wollten daher glauben, daß ihre Stadt von jeher für eine solche Rolle bestimmt gewesen sei. In derselben Weise glaubte man daran, daß das uralte Palladium von Rom, das der römischen Tradition zufolge Aeneas aus Troja dorthin gebracht hatte, von Rom nach Konstantinopel überführt worden war, wo es unter Konstantins Porphyrsäule als Talisman für die Stadt begraben sei.

Diese Säule, die im Konstantinsforum aufgerichtet war und auf der eine Statue des Kaisers stand, erwarb in der Vorstellung der späteren Bewohner eine besondere Bedeutung; manche von ihnen glaubten, daß die Statue tatsächlich Apollon darstelle. Die Gründungszeremonien der neuen Stadt am 11. Mai 330 sollen eine formelle Akklamation dieser Statue beinhaltet haben, und bei jedem späteren Jahrestag der Gründung wurde noch im 6. Jahrhundert ein hölzernes Bild Konstantins mit der Statuette der Stadt-*Tyche* (Stadtgottheit; lateinisch *fortuna* - vgl. Abbildung 14) in der Hand ins Hippodrom getragen und vom jeweils herrschenden Kaiser geehrt (Malalas, Chronik, 322 Dindorf).

Abb. 14. Darstellung einer Stadt-*Tyche* (Stadtgöttin; lateinisch *fortuna*) als Möbelschmuck am Arm der Sänfte eines wichtigen Mannes, wahrscheinlich eines Amtsträgers wie des Stadtpräfekten.

Und auch wenn Eusebios uns versichert, daß in Konstantinopel nicht eine einzige Spur von Heidentum mehr übrig war (Vita Constantini 3, 48), entnehmen wir Zosimos (Neue Geschichte 2, 31), daß hier zwei neue Tempel errichtet wurden; Heiden wie Christen erhoben später den Anspruch, für die künftige Größe der Stadt verantwortlich zu sein.

Ein anderer Autor des 6. Jahrhunderts, Johannes Lydus (De mensibus 4, 2), sagt, daß an den Gründungsriten der heidnische Philosoph Sopater und Praetextatus teilhatten; mit letzterem liegt offenbar eine Erinnerung an den heidnischen römischen Senator

201

dieses Namens vor, der aber erst 384 starb und daher bei der Gründung im Jahre 326, also 58 Jahre zuvor, noch ein Kind war. Diese Geschichte ist vielmehr wohl ebenfalls ein späterer Versuch, Konstantinopel mit dem Prestige von Rom auszustatten.

Unter solchen Umständen ist es schwierig, die Wahrheit über Konstantins Gründung herauszufinden. Die archäologischen Reste im modernen Istanbul helfen ebenfalls nicht viel weiter (vgl. zum folgenden den Plan in Kapitel 4, Abbildung 6). Kaum etwas ist von Konstantins Palast übrig, der unter den späteren kaiserlichen Bauten vieler Jahrhunderte begraben oder zerstört ist, und auch die heute berühmte Kirche der Hagia Sophia ist nicht die Konstantins, sondern die, welche Justinian im 6. Jahrhundert errichtete. Konstantins Mausoleum ist seit langem verschwunden, ebenso die große Apostelkirche, die neben ihm stand, am oder nahe dem Ort der heutigen Fathi-Moschee. Vom Hippodrom lassen sich nurmehr die Umrisse erkennen, zusammen mit der sogenannten Schlangensäule, einer von Konstantin aus Delphi in die Stadt gebrachten hochberühmten Skulptur mit der Aufzählung der am Perserkrieg im 5. vorchristlichen Jahrhundert beteiligten Griechenstämme, und dem Obelisken sowie der Basis, die Theodosius II. errichtet hatte, letztere eines der bedeutendsten Monumente spätantiker Kaiserkunst. Was die Porphyrsäule und die Statue Konstantins betrifft, ist die Säule beschädigt unter dem Namen »verbrannte Säule« erhalten, die Statue aber ganz verloren.

Ausgrabungen der konstantinischen Stadt konnten nur in sehr wenigen Gebieten stattfinden, weshalb sich die Erscheinungsform der Stadt in ihrer Frühzeit im wesentlichen nur durch den Rückgriff auf spätere Texte erkennen läßt, die freilich häufig widersprüchlich und verworren sind. Überdies war Konstantinopel keine völlige Neugründung, sondern der Ausbau der kleinen klassisch-antiken Stadt Byzanz (Byzantion), die nach der Zerstörung in den Bürgerkriegen bereits vom römischen Kaiser Septimius Severus wieder aufgebaut worden war. Zur Regierungszeit Justinians im 6. Jahrhundert hatte die Bevölkerungszahl von Konstantinopel einen Spitzenwert von fast einer halben Million erreicht, doch hatte Konstantin die Zahl der Empfänger des verteilten Getreides auf 80 000 festgelegt (s. Kapitel 8); die tatsächliche Bevölkerungszahl in der Mitte des 4. Jahrhunderts mag sogar noch geringer gewesen sein. Das beachtliche spätere Wachstum wurde vor allem durch die Konstruktion des Aquädukts ermöglicht, das Valens zugeschrieben wird, und durch die (noch erhaltenen) Landmauern, die einen weit größeren Raum einschließen als die konstantinische Stadt; sie wurden unter Theodosius II. im 5. Jahrhundert erbaut, als auch drei große Zisternen entstanden.

Konstantin hatte also die allgemeinen Grundlinien der Stadt festgelegt, doch wird sie erst allmählich Gestalt gewonnen haben, wohl mit der Ernennung eines Stadtpräfekten um 360 und mit Errichtung der Hagia Sophia und der Apostelkirche. Allerdings besuchte bereits im Jahr 340 Julian hier Vorlesungen, und auch Libanios begab sich von Athen nach Konstantinopel. Wichtiger noch war die Tatsache, daß die Stadt bald zu einer Hauptresidenz der Kaiser wurde; Konstantin verbrachte von 330 bis zu seinem Tod 337 einen Teil jeden Jahres hier, und selbst der Heide Julian präsentierte sich 362 in Konstantinopel, bevor er sich nach Antiochia aufmachte und seinen Perserfeldzug begann. Der Senat von Konstantinopel und die Rolle der Stadt als Hauptresidenz der Kaiser im Osten machten sie also bald zum tatsächlichen östlichen Regierungssitz, und spätestens zu der Zeit, in der Johannes Chrysostomos hier 397 Bischof wurde, war die Interaktion zwischen Kaiser, Kirche und Bevölkerung deutlich, mehr noch nach den Ereignissen von 400.

Konstantinopel wuchs und gedieh, und ähnliches gilt auch für andere große Städte im Osten. Für Ephesos etwa, wo zwei große Kirchenkonzilien – nämlich die von 431 und die von 449 – stattfanden, war die Spätantike eine Zeit des Wohlstands und größerer Baumaßnahmen. Die Bäder wurden wiederhergestellt und die große Säulenstraße aus der Herrschaftszeit des Arcadius, die sogenannte Arkadiane, entstand in jener Zeit, ebenso die Kathedrale der Stadt, die der Jungfrau Maria geweiht ist (man glaubte, daß Maria in Ephesos gelebt habe und von hier aus in den Himmel aufgefahren sei). Die Stadt hatte ein lebhaftes Zentrum mit einem Markt, Brunnen und anderen Annehmlichkeiten.

In den achtziger Jahren des 4. Jahrhunderts ließ der Statthalter von Asien einen Hadrian geweihten Tempel in Ephesos wiederherstellen und auf ihm einen Fries mit Reliefs anbringen, die den Kaiser Theodosius I., dessen Vater, Gattin und Sohn Arcadius darstellten, wie sie die Göttin Artemis umrunden – eine merkwürdige Form der Erinnerung an einen so betont christlichen Kaiser, die kaum mehr möglich gewesen wäre, nachdem Theodosius 392 die heidnischen Kulte verboten hatte. Dagegen war ebenfalls im Osten, in Apameia, der Tempel des Zeus bereits 386 vom Bischof der Stadt zerstört worden, dem Regierungstruppen hierbei halfen (Theodoret, Kirchengeschichte 5, 21), und in Gaza erhielt Porphyrios von Gaza im Jahr 402 die Erlaubnis, den dort gelegenen Tempel des Zeus Marnas zu zerstören (Marcus Diaconus, Vita Porphyrii 47f.,

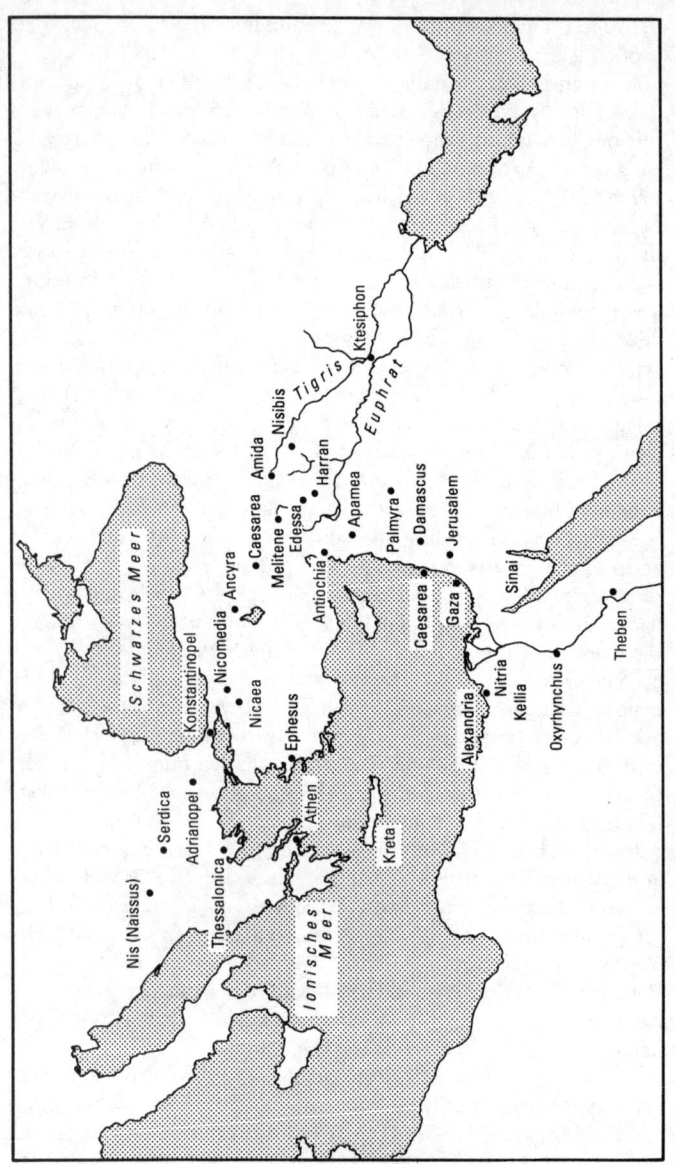

Abb. 15. Der Osten des Römischen Reiches.

63 ff.). Ein Gesetz, das im Jahr 397 an den *comes orientis* (s. Kapitel 4) erging, ordnete den Einsatz von Steinen aus zerstörten heidnischen Tempeln für öffentliche Baumaßnahmen an (Codex Theodosianus 15, 1, 36).

Im Falle von Antiochia, der zweiten großen Stadt im Osten, sind wir über das städtische Leben im 4. Jahrhundert dank Libanios gut informiert; er schrieb eine Rede zum Preis der Stadt, den *Antiochikos* (Rede 11), in dem er die Kontinuität der griechischen städtischen Traditionen betont, die Julian so hoch schätzte. Hier war auch der Sitz der römischen Militärorganisation im Osten und das Hauptquartier des *comes orientis* - und nicht zuletzt die Heimat Ammians, der ihre Straßenbeleuchtung beschreibt (14, 1) und von der Stadt sagt, daß sie »in der ganzen Welt bekannt« sei und »unvergleichlich in den Waren, die sie importiert oder produziert« (14, 8). Die sogenannte Große Kirche von Antiochia (die nicht erhalten ist) war achteckig und von Konstantin begonnen worden. Sie wurde im Jahr 341 in Gegenwart von neunzig Bischöfen geweiht, die außerdem die Gelegenheit ergriffen, ein Konzil abzuhalten; eine griechische Versinschrift auf ihr lautete:

Für Christus hat Konstantin gefällige Bauten errichtet, ähnlich den Wölbungen des Himmels, überall strahlend; Constantius befolgte die Anweisungen des Herrschers; Gorgonius, der *comes*, wirkte als *cubicularius* (Kammerherr). (Malalas, Chronik, 326 Dindorf)

In den frühen siebziger Jahren des 4. Jahrhunderts errichtete Valens ein neues Forum in Antiochia, und die Mosaiken, die man in dieser Stadt ausgegraben hat, gehören zu den seither berühmtesten der Spätantike, insbesondere ein Mosaik aus dem 5. Jahrhundert aus einer Villa in Yakto, einem Teil der Vorstadt Daphne, mit einer Personifizierung der *Megalopsychia* (Seelengröße) inmitten von Jagdszenen. Nur eines der Mosaike ist eindeutig christlich; viele stellen Personifikationen abstrakter Tugenden dar.

Im Jahr 387 kam es in Antiochia zu einem großen Aufstand, bei dem Kaiserstatuen umgeworfen und geschändet wurden. Die unmittelbaren Anlässe hierfür waren banal: Nahrungsmittelmangel und Steuererhöhungen nach der Niederlage von Adrianopel. Doch waren rasch Gegenmaßnahmen ergriffen worden: Der *comes orientis* führte Truppen heran, setzte die Unruhestifter fest und ließ sie umgehend hinrichten. Der Kaiser ordnete eine Untersuchung an, stufte Antiochia vom Status als Provinzhauptstadt herab und ordnete es Laodicaea unter, schloß die Vergnügungstätten und setzte die Verteilung von kostenlosem Brot aus. Viele Dekurionen (s. Kapitel 1) wurden in einer Atmosphäre von anwachsender Spannung und Furcht vor Gericht gestellt – ja, nach Johannes Chrysostomos (Über die Statuen 17, 1 f., eine von 21 Predigten über dieses Thema) kamen sogar die Einsiedler aus den Bergen, um zugunsten der Angeklagten einzutreten. Glücklicherweise trug schließlich ein Auftritt des alten Bischofs Flavianus beim Kaiser in Konstantinopel dazu bei, daß Theodosius milder gestimmt wurde, so daß schließlich die Dekurionen und die Stadt gerade noch rechtzeitig freikamen, um Ostern mit großem Jubel feiern zu können. Über diese dramatische Episode, die uns so viel über das Leben in den Städten und die Verbindungen von ihnen zur kaiserlichen Regierung berichtet, sind wir dank fünf Reden des Libanios (Reden 19–23), die die leidenschaftlichen Predigten des Johannes Chrysostomos zum selben Thema ergänzen, äußerst gut informiert. Zusätzlich residierte auch der *consularis Syriae,* der Statthalter der Provinz, in Antiochia, und Libanios hat manche kritische Bemerkung über die Verwaltung aus der Sicht der Bürger selbst anzubringen.

Spätantike Städte waren in mancher Hinsicht theatralische und dramatische Orte. Die Ära, in der gewöhnliche Bürger an den Entscheidungen über die Geschäfte ihrer Städte teilhatten, war lange vorbei – sie war bereits in der frühen Kaiserzeit der Römerherrschaft zum Opfer gefallen. Statt dessen kam diese Aufgabe nun den Dekurionen zu, die sie zunächst als Privileg empfanden, dann zunehmend als Belastung, da sie mit vielerlei finanziellen Aufwendungen verbunden war (s. Kapitel 1). Die spätantiken Städte wiesen natürlich viele kleine Handwerker und Händler auf, waren aber keine größeren Produktionszentren, wie ja auch ihre Vorgänger dies nicht gewesen waren. In Rom wie auch in anderen Städten gab es deshalb eine große (und noch anwachsende) Unterschichtsbevölkerung, die großenteils durch kostenlose Nahrungsmittelverteilungen oder durch wohltätige Spenden seitens der Kirche unterhalten wurde. Diese Bevölkerung war also bei zeitweiliger Nahrungsmittelknappheit oder bei Katastrophen besonders stark betroffen und zur Rebellion bereit, wenn sich ein Anlaß hierfür bot, wie dies schon beim großen Aufstand von 387 in Antiochia (s. o.) deutlich wird. Diese Tendenz wurde im 5. und 6. Jahrhundert in den Städten des Ostens immer ausgeprägter. Der wohl ernsthafteste und am besten bekannte Aufstand dieser Art war die sogenannte Nika-Revolte in Konstantinopel 532, während der das Zentrum der Stadt niederbrannte und mindestens 30000 Bürger von den Soldaten, die zur Niederwerfung des Aufstands geschickt worden waren, getötet wurden.

Aus denselben Gründen war wohl auch bei jeder Art von Spektakel ständig Publikum verfügbar, sei es im Theater oder beim Wagenrennen, und solche Ereignisse wurden zunehmend zu Gelegenheiten, bei denen sich das Volk und die Stadtbehörden begegneten und bei denen es gelegentlich zur Konfrontation zwischen beiden kam. Solche Auseinandersetzungen waren nichts Neues: So beschreibt Cassius Dio (78 [79], 20) die Demonstrationen gegen Macrinus, die bei den Wagenrennen in Rom 217 stattfanden – ja, die Praxis von Volksdemonstrationen bei solchen Gelegenheiten geht bis ganz in die frühe Kaiserzeit und noch weiter zurück. Das Theater, mehr noch das Amphitheater und der Circus waren Stätten, wo eine große Menge Leute versammelt und der Kaiser, oder in den Provinzen der Statthalter oder zumindest Vertreter der Stadtbehörden, anwesend war. Im spätrömischen Reich waren insbesondere im Osten Wagenrennen sehr in Mode und das Hippodrom daher der Hauptort für Aufruhr und Schlägerei – auch wenn Libanios für Antiochia behauptet, daß hier das Hippodrom in dieser Hinsicht recht unschuldig (Rede 11, 268) und das Theater gar einer der Ruhmesorte der Stadt sei (ebd. 219).

Christliche Prediger, allen voran Johannes Chrysostomos, wetterten gegen jede Form öffentlicher Unterhaltung, insbesondere gegen die Begeisterung dafür seitens der Bevölkerung von Antiochia und Konstantinopel. Der christliche Redner Choricius von Gaza läßt uns durch seine Ablehnung die weitverbreitete Begeisterung für Mimus-Darstellungen, Wagenrennen, Ring- und andere Sportwettkämpfe im Palästina des 6. Jahrhunderts erkennen. Zwar waren solche Veranstaltungen nicht Teil der griechischen Tradition von Festen dieser Art, doch waren Gladiatorenkämpfe im Osten in der römischen Zeit zunehmend beliebt geworden, auch wenn die christlichen Kaiser wiederholt versuchten, ihnen ein Ende zu bereiten; angesichts der lokalen Begeisterung für diese Veranstaltungen waren solche Anstrengungen oft erfolglos. Schließlich machten die Gladiatorenkämpfe den Hetzjagden (*venationes*) Platz, die in ähnlich großartiger Ausstattung veranstaltet wurden. Die christliche Opposition gegen solche Veranstaltungen lag teilweise auch in der Tatsache begründet, daß es sich um Rivalen in der Publikumsgunst handelte; die Kirche hatte nämlich ihre eigenen Feste. Choricius beschreibt etwa jene Veranstaltungen, die man anläßlich der Weihung zweier neuer Kirchen in Gaza feierte und zu denen öffentliche Bankette und Gelage, ein Jahrmarkt mit allen möglichen Waren und ein großes Feuerwerk gehörten, das selbst Alexandria alle Ehre gemacht hätte. Heidnische und christliche Feste wie diese wurden offenbar das ganze Jahr hindurch regelmäßig abgehalten. Darüberhinaus waren die Kirchen selbst Orte öffentlicher Versammlungen, ja sogar Unterhaltung – hochberühmte Prediger und Politiker wie Johannes Chrysostomos zogen wahre Publikumsmassen an, und kluge christliche Redner lernten bald die Techniken der Massenmanipulation und Publikumsbeeinflussung.

Das Publikum wurde sogar von bezahlten Gruppen gesteuert, die den Applaus anführten und die rhythmischen Sprechchöre (*acclamationes*) begannen, welche sehr leicht einen politischen Inhalt bekommen konnten. So spielte etwa die Claque im Theater von Antiochia eine wichtige Rolle beim Aufstacheln und Organisieren des großen Aufstands von 387; die Mitglieder jener Gruppe vermittelten mit ihrer Methode auch regelmäßig die Meinung des »Volkes« an den Statthalter, wenn dieser im Theater war und sich damit der Reaktion der Leute aussetzte. Dabei hatte diese Gruppe freilich offenbar gar kein eigenes politisches Programm oder Ziel, ebensowenig (manche Gelehrte vertreten hierzu freilich eine andere Ansicht) wie die »Blauen« und die »Grünen«, die jeweils ihr Team bei den Wagenrennen unterstützten; ja, die Claque nach Belieben käuflich. Inschriften aus Aphrodisias in Karien, wo es gar kein Hippodrom für die Wagenrennen gab, zeigen, daß hier die Theateranhänger in »Blaue« und »Grüne« aufgeteilt waren, was zweifellos auch anderenorts zutraf.

Gleich, ob nun eine Claque intervenierte oder nicht, die Bedeutung der *acclamatio* des versammelten Volkes für den Statthalter wurde im Gesetz durchaus anerkannt: Konstantin verlangte 331, daß regelmäßig Nachrichten über *acclamationes* an den Kaiser zu senden seien, auf daß sie bei den Entscheidungen über die künftige Karriere der jeweiligen Amtsträger Berücksichtigung finden könnten (Codex Theodosianus 1, 16, 6; 8, 5, 32). Auch in diesem Fall wurde die Praxis von der Kirche übernommen, und *acclamationes* und Unterstützergruppen spielten auch bei den kirchlichen Disputen während der Vorbereitungen von Kirchenkonzilien eine Rolle; dies ist etwa für das Konzil von Ephesos 431 und das von Chalkedon 451 belegt, wo Gruppen von Mönchen die Führung übernahmen. Als auffälligstes Beispiel einer *acclamatio,* von dem wir wissen, kann aber wohl die offizielle Bekanntmachung des *Codex Theodosianus* selbst angesehen werden. Das neue Gesetzeswerk sollte am 1. Januar 439 in Kraft treten, und so kam kurz zuvor, am 23. Dezember, der Senat von Rom zusammen, um es formell in Empfang zu nehmen. Der Prätorianerpräfekt verkündete die Promulgation des *Codex* im Namen von Theodosius II. und Valentinian III., woraufhin die Senatoren alle zusammen ausriefen: »Gut gesagt!« Den *gesta senatus*, also den offiziellen Protokollen des Senats zufolge applaudierten die römischen Senatoren bei der weiteren Verlesung und bekundeten wieder alle zusammen ihre Zustimmung, wobei sich ihre *acclamatio* zwanzig oder dreißig Mal nach jeder Gesetzesklausel wiederholte – offenbar waren also das öffentliche Leben, die Kirchenkonzilien und die Theateraufführungen allesamt zu reinen Zuschauersportarten geworden.

Die Kirche griff auch ins städtische Leben ein, weil die Bischöfe und die örtlichen Kirchen ebenso wie reiche Einzelpersonen in verschiedener Weise wohltätige Zwecke in der Öffentlichkeit verfolgten. Im Westen wurde der Druck der Barbareneinfälle deutlicher gespürt und trug dazu bei, Form und Entwicklung offizieller Wohltaten zu diktieren, wobei dem Freikauf von Gefangenen besondere Bedeutung zukam. Im frühen 5. Jahrhundert hatten die Einfälle der Westgoten in Italien zur Gefangennahme vieler Römer geführt, weshalb christliche Anführer wie Paulinus von Nola, Maximus von Turin und Ambrosius von Mailand entsprechende Bemühungen entfalteten, um sie frei zu bekommen; diese religiöse Verpflichtung (die ein Gesetz von 408 bestätigt: Codex Theodosianus 5, 7, 2) wurde ein anerkannter Bestandteil christlicher Mildtätigkeit, der mit der Verteilung von Getreide und Kleidung an die Bedürftigen einherging. Manche Einnahmen aus dem Verkauf von Melanias Vermögen, der in jenen Jahren stattfand (s. Kapitel 8), wurde direkt für den Freikauf von Kriegsgefangenen verwendet. In den östlichen Städten war die Lage in dieser Hinsicht etwas anders, weshalb die Bischöfe die Verantwortung für regelmäßige Verteilungen an die Armen übernahmen; zwar stammen die meisten Zeugnisse hierfür erst aus dem 5. und 6. Jahrhundert, doch fanden solche Verteilungen bereits in großem Umfang im Antiochia des 4. Jahrhunderts statt (s. Kapitel 5). Der Verkauf von Eigentum seitens eifriger Asketiker bereicherte manchmal direkt einzelne religiöse Gemeinschaften und Kirchen im Übermaß, was bei anderen zu Neid führte. Im Falle von Melania der Jüngeren und Pinianus versuchte die Kirche von Hippo so intensiv, die Vorteile, die Thagaste infolge der Verkäufe des Paares gehabt hatte, auch für sich zu gewinnen, daß Pinianus fliehen mußte, um nicht gewaltsam ordiniert zu werden.

Allerdings waren das offizielle Ziel solcher Wohltätigkeit stets »die Armen«, also eben der »Mob«, der in den Quellen im allgemeinen für jede Form von Gewalt in den Städten verantwortlich gemacht wird; es gibt einige Anzeichen dafür, daß die Zahl dieser städtischen »Armen« anwuchs: Libanios etwa beklagt sich über den Zustrom von Leuten ohne Haus, Arbeit, Familienbindungen und mit nichts anderem im Sinne, als Unruhe zu stiften (Rede 41, 11). Immerhin boten Städte ja die Aussicht auf kostenlose Getreideversorgung, neuerdings auch die Möglichkeit des Empfangs christlicher Wohltaten, während auf dem Land nur Schwierigkeiten und Steuerlast drohten. Andererseits deutet ein genauerer Blick auf die Theorie wohltätiger Verteilungen im Westen, für die Zeugnisse vorliegen, darauf hin, daß manchmal spezifischen christlichen Gruppen der Vorrang eingeräumt wurde, darunter einzelnen Kirchen, daß also gerade nicht die städtischen Armen ohne jeden Unterschied bedacht wurden. Überdies lenkt die Entwicklung einer Theorie des christlichen Almosengebens – ein Thema, über das in jenem Zeitraum viel geschrieben wurde – von sich aus die Aufmerksamkeit auf die Kategorie der »Armen« und mag sowohl bezüglich deren Zusammensetzung als auch deren Zahl einen falschen Eindruck erwecken. Wie Jesus gesagt hatte, »habt ihr die Armen allzeit bei euch« (Matthäus 26, 11; Johannes 12, 8) – nicht die Tatsache hatte sich in jenem Zeitraum geändert, sondern das Bewußtsein davon. In gewisser Hinsicht war die Existenz der Armen für die christliche Ideologie erforderlich, um die Tatsache zu neutralisieren, daß die Kirche selbst nicht nur immer reicher wurde, sondern auch aktiv wohlhabende Förderer hofierte. Außerdem gab es viele subtile Methoden, den Auftrag der Heiligen Schrift, alles aufzugeben, was man habe, zu interpretieren und zu modifizieren. Bischöfe etwa erlangten durch ihre Wahl beachtliches Vermögen, auch wenn sie sich offiziell der Armut verschrieben, und auch das religiöse Leben bot verschiedene Möglichkeiten, sich nicht allzu übel einzurichten. Die Armen in den Städten des Ostens waren von den Armen auf dem Land im Osten oder auch Westen recht verschieden. Schließlich stand nach christlicher Auffassung der Begriff der »Armen« für alles, was für den Zustand der Menschheit nach dem Sündenfall zutraf, und so führte die Wahrnehmung der Armen nicht zu einer gesellschaftlichen Revolution oder zu dem Versuch, die Armut schlichtweg abzuschaffen (Christen argumentierten sogar, daß die Einteilung der Gesellschaft in Reiche und Arme gottgewollt sei), sondern vielmehr zur Praxis des Almosengebens, welches die Lage der Bedachten linderte und zugleich den Gebern mehr Prestige verlieh.

Nunmehr gibt es Belege dafür, daß in manchen Gebieten der Wohlstand anfing, der im Osten im Laufe des 5. Jahrhunderts so augenfällig werden sollte und bis ins 6. Jahrhundert hinein anhielt.

Zuerst hatte das Heilige Land selbst von den Pilgern und von weltlichen Gönnern, welche Klöster gründeten und ausstatteten, profitiert; so hatte etwa Melania zusätzlich zu ihren Gründungen 15 000 Gold-*Solidi* nach Palästina geschickt. Die Kirche von Jerusalem war sogar schon in der Mitte des 4. Jahrhunderts reich bedacht worden, und die Stadt wurde zu einem lebhaften kosmopolitischen Zentrum, dessen städtische Geschäftigkeit Hieronymus später in einem Brief an Paulinus von Nola (Brief 58, 4, 4) beklagte. Egeria (s. Kapitel 8) notiert, daß die Gottesdienste in Jerusalem auch auf griechisch abgehalten, für die aramäischsprachige Lokalbevölkerung aber von Dolmetschern übersetzt wurden, während lateinische Versionen von zweisprachigen Mönchen und Nonnen geboten wurden; dasselbe galt für Bethlehem. Jerusalem und das Heilige Land erreichten im 5. Jahrhundert mit der Herrschaft Theodosius II. und der Patronage der Kaiserin Eudoxia den Höhepunkt ihres Wohlstands.

Es gibt auch Anzeichen für den Beginn eines Bevölkerungswachstums, das die östlichen Provinzen im 5. und 6. Jahrhundert auszeichnen sollte. Archäologische Prospektionen (*surveys*) bestimmter Regionen, insbesondere Judäas, des Golan und des Negeb, zeigen eine Zunahme der Siedlungsdichte in jenem Zeitraum, auf den nach den arabischen Eroberungen im 7. Jahrhundert eine Periode heftigen Rückgangs folgte. Rehovot, die zweitgrößte Stadt des Negeb, erlebte in der spätrömischen und byzantinischen Periode eine neue Blüte, die wahrscheinlich im späten 4. Jahrhundert angesetzt hatte; während dieses Zeitraums waren die Täler des Zentralnegeb bewässert und intensiv bebaut, so daß sie eine größere Bevölkerungszahl ernähren konnten als jemals wieder. Zwar waren viele Soldaten aus den Kastellen im östlichen Grenzgebiet Südpalästinas bis zur Mitte des 6. Jahrhunderts abgezogen worden, doch standen die Küstenstädte in voller Blüte. Gaza war im späten 5. und 6. Jahrhundert äußerst wohlhabend, was zu einem Teil dem Handel mit den Siedlungen im Binnenland zu verdanken war, die Wein von berühmter Qualität exportierten. Ein ähnliches Siedlungsmuster hat man in Nordmesopotamien nahe Edessa beobachtet, und auch Teile Nordsyriens wiesen eine blühende Wirtschaft in eben jener spätrömischen Zeit auf. Auch um Bostra im Hauran und im Gebiet der Dekapolis nahe dem See Genezareth läßt sich der gleiche Trend im 5. und 6. Jahrhundert leicht, doch weniger einfach für das 4. Jahrhundert nachweisen.

Freilich sind die Ursachen hierfür wohl von Region zu Region verschieden: So ist offenkundig, daß die Bewässerungssysteme insbesondere im Negeb eine entscheidende Rolle für einen intensiven Anbau von Oliven, Wein und anderen landwirtschaftlichen Produkten spielten, wenn sie auch nicht ausschließlich hierfür verantwortlich waren. Noch sind freilich die Zeugnisse selbst und ihre Interpretationen im Einzelfall nicht hinreichend gesichert; alle Schätzungen der Bevölkerungsgröße in der Antike leiden unter dem Mangel an statistischen Zeugnissen und der Unsicherheit jeder Argumentation, die sich deshalb auf literarische Quellen, Interpretationen der Siedlungsarchäologie oder die Größe und Anzahl von Kirchen stützt; außerdem versteht man die solchen Bevölkerungsbewegungen zugrundeliegenden Trends nur sehr unvollkommen. Im späteren 6. Jahrhundert müssen jedenfalls die Auswirkungen der großen Pest, die den Osten 541 getroffen hatte, spürbar gewesen sein. Doch bevor es dazu kam, stehen ausreichend viele sichere Belege dafür zur Verfügung, daß es in jenem Zeitraum eine Großzahl von Siedlungen im Osten gab, woraus erhellt, daß die ältere Auffassung eines verbreiteten Rückgangs der Bevölkerungszahlen als eines verantwortlichen Faktors für den Niedergang der Antike insgesamt schlichtweg falsch ist.

Riskiert man einmal eine grobe Vereinfachung, kann man einen Kontrast zwischen Osten und Westen nicht nur bezüglich der Stabilität der Herrschaft und der Verletzbarkeit durch Barbareneinfälle, sondern auch in der Wirtschaftsorganisation erkennen. Während große Landgüter mit ihrer Villen-Wirtschaft vorwiegend im Westen vorkommen (s. Kapitel 8), gibt es in den östlichen Provinzen in jenem Zeitraum mehr Zeugnisse für Kleinbauern und für eine dörfliche Wirtschaft; hier spielten größere Dörfer die Hauptrolle, die zwar kleiner als eine »Stadt« waren und auch deren Rechtsstatus nicht besaßen (freilich waren manche »Städte« nach modernem Standard ebenfalls sehr klein), die aber von gesellschaftlicher Organisation und Diversifikation zeugen. Hinsichtlich der Größe gab es selbst innerhalb der letztgenannten Definition große Abweichungen, von den reichen Dörfern bei Antiochia zu weit kleineren Ansiedlungen in Kleinasien und anderenorts. Außerdem konnte es vorkommen, daß ein Dorf auf dem Gebiet eines großen Landgutes lag. Solche Gemeinschaften hatten »Anführer«, die durch Inschriften oder literarische Quellen bezeugt sind, und sie konnten Weihegaben an örtlichen Heiligtümern niederlegen oder ihre eigenen Kirchen oder Synagogen bauen; ein Beispiel hierfür ist die einfache Dorfkirche aus der Mitte des 4. Jahrhunderts in Qirk Bizze östlich von Antiochia, die im örtlichen Stil erbaut ist, dem der Häuser jenes Zeitraums nicht unähnlich. Bis zum Ende des

4. Jahrhunderts wurden solche Gründungen größer und besser geplant, worin schon an sich ein Indiz dafür liegt, daß es den Dörfern besser ging. Eine historisch wertvolle Reihe von Papyri aus Nessana im Negeb, wo auch eine Garnison lag, gestattet uns, etwas von den Komplikationen des Landbesitzes in solchen Gemeinschaften zu einem geringfügig späteren Zeitraum zu erkennen.

Zwar gibt es noch viele ungelöste Forschungsprobleme, doch bleibt die Kontinuität solcher Siedlungen bis ins 6. und 7. Jahrhundert und in vielen Fällen ihr Niedergang nach dieser Zeit eines der auffälligsten Merkmale der östlichen Provinzen in der Spätantike. Dies und nicht so sehr die Existenz größerer Städte ermöglichte es dem östlichen Reich, der Fragmentierung zu entkommen, die der Westen erlitt; und als sich Anzeichen eines Bevölkerungsrückgangs vom späteren 6. Jahrhundert an zeigen, haben diese ebenso viel mit äußeren Faktoren wie Seuchen und Kriegführung zu tun wie mit Gründen, die allein für die östlichen Provinzen zutrafen.

Die Beziehung zwischen den Städten und mehr noch zwischen der Regierung und den ländlichen Gemeinden läßt sich nicht leicht bestimmen. Der Steuereintreiber und der Soldat waren die »Regierungsvertreter«, die vor Ort am unmittelbarsten vertraut waren; im Gegensatz zu ihnen war der Statthalter sehr weit weg. Mit der Zeit spielte auch der Bischof eine große gesellschaftliche Rolle. Zu dem Zeitraum, für den wir hierzu etwa in den Briefen des Theodoret von Kyrrhos in Nordsyrien (gest. 466) gute Belege haben, zeigt sich etwa das interessante Bild eben dieses Mannes, der zweifellos neben seiner religiösen auch eine gründliche klassisch-antike Bildung besaß und sich ganz wie ein Patron der Oberschicht verhielt, wenn er dank seiner Bauaktivitäten Kyrrhos zu einem ansehnlichen bischöflichen Zentrum machte und Briefe an den Statthalter und andere Amtsträger schrieb. Theodoret war einer der führenden christlichen Streiter seiner Tage und wurde vom Konzil von Chalkedon 451 formell zum Ketzer erklärt; von ihm stammen zahlreiche Schriften. Er war ein hervorragender Kenner der ländlichen Gesellschaft in seiner Umgebung, und seine *Mönchsgeschichte*, eine Sammlung von Mönchsviten, enthält viele lebendige Anekdoten über die ländliche Gesellschaft Syriens.

In der zweiten Hälfte des 4. Jahrhunderts lebte Basilios in religiöser Zurückgezogenheit nahe Neocaesarea in Pontos, bevor er 370 zum Bischof von Caesarea in Kappadokien bestimmt wurde, wo er einen ganzen Komplex von Bauten zu kirchlichen Zwecken errichten ließ, darunter solche zur Pflege von Armen und Kranken. Basilios selbst war in Athen ausgebildet worden, bestimmte aber nun in seiner Mönchsregel, daß Schulen an die Klöster angeschlossen werden sollten, in denen die Kinder eine religiöse Unterweisung erhalten konnten.

Manches über die Beziehung zwischen großen Gütern und örtlicher Bevölkerung in Kleinasien des 4. Jahrhunderts läßt sich anhand der *Vita Macrinae* von Basilios' Bruder Gregor von Nyssa – ebenfalls einem Ort in Kappadokien – erkennen. Die Güter der Familie lagen in Pontos bei Annisa an den Flüssen Iris und Idora, nicht weit von der Schwarzmeerküste entfernt; die Mutter der großen Familie, zu der Basilios, die in jener *Vita* beschriebene Makrina und Gregor gehörten, stammte aber aus Kappadokien. Der Ort, an den sich Basilios zurückgezogen hatte, lag nahe dem, den ein weiterer Bruder, Naukratios, gewählt hatte, und das Kloster, das Makrina und ihre Mutter gründeten, sowie ein Männerkloster befanden sich auf der anderen Seite des Flusses Iris. Naukratios war hochbegabt und wahrscheinlich auch hochgebildet, wählte aber im Alter von 22 Jahren das Leben eines Einsiedlers:

Der Jüngling fand einen Platz, mit tiefem Wald bewachsen und mit einem durch einen überragenden Bergrücken verdeckten Hügel und verweilte nun daselbst, indem er den Lärm der Stadt und die Unruhe des Soldatenlebens und des Advokatenberufes weit hinter sich ließ.

(Gregor von Nyssa, Vita Macrinae 8)

Naukratios pflegte einige arme und kranke alte Männer selbst, für die er Nahrung beschaffte, wozu ihm seine Erfahrung mit der Jagd nützte (welche es ihm zugleich ermöglichte, seine jugendliche Energie auszuleben). So lebte er fünf Jahre, bis er bei einem Jagdunfall tragisch ums Leben kam, als er gerade für eben diese alten Männer unterwegs war. Sein Wohnsitz scheint nur drei Tagesreisen vom Haus seiner Familie entfernt gelegen zu haben, und er war in seiner Zurückgezogenheit von seinem Diener Chrysapios begleitet, der die Nachricht von seinem Tod an seine Mutter überbrachte.

Theodoret war ein bedeutender Theologe und Exeget der »antiochenischen« Schule, deren Kennzeichen ein eher literarischer und historischer Ansatz war, während ihre traditionelle Rivalin, die Schule von Alexandria, auf allegorische Auslegung und Symbolismus Wert legte. Die Verurteilung des Arianismus auf dem Konzil von Nicaea 325 hatte das Problem der christlichen Einheit nicht gelöst – im Gegenteil: Sie hatte zu fortwährenden Auseinandersetzungen über die Natur Christi (»Christologie«) im 4. Jahrhundert geführt, aus denen sich zwei Positionen entwickelten, die als Monophysitismus und Nestorianismus bekannt waren, welche beide vom Konzil von Chalkedon 451 verurteilt wurden. Die erstgenannte Richtung vertrat die Auffassung, daß Christus nur *eine* Natur hatte, nämlich die göttliche, wohingegen die zweite, welche mit Nestorios (er wurde 428 Bischof von Konstantinopel und 431 vom Konzil von Ephesos abgesetzt) identifiziert wurde, darauf bestand, die *beiden* Naturen Christi, die göttliche und die menschliche, voneinander zu trennen. Die Schwierigkeit lag darin, die Lehre der orthodoxen Christenheit zu rechtfertigen, der zufolge die Natur Christi einheitlich und unteilbar war, göttlich und menschlich zugleich, woraus sich unvermeidlich große Definitionsprobleme ergaben. Eine ganze Vielzahl persönlicher und lokaler Fragen, nicht zuletzt die Vorherrschaft eines Bistums über ein anderes, waren ebenfalls Teil dieser Dispute, die vom späten 4. Jahrhundert an geführt wurden.

Einer der Vorboten dieser Auseinandersetzungen war die Kontroverse um den christlichen Denker des 3. Jahrhunderts, Origenes aus Caesarea in Palästina, der nach antiochenischer Auffassung die alexandrische allegorisierende Auslegung der Heiligen Schrift bis zum Exzeß getrieben hatte und auch in anderen Fragen der Lehre vom rechten Weg abgewichen war. Einer der Protagonisten der Kontroversen des 5. Jahrhunderts war Kyrillos von Alexandria, ein kluger Politiker, der schon Bischof war, als die heidnische Philosophin Hypatia, die Lehrerin des Synesios, von einem christlichen Mob in Alexandria 415 gelyncht wurde. Viele Zeitgenossen von Johannes Chrysostomos bis hin zu Hieronymus waren an der Kontroverse über Origenes beteiligt, und es ist kein Zufall, daß die beiden großen christologischen Konzile des 5. Jahrhunderts im Osten stattfanden. Sie wurden damals – und sind bis heute – von der Kirche als allgemeinverbindlich anerkannt; es ist aber bezeichnend, daß die Kontroversen, die zu ihnen geführt hatten, ihren Ursprung nur im östlichen Reich hatten.

Basilios, Gregor von Nyssa, deren Freund Gregor von Nazianz und Theodoret schrieben alle auf griechisch, doch mag des letzteren Muttersprache das Syrische gewesen sein, und auch die Mehrheit der Landbevölkerung seiner Diözese sprach kein Griechisch. Theodoret ist eine unserer Hauptquellen für den syrischen Asketismus, doch beschreibt er seine nordsyrischen männlichen und weiblichen Heiligen innerhalb der Kategorien griechischer Biographie, wobei er sie dadurch wohl absichtlich etwas »normalisiert«. Es fällt schwer, die Beziehung zwischen der griechischen (oder »hellenischen«) und der jeweiligen lokalen Kultur in den östlichen Provinzen festzustellen; das syrische Christentum bietet hierfür ein gutes

Beispiel: Es wird oft nicht einfach als exotisch und fremd dargestellt, sondern auch als echter und authentischer, da hier die »hellenischen« Einflüsse am geringsten seien. Während des 4. Jahrhunderts erhielt das Wort »Hellene« im Sprachgebrauch der Griechen neben der üblichen Bedeutung von »Grieche« im kulturellen Sinn schlichtweg die Bedeutung »Heide« – ein Wortgebrauch, gegen den sich in aller Deutlichkeit Gregor von Nazianz wandte (Rede 4, 5, 79–81). Sicher gab es eine gewisse Unterscheidung zwischen der (griechischen) Kultur- und der jeweiligen Volkssprache; das Griechische war eben nicht nur die Sprache der traditionellen Erziehung (*paideia*), sondern auch die der Verwaltung (wenngleich das Lateinische insbesondere für das Heer und die Rechtsverwaltung bis ins 6. Jahrhundert in Gebrauch blieb). Doch zeigen Inschriften, daß sowohl die griechische Sprache als auch griechische kulturelle Einflüsse bis weit in die ländliche Gesellschaft vorgedrungen waren. Theodorets Kyrrhos war nicht typisch für Zentral- und Südsyrien oder Palästina, wo gewöhnliche Menschen in ihren Grabinschriften noch bis ins 7. Jahrhundert hinein Griechisch verwendeten. Selbst in Edessa in Osrhoene, das von einer arabischen Dynastie beherrscht wurde und das Zentrum der syrischen christlichen Kultur war, fanden sich griechische Einflüsse in Form des Platonismus und griechische mythologische Themen wie das des Orpheus im 3. Jahrhundert; weiter westlich haben Ausgrabungen das Ausmaß griechischer Kultur in den Mosaiken von Apameia (vgl. Kapitel 8, Abbildung 9) ans Tageslicht gebracht, einer anderen großen syrischen Stadt, die – wie wir (in Kapitel 6) gesehen haben – ein Hauptzentrum des Neuplatonismus im 4. Jahrhundert gewesen war. Ein weiteres Anzeichen für die tatsächliche Vermischung von griechischen und lokalen Elementen läßt sich in der Assimilation griechischer und lokaler Gottheiten finden; der griechische Polytheismus beeinflußte sogar das vorislamische arabische Heidentum. Jakob von Serug, ein syrischer Autor des frühen 6. Jahrhunderts, wandte sich gegen eine Reihe heidnischer Kulte in Syrien und gegen die Verquickung griechischer und aramäischer Götternamen, und berichtet indigniert davon, daß griechische mythologische Geschichten in Theaterdarstellungen in vielen syrischen Städten dargeboten wurden.

In Ägypten lagen die Dinge etwas anders, zum einen, weil es dort – außerhalb von Alexandria – kein Netzwerk von Städten gab, wie es Syrien und Palästina besaßen, zum anderen, weil die Literatur zum ägyptischen Mönchtum nicht geringe Deutungsprobleme birgt. Seit Antonius war der Antiintellektualismus ein Merkmal des ägyptischen Mönchtums, auch wenn manche der Mönche, wie wir (in Kapitel 5 und 10) gesehen haben, durchaus hochgebildete Männer waren. Die Reiseberichte von Personen, die jene ägyptischen Einsiedler aufsuchten, weisen alle das Problem einer Sicht von außen und eine gewisse Einseitigkeit auf, die ihre Nutzung als historische Quelle problematisch machen. Viele der so beschriebenen Einsiedler scheinen ungebildete Leute aus der Gegend gewesen zu sein, doch bei weitem nicht alle. Palladios berichtet von einem Mönch namens Kronios, der Antonius' Dolmetscher für Griechisch und Koptisch gewesen war (Historia Lausiaca 21); ihm verdanken wir auch die Erzählung von einem gewissen Eulogios aus Alexandria, der eine gute Ausbildung genossen hatte, bevor er Mönch wurde. Selbst schon zu Antonius' Zeit gab es viele zu Besuch kommende Mönche aus anderen Orten, und Kronios berichtet, wie Antonius sie fragte, ob sie aus Ägypten oder Jerusalem kämen; im ersten Fall sorgte er lediglich dafür, daß sie etwas zu essen bekamen, im letzten jedoch wollte er sie in ein Gespräch verwickeln. Manche setzten sich recht gekonnt in Szene: Ein gewisser Sarapion, genannt »der Lendenschurz«, ein gebürtiger Ägypter, der kein anderes Kleidungsstück besaß, verkaufte sich selbst als Diener an ein paar griechische Schauspieler, die er bekehrte, reiste damit nach Griechenland, wo er von einigen »Philosophen« in Athen Geld erbettelte sowie einen Manichäer in Sparta bekehrte und von wo aus er nach Rom ging, wo er – allerdings ohne Erfolg – eine fromme Jungfrau dafür zu gewinnen suchte, nackt durch die Stadt zu laufen, um damit zu beweisen, daß ihr die Welt wirklich so wenig bedeutete, wie sie behauptete (Palladios, Historia Lausiaca 37).

Dieser Literatur können wir nicht viel über die Kultur der ägyptischen Dörfer entnehmen, doch selbst wenn wir einen großen Teil als lediglich erfundene Zufügung bunter Geschichten abrechnen, zeigt sich zumindest ein gewisser Kosmopolitanismus und erhellt, wieviel Gelegenheit zu Reisen es im Osten im 4. Jahrhundert gab. Manchmal schwingt auch Persönliches mit: Ein Mann, den ebenfalls Palladios erwähnt, ist Poseidonios aus Theben, der ein Jahr lang als Einsiedler im porphyritischen Gau Ägyptens gelebt hatte, den aber Palladios in Bethlehem gekannt hatte; ihm schreibt Palladios eine Beobachtung über die äußerst schlechte Laune des Hieronymus und die Vorhersage zu, daß Hieronymus' Freundin Paula als erste von beiden sterben und erst so von ihm freikommen werde (ebd. 36).

Nicht alle ägyptischen Mönche waren Einsiedler oder in kleinen Gruppen lebende Gottesmänner; manche wohnten in großen organisierten Gemeinschaften, die den ganzen Apparat einer wirtschaftlichen Eigenständigkeit besaßen – Zisternen, Bäckereien, Ölpressen, Werkstätten und Ställe; manche dieser Anlagen waren gar aus Sicherheitsgründen von einer Mauer umgeben. Die Mönche einer solchen Einrichtung konnten sich in der Praxis leicht vom örtlichen Bischof unabhängig machen, und ihre Äbte waren manchmal machtvolle Personen, etwa Schenute, der Abt des Weißen Klosters bei Sohag im späten 4. und im frühen 5. Jahrhundert. Papyri belegen jedoch enge Verbindungen zwischen solchen Klöstern und dem jeweils nächstgelegenen Dorf sowohl auf wirtschaftlicher Ebene als auch in der Beziehung zum dort wirkenden Priester. Zwar sprachen viele der Mönche im 5. Jahrhundert und später nur koptisch, doch brachte Panopolis in Oberägypten noch immer eine Reihe griechischer Dichter, Redner und Historiker hervor, die in manchen Fällen höhererseits Förderung fanden und außerhalb Ägyptens sehr erfolgreiche Karrieren machten.

Aus den späteren Papyrus-Zeugnissen wissen wir auch viel über die großen Güter, die man als ein wichtiges Merkmal der ägyptischen Wirtschaft in der frühbyzantinischen Zeit angesehen hat. Am besten bekannt ist das der Apiones, einer in Oxyrhynchos ansässigen Familie, die einen Landbesitz ihr eigen nannte, der über ein sehr großes Gebiet verteilt war. Selbst im 6. Jahrhundert scheint ihre Beziehung zu ihren Pächtern nicht so unterdrückerisch gewesen zu sein, wie man erwarten könnte. Darüber hinaus beschäftigte sie Handwerker und spielte im Bereich des Handels eine bedeutende Rolle. Es gab sogar fähige Handwerker, die in Gilden organisiert waren.

Auf einer weit niedrigeren Stufe zeigt eine städtische Liste der Landbesitzer im hermopolitischen Gau Ägyptens im 4. Jahrhundert die Konzentration des Grundbesitzes in der Hand von wenigen. Viele der verbleibenden Grundstücke sind sehr klein, und das Leben für die unabhängigen Kleinbesitzer muß äußerst schwierig gewesen sein, insbesondere, wenn Unvorhersehbares passierte. Doch war die Produktion immerhin so weit diversifiziert, daß jeder einzelne seine Familie auf unterschiedlichste Weise ernähren konnte.

Es gibt für den hier behandelten Zeitraum außerdem einige Belege über Geldtransaktionen und Kleinhandel, etwa aus dem Papyrusarchiv des Aurelius Isidorus im frühen 4. Jahrhundert, das – wie Dominic Rathbone (s. Literaturhinweise) festgestellt hat – das Bestehen einer diversifizierten und Geld benutzenden Bauernwirtschaft demonstriert; die unvermeidlichen Klagen über die Steuerlast und die Armut werden also gleichsam durch die ähnlich umfangreiche Menge von Quellen für das Blühen eines wenn auch kleinräumigen Wirtschaftslebens ausgeglichen.

Im allgemeinen wirkte ein auf breiter Front ähnlicher wirtschaftlicher Druck auf die östlichen wie auf die westlichen Provinzen, und die harte Hand der kaiserlichen Regierung mitsamt der Korruption vieler ihrer Beschäftigten war auch im Osten zu spüren. Doch zeigt uns eine Vielzahl erhaltener literarischer, inschriftlicher und papyrologischer Belege, wie die Menschen unter solchen Bedingungen lebten, ja wie es ihnen sogar gut ging. Dies sollte uns davor warnen, allgemeine Theorien überzubewerten. Einer der berühmtesten syrischen Christen, der Heilige Simon der Ältere, lebte vier Jahrzehnte lang, von 419 bis 459, auf einer Säule in der Wüste nordöstlich von Antiochia. Als er starb, wurde sein Leichnam von sieben Bischöfen und dem *magister militum* des Ostens in einer Prozession mit einer Eskorte von 600 Soldaten in die Stadt geleitet, denen eine Vielzahl einzelner Pilger folgte. Dieses Nebeneinander zeigt, wie die Gesellschaft tatsächlich funktionierte.

12. Schluß

Den Fall des Römischen Reiches datiert man üblicherweise ins Jahr 476; nach dieser Zeit gab es keine römischen Kaiser im Westen mehr. Es ist ebenso üblich, darauf zu verweisen, daß sich die Linie im Osten, in Konstantinopel, fortsetzte, bis jene Stadt von den Türken unter Mechmet (Mohammed) dem Eroberer 1453 eingenommen wurde. Das Jahr 476 ist eigentlich nur den Historikern dienlich, denn bereits die Kaiser des 5. Jahrhunderts waren – wie wir gesehen haben – sehr schwach gewesen, vielfach nurmehr Werkzeuge in der Hand der Generäle, welche jeweils die einflußreiche Position des *magister militum* innehatten. Es war deren letzter, Odoaker, der den jungen Romulus Augustulus, Kaiser für weniger als ein Jahr, absetzte und sich selbst zum *rex* (König) ausrief, sich also einen Titel verlieh, der in Rom seit der Vertreibung der Könige und der Einrichtung der römischen Republik 510 v. Chr. traditionell verhaßt war. Bis zum frühen 6. Jahrhundert n. Chr. waren mehrere Barbaren-Königtümer entstanden, von denen manche zu Vorläufern der mittelalterlichen Staaten des Westens werden sollten. Unter den wichtigsten von ihnen war das der Ostgoten in Italien unter deren König Theoderich (493–526), das der Franken (auch Merowinger genannt), deren Königtum mit dem Sieg des Clovis in der Schlacht von Vouillé 507 entstand, und das der Westgoten, die trotz ihrer Niederlage in jener Schlacht und späteren Rückschlägen von seiten der Franken in Spanien ein einheitliches Königreich in der Mitte des 6. Jahrhunderts etablieren konnten.

Doch selbst nachdem diese Königreiche entstanden waren, blieben so viele römische Traditionen und Institutionen erhalten, daß man gelegentlich von »subrömischen« Gesellschaften spricht. Insbesondere stellten die römischen landbesitzenden Familien mit ihren starken kulturellen Traditionen viele der mächtigen Bischöfe jener Zeit, und das Lateinische blieb als Sprache der Verwaltung und Kultur weiterhin in Gebrauch.

Im letzten Kapitel haben wir gesehen, daß es im Osten bereits im späten 4., sicher aber im 5. Jahrhundert Anzeichen für den Wohlstand und das Bevölkerungswachstum gibt, durch welche die östlichen Provinzen im 6. Jahrhundert ausgezeichnet sind. Die Kluft zwischen Osten und Westen erweiterte sich nun in einem solchen Maße, daß Kaiser Justinian (527–565) sogar eine Reihe von militärischen Aktionen unternehmen konnte, um die kaiserliche Herrschaft im Westen zu sichern. Diese »Rückeroberung« war eine Zeitlang erfolgreich, wenngleich Justinian seine Soldaten auch an der östlichen Front gegen Persien einsetzen mußte. Freilich hatte es zu viele Änderungen in einem zu langen Zeitraum gegeben, als daß eine dauerhafte Restauration der Kaiserherrschaft möglich gewesen wäre, und Justinians Nachfolgern fiel es schwer genug, auch nur an der Ostfront hinreichende Streitkräfte halten zu können. Nach den Pereinfällen des frühen 7. Jahrhunderts und den bald darauf stattfindenden arabischen Eroberungen wurden der Westen und der Osten noch weiter auseinandergetrieben.

Augustinus verbrachte etwa 35 Jahre als Bischof von Hippo an der nordafrikanischen Küste, einer Stadt, die heute in Algerien nahe der Grenze zu Tunesien liegt, und starb, als gerade die Vandalen aus Spanien nach Nordafrika übergesetzt hatten und ihre Eroberung der Provinz begannen. Der *Gottesstaat* ist eines von Augustinus' späteren Werken; er schrieb es in einem Zeitraum von etwa vierzehn Jahren und vollendete es 427. Einige der aristokratischen Christen aus Rom waren nach Nordafrika geflohen, als Rom von Alarichs Truppen 410 eingenommen und geplündert wurde; sie brauchten nun eine Antwort auf die Frage heidnischer Zweifler, weshalb Gott diese Katastrophe hatte geschehen lassen, obgleich Rom eine christliche Stadt gewesen war. Augustinus' Antwort erstreckt sich über 22 Bücher gehobener, ja oft schwieriger Argumentation. Er wollte sowohl zeigen, daß die heidnische Kultur unangemessen und auf Irrtum gegründet sei, als auch die gebildeten Christen, die bei einem solchen Werk sein Publikum darstellten, davon überzeugen, daß sie sich ihrerseits im Irrtum befänden, wenn sie meinten, daß schon das bloße Christsein weltlichen Wohlstand und Glück garantiere. Die himmlische Stadt Jerusalem, nicht Athen, war das geistige Konzept, das in uns und im künftigen Leben bestehe. Das letzte Buch des *Gottesstaates* schildert in beträchtlicher Ausführlichkeit das Leben, welches die Tugendhaften im Paradies erwarten dürfen, nachdem das Jüngste Gericht die Gläubigen von den Ungläubigen getrennt hat.

Zugleich ist der *Gottesstaat* ein bedeutendes Werk politischer Theorie, das die Geschichte Roms von dessen traditionellem Gründungsdatum 753 v. Chr. bis in Augustinus' Gegenwart überblickt und deutet. Augustinus wollte zeigen, daß die Welt nach dem Plan der christlichen Vorsehung ihren Lauf nahm; er mußte also die heidnische Vergangenheit Roms den Christen erklären und das heidnische Argument entkräften, daß der Fall der Stadt 410 die Lehre der christlichen Vorsehung widerlege.

So argumentierte Augustinus – ein Mann, der tief in der klassisch-antiken Kultur verwurzelt war –, daß das heidnische Rom auf Irrtum gegründet war; mehr noch, daß das Rom eines Cicero und Livius nicht einmal Ciceros Definition eines Staates erfülle, die jener in seinem Werk *De re publica* (Über den Staat) dargelegt hatte. Dies war in Augustinus' Augen deshalb der Fall, weil der römische Staat nicht auf Gerechtigkeit gegründet war, welche bedeutet hätte, daß Gott und die Menschen das ihnen jeweils Zustehende erhalten müßten. Ein Großteil des *Gottesstaates* ist daher den bedeutenden lateinischen klassischen Autoren gewidmet, insbesondere Cicero und Vergil, denn Augustinus kannte die Anziehungskraft ihrer Werke und wußte, wie sie auf gebildete Menschen wirkten. Die langatmigen Passagen über Platon und dessen neuere Anhänger, die Neuplatoniker, zeigen ebenfalls Augustinus' eigene intellektuelle Verbindungen, zugleich setzen sie sich mit der wichtigsten intellektuellen Alternative zum Christentum auseinander. Augustinus' Haltung hierin ist recht streng: Platon und seine Anhänger mögen zwar die höchste Form von Philosophie repräsentieren, doch scheitern sie, weil sie nicht den wahren Gott erkannt haben.

Insgesamt war für ihn die heidnische Vergangenheit irregeleitet, wohingegen das christliche Reich ein Teil von Gottes Plan für die Menschheit darstellte. Christen könnten dennoch nicht von selbst Glückseligkeit und Erfolg auf Erden erwarten; vielmehr werde Gott sie weiterhin erproben, und überdies seien menschliche Wesen inhärent sündig und müßten daher darum kämpfen, Gottes Gnade gerecht zu werden – die Gerechten würden ihren Lohn erst im Himmel erlangen.

Augustinus' *Gottesstaat* handelt von Geschichte, Philosophie, politischer Theorie und Theologie – alles in einem riesigen Werk vereint. Doch so, wie es letztlich die Gültigkeit jener klassisch-antiken Kultur verwirft, die Augustinus in seinen früheren Jahren selbst unterrichtet hatte, so verwirft es auch den Wert der römischen Vergangenheit und Geschichte im Vergleich zur christlichen Gegenwart und verneint eine kritische Untersuchung, indem es darauf besteht, daß Gottes Vorsehung die Geschichte lenke. In einer solchen Konzeption ist es die erste Pflicht eines christlichen Herrschers, den wahren Glauben durchzusetzen; Augustinus bietet also die ausdrückliche Rechtfertigung für eine christliche Verfolgung Andersgläubiger.

Der *Gottesstaat* wurde geschrieben, weil Rom gefallen war; im Zentrum des Werkes stehen Rom, die römische Vergangenheit und römische Autoren. Im Osten las man Augustinus nicht, weder zu seinen Lebzeiten noch später, und selbst wenn Augustinus' Griechisch besser war, als manche Gelehrte eingestanden haben, so war er doch nicht in dieser Sprache zu Hause. Ein wichtiger Aspekt von Augustinus' Erbe lag in seiner Lehre von der Sünde, die für die Ideen der westlichen Christenheit im Mittelalter und später grundlegend wurden. Augustinus glaubte, daß Männer und Frauen inhärent sündig seien und deshalb Gottes Gnade der Vergebung benötigten, und argumentierte heftig gegen die Betonung des freien Willens durch den britischen Mönch Pelagius.

In seiner Psychologie und seinem philosophischen Verständnis der Sprache kann Augustinus überraschend modern sein. Und in der Entwicklung der Autobiographie stellen seine *Confessiones* (Bekenntnisse) einen Meilenstein dar. Doch seine Betonung der Schwachheit des Menschen und der Abhängigkeit der Geschichte vom Willen Gottes sollten den wohl größten Einfluß auf den späteren mittelalterlichen Westen ausüben. Ja, Augustinus erscheint so bedeutend, daß man leicht übersehen kann, daß die Ostkirche in dieser wie in anderen Hinsichten seinem Einfluß entging und noch immer Augustinus' Insistieren auf der Erbsünde ablehnt.

Wie Augustinus' Biograph Possidius anmerkt, war es geradezu tragisch, daß Augustinus, nachdem er seine christliche Deutung der Geschichte im *Gottesstaat* formuliert hatte, noch erleben mußte, wie es zur Invasion in seine eigene Provinz kam, die Kirchen entweiht und Christen gefangengenommen oder getötet wurden. Manche Bischöfe neigten dazu, ihre Bistümer aufzugeben und sich in Sicherheit zu flüchten, doch Augustinus war der festen Überzeugung, daß es Pflicht eines Bischofs sei, bei seiner Gemeinde zu bleiben. Das Erlebnis der Zerstörung von Hippo blieb ihm jedoch erspart; er starb Ende 430 – ein Jahr, bevor die Stadt evakuiert und teilweise in Schutt und Asche gelegt wurde.

Das römische Heer in Nordafrika war so schwach geworden, daß es gegen die Vandalen keine wirkliche Verteidigung mehr entfalten konnte, und eine Region, die eine der wohlhabendsten und sichersten Provinzen gewesen war, trat nun in eine Zeit der Herrschaft von arianischen Vandalen, die andauerte, bis 533 Justinians General Belisarios mit einem byzantinischen Heer eintraf.

Der Fall Nordafrikas illustriert den Zusammenbruch des kaiserlichen Systems im Westen; die Vandalen marschierten einfach ein, mitsamt ihren Frauen, Hab und Gut und Angehörigen – insgesamt keine sehr große Streitmacht – und trafen auf wenig oder gar keinen Widerstand seitens römischer Truppen oder seitens der Lokalbevölkerung. Neuere Forschungen haben gezeigt, daß die Gründe hierfür mehr mit der zunehmenden Schwäche des Zentrums und den allgemeinen Problemen des römischen Heeres zu tun hatten als mit einem Niedergang der lokalen Wirtschaft, denn die nordafrikanischen Städte und die dortige Wirtschaft standen im späten 4. Jahrhundert in voller Blüte.

Dies führt uns auf die unvermeidliche Frage zurück, weshalb das Römische Reich im Westen einen »Niedergang« oder »Fall« im 5. Jahrhundert erlebte. Früher übliche moralisierende Erklärungen erscheinen uns heute nicht mehr akzeptabel (auch wenn sie noch vielfältig vertreten werden), auch ist es zu einfach, alle Schuld auf die Barbareneinfälle zu schieben (wenngleich es eine interessante, freilich hypothetische Frage ist, was geschehen wäre, hätte es keine Barbareneinfälle gegeben). Eine neuere These stellt den Fall des Römischen Reiches neben den anderer bedeutender Kulturen in der Weltgeschichte und sucht eine Erklärung mit den Begriffen des Zusammenbruchs komplexer Gesellschaften (s. Literaturhinweise). Dieser Ansicht nach wächst eine Gesellschaft, wird zunehmend sozial differenziert und immer komplexer und muß sich, allein um bestehen bleiben zu können, entsprechend vergrößern. Doch dann kommt ein Punkt, an dem sich der »marginale Gewinn« aus Strategien der Vergrößerung wie etwa Eroberungen oder Steuereinnahmen verringert, und zwar unter dem Druck »fortwährenden Stresses, unvorhergesehener Herausforderungen und der Kostspieligkeit soziopolitischer Integration«. Typischerweise folgt hierauf eine Periode von Schwierigkeiten (Wirtschaftsstagnation, politischer Niedergang, territoriale Verluste), auf die ihrerseits ein effektiver Zusammenbruch folgt, sofern keine neuen Faktoren eintreten. Im Falle des Römischen Reiches gehörten zu den unvorhersehbaren Herausforderungen der langfristige Druck realer und potentieller Invasoren – ein Problem, welches das Reich nicht in den Griff bekam oder in Grenzen halten konnte.

Vieles in dieser Analyse klingt vertraut, wenngleich sie auf der fraglichen Annahme beruht, daß die historische Entwicklung von Gesellschaften selbst in einem gewissen Sinne historisch determiniert ist. Zumindest aber erlaubt sie es uns Althistorikern, unser Forschungsgebiet mit etwas mehr Objektivität zu betrachten und zu sehen, daß die Probleme, denen sich die spätrömische Regierung ausgesetzt sah, nichts historisch Einzigartiges waren – was im übrigen auch für ihre oft unwirksamen Versuche gilt, Lösungen zu finden. Wir sollten in diesem speziellen Fall den relativen Mangel an Verständnis für wirtschaftliche Zusammenhänge und das Fehlen von Strukturen hinzufügen und auf die Unfähigkeit der Zentrale – selbst nach Diokletian – verweisen, das wirtschaftliche Wohlergehen des Reiches insgesamt sicherzustellen. Das Römische Reich war stets in einer prekären Balance zwischen Zentrum und Peripherie befangen, und sein Überleben hing nicht nur an äußerem Frieden, sondern auch an einem hohen Maß inneren Wohlwollens. Im späten 4. und 5. Jahrhundert waren all diese Faktoren in Gefahr.

Überlegungen wie die eben vorgetragene provozieren zu Vergleichen mit der modernen Welt, die dann zu einem Verständnis der Antike beitragen können, wenn wir sorgfältig darauf achten, nur einander Entsprechendes zu vergleichen. In diesem Buch haben wir gesehen, daß hinter den üblichen Verallgemeinerungen über die spätrömische Gesellschaft eine große Vielfalt von Phänomenen liegt. Die Spätantike war eine Zeit rapiden Wandels, der sich in verschiedenen Gegenden verschieden manifestierte. Darin liegt auch ein wichtiger Teil der Erklärung für das Überleben des Ostens nach dem Zusammenbruch des Westens. Sicher war der Reichtum im Osten gleichmäßiger verteilt, und sicher war es dort (zum Schaden des Westens) besser gelungen, die Bedrohung durch die Barbaren im Norden abzuwehren. Überdies bestand während der ganzen hier behandelten Zeit eine Art Gleichgewicht der Mächte zwischen dem östlichen Reich und dessen Hauptrivalen, dem sassanidischen Persien; auch wenn manche einzelne Episoden schmerzhaft oder aufwendig gewesen sein mögen, so versuchte doch keine der beiden Seiten ernsthaft, die andere zu zerstören. Doch sind es die zahllosen kleinen und lokalen Variablen, welche erst gemeinsam das Gesamtbild ergeben. Überdies bietet keine der genannten Deutungen eine Erklärung für das hartnäckige Überleben von Byzanz nach den katastrophalen Verlusten, die es im 7. Jahrhundert und später erlitten hatte, als dieses Gleichgewicht ins Schwanken geriet, bis hin zur Gründung des Osmanischen Reiches; dies freilich geht über den Rahmen dieses Buches weit hinaus.

Ein Gefühl für die lange Dauer (*longue durée*) der Geschichte liegt hinter einem anderen Ansatz zur Beantwortung solcher Fragen. Statt die Unterschiede und Brüche zwischen dem östlichen und dem westlichen Reich zu betonen, kann man sie auch als der längerfristigen Geschichte Europas und der Mittelmeerwelt gemeinsam zugehörig betrachten. Ein solcher Ansatz hat zusätzlich den Vorteil, daß wir eine Zeitlang von der allzu häufig erörterten Frage nach dem Ende der klassischen Antike abgelenkt werden und uns statt dessen auf Fragen wie die der Siedlung, des Klimas, des

Austauschs und der politischen Organisation über weit größere Zeiträume zuwenden können.

Der Schwerpunkt moderner historischer Forschung hat auch viel mit den Zeugnissen zu tun, die jeweils verwendet worden sind. Die literarischen Quellen führen uns dazu, nur eine begrenzte Zahl von Fragen zu verfolgen, unter denen die Beziehung zur klassisch-antiken Vergangenheit im Vordergrund steht, wohingegen eine breiter angelegte Untersuchung, die mehr auf archäologischen, insbesondere aber auf durch regionale Prospektion (*survey*) gewonnenen Belegen (s. Kapitel 11) beruht, andere Fragen in den Vordergrund rücken läßt.

Aus einem so viel breiteren Blickwinkel gesehen erscheinen die politischen Wandlungen, die zweifellos zu bestimmten Zeiten beachtlich waren (die »Krise des 3. Jahrhunderts«, gefolgt von den Reformen Diokletians, die Fragmentierung der römischen Herrschaft im Westen, die arabischen Einfälle im Osten), weniger als ein grundlegender Wandel des Status quo. Ja, manche Teile des östlichen Reiches hatten zur Zeit der arabischen Eroberungen einen Höhepunkt der Besiedlung erreicht, und der Effekt jener Eroberungen war zunächst erheblich geringer, als man gewöhnlich annimmt. Diese politischen Wendepunkte stellen also nur Stadien in einer weit länger währenden Evolution dar, an deren Ende sich der Schwerpunkt nach dem Norden Europas verlagert und die Entwicklung derjenigen Bedingungen beginnt, die zur Expansion und zum Wachstum im Hochmittelalter führten.

Im Osten war die Verlegung der islamischen Hauptstadt von Damaskus nach Baghdad in der Mitte des 8. Jahrhunderts nicht nur von größter Bedeutung für die Bestimmung des Charakters der künftigen islamischen Herrschaft, sondern beendete schließlich auch die günstigen Auswirkungen der langanhaltenden spätrömischen Investitionen im Nahen Osten.

Im Westen wurde die römische Kaiserherrschaft durch Nachfolgekönigreiche ersetzt, die viele vorhandene Merkmale beibehielten. Ähnlich war im Osten nach den arabischen Eroberungen das Leben in den hiervon betroffenen Provinzen nicht unmittelbar oder völlig verändert. Gleich, wo wir den »Fall« des Römischen Reiches chronologisch aussetzen, es handelte sich nicht um ein einzelnes, dramatisches Ereignis, das die Gestalt Europas und der Mittelmeerwelt veränderte.

Dieses Buch hat sich vor allem auf das 4. Jahrhundert n. Chr. konzentriert. Während dieses Zeitraums können wir sowohl die zunehmende Elastizität des römischen kaiserlichen Systems als auch die Initiativlosigkeit einer vormodernen Gesellschaft erkennen. Die »Krise des 3. Jahrhunderts« führte nicht zu einer Revolution, doch gelang es auch den Kaisern des 4. Jahrhunderts nicht, die Hinderungsgründe zu überwinden, die einer wirksamen Herrschaft im Wege standen. Im selben Zeitraum erlangte das Christentum offizielle Unterstützung, und sein machtvolles institutionelles Netzwerk wurde durch rechtliche und wirtschaftliche Bevorzugung gestärkt. Ohne es zu wollen, schuf Konstantin eine Kirche, die jahrhundertelang zur Rivalin der Staatsmacht werden sollte. Eine wirtschaftliche Transformation grundlegender Art fand hingegen im spätrömischen Reich nicht statt – ja, die Kirche absorbierte nun einen großen Teil des Überschusses, ebenso wie der äußere Druck die Schwierigkeit, ein angemessenes Heer zu unterhalten, in einem solchen Maß erhöhte, daß die Regierung im Westen schließlich den Kampf effektiv aufgab.

Die politischen, wirtschaftlichen und militärischen Probleme, denen diese letzte Phase des römischen Reichssystems ausgesetzt war, waren also sicherlich sehr groß, was sich natürlich häufig in den Quellen widerspiegelt. Auf kulturellem Gebiet jedoch entsprach die Spätantike dem Bild dieses Modelles ganz und gar nicht. Vielfältig, sich wandelnd, innovativ, widersprüchlich – all diese Beschreibungen lassen sich zu Recht auf die unruhige Welt eines Ammian anwenden. In mancher Hinsicht war es eine Welt wie unsere eigene, mit ihrem rapiden Wandel und dem damit einhergehenden Gefühl einer Losgelöstheit. Dies ist nicht die vertraute klassisch-antike Welt – doch gerade deshalb ist sie so interessant.

Anhang

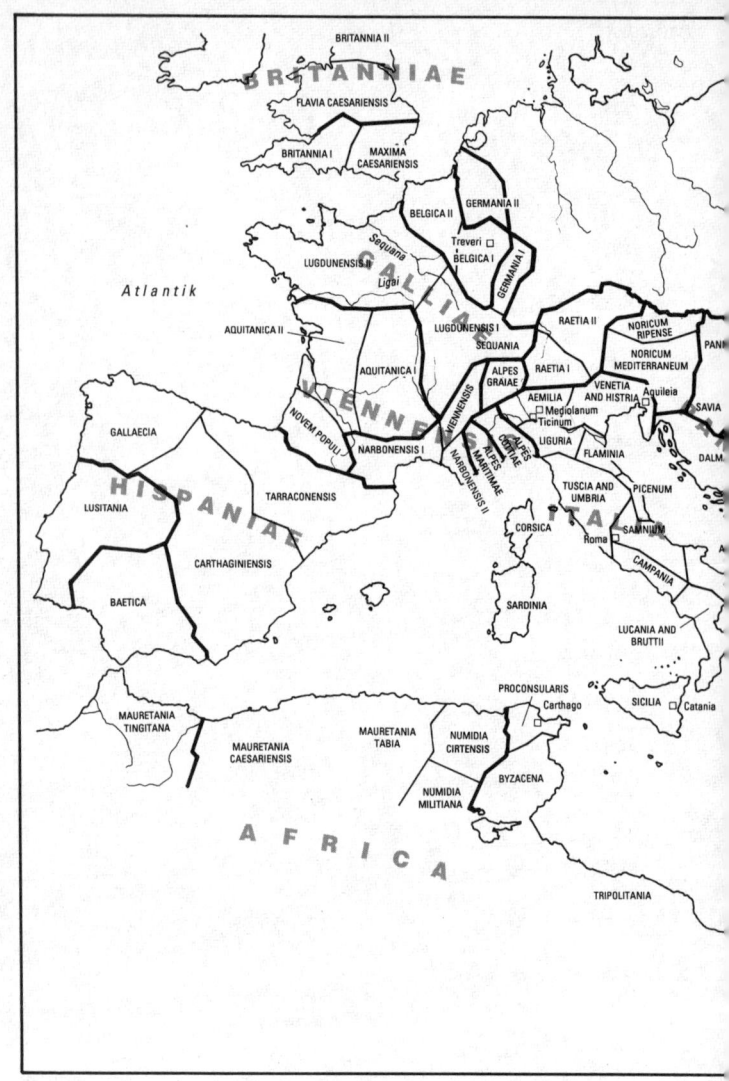

Abb. 16. Die Diözesen Diokletians und die Provinzen des spätrömischen Reiches.

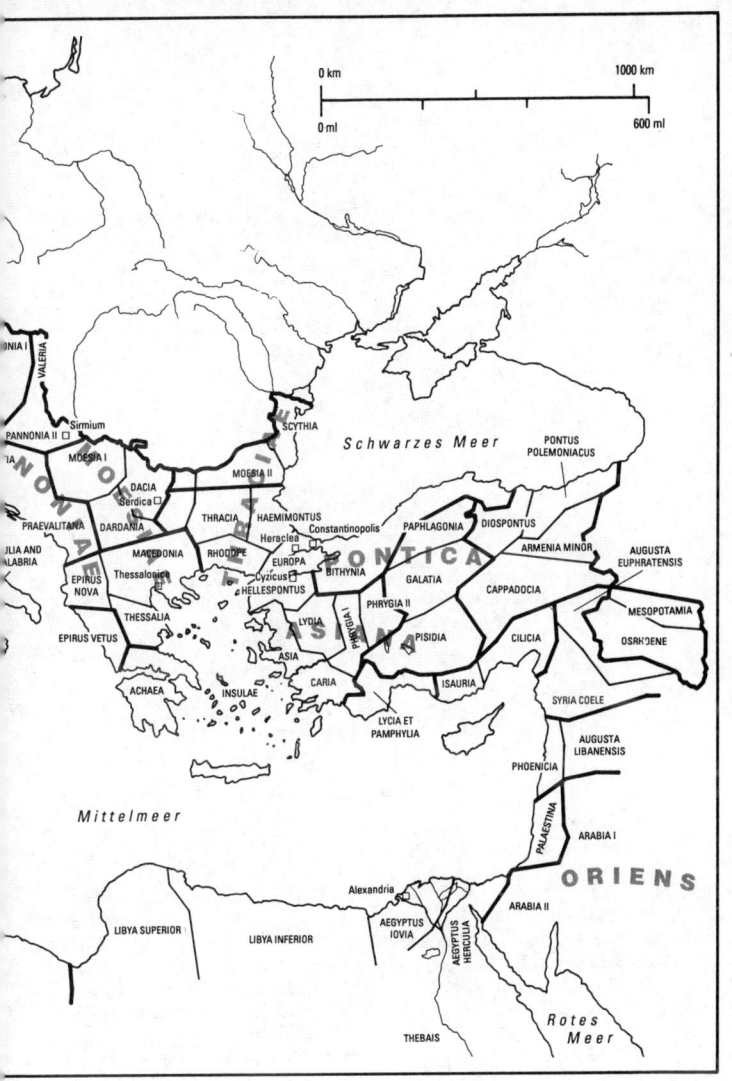

Zeittafel

Westen	Osten
	224 Anfang der sassanidischen Dynastie
	241–74 Schapur I.
253–60 Valerian	
253–68 Gallienus	
259–74 »Gallisches Sonderreich«	
272 Aurelian erobert Palmyra	284–305 Diokletian
	301 Höchstpreisedikt
306 Konstantin in York zum Kaiser ausgerufen	
312 Schlacht an der Milvischen Brücke	
	313 Toleranzedikt von Mailand
314 Konzil von Arles	
	324 Konstantin besiegt Licinius
	325 Konzil von Nicaea
	330 Weihung von Konstantinopel
	337 Tod Konstantins I.
350–53 Magnentius in Britannien	350–53 Gallus *Caesar*
357–59 Julian als *Caesar* in Gallien	359 Schapur II. erobert Amida
	361–63 Herrschaft Julians
	362–63 Julians Perserfeldzug
	364 Jovian übergibt Nisibis
364–75 Valentinian I.	364–78 Valens
	378 Schlacht von Adrianopel
	379–95 Theodosius I.
	381 Konzil von Konstantinopel
382 Theodosius siedelt Goten als Bündner an	
384 Gratian befiehlt die Entfernung des Victoriaaltars aus dem Senatsgebäude	
	387 Großer Aufstand in Antiochia
392 Aufstand des Eugenius	
394 Schlacht am Frigidus; Selbstmord des Nicomachus Flavianus	
395 Honorius herrscht im Westen	395 Arcadius herrscht im Osten
395–430 Augustinus Bischof von Hippo	398 Johannes Chrysostomos Bischof von Konstantinopel
	403 Erstes Exil des Chrysostomos
	404 Chrysostomos abgesetzt
408 Fall und Tod des Stilicho	
410 Alarich und die Westgoten erobern Rom	
429 Vandalen setzen nach Afrika über	
430 Tod des Augustinus	

Kaiserliste

Die Namen in eckigen Klammern sind die von Usurpatoren, also solchen Kaisern, die nicht als legitim galten; nicht alle von ihnen sind aufgenommen. Daten, die sich überschneiden, deuten auf die gemeinsame Herrschaft der genannten Kaiser.

Gordian I. 238
Gordian II. 238
Balbinus 238
Pupienus 238
Gordian III. 238–244
Philippus Arabs 244–249
Decius 249–251
Trebonianus Gallus 251–253
Volusianus 251–253
Valerian 253–260
Gallienus 253–268
[Postumus] 257–268
[Victorinus] 267–268
[Tetricus] 270–274
Claudius II. Gothicus 268–270
Quintillus 270
Aurelian 270–275
Tacitus 275–276
Florianus 276
Probus 276–282
Carus 282–283
Numerianus 283–284
Carinus 283–285
Diokletian 284–305
Maximian 286–305, 307–310
[Carausius] 286–293
[Allectus] 293–296
Constantius I. Chlorus 305–306
Galerius 305–311

Severus 306
Konstantin I. (Sohn des Constantius I.) 306–337
Maximinus (Neffe des Galerius) 308–313
Licinius 308–324
Konstantin II. (Sohn Konstantins I.) 337–340
Constans (Sohn Konstantins I.) 337–350
Constantius II. (Sohn Konstantins I.) 337–361
[Vetranio] 350
[Nepotianus] 350
[Magnentius] 350–353
Julian 362–363
Jovian 363–364
Valentinian I. 364–375
Valens (Bruder Valentinians I.) 364–378
[Procopius] 365–366
Gratian (Sohn Valentinians I.) 367–383
Valentinian II. (Sohn Valentinians I.) 375–392
Theodosius I. 379–395
[Magnus Maximus] 383–387
[Eugenius] 392–394
Arcadius (Sohn Theodosius' I.) 383–408
Honorius (Sohn Theodosius' I.) 393–423
Theodosius II. (Sohn des Arcadius) 408–450

Quellenübersicht

Die bedeutendsten literarischen Quellen für den im vorliegenden Buch behandelten Zeitraum sollen im folgenden in alphabetischer Folge knapp vorgestellt werden; genannt sind außerdem in Auswahl Übersetzungen und wichtige spezielle Literatur (zur allgemeinen Literatur s. die Literaturhinweise zu Kapitel 2, wo auch die verwendeten Inschriftensammlungen genannt werden).

Folgende fünf Übersetzungsreihen und zwei Handbücher werden abgekürzt zitiert:

BAW = *Bibliothek der Alten Welt.* Zürich, Stuttgart bzw. München 1947ff.
BGL = *Bibliothek der griechischen Literatur.* Stuttgart 1971ff.
BKV = *Bibliothek der Kirchenväter.* Kempten, München 1911ff.
FC = *Fontes Christiani.* Freiburg i. Br. 1990ff. (mit griechischem bzw. lateinischem Text).
TTH = *Translated Texts for Historians.* Liverpool 1985ff. (engl.)
HLL V = *Handbuch der Lateinischen Literatur der Antike.* Band V: *Restauration und Erneuerung.* Hg. v. R. Herzog. München 1989.
Patrologie = B. Altaner und A. Stuiber, *Patrologie. Leben, Schriften und Lehre der Kirchenväter.* Freiburg i. Br. ⁸1978.

AMBROSIUS (gest. 397): Geboren in den dreißiger Jahren des 4. Jahrhunderts in Trier, Statthalter von Aemilia-Liguria, seit 364 Bischof von Mailand. Lateinischer Autor vieler exegetischer Schriften und von Werken über die Pflichten der Kirchendiener, über die Sakramente, die Mysterien, die Jungfräulichkeit sowie von Predigten, Hymnen und Briefen.

Übers.: J. E. Niederhuber (BKV 17/21/32) 1914–1917; *Über die Sakramente, über die Mysterien:* J. Schmitz (FC 3) 1990.

Lit.: *Patrologie* 378ff. § 97.

AMMIANUS MARCELLINUS (gest. um 395): Geschichtsschreiber wohl aus Antiochia. Seine lateinischen *Res Gestae,* die er in den frühen neunziger Jahren des 4. Jahrhunderts in Rom abschloß, behandeln die Zeit von 96 bis 378 n. Chr. (erhalten ist nur der Teil ab 354).

Übers.: W. Seyfarth, Schriften und Quellen zur Alten Welt. 4 Bde, Berlin 1968–1971 (mit Text).

Lit.: J. F. Matthews, *The Roman Empire of Ammianus.* London 1989 (grundlegend); zu Ammians Sprache und Denken s. R. Seager, *Ammianus Marcellinus. Seven Studies in his Language and Thought.* Columbia 1986 und R. L. Rike, *Apex Omnium. Religion in the Res Gestae of Ammianus Marcellinus.* Berkeley, Los Angeles 1987.

APOPHTHEGMATA PATRUM (5.–6. Jahrhundert): Griechische Sammlung von Sprüchen und Beispielen östlicher Asketiker (s. auch unter Palladios).

Übers.: B. Miller, *Weisungen der Väter.* Sophia 5, Freiburg i. Br. ³1986.

Lit.: *Patrologie* 239f. § 61, 1c; B. Ward, *The Sayings of the Desert Fathers.* London 1975; dies., *The Wisdom of the Desert Fathers.* Oxford 1975.

AUGUSTINUS (354–430): Bischof von Hippo in Nordafrika 395–430. Größter lateinischer Kirchenschriftsteller der Antike, Autor von *Confessiones* (13 Bücher, um 400), *Gottesstaat* (22 Bücher, 413–426) und vielen Briefen, Predigten und Traktaten, darunter *De Doctrina Christiana* (vollendet 426). Zu seiner Bedeutung s. im vorliegenden Buch Kapitel 12.

Übers.: *Bekenntnisse:* W. Thimme (BAW) 1950 (Taschenbuchausgabe dtv 2159, München 1982); *Vom Gottesstaat* ders., 2 Bde: (BAW) 1955 (Taschenbuchausgabe dtv 2160, München 1977); *Über den Nutzen des Glaubens:* A. Hoffmann (FC 9) 1992.

Lit.: *Patrologie* 412 ff. § 102; P. Brown, *Augustinus von Hippo.* Leipzig ³1982; H. Chadwick, *Augustin.* Göttingen 1987.

AURELIUS VICTOR (um 320 – um 390): Redner aus Nordafrika, nach Tätigkeit in Rom in der Reichsbürokratie tätig, zuletzt als Stadtpräfekt unter Theodosius I., verfaßte *Historiae abbreviatae*, eine ›Kurzgefaßte Geschichte‹ der römischen Kaiser von Augustus bis Constantius II, die in der anonymen, ihm zu Unrecht zugeschriebenen *Epitome de Caesaribus* fortgesetzt ist.

Übers.: A. Forbiger. Stuttgart 1866.

Lit.: P. L. Schmidt (HLL V) 198 ff. § 537.

AUSONIUS (um 310–393/94): Redner aus Bordeaux, Erzieher des jungen Gratian, danach Prätorianerpräfekt und Konsul. Autor vieler lateinischer Gedichte im klassischen Versmaß, darunter einem auf die Mosel (*Mosella*) und Erinnerungen an seine Freunde und Professoren-Kollegen aus Bordeaux.

Übers.: B. K. Weis, *Ausonius Mosella.* Darmstadt 1989 (mit Text).

Lit.: W. L. Liebermann und P. L. Schmidt (HLL V) 268 ff. § 554; R. Green, *The Works of Ausonius.* Oxford 1991 (mit Text); s. auch H. Sivan, *Ausonius of Bordeaux.* London 1993.

BASILIOS (DER GROSSE) (um 330–379): Bruder des Gregor von Nyssa und der Makrina, Freund Gregors von Nazianz; studierte in seiner Heimatstadt Caesarea in Kappadokien, Konstantinopel und Athen; Bischof seiner Heimatstadt 370–379. Autor von griechischen Predigten über das *Hexaemeron* (die sechs Schöpfungstage), asketischen Schriften einschließlich Mönchsregeln, *Über den Heiligen Geist, Mahnworte an die Jugend über den nützlichen Gebrauch der heidnischen Literatur* und Briefen.

Übers.: A. Stegmann (BKV 46/47) 1925; W.-D. Hauschild (BGL 3/32) 1973–1990.

Lit.: *Patrologie* 290 ff. § 72.

CHRONOGRAPH VON 354: Moderne Bezeichnung für eine Serie von lateinischen Texten zu Chronographie, Chronik und Geographie, die über einen karolingischen Archetyp wohl auf ein in Rom redigiertes spätantikes Original zurückgeht; wertvolle Quelle für die öffentlichen Feste und die Ikonographie.

Ausgabe: Th. Mommsen, *Chronica minora.* Bd. 1, Hannover 1892.

Lit.: P. L. Schmidt (HLL V) 181 f. § 531. 3; M. R. Salzman, *On Roman Time. The Codex-Calendar of 354 and the Rhythms of Urban Life in Late Antiquity.* Berkeley, Los Angeles 1991.

CLAUDIANUS (um 400): Dichter aus Alexandria, Autor von lateinischen Zeitgedichten zur Verherrlichung von Staatsmännern wie Stilicho und Honorius und zu offiziellen Anlässen und politischen Ereignissen sowie von Invektiven gegen die im östlichen Reich wirkenden Minister Eutropius und Rufinus.

Übers.: G. v. Wedekind. Darmstadt 1868 (Auswahl); W. Barr, *Claudian's Panegyric on the Fourth Consulship of Honorius.* Liverpool 1981 (engl.).

Lit.: Alan Cameron, *Claudian.* Oxford 1970; *Patrologie* 410 § 101, 8; S. Döpp, *Zeitgeschichte in Dichtungen Claudians.* Wiesbaden 1980.

CODEX THEODOSIANUS: Lateinische Sammlung kaiserlicher Gesetze, die in Konstantinopel unter Theodosius II. entstand.
Übers.: C. Pharr. Princeton 1952 (engl.).
Lit.: T. Honoré, *Zeitschrift der Savigny-Stiftung für Rechtsgeschichte, röm. Abt.* 103, 1986, 133 ff.

DE REBUS BELLICIS: Anonyme lateinische Abhandlung zu Militärfragen in Form eines Briefes an die herrschenden Kaiser (wahrscheinlich Valentinian I. und Valens 368). In den mittelalterlichen Handschriften finden sich Abbildungen der genialen Erfindungen des Autors.
Übers.: R. I. Ireland und M. W. C. Hassall (Hgg.), *De Rebus Bellicis.* Oxford 1979 (engl.).
Lit.: E. A. Thompson, *A Roman Reformer and Inventor.* Oxford 1952; H. Brandt, *Zeitkritik in der Spätantike.* München 1988.

EPHRAIM DER SYRER (um 306–373): Christlicher Schriftsteller und Theologe aus Nisibis, später in Edessa. Verfasser exegetischer, dogmatisch-polemischer (u. a. *Gegen Kaiser Julian*), asketischer, liturgischer und anderer Schriften auf syrisch, die großenteils bald ins Griechische übersetzt wurden.
Übers.: A. Rücker (BKV 37/61) 1919–1928; S. P. Brock, *The Harp of the Spirit.* London 1983 (engl.); K. McVey, *Ephrem the Syrian. Hymns.* New York 1989 (engl.). Die Hymnen gegen Julian bei S. N. C. Lieu (TTH 2) ²1989 (s. Literaturhinweise zu Kapitel 2).
Lit.: R. Murray, *Symbols of Church and Kingdom. A Study in Early Syriac Tradition.* Cambridge 1975; *Patrologie* 343 ff. § 89.

EUNAPIOS (349 – um 404): Heidnischer griechischer Historiker aus Sardeis, Verfasser von *Vitae Sophistarum* (Lebensbeschreibungen der Sophisten) und einer (nur in Fragmenten erhaltenen) *Geschichte* der Zeit von 270 bis 404 in zwei Ausgaben, die später von Zosimos verwendet wurden. Die Art der Ausgaben und das Verhältnis zu Ammian sind umstritten.
Übers. und Lit.: R. C. Blockley, *The Fragmentary Classicising Historians of the Later Roman Empire.* 2 Bde, Liverpool 1981–1983 (engl.).

EUSEBIOS (gest. 338/39): Seit 313 Bischof von Caesarea in Palästina, Theologe und griechischer Historiker Konstantins, Autor der *Kirchengeschichte,* der *Vita Constantini* (Biographie Konstantins), der Festrede zu Konstantins dreißigjährigem Regierungsjubiläum (*Oratio Tricennalis*), einer *Chronik* (in armenischer und in lateinischer, von Hieronymus angefertigter Übersetzung erhalten) sowie apologetischer Schriften.
Übers.: *Kirchengeschichte:* Ph. Haeuser (BKV II 1) 1937, neu hg. v. H. A. Gärtner. München 1981; *Vita Constantini:* J. M. Pfättisch (BKV 9) 1913 (dt.) sowie Averil Cameron und S. Hall. Oxford in Vorb. (engl., mit Kommentar); *Oratio Tricennalis:* H. A. Drake, *In Praise of Constantine.* Berkeley, Los Angeles 1976 (engl., mit Kommentar).
Lit.: *Patrologie* 217 ff. § 58; T. D. Barnes, *Constantine and Eusebius.* Cambridge MA 1981.

EUTROPIUS (4. Jahrhundert): Gallischer Redner, wie Aurelius Victor in der Reichsbürokratie tätig, zuletzt als Konsul unter Kaiser Valentinian II. im Jahr 387. Schrieb auf Veranlassung von Kaiser Valens als dessen *magister memoriae* ein *Breviarium ab urbe condita,* einen Abriß der römischen Geschichte von der Gründung der Stadt bis zum Tode Kaiser Jovians 364.

Übers.: A. Forbiger. Berlin ²1911; H. W. Bird (TTH 14) 1993.
Lit.: P. L. Schmidt (HLL V) 201 ff. § 538.

GREGOR VON NAZIANZ (329/30–390): Sohn des Bischofs von Nazianz in Kappadokien, wie sein Freund Basilios hochgebildet, wurde gegen seinen Willen durch jenen zum Bischof von Sasima erhoben und 380 Bischof von Konstantinopel, dankte bald ab. Großartiger griechischer Redner, Verfasser von Grabreden auf Basilios, seine Schwester Gorgonia und seine Eltern, von theologischen Schriften, Briefen und (teils autobiographischen) Gedichten.
Übers.: Ph. Haeuser u. a. (BKV 59/II 3) 1928–1939; *Briefe:* M. Wittig (BGL 13) 1981.
Lit.: *Patrologie* 298 ff. § 73.

GREGOR VON NYSSA (gest. 394): Jüngerer Bruder des Basilios und der Makrina, seit 371 Bischof von Nyssa, nach Verleumdungen zeitweise abgesetzt. Setzte die Theologie des Basilios fort und wurde führender Kirchenmann nach dessen Tod. Autor griechischer theologischer, mystischer und asketischer Werke, darunter ein erbauliches Lebensbild seiner Schwester (*Vita Macrinae*).
Übers.: K. Weiß und E. Stolz (BKV 56) 1927; J. Barbel (BGL 1) 1971; *Asketische Schriften:* W. Blum (BGL 7) 1977.
Lit.: *Patrologie* 303 ff. § 74.

HIERONYMUS (342–419): Mönch, Asket und Gelehrter, 382–384 in Rom, später Begründer eines Klosters in Bethlehem. Vielseitiger lateinischer Schriftsteller und Übersetzer griechischer Werke, darunter der *Chronik* des Eusebios, sowie des hebräischen bzw. griechischen Bibeltextes (diese Version ist als *Vulgata* bekannt); Autor exegetischer und – häufig polemisch eingefärbter – dogmatischer Werke, von Predigten, Lebensbeschreibungen der Einsiedler, Briefen u. a.
Übers.: L. Schade (BKV 15/16/18) 1914–1937.
Lit.: *Patrologie* 394 ff. § 100; J. N. Kelly, *Jerome.* London 1975.

HISTORIA AUGUSTA: Sammlung häufig skurriler lateinischer Biographien der Kaiser von Hadrian bis Diokletian, angeblich das Werk sechs verschiedener unter Konstantin schreibender Autoren, tatsächlich wohl das Werk eines Autors, der im späten 4. Jahrhundert in Rom wirkte.
Übers.: E. Hohl. 2 Bde (BAW) 1976–1985.
Lit.: A. Birley. In: T. A. Dorey (Hg.), *Latin Biography.* London 1967, 113 ff.; R. Syme, *Ammianus and the Historia Augusta.* Oxford 1968; T. D. Barnes, *The Sources of the Historia Augusta.* Brüssel 1978; I. Marriott, *The Authorship of the Historia Augusta. Two Computer Studies.* Journal of Roman Studies 69 (1979) 65 ff.

IAMBLICHOS (um 250–325): Neuplatonischer Philosoph in Apameia in Syrien zur Zeit Konstantins, verfaßte auf griechisch u. a. ein *Leben des Pythagoras* und ein Werk *Über die Mysterien* Ägyptens.
Übers.: *Pythagoras:* M. v. Albrecht (BAW) 1963 (mit Text); G. Clark (TTH 8) 1989; *Über die Mysterien:* Th. Hopfner. Leipzig 1922.

JOHANNES CHRYSOSTOMOS (gest. 407): Schüler des Libanios, Priester in Antiochia und seit 398 Bischof von Konstantinopel, als solcher zweimal zeitweise abgesetzt und 404 verbannt. Vielleicht der größte christliche Prediger, Autor vieler griechischer Werke, etwa zur Exegese (Bibelauslegung), Predigten und weiterer Abhandlungen (darunter *Über Hoffart und Kindererziehung*).

Übers.: Ch. Baur, J. Jatsch, A. Naegle und W. Stoderl (BKV 23/25–27/39/42/II 15) 1915–1936; *Über Hoffart und Kindererziehung:* J. Glagla. Paderborn 1968; *Taufkatechesen:* R. Kaczynski. 2 Bde. (FC 6) 1992.

Lit.: *Patrologie* 322ff. § 83; F. Young, *From Nicaea to Chalcedon.* London 1983, 143ff.

JULIAN (Kaiser 361–363): Römischer Kaiser, Verfasser von Reden und weiteren Werken auf griechisch, darunter *Gegen die Galiläer* (Christen), *Caesares, Hymnos an König Helios, Misopogon* (Der Barthasser), Briefe u.a. – S. im einzelnen Kapitel 6.

Übers.: *Briefe* B. K. Weis. München 1973 (mit Text).

Lit.: S. Literaturhinweise zu Kapitel 6; ferner M. Gleason, *Festive Satire: Julian's Misopogon and the New Year at Antioch.* Journal of Roman Studies 76 (1986) 106ff.

LAKTANZ (gest. um 325): Rhetoriklehrer in Nicomedia unter Diokletian, dann zum Christentum konvertiert, später Erzieher von Konstantins ältestem Sohn Crispus. Sein (vielleicht 314 geschriebenes) lateinisches Werk *De mortibus persecutorum* (Über die Todesarten der Verfolger) behandelt das ›verdient‹ traurige Ende der verschiedenen Christenverfolger.

Übers.: A. Hartl (BKV 36) 1919.

Lit.: J. Creed, *Lactantius. De mortibus persecutorum.* Oxford 1984; A. Wlosok (HLL V) 375ff. § 570.

LIBANIOS (314–393): Heidnischer griechischer Rhetor aus Antiochia, lehrte dort, in Konstantinopel und andernorts und hatte heidnische wie christliche Schüler, verfaßte zahlreiche Reden und Briefe.

Übers.: *Autobiographische Schriften:* P. Wolf (BAW) 1967; *Briefe:* G. Fatouros und T. Krischer. München 1980 (mit Text).

MARCUS DIACONUS: Angeblich Verfasser der *Vita Porphyrii* (Lebensbeschreibung des Pophyrios), seines Vaters, des Bischofs von Gaza 396, die auf griechisch und in einer georgischen Übersetzung aus dem Syrischen erhalten ist. Manche Gelehrte halten die syrische, weit nach den beschriebenen Ereignissen entstandene Version für das Original, doch s. P. Chuvin (s. Literaturhinweise zu Kapitel 5), 76ff. und 89f.

Übers.: G. Rohde. Berlin 1927.

Lit.: *Patrologie* 243 § 61, 12e.

MELANIA DIE JÜNGERE (um 385–439): Reiche römische Aristokratin, Enkelin der Melania der Älteren, Gattin des Pinianus, zum Asketismus konvertiert. Die anonyme *Vita Melaniae* (Lebensbeschreibung der Melania der Jüngeren) ist in griechischer und lateinischer Version erhalten.

Übers.: S. Krottenthaler (BKV 5) 1912.

Lit.: *Patrologie* 243 § 61, 2; E. A. Clark, *The Life of Melania the Younger.* New York 1984.

NOTITIA DIGNITATUM: Offizielle lateinische Liste ziviler und militärischer Ämter und Einrichtungen des Römischen Reiches; die Angaben zu dessen Osthälfte datieren von etwa 395, die zur Westhälfte von etwa 430.

Übers.: W. Fairley. Philadelphia 1899 (engl.).

Lit.: J. H. Ward, *The Notitia Dignitatum.* Latomus 33 (1974) 397ff.; R. Goodburn und R. Bartholomew (Hgg.), *Aspects of the Notitia Dignitatum.* Oxford 1976; Farbwiedergaben mancher Buchmalereien der Notitia Dignitatum bei Cornell und Matthews (s. Literaturhinweise Allgemeines) 202f.

OPTATUS (gest. vor 400): Bischof von Mileve in Nordafrika, schrieb um 365 eine lateinische Geschichte des Donatistenstreits, dem eine diesbezügliche Aktensammlung aus der Zeit Konstantins als Anhang (*Appendix*) beigegeben ist.
Übers.: O. R. Vassall-Phillips. London 1917 (engl.).
Lit.: *Patrologie* 230 § 59 II 1.

ORIGO CONSTANTINI IMPERATORIS: Anonyme kurze lateinische Biographie Konstantins von einem Heiden aus dem späten 4. Jahrhundert, die später durch Material ergänzt wurde, das auf das christliche Geschichtswerk des Orosius zurückgeht. Mit einem weiteren Text (zur Herrschaft Theoderichs) von H. Valesius aus einer Handschrift ediert, daher auch als Anonymus Valesianus und Excerpta Valesiana bezeichnet.
Text und Kommentar: I. König. Trier 1987; Übers. nur als Anhang zur alten Ammian-Übersetzung von C. Büchele. Stuttgart 1853/54, 949ff.
Lit.: K. Smolak (HLL V) 135f. § 535.

OROSIUS (gest. nach 417): Verfasser eines lateinischen Geschichtswerkes von Adam und Eva bis 417 n. Chr. (*Historia adversus Paganos*), in dem die Geschichte Roms in apologetischer Sicht gedeutet ist und die unter heidnischer Herrschaft eingetretenen Katastrophen hervorgehoben werden.
Übers.: A. Lippold. 2 Bde. (BAW) 1985/86.
Lit.: *Patrologie* 231f. § 59 II 9.

PALLADIOS (gest. nach 420): Aus Galatien, verfaßte um 420 die sogenannte *Historia Lausiaca*, eine Sammlung griechischer Lebensbeschreibungen von Mönchen und Nonnen in Ägypten und Palästina. Eine damit später verbundene, etwa zwanzig Jahre ältere und ebenfalls griechische *Historia Monachorum* übersetzte Rufin von Aquileia ins Lateinische.
Übers.: S. Krottenthaler (BKV 5) 1912; S. Frank, *Mönche im frühchristlichen Ägypten*. Düsseldorf 1967; N. Russell, *The Lives of the Desert Fathers*. London 1980 (mit einer Einführung von B. Ward).
Lit.: *Patrologie* 238 § 61, 1a.

PANEGYRICI LATINI: Sammlung meist anonymer lateinischer Lobreden aus Gallien, darunter Plinius' des Jüngeren *Panegyricus* auf Kaiser Trajan aus dem Jahr 100 n. Chr. (1 [1]), sonst aber Reden aus der Zeit von Diokletian (10 [2]) bis Theodosius I. (2 [12]); angegeben ist stets zuerst die traditionelle Numerierung, dann in eckigen Klammern die neuere nach der Chronologie der Reden.)
Übers.: L. Galletier. 3 Bde, Paris 1949–1955 (französisch; mit Text); C. E. V. Nixon (TTH 3) 1987 (auf Theodosius I.).
Lit.: P. L. Schmidt (HLL V) 161ff. § 528.

PAULINUS VON NOLA (um 355–431): Aus Bordeaux, Schüler des Ausonius, gab sein Vermögen auf und ließ sich in Nola in Kampanien nieder, wo er um 410 Bischof wurde. Verfasser von großartigen lateinischen Gedichten und Briefen.
Übers.: R. C. Goldschmidt. Amsterdam 1940; P. G. Walsh. In: Ancient Christian Writers 35–36 (*Briefe*) und 40 (*Gedichte*). Westminster 1967 bzw. 1975 (engl.).
Lit.: *Patrologie* 409f. § 101, 7; W. H. C. Frend, *The Two Worlds of Paulinus of Nola*. In: J. W. Binns (Hg.), *Latin Literature of the Fourth Century*. London 1974, 100ff.

PORPHYRIOS (spätes 3. Jahrhundert): Neuplatonischer griechischer Philosoph, Schüler Plotins, dessen *Leben* er beschrieb, wie auch das des Pythagoras; sein Werk *Gegen die Christen* wurde auf Befehl Konstantins zerstört; erhalten sind philosophische Schriften und Kommentare zu klassischen philosophischen Texten.

Übers.: *Leben des Plotin:* R. Harder, *Plotin.* Bd. 5 c, Hamburg 1958 (mit Text); *Brief an seine Gattin Marcella:* K. O'Brien Wicker. Atlanta GA 1987 (engl.).

RUFINUS VON AQUILEIA (354–410): Lateinischer Übersetzer griechischer Werke von Origenes, Basilios und Gregor von Nazianz, der Palladios' *Historia Lausiaca* beigegebenen *Historia Monachorum* und der *Kirchengeschichte* des Eusebios, die er fortsetzte, wobei er sich auf ein (verlorenes) Werk des Gelasius von Caesarea stützte.

Übers.: *Historia Monachorum:* s. Palladios; *Text der Fortsetzung Eusebios:* Th. Mommsen, *Eusebius' Werk.* Bd. II, 2, Leipzig 1908.

Lit.: *Patrologie* 392 ff. § 99 (und 226 § 59, I 2).

SIDONIUS APOLLINARIS (um 430–480): Landbesitzer aus Lyon, wurde Bischof der Auvergne in Clermont-Ferrand. Autor von lateinischen Gedichten im klassischen Versmaß und Briefen (9 Bücher).

Übers.: W. B. Anderson u.a. 2 Bde, Cambridge MA, London 1936–1965 (engl.; mit Text).

SOKRATES (vierziger Jahre des 5. Jahrhunderts): Wie Sozomenos Jurist und Historiker in Konstantinopel, verfaßte eine griechische *Kirchengeschichte* in 7 Büchern als Fortsetzung Eusebios'.

Text: R. Hussey und W. Bright. Oxford 1893.

Lit.: *Patrologie* 226 f. § 59 I 5.

SOZOMENOS (vierziger Jahre des 5. Jahrhunderts): Wie Sokrates Jurist und Historiker in Konstantinopel, verfaßte eine (von dessen Werk abhängige) griechische *Kirchengeschichte* in 9 Büchern als Fortsetzung von Eusebios' Werk.

Text: J. Bidez und G. Ch. Hansen. Berlin 1960.

Lit.: *Patrologie* 227 § 59 I 6.

SYMMACHUS (um 345–402): Führender heidnischer Senator, Statthalter in Afrika, 373–374 Stadtpräfekt von Rom, 391 Konsul. Autor vieler lateinischer Reden und Briefe (*Relationes*).

Übers.: R. Klein, *Der Streit um den Victoriaaltar.* Texte zur Forschung 7, Darmstadt 1972 (mit den Texten); *Reden:* A. Pabst. Ebd. 53, 1989 (mit Text).

Lit.: J. F. Matthews, *The Letters of Symmachus.* In: J. W. Binns (s.o. Paulinus) 58 ff.

SYNESIOS (um 370–413): Landbesitzer aus der Kyrenaika, Schüler der Hypatia in Alexandria, seit etwa 410 Bischof von Ptolemais. Autor griechischer Hymnen und teils philosophischer Abhandlungen, darunter *Dion oder vom Leben nach einem Vorbild, Über das Königtum, Über die Vorsehung, Über Träume* und ein *Lob der Kahlköpfigkeit.*

Übers.: *Dion:* K. Treu. Berlin 1959 (mit Text); *Briefe:* (Auswahl) J. Vogt, *Begegnung mit Synesios.* Darmstadt 1985.

Lit.: J. Bregman, *Synesius of Cyrene. Philosopher-Bishop.* Berkeley, Los Angeles 1982; Alan Cameron, J. Long und L. Sherry, *Barbarians and Politics at the Court of Arcadius.* Berkeley, Los Angeles 1992; Datierung und Deutung mancher Werke des Synesios sind heftig umstritten.

THEODORET (um 393–466): Seit 423 Bischof von Kyrrhos in Nordsyrien, nahm in zahlreichen griechischen Werken Stellung zu dogmatischen Fragen seiner Zeit. Seine *Kirchengeschichte* behandelt die Zeit von 325–428, seine *Mönchsgeschichte* das Leben von Asketen bei Antiochia und Kyrrhos.

Übers.: *Kirchengeschichte:* A. Seider (BKV 51) 1926; *Mönchsgeschichte:* K. Gutberlet (BKV 50) 1926.

Lit.: *Patrologie* 339 ff. § 87 (und 227 § 59 I 7).

VEGETIUS (spätes 4. Jahrhundert): Autor eines lateinischen Werkes *Über das Militärwesen (De Re Militari)*.

Übers.: F. Wille. Aarau, Frankfurt a. Main, Salzburg 1986 (mit Text); N. P. Milner (TTH 16) 1993.

Lit.: W. Goffart, *The Date and Purpose of Vegetius' De re militari.* Traditio 33 (1977) 65 ff.; T. D. Barnes, *The Date and Identity of Vegetius.* Phoenix 33 (1979) 254 ff.

ZOSIMOS (spätes 5.–6. Jahrhundert): Hoher Beamter, Autor der griechischen *Neuen Geschichte* bis zum Jahr 410, die stark vom (nicht erhaltenen) Geschichtswerk des Eunapios und dem des Olympiodoros von Theben (5. Jahrhundert) beeinflußt ist.

Übers.: O. Veh und S. Rebenich (BGL 31) 1990.

Literaturhinweise

Allgemeines

Die große klassische Darstellung stammt von E. Gibbon, *The History of the Decline and Fall of the Roman Empire*. 6 Bde, London 1776–1788 (eine Auswahl in deutscher Übersetzung liegt unter dem Titel *Verfall und Untergang des Römischen Reiches*. Nördlingen 1987, vor). Das wissenschaftlich grundlegende Werk bleibt A. H. M. Jones, *The Later Roman Empire. A Social, Administrative and Economic Survey*. 2 Bde, Oxford 1964 (eine Kurzfassung erschien unter dem Titel *The Decline of the Ancient World*. London 1966). Umfangreiche Informationen und Literaturhinweise finden sich in A. Demandt, *Die Spätantike*. Handbuch der Altertumswissenschaft III 6, München 1989; die Neufassung von Band XIII der *Cambridge Ancient History* wird den Zeitraum von 337 bis 425 behandeln.

Knappere Einführungen bieten P. Brown, *Welten im Aufbruch: Die Zeit der Spätantike von Mark Aurel bis Mohammed*. Bergisch Gladbach 1980 und J. Martin, *Spätantike und Völkerwanderung*. München 1977. G. Alföldy, *Römische Sozialgeschichte*. Wiesbaden [3]1984 gibt ein farbiges Bild des spätrömischen Reiches, R. Collins, *Early Medieval Europe 300–1000*. London 1991 einen Abriß der militärischen und politischen Geschichte.

Zur ersten Orientierung und wegen guter Abbildungen empfiehlt sich T. J. Cornell und J. F. Matthews, *Rom. Weltatlas der Alten Kulturen*. Bd. 4, München 1982 (eher eine bebilderte Geschichtsdarstellung als ein Atlas); nützlich ist auch C. Foss und P. Magdalino, *Rome and Byzantium*. Oxford 1977.

Zu Kapitel 1

Die vernünftigste Einführung in *Das Reich und die Krise des 3. Jahrhunderts* ist der Beitrag dieses Titels von F. G. B. Millar in ders. (Hg.), *Das Römische Reich und seine Nachbarn. Die Mittelmeerwelt im Altertum IV*. Fischer Weltgeschichte 8, Frankfurt a. Main 1966 (und Nachdrucke), Kapitel 13. Äußerst negative Einschätzungen finden sich etwa bei M. Rostovtzeff, *Gesellschaft und Wirtschaft im römischen Kaiserreich*. Leipzig 1931 (und Nachdrucke), Bd. II, Kapitel 10 (Die Militäranarchie), und bei G. Alföldy (s. o. Allgemeines), Kapitel 6 (Die Krise des römischen Reiches und der soziale Strukturwandel); vgl. auch ders., *The Crisis of the Third Century as seen by Contemporaries*. Greek, Roman and Byzantine Studies 15 (1974) 89ff. Auch R. MacMullen, *Roman Government's Response to Crisis AD 235–337*. New Haven 1976 befaßt sich mit diesem Zeitraum.

Zu den schwierigen Fragen von Währung und Inflation vgl. den Beitrag von M. Crawford in *Aufstieg und Niedergang der Römischen Welt*. Bd. II, 2, Berlin 1975, 560ff. Die rabbinischen Quellen für Preise im 3. Jahrhundert wertet D. Sperber, *Roman Palestine 200–400. Money and Prices*. Bar-Ilan [2]1991 aus. Zu den weiteren wirtschaftlichen Fragen und speziell den Zeugnissen aus Ägypten vgl. D. Rathbone, *Economic Rationalism and Rural Society in Third-Century A. D. Egypt*. Cambridge 1991.

Das »Gallische Sonderreich« behandelt J. Drinkwater, *The Gallic Empire. Separatism and Continuity in the North-Western Provinces of the Roman Empire*. Stuttgart 1987.

Zur allgemeinen Verunsicherung und zur erhöhten Religiosität des 3. Jahrhunderts vgl. E. R. Dodds, *Heiden und Christen in einem Zeitalter der Angst*. Frankfurt a. Main

1985, außerdem P. Brown, *Die letzten Heiden. Eine kleine Geschichte der Spätantike.* Berlin 1986.

Die fortwährende Vitalität des Heidentums stellt R. Lane Fox, *Pagans and Christians.* Harmondsworth 1986, dar; zum Christentum und der Christianisierung vgl. R. Markus, *Christianity in the Roman World.* London 1974; ders., *The End of Ancient Christianity.* Cambridge 1991; Averil Cameron, *Christianity and the Rhetoric of Empire.* Berkeley, Los Angeles 1991 sowie die skeptische Auffassung von R. MacMullen, *Christianizing the Roman Empire AD 100–400.* New Haven 1984.

Zu Kapitel 2

Über Ausgaben und Übersetzungen der historischen Quellen informiert in vorliegendem Buch die Quellenübersicht zu den literarischen Quellen; Rechtstexte werden nach der Sammlung FIRA = *Fontes Iuris Antiqui Anteiustiniani* (hg. von S. Riccobono, J. Baviera, V. Arangio-Ruiz u. a. 3 Bde, Florenz ²1940–1943 und Nachdrucke) angeführt.

Lateinische Inschriften werden nach der Auswahlsammlung *ILS* von H. Dessau, *Inscriptiones Latinae Selectae.* 3 Bde in 5, Berlin 1892–1916, bzw. nach dem *CIL = Corpus Inscriptionum Latinarum* (Berlin, seit 1862) zitiert, griechische nach dem *SEG = Supplementum Epigraphicum Graecum* (Leiden, seit 1923).

Sammlungen wichtiger Texte in Übersetzung finden sich etwa bei W. Arend, *Altertum.* Geschichte in Quellen 1, München 1965; N. Lewis und M. Reinhold, *Roman Civilization.* Neuausgabe Bd. II, New York 1966; R. P. Coleman-Norton, *Roman State and Christian Church.* 2 Bde, London 1966; A. H. M. Jones, *A History of Rome through the Fifth Century.* Bd. II: *The Empire.* London 1970; H. Freis, *Historische Inschriften zur römischen Kaiserzeit von Augustus bis Konstantin.* Texte zur Forschung 49, Darmstadt 1984, Kapitel 7. Mehrere Neuausgaben haben drei Quellensammlungen erlebt: J. Stevenson, *A New Eusebius. Documents Illustrating the History of the Church to AD 337.* London 1957 (erweiterte Ausgabe von W. H. C. Frend, London 1987); ders., *Creeds, Councils and Controversies.* London 1966 (letzte Neuausgabe 1989); A. M. Ritter, *Alte Kirche.* Kirchen- und Theologiegeschichte in Quellen 1, Neukirchen-Vluyn 1977 (u. ö.). Zu speziellen Themen vgl. folgende Quellensammlungen: P. Guyot und R. Klein, *Das frühe Christentum.* Bd. I, Texte zur Forschung 60, Darmstadt 1993 (Bd. II in Vorb.); B. Croke und J. Harries, *Religious Conflict in Fourth-Century Rome.* Sydney 1982; S. N. C. Lieu, *The Emperor Julian. Panegyric and Polemic.* Translated Texts for Historians 2, Liverpool ²1989; V. Keil, *Quellensammlung zur Religionspolitik Konstantins des Großen.* Texte zur Forschung 54, Darmstadt 1989.

Die Karriere einzelner Personen erfaßt A. H. M. Jones, *Prosopography of the Later Roman Empire. Bd. I: AD 260–395.* Cambridge 1971, ein biographisches Lexikon der Amtsinhaber; Christen sind daher nur aufgenommen, wenn sie ein öffentliches Amt bekleideten.

Über lateinische Autoren der Spätantike informieren R. Browning, *The Later Principate.* Cambridge History of Classical Literature, Bd. II, Cambridge 1982 und ausführlich R. Herzog (Hg.), *Restauration und Erneuerung 284–374 n. Chr.* Handbuch der lateinischen Literatur der Antike 5, München 1989; zu den wichtigsten christlichen Autoren vgl. B. Altaner und A. Stuiber, *Patrologie. Leben, Schriften und Lehre der Kirchenväter.* Freiburg i. Br. ⁸1978 und F. Young, *From Nicaea to Chalcedon.* London 1983.

Zur Ausbildung s. H.-I. Marrou, *Geschichte der Erziehung im klassischen Altertum.* München (dtv 4275) 1977 und R. Kaster, *Guardians of Language. The Grammarian and Society in Late Antiquity.* Berkeley, Los Angeles 1988; s. auch die zu Kapitel 10 genannte Literatur.

Wichtige Studien stammen von A. Momigliano, *The Conflict between Paganism and Christianity in the Fourth Century*. Oxford 1963 sowie von B. Croke und A. Emmett (Hgg.), *History and Historians in Late Antiquity*. Sydney 1983.

Zu Kapitel 3

Die Hauptquellen für Diokletian und die Tetrarchie sind: *Historia Augusta: Vita Cari;* Laktanz, *De Mortibus Persecutorum;* Eusebios, *Kirchengeschichte* Buch 8; Aurelius Victor, *Historiae abbreviatae* und *Epitome de Caesaribus;* Eutropius, *Breviarium; Panegyrici Latini* 10 [2] (aus dem Jahr 289), 11 [3] (von 291), 9 [4] (von 297) und 8 [5] (von 298); die Darstellung der Herrschaft Diokletians in Zosimos' *Neuer Geschichte* ist nicht erhalten.

Vgl. allgemein die traditionelle Darstellung von S. Williams, *Diocletian and the Roman Recovery*. New York 1985. Zeugnisse für die bekannten Personen jenes Zeitraums, vom Kaiser bis zu vielerlei Amtsträgern, sammelt T. D. Barnes, *The New Empire of Diocletian and Constantine*. Cambridge MA 1982; vgl. auch A. H. M. Jones (s. Allgemeines), Bd. I, Kapitel 2. Ein düsteres Bild des spätrömischen Verwaltungssystems zeichnet R. MacMullen, *Corruption and the Decline of Rome*. New Haven 1988.

Grundlegend für Fragen von Währung und Finanzen auch späterer Zeiträume ist M. Hendy, *Studies in the Byzantine Monetary Economy C. 300–1450*. Cambridge 1985. Von Diokletians Höchstpreisedikt sind Inschriftenfragmente aus verschiedenen Orten erhalten und von S. Lauffer, *Diokletians Preisedikt*. Texte und Kommentare 5, Berlin 1971 zusammengestellt worden; neuere Funde berücksichtigt die Ausgabe von J. Reynolds, C. M. Roueché, *Aphrodisias in Late Antiquity*. London 1989, Nr. 231 (ebd. 230 das Münzreformedikt); eine Übersetzung bietet Freis (s. zu Kapitel 2), Nr. 151 (bzw. 150). Diokletians Gesetze sind nicht in den *Codex Theodosianus* eingegangen, finden sich aber im *Codex Iustinianus,* einem Teil des *Corpus Iuris Civilis,* und in anderen Rechtssammlungen.

Zu den religiösen Aspekten von Diokletians Herrschaft s. MacMullen 1976 (s. zu Kapitel 1), J. H. W. G. Liebeschuetz, *Continuity and Change in Roman Religion*. Oxford 1979, und bereits G. E. M. de Ste. Croix, *Aspects of the Great Persecution*. Harvard Theological Review 47 (1954) 75 ff. Zur Heeresreform Diokletians wird zu Kapitel 9 Literatur genannt, zur Größe des Heeres (nicht mehr als etwa 400 000 Mann) s. insbesondere R. MacMullen, *How Big was The Roman Army?* Klio 62 (1980) 451 ff. sowie R. Duncan-Jones, *Pay and Numbers in Diocletian's Army*. Chiron 8 (1978) 541 ff. (Neufassung in ders., *Structure and Scale in the Roman Economy*. Cambridge 1990, 105 ff.).

Zu Kapitel 4

Die Hauptquellen für Konstantin sind Eusebios, *Kirchengeschichte* Buch 9f., *Vita Constantini, Oratio Tricennalis;* Laktanz, *De Mortibus Persecutorum;* die Aktensammlung zum donatistischen Streit, die dem Werk des Optatus als *Appendix* beigegeben ist; die *Origo Constantini Imperatoris;* Zosimos, *Neue Geschichte* Buch II, Kapitel 9–39; *Panegyrici Latini* 7 [6] (aus dem Jahr 307), 6 [7] (von 310), 5 [8] (von 312), 12 [9] (von 313) und 4 [10] (von 321).

Zur Münzprägung s. die Einführungen zu den Bänden VI (hg. v. C. H. V. Sutherland) und VII (hg. v. P. M. Bruun) des Sammelwerkes *Roman Imperial Coinage* (London 1967 bzw. 1966). Eine neuentdeckte lateinische Inschrift aus Pisidien, die sich auf die Wiederaufnahme der Christenverfolgung durch Maximinus 312 bezieht, hat S.

Mitchell in Journal of Roman Studies 78 (1988) 105 ff. publiziert (= Année épigraphique [1988] 1046).

Zur Religionspolitik Konstantins vgl. die zu Kapitel 2 genannten Quellensammlungen von J. Stevenson (zu denen S. G. Hall, *Doctrine and Practice in the Early Church*. London 1991 ein nützliches Begleitbuch darstellt) und von V. Keil.

Das ausführlichste und umfassendste Werk über Konstantin stammt von T. D. Barnes, *Constantine and Eusebius*. Cambridge MA 1981, dem sein Buch *The New Empire of Diocletian and Constantine*. Cambridge MA 1982 an die Seite gestellt werden sollte; vgl. auch A. H. M. Jones (s. Allgemeines), Bd. I, Kapitel 3. Von letzterem stammt auch eine kürzere Darstellung: *Constantine and the Conversion of Europe*. London 1948 (und Nachdrucke); vgl. auch R. MacMullen, *Constantine*. New York 1969, ders. 1984 (s. zu Kapitel 1) und ders., *What Difference did Christianity make?* Historia 35 (1986) 322 ff. Die im Text genannten Beiträge von J. Burckhardt (*Die Zeit Constantins d. Gr.* Leipzig ²1880, 389 ff.) und H. Grégoire (Revue de l'université de Bruxelles 36 [1930/31] 231 ff.) sind mit der Untersuchung von N. H. Baynes (Proceedings of the British Academy 15 [1929] 341 ff.) in deutscher Übersetzung zugänglich in H. Kraft (Hg.), *Konstantin der Große. Wege der Forschung* 131, Darmstadt 1974, 19 ff., 177 ff. bzw. 145 ff.

Konstantins Kirchenbauten in Rom erörtert R. Krautheimer, *Rom. Schicksal einer Stadt 312–1308*. München 1987; Rom, Konstantinopel und Mailand behandelt ders., *Three Christian Capitals*. Berkeley, Los Angeles 1983 (doch s. zu Kapitel 11).

Zu Kapitel 5

F. G. B. Millar, *The Emperor in the Roman World*. London 1977 (rev. 1992), 580 ff. stellt Konstantins Umgang mit der Kirche, insbesondere mit den Donatisten, vor den Hintergrund der etablierten Vorgehensweisen der Kaiser in weltlichen Fragen. Zum Fortwähren des Donatismus bleibt W. H. C. Frend, *The Donatist Church*. Oxford 1971 speziell wegen seiner Betonung der archäologischen Zeugnisse lesenswert, wenngleich seine Charakterisierung der Donatisten als »Land-« und der Katholiken als »Stadtbewohner« und die Vorstellung vom Donatismus als »nationalistischer« Bewegung zu pauschal; vgl. die verschiedenen Aufsätze von P. Brown, *Religion and Society in the Age of St Augustine*. London 1972; ders. behandelt in seiner Biographie *Augustinus von Hippo*. Leipzig ³1982 auch Augustinus und den Donatismus.

Zu den Kontroversen über die kirchliche Lehre nach Konstantin vgl. J. Stevenson 1966 (s. zu Kapitel 2) und S. G. Hall (s. zu Kapitel 4); zu Rom s. auch B. Croke und J. Harries (s. zu Kapitel 2). Zur politischen Theorie bei Eusebios vgl. F. Dvornik, *Early Christian and Byzantine Political Philosophy*. 2 Bde, Washington DC 1963. Zum Arianismus s. R. Gregg und D. Groh, *Early Arianism. A View of Salvation*. Philadelphia 1981 und insbesondere R. L. Williams, *Arius, Heresy and Tradition*. London 1987; in einigen Aufsätzen in dem von dems. herausgegebenen Sammelband *The Making of Orthodoxy*. Cambridge 1989 werden die früheren Vorstellungen einer kanonischen Norm, von welcher jede »Häresie« eine Abweichung darstellt, hinterfragt. G. A. Kennedy, *Greek Rhetoric under Christian Emperors*. Princeton 1983 bietet ein gute Einführung in die öffentliche Rede der großen griechischen Bischöfe jener Zeit.

Zum Fortleben des Heidentums s. P. Chuvin, *A Chronicle of the Last Pagans*. Cambridge MA 1990; vgl. auch G. Fowden, *Bishops and Temples in the Eastern Roman Empire 320–425*, Journal of Theological Studies, Neue Serie 29 (1978) 53 ff. Christen und Juden behandeln etwa R. L. Wilken, *John Chrysostom and the Jews*. Berkeley, Los Angeles 1983; A. Linder, *The Jews in Roman Imperial Legislation*. Detroit, Jerusalem 1987 (Quellen in Übersetzung); F. G. B. Millar in J. Lieu, J. North und T. Rajak (Hgg.), *The Jews among Pagans and Christians in the Roman Empire*. London 1992, 97 ff. Zur Christianisierung allgemein vgl. R. MacMullen 1984 (s. zu Kapitel 1) und 1986 (s. zu Kapitel 4), zu der des Senats P. Brown 1972 (s. o.), 162 ff. Zur spätrömischen Aristokratie, insbesondere zu Symmachus und dem Streit um den Victoriaaltar, s. J. F. Matthews, *Western Aristocracies and Imperial Court AD 364–425*. Oxford 1975 (rev. 1991), sowie allgemeiner A. Momigliano (s. zu Kapitel 2). Wichtige Quellen hat R. Klein, *Der Streit um den Victoriaaltar*. Texte zur Forschung 7, Darmstadt 1972 in Text und Übersetzung zusammengestellt.

Mit römischen Frauen und Askese befaßt sich E. A. Clark, *Ascetic Piety and Women's Faith*. Lewiston NY, Queenston Ont. 1986; vgl. dies., *The Life of Melania the Younger*. Lewiston NY 1984 und G. Petersen-Szemerédy, *Zwischen Weltstadt und Wüste. Römische Asketinnen in der Spätantike*. Forschungen zur Kirchen- und Dogmengeschichte 54. Göttingen 1993. P. Brown, *Die Keuschheit der Engel. Sexuelle Entsagung, Askese und Körperlichkeit am Anfang des Christentums*. München 1991 (Taschenbuchausgabe dtv 4627, München 1994), untersucht die Belege für die Entwicklung der Askese ausführlich; vgl. auch G. Gould, *Women and the Fathers*. In: W. J. Shiels und D. Wood (Hgg.), *Women in the Church*. Studies in Church History 27 (1990) 1 ff.; M. R. Salzman, *Aristocratic Women. Conductors of Christianity in the Fourth Century*. Helios 16 (1989) 207 ff.; G. Clark, *Women in Late Antiquity*. Oxford 1993.

Zur Entwicklung des Mönchtums vgl. die Sammlung von Quellen in Übersetzung von K. S. Frank, *Frühes Mönchtum im Abendland*. 2 Bde, Zürich, München 1975 sowie die Untersuchungen von Ph. Rousseau, *Pachomius*. Berkeley, Los Angeles 1975, D. Chitty, *The Desert a City*. Oxford 1966 und J. Laccarière, *Die Heiligen der Wüste. Geschichte des orientalischen Mönchtums*. Berlin 1993; zur gesellschaftlichen Reichweite des Christentums R. Markus, *The End of Ancient Christianity*. Cambridge 1990 und P. Brown, *Politics and Persuasion in Late Antiquity*. Madison WI 1992. Zur christlichen Literatur und zum Sprachgebrauch s. Averil Cameron (s. zu Kapitel 1).

Zu Kapitel 6

Wichtige Quellen, darunter die Preisrede auf Julian durch Mamertinus von 362 (*Panegyrici Latini* 3 [11]), einen Teil von Johannes Chrysostomos' Predigt über St. Babylas und die syrischen Hymnen des Ephraim gegen Julian bietet S. N. C. Lieu (s. zu Kapitel 2) in Übersetzung; von Bedeutung sind auch die Werke des Libanios und des Gregor von Nazianz sowie die *Kirchengeschichten* des Rufinus, Sokrates, Sozomenos und Theodoret. Zum syrischen Brief über den Wiederaufbau des Tempels von Jerusalem s. S. P. Brock, *A Letter attributed to Cyril of Jerusalem on the Rebuilding of the Temple*. Bulletin of the School of Oriental and African Studies 40 (1977) 267 ff.

Zu Julian gibt es viele Werke, unter denen J. Bidez, *Julian der Abtrünnige*. München 1940 (= *Kaiser Julian. Der Untergang der heidnischen Welt*. Rowohlts deutsche Enzyklopädie 26, Hamburg 1956 u. ö.), ein Klassiker bleibt; wichtige Aufsätze liegen gesammelt vor in R. Klein, *Julian Apostata*. Wege der Forschung 509. Darmstadt 1978. Vgl. auch R. Browning, *The Emperor Julian*. Berkeley, Los Angeles 1976; G. W. Bowersock, *Julian the Apostate*. Cambridge MA 1978; D. Bowder, *The Age of Constantine and Julian*. London 1978 (für ein allgemeines Publikum); P. Athanassiadi(-Fowden), *Julian and Hellenism*. Oxford 1981 (Neuausgabe unter dem Titel *Julian*. London 1992; konzentriert sich auf Julians Interesse am und Beziehung zum Griechentum). Julian hat Generationen von Menschen fasziniert - um die Gründe hierfür herauszufinden, lohnt sich die Lektüre des historischen Romans von G. Vidal, *Julian*. Köln 1965 (Taschenbuchausgabe München 1993).

Zum konservativen Festhalten mehrerer Autoren jenes Zeitraums am Ideal der

Unabhängigkeit von Städten gegenüber der Zentralmacht s. den langen Artikel von G. Dagron, *L'empire romain d'orient au IVe siècle et les traditions politiques de l'hellénisme. Le témoignage de Thémistios.* Travaux et Mémoires (Centre de Rech. d' hist. et civil. byz.) 3 (1968) 1 ff.; zum allmählichen Übergreifen der Zentralmacht auf die Stadtverwaltungen F. G. B. Millar, *Empire and City. Augustus to Julian. Obligations, Excuses and Status.* Journal of Roman Studies 73 (1983) 76 ff. Ein aufschlußreiches Bild einer einzelnen Stadt und ihrer städtischen Eliten im 4. Jahrhundert, das zugleich den Wert archäologischer Zeugnisse demonstriert, bietet A. Spawforth, *Pagans and Christians. Sparta in Late Antiquity.* In: P. Cartledge und A. Spawforth, *Hellenistic and Roman Sparta. A Tale of Two Cities.* London 1989, Kapitel 9. Zur Einschätzung Julians durch Ammian (25, 4 u. ö.) s. R. C. Blockley, *Ammianus Marcellinus. A Study of his Historiography and Political Thought.* Brüssel 1975.

Zu Kapitel 7

Grundlegend bleibt A. H. M. Jones (s. Allgemeines), Bd. 1, Kapitel 5 und 15 f. Zur Erhebung des Procopius und der Frage seiner Legitimität vgl. J. F. Matthews, *The Roman Empire of Ammianus.* London 1989, 191 ff.; ebd. Kapitel 11 f. zur Stellung des Kaisers und zum Charakter der Herrschaft; R. MacMullen 1988 (s. zu Kapitel 3), insbesondere Kapitel 2. Die spätantike Reichsverwaltung erfaßt A. Demandt (s. Allgemeines) mit einer anschaulichen Graphik (ggü. S. 504).

Zu Ausonius und der Bedeutung von rhetorischen Fertigkeiten für das gesellschaftliche Fortkommen vgl. K. Hopkins, *Social Mobility in the Late Roman Empire. The Case of Ausonius.* Classical Quarterly 11 (1961) 239 ff. und Alan Cameron, *Claudian.* Oxford 1970; s. auch R. Kaster (s. zu Kapitel 2) zum Einfluß der *grammatici*, also der Lehrer, die solche Fertigkeiten in den Schulen vermittelten. Die von den Gesetzen vorgesehenen schweren Strafen erörtert R. MacMullen, *Judicial Savagery in the Roman Empire.* Chiron 16 (1986) 43 ff.

Zur Patronage und gesellschaftlichen Abhängigkeit und zu einem Vergleich mit anderen Zeiträumen der Antike vgl. mit R. MacMullen 1988 (s. zu Kapitel 3), insbesondere Kapitel 2, die Aufsätze in dem Sammelband von A. Wallace-Hadrill (Hg.), *Patronage in Roman Society.* London 1989; P. Garnsey und G. Woolf, *Patronage of the Rural Poor in the Roman World* (ebd. 153 ff.) erörtern S. 162 ff. heidnische und christliche Patronage. Der Roman von C. Levi, *Christus kam nur bis Eboli.* Zürich 1947 (Taschenbuchausgabe dtv 1769, München 1982), der auf der Internierung des Autors in Süditalien in den dreißiger Jahren beruht, malt das farbige Bild einer auf Patronage beruhenden ländlichen Gesellschaft. Allgemein wertvoll für den Unterschied zwischen vorindustriellen und »modernen« Gesellschaften ist das Werk von P. Crone, *Die vorindustrielle Gesellschaft. Eine Strukturanalyse.* (dtv 4574) München 1992.

Die traditionelle Auffassung von einem »Kastenwesen« und vom Despotismus des spätrömischen Staates findet sich etwa bei M. Rostovtzeff (s. zu Kapitel 1), Bd. II, Kapitel 12: ›Die orientalische Zwingherrschaft‹, und bei A. H. M. Jones, *The Roman Economy.* Oxford 1974, Kapitel 14 und 21; wie im vorliegenden Buch dargestellt, scheint mir diese Auffassung übertrieben, vgl. im selben Sinne J.-M. Carrié, *Le »colonat« du Bas-Empire.* Opus 1 (1982) 351 ff.; ders., *Un roman des origines. Les généalogies du »Colonat« du Bas-Empire.* Opus 2 (1983) 205 ff.; A. Marcone, *Il colonato tardoantico nella storiografia moderna (da Fustel de Coulanges ai nostri giorni).* Como 1988. R. MacMullen, *Social Mobility and the Theodosian Code.* Journal of Roman Studies 54 (1964) 49 ff. erörtert die Frage, wie die Gesetzes-Codices zu deuten seien. Weitere Belege für die tatsächliche soziale Mobilität bietet K. Hopkins, *Elite Mobility in the Later Roman Empire.* Past and Present 32 (1965) 12 ff.; vgl. ders., *Eunuchs in*

Politics in the Later Roman Empire. Proceedings of the Cambridge Philological Society 189 (1963) 62 ff. Zu den *decuriones* s. R. MacMullen 1988 (s. zu Kapitel 3), 46 ff. Die schwierigen Fragen der spätrömischen Sklaverei und des Kolonats behandelt C. R. Whittaker, *Circe's Pigs. From Slavery to Serfdom in the Later Roman World.* Slavery and Abolition 8 (1987) 88 ff.; vgl. G. E. M. de Ste. Croix, *The Class Struggle in the Ancient Greek World.* London 1981, mit R. MacMullen, *Late Roman Slavery.* Historia 36 (1987) 359 ff. und D. Rathbone *The Ancient Economy and Graeco-Roman Egypt.* In: L. Criscuolo und G. Geraci (Hgg.), *Egitto e storia antica dall'ellenismo all' età araba.* Bologna 1989, 159 ff., spez. 161 ff.

Zu Kapitel 8

S. allgemein C. E. King (Hg.), *Imperial Revenue, Expenditure and Monetary Policy in the Fourth Century AD.* Oxford 1980. Wegen seines Aufbaus schwierig zu benutzen, aber aufgrund seiner Beschreibung des spätrömischen Finanz- und Bankwesens wertvoll ist M. Hendy (s. zu Kapitel 3), wo weniger über die Wirtschaft im allgemeinen, dafür viel über Währung, Geld und Finanzpolitik zu finden ist. Zu den Bronzemünzen s. R. A. G. Carson, P. V. Hill und J. P. C. Kent, *Late Roman Bronze Coinage AD 324–498.* London 1965, zu den Goldmünzen J. P. C. Kent, *Gold Coinage in the Later Roman Empire.* In: R. A. G. Carson und C. H. V. Sutherland (Hgg.), *Essays in Roman Coinage presented to Harold Mattingly.* Oxford 1956, 190 ff.

Zum Bergbau s. J. C. Edmondson, *Mining in the Later Roman Empire and beyond. Continuity or Disruption?* Journal of Roman Studies 79 (1989) 84 ff.; zu Münzen und Metall A. H. M. Jones (s. Allgemeines), Bd. 1, S. 438 ff. und M. Hendy (s. zu Kapitel 3), 284 ff. Große Landgüter behandelt C. R. Whittaker, *Late Roman Trade and Traders.* In: P. Garnsey, K. Hopkins und C. R. Whittaker (Hgg.), *Trade in the Ancient Economy.* London 1983, 163 ff. Die im Text erwähnten Villen von Karthago und Müngersdorf sind u. a. bei C. Foss und P. Magdalino (s. Allgemeines), 41 abgebildet; vgl. auch E. Wightman, *Roman Trier and the Treveri.* London 1970; J. Percival, *The Roman Villa.* London 1976; H. Mielsch, *Die römische Villa.* München 1987.

Zur Sklaverei s. die Hinweise zu Kapitel 7 und M. I. Finley, *Die antike Wirtschaft.* (dtv 4584) München ³1993. Zu den wichtigsten neueren Arbeiten zur spätrömischen Wirtschaft gehören die von A. Carandini und seiner Schule: s. etwa A. Giardina (Hg.), *Società romana e impero tardoantico.* Bd. 3, Rom 1986 mit der Rezension von C. Wickham, *Marx, Sherlock Holmes and Late Roman Commerce.* Journal of Roman Studies 78 (1988) 183 ff. Die Getreideverteilungen untersucht B. Sirks, *Food for Rome.* Amsterdam 1991; vgl. auch J. Durliat, *De la ville antique à la ville byzantine.* Rom 1990. Den Wohlstand spätrömischer Städte in Nordafrika stellt C. Lepelley, *Les cités de l'Afrique romaine au Bas Empire.* 2 Bde, Paris 1979 dar, die Beziehungen zwischen Antiochia und seinem Hinterland erörtert J. H. W. G. Liebeschuetz, *Antioch. City and Imperial Administration in the Later Roman Empire.* Oxford 1972.

Mit der Wirtschaft des 4. Jahrhunderts befassen sich mehrere wichtige Beiträge (von C. Lepelley, P. Leveau, C. Abadie-Reynal und C. Panella u. a.) in C. Morrisson und J. Lefort (Hgg.), *Hommes et richesses dans l'Empire byzantin. I: IVe–VIIe siècle.* Paris 1989. Eine enorme Menge an Informationen über das Bevölkerungswachstum und die allgemeinen wirtschaftlichen Bedingungen in den östlichen Provinzen (und die Annahme einer sich daraus ergebenden Zunahme der Zahl von Armen in den Städten) bietet E. Patlagean, *Pauvreté économique et pauvreté sociale à Byzance (IVe–VIIe siècles).* Paris 1977 (in der französischen Forschung wird das 4. Jahrhundert oft als Teil der byzantinischen Zeit behandelt); s. dazu die Rezension von Averil Cameron in Past and Present 88 (1980) 219 ff.

Zu den Pilgerreisen s. J. Wilkinson, *Egeria's Travels*. London 1971, und E. D. Hunt, *Holy Land Pilgrimage in the Later Roman Empire*. Oxford 1982; zu den Pilgerandenken s. G. Vikan, *Byzantine Pilgrimage Art*. Washington DC 1982. Zur christlichen Bautätigkeit s. B. Ward-Perkins, *From Classical Antiquity to the Middle Ages. Urban Public Building in Northern and Central Italy AD 300–850*. Oxford 1984 (Anhang 2 bietet eine Liste der Kirchenbauten jener Zeit in Rom, Ravenna, Pavia und Lucca) und Patlagean (s.o.), 196 ff. Zu den literarischen Zeugnissen für die christliche Kunst s. C. Mango, *The Art of the Byzantine Empire 312–1453*. Englewood Cliffs 1972; weiteres s. u. Kapitel 10.

Das wichtige Thema der Entwicklung der christlichen Armenfürsorge behandeln E. Patlagean (s.o.), 188 ff., J. Herrin, *Ideals of Charity, Realities of Welfare. The Philanthropic Activity of the Byzantine Church*. In: R. Morris (Hg.), *Church and People in Byzantium*. Manchester 1991, 151 ff. und J. Harries, *Treasure in Heaven. Property and Inheritance among the Senators of Late Rome*. In: E. Craik (Hg.), *Marriage and Property*. Aberdeen 1984, 54 ff.; s. auch den zu Kapitel 7 zitierten Aufsatz von P. Garnsey und G. Woolf und die zu Kapitel 11 genannte Literatur. Fragen der Familie untersucht B. Shaw, *The Family in Late Antiquity. The Experience of Augustine*. Past and Present 115 (1987) 3 ff. und ders., *Latin Funerary Epigraphy and Family Life in the Later Roman Empire*. Historia 33 (1984) 457 ff. Zu Frauenhaß, Jungfräulichkeit und Sexualität im Denken der Kirchenväter s. R. Radford Ruether, *Misogynism and Virginal Feminism in the Fathers of the Church*. In: dies. (Hg.), *Religion and Sexism*. New York 1974, 150 ff.; E. Pagels, *Adam, Eve and the Serpent*. London 1988; Averil Cameron, *Virginity as metaphor*. In: Dies. (Hg.), *History as Text*. London 1989, 184 ff. Asketische Vorstellungen waren nicht auf das Christentum beschränkt: s. etwa das aufschlußreiche Buch von A. Rousselle, *Porneia*. Paris 1983; zur neuplatonischen Askese G. Clark, *Iamblichus. On the Pythagorean Life*. Translated Texts for Historians 8, Liverpool 1989; dazu das Quellenbuch von V. Wimbush (Hg.), *Ascetic Behavior in Graeco-Roman Antiquity*. Minneapolis 1990. Zum »Privatleben« s. P. Brown, *Spätantike*, in dem von P. Veyne herausgegebenen ersten Band (*Vom Römischen Imperium zum Byzantinischen Reich*) der *Geschichte des privaten Lebens* (hg. v. P. Ariès und G. Duby). Frankfurt a. Main 1989, 229 ff.

Zu Kapitel 9

Quellen in Übersetzung bieten P. Heather und J. F. Matthews, *The Goths in the Fourth Century*. Translated Texts for Historians 11, Liverpool 1991; Pacatus' Preisrede auf Theodosius (*Panegyrici Latini* 2 [12]) hat C. E. V. Nixon, *Pacatus, Panegyric to the Emperor Theodosius*. Translated Texts for Historians 3, Liverpool 1987 übersetzt, die Fragmente des Olympiodor R. C. Blockley, *The Fragmentary Classicising Historians of the Later Roman Empire*. 2 Bde, Liverpool 1981–1983, Band I, S. 27 ff. und Band II.

Zur Frühgeschichte der Germanen s. G. Kossack, *Die Germanen*. In: F. G. B. Millar (s. zu Kapitel 1), Kapitel 17, und E. A. Thompson, *The Early Germans*. Oxford 1965. Zu den Goten s. ders., *The Visigoths in the Time of Ulfila*. Oxford 1966; H. Wolfram, *Die Goten von den Anfängen bis zur Mitte des 6. Jahrhunderts*. München ³1990; T. S. Burns, *A History of the Ostrogoths*. Bloomington 1984; P. Heather, *Goths and Romans 332–489*. Oxford 1991; zu den Hunnen s. E. A. Thompson, *A History of Attila and the Huns*. Oxford 1948, und O. J. Maenchen-Helfen, *Die Welt der Hunnen*. Wien, Köln 1978. Die Schlacht von Adrianopel behandeln T. S. Burns, *The Battle of Adrianople. A Reconsideration*. Historia 22 (1974) 336 ff., H. Wolfram (s.o.), 134 ff. und P. Heather (s.o.), Kapitel 4, ihre Auswirkungen auf das römische Heer J. H. W. G. Liebeschuetz, *Barbarians and Bishops. Army, Church and State in the Age* of *Arcadius and Chrysostom*. Oxford 1990, Kapitel 1 f. Ulfila und die gotische Bibel erörtern P. Heather und J. F. Matthews (s.o.), Kapitel 5 f. Zum Vertrag von 382 s. P. Heather (s.o.), Kapitel 5.

Zur Ansiedlung von Barbaren s. das – nicht von allen akzeptierte – Buch von W. Goffart, *Barbarians and Romans AD 418–584*. Princeton 1980, zur Unterstützung von Barbaren P. Heather und J. F. Matthews (s.o.), 23 ff. Die Zeugnisse des Synesios und des Johannes Chrysostomos sind für die Politik von Konstantinopel in den Jahren um 400 von Bedeutung; s. dazu J. H. W. G. Liebeschuetz (s.o.) und – zu Stilichos Politik – Alan Cameron (s. zu Kapitel 7). Zu Britannien im hier behandelten Zeitraum s. M. Todd, *Roman Britain 55 BC – AD 400*. London 1981, und S. Johnson, *Later Roman Britain*. London 1980.

Zur Geschichte der Kriege gegen die Perser und der Ostgrenze des Reiches wichtig ist B. Isaac, *The Limits of Empire*. Oxford 1990 (rev. 1992), insbesondere Kapitel 4 f.; zu jener Grenze bieten M. H. Dodgeon und S. C. N. Lieu, *The Roman Frontier and the Persian Wars AD 226–363*. London 1991 Quellen in Übersetzung mit Erläuterungen. F. G. B. Millar, *Empire, Community and Culture in the Roman Near East. Greeks, Syrians, Jews and Arabs*. Journal of Jewish Studies 38 (1987) 143 ff. weist auf eine zunehmende Betonung des Ostens hin. Zu der von E. Luttwak, *The Grand Strategy of the Roman Empire*. Baltimore 1976 popularisierten Auffassung einer »Tiefenverteidigung« s. J. C. Mann, *Power, Force and the Frontiers of the Empire*. Journal of Roman Studies 69 (1979) 175 ff. und (gegen die Vorstellung einer »grand strategy« überhaupt) F. G. B. Millar, *Emperors, Frontiers and Foreign Relations 31 BC to AD 378*. Britannia 13 (1982) 1 ff. sowie B. Isaac (s.o.), Kapitel 4.

Zur Wüstengrenze s. auch S. T. Parker, *Romans and Saracens. A History of the Arabian Frontier*. Winona Lake 1986, ders., *The Roman Frontier in Central Jordan. Interim report on the Limes Arabicus Project 1980–85*. 2 Bde, Oxford 1987 und die großartigen Aufnahmen und nützliche historische Übersicht in D. Kennedy und D. Riley, *Rome's Desert Frontier from the Air*. London 1990; zum Einsatz arabischer Verbündeter durch Rom s. M. Sartre, *Trois études sur l'Arabie romaine et byzantine*. Brüssel 1982, 132 ff.; G. W. Bowersock, *Roman Arabia*. Cambridge MA 1983, 138 ff.; I. Shahid, *Byzantium and the Arabs in the Fourth Century*. Washington DC 1984.

Das Heer in den Städten behandeln R. MacMullen, *Soldier and Civilian in the Later Roman Empire*. Cambridge MA 1963 und B. Isaac (s.o.), Kapitel 6. Zum römischen Heer im allgemeinen s. A. H. M. Jones (s. Allgemeines), Bd. 1, Kapitel 17; D. Hoffmann, *Das spätrömische Bewegungsheer und die Notitia Dignitatum*. Düsseldorf 1969; A. Ferrill, *The Fall of the Roman Empire. The Military Explanation*. London 1986 (s. aber die Kritik hieran im vorliegenden Buch). B. Isaac (s.o.), 208 ff. und ders., *The Meaning of »limes« and »limitanei« in Ancient Sources*. Journal of Roman Studies 78 (1988) 125 ff. spricht sich gegen die frühere Auffassung von *limitanei* als Bauernmiliz aus. Zu den barbarischen Verbündeten s. P. Heather (s.o.), 109 ff.; zu Konstantinopel und dem Fall des Gainas s. J. H. W. G. Liebeschuetz (s.o.), speziell Kapitel 4 f., 10 und 16 (sowie 11 f. zu den Nachwirkungen dieser Ereignisse).

Zu Kapitel 10

Zum Bildungssystem s. P. Lemerle, *Le premier humanisme Byzantin*. Paris 1971 (englische Neuausgabe unter dem Titel *Byzantine Humanism*. Canberra 1986), Kapitel 3 und R. Kaster (s. zu Kapitel 2), sowie zur Frage der Verbreitung der Fähigkeit des Lesens und Schreibens in der Spätantike W. V. Harris, *Ancient Literacy*. Cambridge MA 1985, Kapitel 8.

Zur heidnischen und christlichen Kultur gibt es eine Reihe von Standardwerken, darunter C. N. Cochrane, *Christianity and Classical Culture*. Oxford 1940, M. L. W.

Laistner, *Christianity and Pagan Culture in the Later Roman Empire*. Ithaca NY 1951 (mit einer Übersetzung von Johannes Chrysostomos' Abhandlung *Über Hoffart und Kindererziehung*) und W. Jaeger, *Early Christianity and Greek Paideia*. Cambridge MA 1962. Zur Predigttätigkeit des Johannes Chrysostomos ist J. H. W. G. Liebeschuetz (s. zu Kapitel 9), Kapitel 15 wertvoll; s. auch F. Young (s. zu Kapitel 2), 154 ff.

Die Hauptargumente gegen eine »heidnische Renaissance« stammen von Alan Cameron, s. insbesondere *Paganism and Literature in Late Fourth-Century Rome*. In: *Christianisme et formes littéraires de l'antiquité tardive en occident*. Entretiens Hardt 23. Vandoeuvres 1977, 1 ff.; *The Latin Revival of the fourth Century*. In: W. Treadgold (Hg.), *Renaissances before the Renaissance*. Stanford 1984, 42 ff. und 182 ff.; s. auch R. Markus, *Paganism, Christianity and the Latin Classics in the Fourth Century*. In: J. W. Binns (Hg.), *Latin Literature of the Fourth Century*. London 1974, 1 ff. Zur Vorstellung einer klassisch-antiken »heidnischen Renaissance« in der Kunst des ausgehenden 4. Jahrhunderts s. E. Kitzinger, *Byzantine Art in the Making*. Cambridge MA 1977. Zum Brautkästchen der Proiecta s. K. Shelton, *The Esquiline Treasure*. London 1981 und die Diskussion über die Datierung zwischen ihr (für die fünfziger Jahre des 4. Jahrhunderts) und Alan Cameron (etwa drei Jahrzehnte später) im American Journal of Archaeology 89 (1985). Viele einzelne Objekte christlicher, jüdischer und heidnischer Kunst der Spätantike sind in dem von K. Weitzmann herausgegebenen Katalog *The Age of Spirituality*. New York 1979 abgebildet und beschrieben, der zugleich einen sehr guten Eindruck der schieren Vielfalt und Lebendigkeit der Kunst jener Zeit vermittelt. Zur frühchristlichen Kunst gibt es zahlreiche Werke; einen allgemeinen Überblick bieten etwa A. Effenberger, *Frühchristliche Kunst und Kultur*. Leipzig 1986 und R. Milburn, *Early Christian Art and Architecture*. Berkeley, Los Angeles 1991, die literarischen Zeugnisse C. Mango (s. zu Kapitel 8), Kapitel 2.

Die Prozesse wegen Magie und Hochverrat behandelt J. F. Matthews (s. zu Kapitel 7), 209 ff. Zum Neuplatonismus und seiner Bedeutung s. etwa A. H. Armstrong (Hg.), *Cambridge History of Later Greek and Early Medieval Philosophy*. Cambridge 1970 und R. T. Wallis, *Neoplatonism*. London 1972. P. Chuvin (s. zu Kapitel 5) vermittelt in Kapitel 8 eine Vorstellung von der andauernden Kraft und Bedeutung der philosophischen Schulen im 5. Jahrhundert.

Eine gute kurze Einführung in die syrische Christenheit und Literatur der Spätantike bieten S. P. Brock und S. Ashbrook Harvey, *Holy Women of the Syrian Orient*. Berkeley, Los Angeles 1987, 1 ff.; s. auch R. Murray, *The Characteristics of the Earliest Syriac Christianity*. In: N. Garsoian, T. Mathews und R. Thomson (Hgg.), *East of Byzantium*. Washington DC 1982, 3 ff.

Zu Kapitel 11

Die besten Bücher zu Konstantinopel im 4. Jahrhundert sind G. Dagron, *Naissance d'une capitale*. Paris 1974, und C. Mango, *Le développement urbain de Constantinople (IVe–VIIe siècles)*. Paris 1985 (rev. 1992). Zur Entwicklung der byzantinischen Traditionen über den Ursprung der Stadt s. auch das glänzende Buch von G. Dagron, *Constantinople imaginaire*. Paris 1984. R. Krautheimer 1983 (s. zu Kapitel 4) ist gut zu lesen, weist aber in der Darstellung von Konstantinopel Kaiser Konstantin unkritisch mehr zu, als die Quellen erlauben. Zu Ephesos s. C. Foss, *Ephesus after Antiquity*. Cambridge 1979, zu Antiochia G. Downey, *A History of Antioch in Syria*. Princeton 1961, Kapitel 12–15, und zum großen Aufstand von 387 R. Browning, *The Riot of AD 387 in Antioch. The Role of the Theatrical Claques in the Later Empire*. Journal of Roman Studies 42 (1952) 13 ff.

Öffentliche Darbietungen und politische Auseinandersetzungen dabei sind das Thema des Buches von Alan Cameron, *Circus Factions*. Oxford 1976, insbesondere

Kapitel 7 zur früheren Geschichte und 8 (speziell S. 201 ff.) zu den Wagenrennen. J. Humphrey, *Roman Circuses*. London 1986 bietet eine Synthese der umfangreichen archäologischen Zeugnisse für Circus- (bzw. griechisch Hippodrom-)Anlagen in spätantiken Städten. Zur Entwicklung der Akklamation s. C. M. Roueché, *Acclamations in the Later Roman Empire. New Evidence from Aphrodisias*. Journal of Roman Studies 74 (1984) 181 ff., zu Claques und Akklamationen im späteren Römischen Reich s. Alan Cameron (s. o.), 237 ff. und J. H. W. G. Liebeschuetz (s. zu Kapitel 8), 210 ff. Neue inschriftliche Zeugnisse über öffentliche Darbietungen und eine neue Erörterung ihrer Organisation enthält C. M. Roueché, *Performers and Partisans*. London 1992; s. auch ihren Artikel zum Theater von Aphrodisias, *Inscriptions and the Later History of the Theatre*. In: R. R. R. Smith und K. T. Erim (Hgg.), *Aphrodisias Papers*. Bd. 2, Ann Arbor 1991, 99 ff. Zu Mönchen als »Sturmtruppe« Alan Cameron (s. o.), 290 f. Über die Haltung des Johannes Chrysostomos in Bezug auf öffentliche Darbietungen s. J. H. W. G. Liebeschuetz (s. zu Kapitel 8), 181 ff. Viel einschlägiges Material findet sich bei E. Patlagean (s. zu Kapitel 8), insbesondere Kapitel 5, etwa S. 179 ff. (Bevölkerung), 203 ff. (städtische Arme), 208 f. (Kirchen als Theater), 210 ff. (Theater, Hippodrom und städtische Gewalt), und über die Armen s. P. Brown (s. zu Kapitel 8), 266 ff.

Zum Wohlstand Jerusalems und des Heiligen Landes s. E. D. Hunt (s. zu Kapitel 8), insbesondere 138 ff. und Kapitel 10. E. Patlagean (s. zu Kapitel 8) bietet S. 310 f. Vergleichstabellen zu spätantiken und anderen Ansiedlungen in Palästina, 312 f. zu Kirchen auf dem Lande und 326 f. zu Klöstern, 236 ff. zur Kontinuität der Dörfer. Viel wichtige Arbeit in Syrien wird französischen Archäologen verdankt; eine neuere Übersicht für Nordsyrien bietet G. Tate in C. Morrisson und J. Lefort (s. zu Kapitel 8), 69 ff. und 74 f. Zu Israel s. etwa D. Urman, *The Golan*. Oxford 1985; C. A. M. Glucker, *The City of Gaza in the Roman and Byzantine Periods*. Oxford 1987.

Zur Christenheit in Antiochia und Alexandria vgl. D. S. Wallace-Hadrill, *Christian Antioch. A Study of Early Christian Thought in the East*. Cambridge 1982, zu den Anhängern des Origenes und den Konzilien von Ephesos und Chalkedon s. F. Young (s. zu Kapitel 2), 141 ff. und Kapitel 5. Zum (aus christlicher Sicht wenig erbaulichen) Tod der Hypatia s. Sokrates, *Kirchengeschichte* 7, 13 ff.; dazu P. Chuvin (s. zu Kapitel 5), 85 ff. Die syrischen Asketiker behandelt S. P. Brock, *Early Syrian Asceticism*. Numen 20 (1973) 1 ff.; s. auch P. Brown, *Aufstieg und Funktion des Heiligen in der Spätantike*. In: ders., *Die Gesellschaft und das Übernatürliche*. Berlin 1993, 21 ff., und ders., *Die Heiligenverehrung*. Leipzig 1991. Die Beziehung des Griechentums zu den örtlichen Kulturen bespricht G. W. Bowersock, *Hellenism in Late Antiquity*. Cambridge 1990) das ägyptische Mönchtum behandeln D. Chitty (s. zu Kapitel 5), F. Young (s. zu Kapitel 2), Kapitel 1, und Ph. Rousseau (s. zu Kapitel 5). Zu den ägyptischen Kirchen und Klöstern s. R. Milburn (s. zu Kapitel 10), 145 ff., A. K. Bowman, *Egypt after the Pharaohs*. London 1986 (rev. Oxford 1990), insbesondere 190 ff. und R. S. Bagnall, *Egypt in Late Antiquity*, Princeton 1993. Zu großen Landgütern im byzantinischen Ägypten hinterfragt J. Gascou, *Les grands domaines, la cité et l'état en Egypte byzantine*. Travaux et Mémoires (Centre de Rech. d' hist. et civil. byz.) 9 (1985) 1 ff. die traditionelle Sicht.

Zu Kapitel 12

Die Biographie Augustinus' von P. Brown (s. zu Kapitel 5) sollte zumindest in Auszügen von allen Interessierten gelesen werden. Augustinus' Schriften werfen vielerlei Licht auf seine Zeit, zugleich ist er eine der wenigen Personen aus der Antike, von der wir aufgrund des Erhaltenen hoffen dürfen, sie als Individuum kennenzulernen. Das Schlüsselwerk für Nordafrika in der Spätantike stammt von C. Lepelley (s. Kapitel 8).

J. A. Tainter, *The Collapse of Complex Societies*. Cambridge 1988 behandelt in Kapitel 5 das spätrömische Reich als Testfall für den Zusammenbruch einer komplexen Gesellschaft und bietet in Kapitel 6 eine allgemeine Schlußfolgerung aus seinen Untersuchungen. Jeder Versuch eines Theoretikers, sich mit einem speziellen Fachgebiet zu befassen, riskiert Kritik von seiten der jeweiligen Fachvertreter, und auch bei diesem Werk führt die Tatsache, daß es auf einer Vielzahl moderner Untersuchungen beruht, meist ohne eine Unterscheidung zwischen deren jeweiliger Zuverlässigkeit vorzunehmen, dazu, daß die Glaubwürdigkeit im Detail leidet; als allgemeines Modell bietet das Buch jedoch einen neuen Ansatz für das Nachdenken über ein altes Problem.

Einen Überblick aus Sicht der archäologischen Zeugnisse versucht K. Randsborg, *The First Millennium AD in Europe and the Mediterranean*. Cambridge 1991 (166ff. zum ›Ende des Römischen Reiches‹); s. auch C. Wickham, *The other Transition. From the Ancient World to Feudalism*. Past and Present 103 (1984) 3ff.

Den Zeitraum von 395 bis etwa 600 behandelt Averil Cameron, *The Mediterranean World in Late Antiquity AD 395–600*. London 1993.

Abbildungsnachweise

Abb. 1, S. 41: *Notitia Dignitatum,* Insignien des *dux Arabiae,* in der Handschrift Oxford, Ms. Canon. Misc. 378, fol. 118 r. Photo: Bodleian Library, Oxford.

Abb. 2, S. 66: *Largitio*-Silberteller mit Nennung des Kaisers Licinius; heute im Britischen Museum zu London. Photo: Trustees of the British Museum.

Abb. 3, S. 67: Konstantinsbogen aus dem Jahr 315 in Rom beim Colosseum. Photo: Courtauld Institute of Art.

Abb. 4, S. 78: Lageplan der nach Konstantin errichteten Kirchen in Rom.

Abb. 5, S. 80: Inneres der Kirche S. Maria Maggiore aus dem 5. Jahrhundert in Rom. Photo: Courtauld Institute of Art.

Abb. 6, S. 82: Plan von Konstantinopel.

Abb. 7, S. 84: Haupt der Kolossalstatue Konstantins I.; heute im Konservatorenpalast zu Rom. Photo: Courtauld Institute of Art.

Abb. 8, S. 143: Mosaik aus einer Villa in Tabarka, Nordafrika; heute im Bardo-Museum zu Tunis. Photo: Musée National du Bardo zu Tunis.

Abb. 9, S. 156: Haupt des Sokrates, Fußbodenmosaik aus Apameia in Syrien. Photo: J. Balty.

Abb. 10, S. 187: Teil eines Elfenbeindiptychons »der Symmachi« aus dem späten 4. oder frühen 5. Jahrhundert mit Darstellung einer Priesterin bei einer kultischen Handlung; heute im Victoria and Albert Museum zu London. Photo: Trustees of the Victoria and Albert Museum.

Abb. 11, S. 189: Teil eines Elfenbeindiptychons aus dem späten 4. oder frühen 5. Jahrhundert mit Darstellung der *consecratio* eines Kaisers; heute im Britischen Museum zu London. Photo: Trustees of the British Museum.

Abb. 12, S. 191: Boden einer Glasschüssel mit Darstellung des jugendlichen bartlosen Christus; heute im Britischen Museum zu London. Photo: Trustees of the British Museum.

Abb. 13, S. 192: Frühchristlicher Steinsarkophag mit Szenen aus dem Leben des Jona; heute im Britischen Museum zu London. Photo: Trustees of the British Museum.

Abb. 14, S. 201: Möbelschmuck am Arm einer Sänfte in Form einer Stadt-*Tyche;* heute als Teil des Esquilin-Schatzes im Britischen Museum zu London. Photo: Trustees of the British Museum.

Abb. 15, S. 204: Der Osten des Römischen Reiches.

Abb. 16, S. 230f.: Das spätrömische Reich.

Quellenregister

Inschriften (Abkürzungen s.
S. 245): 35, 42 f., 66, 70, 154, 166,
208, 212, 216

CIL V 6250: 149
ILS
  642: 42, 53
  694: 67
  705: 74
  1227: 70
  1259: 99
  2947 f.: 35
SEG XX 324: 167

Papyri: 13, 49, 51, 138, 172, 213, 218

Münzen: 43, 138; s. auch Sachreg. unter Denar, Solidus, Wirtschaft

Archäologische Quellen: 43 f., 49, 136, 147, 211, 226

Biblische Texte:
2. Mose 13, 17 ff.: 72
1. Könige 18 ff.: 92
Matthäus
  24, 2: 117
  26, 11: 210
Johannes 12, 8: 210
Römerbrief 13, 14: 38

Literarische Quellen: 25 ff., 236 ff.

Ambrosius: 25, 92 f., 149, 180, 195, 209, 236
  Briefe
  17, 3: 93
  22: 149
Ammian(us Marcellinus): 25, 31 ff., 84, 105 f., 114, 184, 236
  14, 1: 105 f., 205
  14, 4: 169
  14, 5: 107
  14, 6: 137, 156, 184
  14, 8: 107, 168, 205
  14, 12: 107
  15, 2: 109
  15, 4: 158
  15, 5: 159
  15, 8: 159
  16, 4: 159
  16, 10: 108
  16, 11: 158
  16, 12: 159
  17, 1 f.: 159
  17, 8 ff.: 159
  18, 9 f.: 158
  18, 10: 103
  19, 12: 193
  20, 4: 110
  20, 8: 111
  20, 9: 111
  21, 1: 111
  21, 6: 107
  21, 15: 111
  21, 16: 107
  22, 5: 109, 112
  22, 10: 115
  22, 16: 96, 106
  23, 1: 112, 117
  23, 5: 118
  24, 6: 113
  24, 7: 113
  25, 3: 33, 118
  25, 4: 33, 94, 113, 115 f.
  25, 5: 111, 120 f.
  25, 9: 120
  26, 6 ff.: 122
  27, 3: 183
  27, 5: 160
  27, 6: 121
  27, 8: 122
  27, 11: 94, 140
  27, 13: 160
  28, 1: 193
  28, 3: 122
  28, 4: 185
  29, 1: 193
  29, 2: 193
  29, 3: 33
  30, 3: 160
  30, 6: 160
  30, 7: 121
  30, 8 f.: 94

30, 10: 121
31, 2: 161
31, 4: 162, 173
31, 10: 160
31, 12: 139, 161
31, 13: 161 f.
31, 16: 31, 105
Anonymus de rebus bellicis: s. De rebus bellicis
Apophthegmata Patrum: 154, 236
  66 (Arsenios): 148
  233 (Euagrios): 181
Athanasios: 36, 77, 90
– De incarnatione: 90
– Vita Antonii: 36, 186
Augustinus: 25, 89, 92, 96, 142, 152, 180, 186, 198, 221 ff., 236 f.
– Confessiones: 36, 38, 182, 223
  1, 7, 11: 153
  8, 2, 5: 99
  8, 10 ff.: 36, 38
  8, 11, 26 f.: 103
  9, 9, 19: 152
  12: 195
– De catechizandis rudibus: 154
– De civitate dei (Gottesstaat): 35, 103, 165, 221
  19, 21 ff.: 104
– De doctrina christiana: 180
– De magistro: 180
Aurelius Victor, De caesaribus: 31, 237
  33, 34: 18
Ausonius: 26, 123, 179, 237

Basilios d. Gr.: 25, 102, 115, 151, 179 f., 181 f., 186, 213, 215, 237

Cassius Dio 78 [79], 20: 207
Chronograph von 354: 237
Cicero, De re publica: 222
Claudianus: 26, 123, 179, 237
Codex Iustinianus
  6, 23, 15: 74
  8, 51 [52], 2: 153
  11, 11, 1: 138
  11, 48, 5: 139
  11, 51, 1: 132
  11, 52, 1: 132
  11, 53, 1: 132
  12, 19, 7: 126

Codex Theodosianus: 40, 55, 130, 136, 145, 208, 238
  1, 16, 6: 208
  3, 16, 1: 74, 152
  5, 6, 3: 177
  5, 7, 2: 209
  5, 9, 1: 152
  5, 17, 1: 71, 131
  6, 27, 8: 126
  8, 5, 12: 114
  8, 5, 32: 208
  8, 16, 1: 74, 151
  9, 1, 17: 126
  9, 2, 1: 114
  9, 24, 1: 74
  10, 3, 1: 114
  11, 7, 3: 132
  11, 16, 10: 114
  11, 18: 173
  11, 23, 2: 114
  12, 1, 120: 126
  12, 13, 1: 114
  14, 8, 2: 130
  14, 9, 3: 180
  15, 1, 36: 205
  16, 8, 2: 97
  16, 8, 9: 97
  16, 10, 2: 94
  16, 10, 10 f.: 95
  16, 10, 12: 94, 96
– Novellae 24, 2: 170

De rebus bellicis: 39
  pr. 10: 171 f.
  2, 1 ff.: 138

Ephraim der Syrer: 113, 118, 197, 238
  Hymnen gegen Julian 3, 15: 113
Epiphanius, Panarion: 89 f.
Eunapios: 84, 97, 109, 176, 238
  Leben der Sophisten: 194
Eusebios: 27, 59 f., 77, 79, 179, 238
– Chronik: 30
– Demonstratio Evangelica: 30
– Kirchengeschichte: 28 ff., 63, 68
  8: 60
  9: 68
  9, 9: 29, 68, 72
  9, 10: 68
  10: 29
  10, 5: 60, 68

10, 7: 71f.
11, 13: 162
- Laus Constantini: s. Oratio Tricennalis
- Oratio Tricennalis: 28, 76, 88, 179
- Praeparatio Evangelica: 30
- Rede über die Heiligen: 73
- Vita Constantini: 28f., 63, 68, 76
  1, 27f.: 68
  1, 28: 29
  3, 7ff.: 77
  3, 10: 30
  3, 15: 77
  3, 25ff.: 79
  3, 48: 201
  4, 1: 70, 124
  4, 7: 158
  4, 8ff.: 169
  4, 15: 83
  4, 26: 74
  4, 29: 73
  4, 58ff.: 81
  4, 62f.: 73
  4, 70f.: 84
  4, 72: 84
  4, 73: 84
Eutropius: 31, 123, 176, 238f.

Gregor von Nazianz: 25, 92, 113, 115, 149, 151, 181, 186, 196, 239
  Rede 4: 115, 216
Gregor von Nyssa: 25, 103, 149, 182, 195, 215, 239
  Vita Macrinae: 37, 214

Hieronymus: 25, 98, 101, 151, 155, 180f., 186, 198, 215, 239
- Briefe
  22: 101
  39: 101
  58: 211
  127: 151
- Kommentar zu Ezechiel 3: 164f.
Hilarius von Poitiers, De trinitate: 91
Historia Augusta: 22, 32, 34, 107, 184, 239
  Carus
  13: 46
  18: 47
Historia Monachorum: s. Palladios

Iamblichos: 116, 155f., 194, 239
  Kommentar zu den Chaldäischen Orakeln: 194

Johannes Chrysostomos: 25, 92, 96, 97, 113, 117, 149, 151, 155, 176, 182, 195, 203, 207, 215, 239f.
- Über die Statuen 17, 1f.: 206
- Über Hoffart und Kindererziehung: 182
Johannes Lydus, De mensibus 4, 2: 20
Julian: s. auch Personen- und Sachreg.
- Caesares: 26, 74, 116
- Contra Galilaeos: 27
- Misopogon: 27, 112
Juvenal: 32, 185

Laktanz, De mortibus persecutorum: 27, 60, 63, 240
  7: 27, 48, 53f.
  24: 65
  42: 62
  44: 72
  48: 60, 68
Libanios: 92, 94, 97, 109, 114f., 131, 203, 240
- Briefe 1063: 107
- Reden
  1: 172
  11: 205
  11, 219: 207
  11, 268: 207
  19ff.: 206
  30: 95
  41, 11: 210
  42: 140
  47: 127f.
Liber Pontificum: 147
  1, 212f.: 149

Macrobius, Saturnalia: 184, 188
Malalas, Chronik
  S. 322 Dindorf: 201
  S. 326 Dindorf: 205
Marcus Diaconus, Vita Porphyrii: 150, 240
  47f.: 203
  63ff.: 205
Marius Maximus: 32, 185
  14, 6: 32
  28, 4: 32

Martial: 185
Melania-Vita: 37, 240; s. Personen- und Sachreg.

Nicomachus Flavianus: 35, 96, 99, 184f., 188
Notitia Dignitatum: 39, 41 Abb. 1, 49, 135, 174, 240

Olympiodoros
 frg. 3: 164
 frg. 5: 164
 frg. 44: 140
Optatianus
 5, 1ff.: 158
 14, 9ff.: 158
Optatus, Appendix 1: 59, 63, 86f., 241
Origo Constantini Imperatoris: 241
 6, 30: 83
 8: 158
Orosius, Historia contra paganos: 165, 241

Palladios: 241
– Historia Lausiaca: 102
 21: 216
 36f.: 217
 55: 151
– Ps.-Palladios, Historia Monachorum: 102, 241
Palladius, Opus Agriculturae: 142
Panegyrici Latini: 35, 241
 2 [12], 22: 163
 3 [11], 24: 114
 4 [10]: 72, 158
 5 [8], 5ff.: 136
 6 [7], 21: 65
 7 [6], 14: 65
 8 [5], 17: 47
 12 [9]: 72
Paulinus von Nola: 92, 147, 150, 209, 241
Philostorgios, Kirchengeschichte 2, 5: 161
Platon: 194f., 198, 222; s. auch Personen- und Sachreg. Neuplatonismus
– Phaidros: 195
– Symposion: 195
– Timaios: 195
Plotin: 22, 194f.
Porphyrios: 150, 194, 203, 242
– De abstinentia: 195

– Leben des Plotin: 194
Prudentius, Contra Symmachum 1, 551: 100

Rufinus: 242
 Kirchengeschichte
 2, 6: 170
 11, 33: 96

Servius, Kommentar zu Vergil: 184, 188
Sidonius Apollinaris: 165, 198, 242
Sokrates: 31, 242
 Kirchengeschichte 4, 36: 170
Sozomenos: 31, 74, 242
 Kirchengeschichte
 3, 16: 197
 6, 38: 170
Symmachus: 25, 93, 96, 99, 140, 142, 183f., 188f. Abb. 11, 242
Synesios: 176, 242
 De providentia: 176
Syrisch-römisches Rechtsbuch 121: 51

Tacitus: 31
 Historiae 1, 4: 18, 22
Terenz: 185
Themistios, Rede 10: 163
Theodoret: 213ff., 243
– Kirchengeschichte
 4, 23: 170
 5, 21: 203
– Mönchsgeschichte: 213

Vegetius: 243
 1, 20: 162

Zosimos, Neue Geschichte: 27, 31, 49, 63, 107
 1, 27: 161
 1, 31ff.: 161
 2, 31: 201
 2, 34: 50, 68, 172
 2, 38: 69
 3, 1: 110
 4, 20ff.: 162
 4, 24: 162
 4, 30: 163
 4, 33: 163
 4, 35: 160
 4, 40: 163

4, 56: 163
5, 17 ff.: 176
5, 29: 164
5, 31 ff.: 175

5, 34: 175
5, 35: 175
5, 38 ff.: 164
6, 5: 165

Personen- und Sachregister

Ablabius 71
acclamatio 208 f.
Adam und Eva 191
adoratio 57
Adrianopel 32, 84; s. auch Schlacht
Ägypten s. Alexandria, Koptisch
Aela 167
Aeneas 200
Agathias 49, 174
agens in rebus 56, 126
Aidesios 109, 115
Alanen 165
Alarich 164, 175, 177, 221
Alemannen 110, 158 f.
Alexander der Große 83
Alexandria 88, 144, 207, 214, 216
Allectus 47
Alltagsleben 154
Alypius 183
Ambrosius s. Quellenreg.
Amida 170
Amiens 20
Ammian s. Quellenreg.
Amphitheater 207
angareia 17, 172
Anicius 188
annona 17, 51 f., 126, 136, 145, 172
Antiochia 19 f., 88, 92, 112, 147, 150, 166 f., 182, 193, 203, 205 f., 208, 212; s. auch Daphne
Antonius 102, 216 f.
Apameia 95, 155, 156 Abb. 9, 194, 203, 216
Aphrodisias 95, 208
Apollo(n) 65, 72, 200; s. auch Daphne
Apollonios von Tyana 35, 186
Apophthegmata Patrum s. Quellenreg.
Apronianus 186, 188
Aquädukt 202
Aquileia 58, 111
Aquincum (Budapest) 160
Aquitania 171
Arabien 168 f.
Arcadius 96, 120, 123, 175 f.
archäologische Quellen s. Quellenreg.
Arius, Arianismus 76, 89 f., 104, 176, 214, 223

Arles 165; s. auch Konzile
Armenisch 197
Arsenios 148
Askese 100
Athanarich 160
Athanasios s. Quellenreg.
Athen 20, 22, 81, 110, 213, 221
Attila 166, 171
Augustinus s. Quellenreg.
Augustus (Kaiser) 151
Augustus (Titel) 13, 46
Aurelian 45
Aurelius Victor s. Quellenreg.
aurum coronarium 114
Ausonius s. Quellenreg.
Aussetzung 153

Babylas 116
Bäcker 130
Baghdad 226
Balkan 160
Bankwesen 127, 139
Barbaren 123, 134, 139, 158 ff. Kap. 9, 178
Basilika 81
Basilios d.Gr. s. Quellenreg.
Beamte 128
Belisarios 223
Bethlehem 101, 211, 217
Bevölkerungszahl 21, 211
Bewässerung 146, 211
Bewegungsheer s. Heer
Bildung 115, 127, 178
Blabios 98
Blesilla 101
Bostra 167, 211
Britannien 160, 165, 171
Bürokratie 54
Byzanz 59, 81, 200, 202; s. auch Konstantinopel

Caesar (Titel) 13, 46
Caesarius von Arles 198
Caesaropapismus 75, 87
capitatio 51, 131 f., 137
Caracalla 21, 48
Carausius 46 f.

260

Carnuntum 58, 66, 135
Carus 45
Cassiodorus 198
Cassius Dio s. Quellenreg.
Chaldäische Orakel 194
Chalkedon s. Konzile
Choricius von Gaza 207
Chosroes I. 167
Chosroes II. 171
Christentum 23, 72, 74, 86 ff. Kap. 5, 97, 147, 178, 182, 196
Christenverfolgung 21, 23, 59 f., 60, 65, 76
chrysargyron 69
Chrysopolis 68
Cicero s. Quellenreg.
Circesium 167
Circus 207
Cirta in Numidien 59
Claque 208
clarissimus 124
Claudianus s. Quellenreg.
Claudius Gothicus 65
Codex Iustinianus s. Quellenreg.
Codex Theodosianus s. Quellenreg.
colonus 40, 61, 71, 127, 131 f., 143
comes 56, 125
comitatus 50, 59, 125
comitiva 125
consecratio 188, 189 Abb. 11
Constans 105
Constantius I. Chlorus 46 f., 58 f., 62, 64
Constantius II. 90, 93, 105, 107, 109, 158, 160 f., 167, 179, 193, 197
constitutio Antoniniana 21
consularis 55, 70, 206
corrector 55, 70
cubicularius 126
curator 59
cursus publicus 87, 114
Cynegius 95
Cyprian von Karthago 22
Cyrillus 88, 117

Dakien 163
Damaskus 167, 226
Damasus (Papst) 149, 183, 190
Daphne bei Antiochia 112, 116, 149, 205
Dara 170
Dekapolis 211

Dekurionen 19, 40, 56, 61, 71, 125, 130, 136, 295
Delphi, Schlangensäule 81, 202
Denar 53, 137 f.
De rebus bellicis s. Quellenreg.
Didius Julianus 122
Diokles 45 f.
Diokletian 45 ff. Kap. 3
Diözesen 55, 228 f.
Diptychon 186, 187 Abb. 10, 188, 189 Abb. 11
domesticus 56
Dominat 12
dominus 57
Donative 48, 138
Donatus, Donatisten 63, 73, 76, 86, 89
Donau 160
Dracontius 198
dux, duces 54 f.

Edessa 197, 211, 216
Egeria 148
Elfenbein 186, 187 Abb. 10, 188, 189 Abb. 11, 192
eminentissimus 124
Ennodius 198
Ephesos 203; s. auch Konzile
Ephraim der Syrer s. Quellenreg.
Epiphanios von Salamis 181
epistolae 56
Euagrios 102, 181
Eudoxia 211
Euergetismus 19, 150
Eugenius 96, 106
Eunapios s. Quellenreg.
Eusebios s. Quellenreg.
Eustochium 101, 155
Eutropius s. Quellenreg.

fabricae 135
Faustus 198
Feldarmee 50, 174; s. auch Heer
Firminus 182
Flavianus 92, 100, 206
Flavius Aetius 171
Follis 69, 138
Forschung
– Alföldy, Geza 157, 175
– Baynes, Norman 64
– Brown, Peter 11
– Burckhardt, Jacob 63 f.
– Cameron, Alan 185

261

- de Ste.Croix, Geoffrey 133
- Dodds, Eric Robertson 22
- Ferrill, Arther 174
- Finley, Moses 146
- Gibbon, Edward 11 f.
- Gregoire, Henri 64
- Isaac, Benjamin 168
- Jones, Arnold Hughes Martin 11, 4, 52, 55 f., 61, 128, 172, 174
- Liebeschuetz, Wolfgang 177
- Luttwak, Edward 50, 167
- MacMullen, Ramsay 128
- Rathbone, Dominic 218
- Rostovtzeff, Michael 24

Franken 161, 220
Frauen 151 ff., 198
Frigidus-Fluß (Wippach) 35, 96

Gainas 164, 174, 176 f.
Galerius 46, 58, 64 f.
Galiläer 116
»Gallisches Sonderreich« 14, 21 f., 45
Gallus 105, 109, 116
Gaza 211
Geographie 179
Georgisch 198
Geschichte 179
Gesundheitswesen 127
Getreideversorgung 144
Glasschüssel 192 Abb. 13
Golan 211
Goldwährung 137 f.
Goten 161 f., 175, 198; s. auch Ostgoten, Westgoten
Grammatik 178 f.
Gratian 93, 121, 163
Gregor von Nazianz s. Quellenreg.
Gregor von Nyssa s. Quellenreg.
Gregor von Tours 198
Guter Hirte 191

Hagia Sophia 83, 202
Hagiographie 36, 196
Häresie 89
Hauptstadt 58; s. auch Residenz
Heer 15 f., 48, 50, 158 ff. Kap. 9, 171, 174
Heidnische Renaissance 184, 186
Heiliges Land 168, 211; s. auch Pilger
Helena 79 f., 147
Heraklios 171
Herculius 47, 58, 61

Herrscherbild 83 f.
Heruler 20, 22
Hieronymus s. Quellenreg.
Hilarius von Poitiers 91
Historia Augusta s. Quellenreg.
Historia Monachorum s. Quellenreg. Palladios
Höchstpreisedikt s. Quellenreg. Inschriften ILS 642
homoousios 75, 90
honestior 22
honoratus 124
Honorius 26, 96, 120, 165, 175
Horaz s. Quellenreg.
humilior 22
Hunnen 166, 169, 171, 174
Hypatia 215

Iamblichos s. Quellenreg.
Iberien im Kaukasus 169
illustris 125 f.
Imru'l-qais 169
Indiktionen 51
Inflation 53, 135
Inschriften s. Quellenreg.
instinctu divinitatis 67
Iovius 47, 58, 61
Istanbul s. Konstantinopel
iugatio 51, 137

Jakob von Serug 216
Jerusalem 79, 88, 112, 117, 211, 221
Johannes Chrysostomos s. Quellenreg.
Johannes Lydus 128
Jona 191, 201 Abb. 14
Jovian 111, 113, 120
Juden 97, 211
Julian 26, 32, 74, 94 f., 105 ff. Kap. 6, 118, 158 f., 167, 189 Abb. 11, 194, 203; Werke s. Quellenreg.
Juvenal s. Quellenreg.

Kilikien 169
Kinder 153
Kirche s. Christentum
Kirchenbauten 80 Abb. 5, 79, 124, 149, 207
Köln 158 f.
Kolonat, Kolonen s. *colonus*
Konstantin d.Gr. 46, 62, 63 ff. Kap. 4, 158, 165, 175, 179
Konstantin II. 105

Konstantinopel 11, 59, 63, 81, 82 Abb. 6, 88, 108, 124, 134, 145, 149, 176, 179, 182, 200ff. Kap. 11, 220, s. auch Konzile
Konzile 87
– Arles 76, 87
– Chalkedon 208, 213, 215
– Ephesos 153, 203, 208, 215
– Konstantinopel 91, 181
– Nicaea 29, 75f., 88f., 214
Koptisch 21, 197, 218
Korruption 55, 127, 129, 172
»Krise des 3. Jahrhunderts« 13ff., 22, 226
Ktesiphon 112
Kultur 178ff. Kap. 10
Kyrillos 215
Kyrrhos 216

Laktanz s. Quellenreg.
Laodicaea 205
largitio 55, 66 Abb. 2, 128
Laterculus Veronensis 54
latifundia 142
Lebensmittelversorgung 145; s. auch Naturalabgaben
Leibeigenschaft 133
Libanios s. Quellenreg.
libelli 56
Liber Pontificum s. Quellenreg.
Licinius 58, 66ff., 73, 158, 160
limitaneus 50, 174f.
Livius 179, 185

Macrianus 160
Macrina s. Makrina
Macrinus 207
Macrobius s. Quellenreg.
Magie 193
magister militum 55, 121, 164
magister officiorum 55
Magnentius 105, 158
Magnus Maximus 160
Mailand 58, 66f., 81, 92, 101f.
Mainz 160
Makarios der Große 102
Makrina 37, 103, 182; s. auch Quellenreg. Gregor von Nyssa
Malalas s. Quellenreg.
Manichäismus 100, 182, 195
Männer im Feuerofen 191
Marcianus 171

Marcus Aurelius s. Mark Aurel
Marcus Diaconus s. Quellenreg.
Marius Maximus s. Quellenreg.
Marius Victorinus 98, 115
Mark Aurel 14f., 21, 48, 112, 121
Mars 65
Martial s. Quellenreg.
Mathematik 179
Maxentius 62, 65, 73, 111
Maximian(us) 46, 59, 62, 64f., 67
Maximus von Ephesos 116, 193f.
Maximus von Turin 209
Melania die Ältere und die Jüngere 37, 101, 103, 139, 141, 147, 150f., 181, 209; Vita s. Quellenreg.
Melitene 167, 169
memoria 56
Merowinger s. Franken
Militärwesen s. Heer
militia 56
monachos 102
Mönchswesen 96, 102, 181, 183, 208
Monophysitismus 214
Mosaiken 142, 143 Abb. 8, 155 Abb. 9 191, 216
Müngersdorf bei Köln 142
Münzen s. Denar, Solidus, Wirtschaft s. auch Quellenreg.

Naissus (Nis) 58, 111
Naturalabgaben 17, 136, 172
Naukratios 214
navicularius 130
Nazarius 179
Nebridius 183
Negeb-Wüste 146, 211f.
negotiator 144
Nestorianismus 214f.
Neues Rom 83
Neuplatonismus 100, 109, 116, 182f., 193, 198, 222
Nicaea s. Konzile
Nicomachus Flavianus s. Quellenreg.
Nicomedia (Izmit) 19, 58f., 109
Nisibis 113, 120, 167, 197
Notitia Dignitatum s. Quellenreg.
Numerian 46

Olivenanbau 146, 212
Olympias 150f.
Olympiodoros s. Quellenreg.
Optatianus s. Quellenreg.

Optatus s. Quellenreg.
Origenes 151, 186, 215
Origo Constantini Imperatoris s. Quellenreg.
Ossius von Cordoba 79
Ostgoten 161, 200, 220

Pacatus 179
Pachomius 102
Palästina s. Heiliges Land
palatini 55
Palladios (Hagiograph) s. Quellenreg.
Palladius (Fachschriftsteller) s. Quellenreg.
Palmyra 14, 21, 45, 167
Pamphilus 60
Panegyrik s. Quellenreg. Panegyrici
Pannonien 160, 163
Paphos auf Zypern 155
Papsttum s. Christentum
Papyri s. Quellenreg.
Paris 20, 110
paterfamilias 152
Patronage 55, 57, 93, 127, 129, 144
Paula 101, 103, 151
Paulinus von Nola s. Quellenreg.
perfectissimus 124
Persien 118, 160f., 167ff.
Persius s. Quellenreg.
Pescennius Niger 122
Pest 21, 212
Philiostorgios s. Quellenreg.
Pilger 81, 137, 147f., 190, 211
Pinianus 37
Platon s. Quellenreg.; s. auch Neuplatonismus
Plotin s. Quellenreg.
Pontos 214
Porphyrios von Gaza s. Quellenreg.
Postwesen 87, 114
potentiores 125
praefectus urbi s. Stadtpräfekt
praeses 55, 57
Praetextatus 99, 183, 201
Preise s. Wirtschaft
- Höchstpreisedikt s. Quellenreg. Inschriften ILS 642
Prinzipat 12
Probus 45
proconsul 55
Procopius 122
Proiecta 189f., Umschlagabbildung

Prokopius von Caesarea s. Quellenreg.
Prudentius s. Quellenreg.
Pythagoras 100, 195

Quaden 160
quaestor sacri palatii 55
Quellen 25ff. Kap. 2; s. Quellenreg.
Quintilian 185

Ravenna 171, 175
Residenz 19, 58, 81
res privata 55
Rhetorik 178f., 196
Ritter 18, 57, 71, 124f.
Rom 19, 58, 66, 79, 83, 107, 134, 145, 150, 206
Romanianus 183
Romulus Augustulus 220
Rufinus s. Quellenreg.

sacrum cubiculum 55, 59, 126
Sallust 179
Sarazenen 169
Sarmaten 160
Sassaniden 14, 20, 57, 166
Schapur I. 14, 166
Schapur II. 159, 167, 169
Schlacht
- Adrianopel 105, 121, 161, 173
- Cibalae 68
- Margus-Mündung 46
- Milvische Brücke 64, 66, 111
- Pollentia 164
- Straßburg 110, 159
scrinia 56
Segusio 66
Senat 18, 56, 70, 83, 100, 122, 124f., 203
Septimius Severus 48, 81, 202
Serapaeum in Alexandria 96, 106
Serdica (Sofia) 19, 58
Sergiopolis 169
Servius s. Quellenreg.
Sexualität 153
Sidonius Apollinaris s. Quellenreg.
Silber 50, 137, 186, 190
Silvanus 158
Simon der Ältere 219
Singara 167, 170
Sirmium 58, 160
Sklaven 131f., 140f.; s. auch Leibeigenschaft

Skythen 161
Sokrates s. Quellenreg.
Solidus 69, 137
Sol Invictus 58, 65, 72
Sopater 201
Sozomenos s. Quellenreg.
Spanien 171
spectabilis 125
Split 59, 62
sportulae 126
Staatsbetriebe 135, 144
Städtewesen 20, 114, 203, 206
Stadtpräfekt 55, 70
Stephanos 151
Steuern 13, 51 ff., 135
Stilicho 26, 123, 149, 164 f., 175, 177
strata Diocletiana 50, 167
subscriptio 185
Sueben 165
Sueton 31
Sulpicius Severus 147, 150
Sura 167
Symmachus s. Quellenreg.
Synesios s. Quellenreg.
Synoden s. Konzile
Syrien, Syrisch 21, 36, 91, 168 f., 197, 211, 215 f., 219
– Syrisch-römisches Rechtsbuch s. Quellenreg.

Tacitus s. Quellenreg.
Tempel 135, 137
Terenz s. Quellenreg.
Tervinger 161
Tetrarchie 46
Themistios 26, 93, 114, 179
Theoderich 220
Theodoret s. Quellenreg.
Theodosius I. 91 f., 95, 121, 163, 166, 177, 179, 203
Theodosius II. 98, 177, 179
Theophylaktos Simokatta 31

Thessaloniki 58, 95
Thrakien 163
Ticinum 135
Toleranzedikt von Mailand 27, 60
Transportdienste s. *angareia*
Trapezus 167
Tribigild 174, 176
Trier 19, 58, 81, 142, 160
Troja 200
Turin 66

Uldin 174, 176
Ulfila 161

Valens 32, 120, 122, 160 f., 173, 192, 202
Valentinian I. 33, 94, 120, 138, 160, 192
Valentinian II. 93, 160
Valerian 14, 166
Vandalen 165 f., 171, 223
Vegetius s. Quellenreg.
Venantius Fortunatus 198
Verecundus 183
Vergil 179, 185
Verona 67
vexillationes 49
Victoriaaltar 93, 95, 100
Villa 212

Wagenrennen 207
Währungssystem s. Wirtschaft
Westgoten 161, 171, 220
Wirtschaft 16, 69, 129 f., 135 ff. Kap. 8, 212, 218
Wohltätigkeit 145, 150, 209

York 64

Zenobia 14, 21, 45, 170
Zosimos s. Quellenreg.

dtv-Geschichte der Antike
Herausgegeben von Oswyn Murray

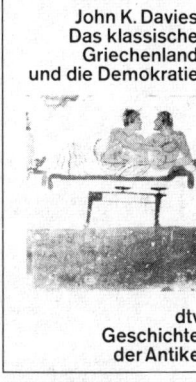

Oswyn Murray:
Das frühe
Griechenland
dtv 4400

John K. Davies:
Das klassische
Griechenland
und die Demokratie
dtv 4401

Frank K. Walbank:
Die hellenistische
Welt
dtv 4402

Robert M. Ogilvie:
Das frühe Rom
und die Etrusker
dtv 4403

Michael Crawford:
Die römische
Republik
dtv 4404

Colin Wells:
Das Römische Reich
dtv 4405

Theodor Mommsen:
Römische Geschichte
Vollständige Ausgabe in 8 Bänden

Eine Meisterleistung der Geschichtsschreibung und noch immer die umfassendste Darstellung der Geschichte der römischen Republik in deutscher Sprache. Ein Werk von souveräner Gelehrsamkeit und zugleich ein Werk der Weltliteratur, für das der Autor 1902 den Nobelpreis für Literatur erhielt.
»Dieses Werk begeisterte uns, als wir es in unserer Jugend kennenlernten; es behält, da wir es in älteren Tagen wieder lesen, seine Gewalt über uns. So groß ist die Kraft der historischen Wissenschaft, wenn sie zugleich große historische Kunst ist.«
(C.D. af Wirséns)

8 Bände in Kassette
dtv 5955 / DM **98,–**

 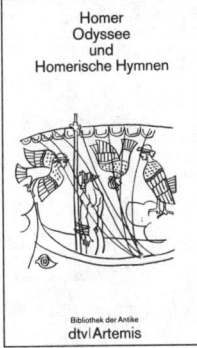 

Bibliothek der Antike

Herausgegeben von Manfred Fuhrmann

Die erste umfassende Taschenbuch-Ausgabe der antiken Literatur, Geschichtsschreibung und Philosophie in fünf Kassetten mit insgesamt 33 Bänden. Jede Kassette enthält den Grundbestand der wichtigsten, epochemachenden Werke einer Gattung. Alle Bände sind auch einzeln erhältlich. Einführungen, Erläuterungen und Register bieten jeweils in knapper Form den aktuellen Kenntnisstand der Wissenschaft.
Die ersten drei Kassetten:

Epos der Antike
Kassette mit 5 Bänden
dtv 59011

Homer: Ilias
dtv 2241

Homer: Odyssee und
Homerische Hymnen
dtv 2242

Vergil: Aeneis
dtv 2243

Ovid: Metamorphosen
dtv 2244

Hesiod/Vergil/Ovid:
Werke und Tage
Vom Landbau
Liebeskunst
dtv 2245

Erzählkunst der Antike
Kassette 5 Bänden
dtv 59012

Longos/
Achilleus Tatios:
Daphnis und Chloe
Leukippe und
Kleitophon
dtv 2246

Heliodor: Die Abenteuer
der schönen Chariklea
dtv 2247

Lukian:
Der Lügenfreund und
andere Erzählungen
dtv 2248

Petron: Satyrikon
dtv 2249

Apuleius:
Der goldene Esel
dtv 2250

Drama der Antike
Kassette mit 5 Bänden
dtv 59013

Aischylos: Tragödien
dtv 2251

Sophokles: Tragödien
dtv 2252

Euripides: Tragödien
dtv 2253

Aristophanes:
Komödien
dtv 2254

Plautus/Terenz:
Die römische Komödie
dtv 2255

Geschichtsschreibung der Antike
Kassette mit 8 Bänden
dtv 59014

Herodot: Historien
Zwei Bände
dtv 2256, dtv 2257

Thukydides:
Geschichte des Peloponnesischen Krieges. dtv 2258

Plutarch:
Von großen Griechen und Römern
dtv 2259

Caesar:
Der Gallische Krieg
dtv 2260

Sallust:
Historische Schriften
dtv 2261

Livius:
Die Anfänge Roms
dtv 2262

Tacitus:
Annalen dtv 2263

Philosophie der Antike
Kassette mit 10 Bänden
dtv 59015

Die Anfänge der abendländischen Philosophie
dtv 2264

Platon:
Die großen Dialoge
dtv 2265

Platon:
Der Staat dtv 2266

Aristoteles:
Die Nikomachische Ethik dtv 2267

Epikur:
Von der Überwindung der Furcht
dtv 2268

Epiktet / Teles / Musonius:
Wege zum Glück
dtv 2269

Lukrez:
Von der Natur
dtv 2270

Cicero:
Gespräche in Tusculum
dtv 2271

Seneca:
Von der Ruhe der Seele
dtv 2272

Boethius:
Trost der Philosophie
dtv 2273

Philosophie im dtv

Wolfgang Bauer:
**China und
die Hoffnung
auf Glück**
Paradiese, Utopien,
Idealvorstellungen in
der Geistesgeschichte
Chinas
dtv 4547

Ernest Gellner:
**Pflug, Schwert und
Buch**
Grundlinien der
Menschheitsgeschichte
dtv 4602

Christopher Robert
Hallpike:
**Die Grundlagen
primitiven Denkens**
dtv 4534

Willy Hochkeppel:
Endspiele
Zur Philosophie des
20. Jahrhunderts
dtv 4594

**Klassiker des
philosophischen
Denkens**
Herausgegeben von
Norbert Hoerster
2 Bände
dtv 4386/4387

**Klassische Texte
der
Staatsphilosophie**
Herausgegeben von
Norbert Hoerster
dtv 4455

Panajotis Kondylis:
**Die Aufklärung
im Rahmen des
neuzeitlichen
Rationalismus**
dtv 4450

Jacques Le Goff:
**Die Intellektuellen
im Mittelalter**
dtv 4581

Hans van der Loo
Willem van Reijen:
Modernisierung
Projekt und Paradox
dtv 4573

Ernst R. Sandvoss:
**Geschichte der
Philosophie**
Band 1: **Indien,
China, Griechenland, Rom**
dtv 4440
Band 2: **Mittelalter,
Neuzeit, Gegenwart**
dtv 4441

Peter F. Strawson:
**Analyse und
Metaphysik**
Eine Einführung in
die Philosophie
dtv 4615

Texte zur Ethik
Herausgegeben von
Dieter Birnbacher
und Norbert
Hoerster
dtv 4456